KB048237

나폴레온 힐
성공의 법칙

THE LAW OF SUCCESS

1

일러두기

이 책은 1928년에 출간된 『THE LAW OF SUCCESS IN SIXTEEN LESSONS』를 기반으로 하며 페이지2북스 출판사에 의해 1, 2권 분권 출간됩니다.

전 세계 500명의 대가들이 증명한
15가지 부와 힘의 비밀

나폴레온 힐

성공의 법칙

나폴레온 힐 지음 | 손용수 옮김

P page2

✤

성공의 법칙 강좌를 책으로 낼 것을 제안한 앤드루 카네기,

내 강좌의 거의 모든 장의 기초가 된 놀라운 성과를 거둔 헨리 포드,

그리고 토머스 에디슨의 동업자이자 내가 역경에 처하고 좌절할 때마다

이 책의 집필을 계속하도록 격려해 준

15년 지기 에드윈 반스에게 이 책을 바친다.

누가 할 수 없다고 말하는가?
그는 도대체 무슨 훌륭한 일을 해냈기에
다른 사람들을 정확하게 판단할 자격이 있는가?
— 나폴레온 힐

상상력이 행운을 만든다

약 30년 전 건솔러스라는 젊은 목사가 시카고의 한 신문에 다음 일요일 아침에 다음과 같은 제목으로 설교한다고 광고했다.

"100만 달러가 생기면 뭘 할까?"

통조림 공장으로 돈을 벌어 '통조림 왕'으로 불린 필립 아머_{Philip Armour}는 이 광고를 보고 목사의 설교를 들어보기로 했다.

설교에서 목사는 이론적인 용어가 아닌 실용적인 사고력을 계발함으로써 젊은이들이 인생에서 성공하는 법을 배우는 훌륭한 기술학교 설립이라는 아이디어를 설명하며, 이 학교에서 학생들은 '실천을 통해 배우게 될 것'이라고 했다. 그리고 "만약 내게 100만 달러가 있다면 이런 학교를 세우고 싶다"라고 자신의 포부를 밝혔다. 설교가 끝나자 필립 아머는 강단으로 다가가서 자기소개를 한 후 말했다.

"젊은이, 나는 당신이 설교에서 말한 일을 해내리라 믿소. 내일 아침에 내 사무실로 오면 당신에게 필요한 100만 달러를 기부하겠소."

이처럼 투자 가치가 있는 실용적인 계획을 세우는 사람들에게는 어떻게든 그 계획을 실현하는 데 필요한 자금이 생기게 마련이다.

이것이 바로 실용적인 교육으로 유명한 미국의 아머공과대학교Armour Institute of Technology의 설립 기원이다. 1890년 설립한 이 학교는 1940년 루이스대학Lewis Institute과 통합해서 지금의 일리노이공과대학교Illinois Institute of Technology로 탄생했다. 이 학교는 한 젊은이의 '상상력'에서 비롯되었다. 하지만 '상상력'에 필립 아머의 자본이 더해지지 않았다면 이 젊은이는 그가 설교한 지역 밖에서는 절대 알려지지 않았을 것이다.

거대한 철도, 걸출한 금융 기관, 대기업, 그리고 위대한 발명품은 모두 인간의 상상력에서 비롯되었다. 프랭크 울워스Frank Woolworth는 **상상** 속에서 '파이브앤텐센트스토어Five and Ten Cent Store'라는 균일가 잡화점 계획을 창조했고, 결국 이 상상을 현실로 만들어 백만장자가 되었다. 토머스 에디슨Thomas Edison은 말하는 축음기와 활동사진 촬영기, 백열전구 등 수많은 유용한 발명품을 자신의 **상상**으로 만들고 현실로 구현했다.

1871년 사흘간 계속된 화재로 많은 건물이 파괴되고 수백 명의 인명 피해가 발생했던 시카고 대화재 당시 상인들은 불에 타 잿더미가 된 가게 앞에서 자신들의 손실을 비통해하며 망연자실하고 있었다. 많은 상인은 이곳을 떠나 새로운 출발을 했다. 하지만 마셜 필드Marshall Field는 잿더미로 변한 자신의 가게 자리에 세계 최대 백화점이 우뚝 서 있는 모습을 **상상**했다. 결국 그의 상상 속 백화점은 현실이 되었다.

자신들의 인생에서 일찌감치 상상력을 사용하는 법을 배운 젊은이들은 행운을 잡은 것이다. 그리고 이런 행운은 오늘날과 같은 큰 기회의 시대에서 배가된다.

상상력은 사용할수록 발전하고 넓어지는 인간의 정신력이다. 그렇지 않다면 15가지 성공의 법칙에 관한 이 책은 만들어지지 않았을 것이다. 이 책은 처음 앤드루 카네기의 우연한 말이 씨앗이 되어 나의 '상상' 속에서 잉태되었기에 나올 수 있었다. 여러분이 어디에서 무슨 일을 하든, 어떤 사람이든 '상상력'을 계발하고 발휘하면 더 유능하고 생산적인 사람이 될 수 있다.

이 세상에서 성공하느냐 마느냐는 늘 개인의 노력에 달렸다. 하지만 다른 사람들의 협력 없이 성공할 수 있다고 믿는다면 이는 자신을 속이는 것일 뿐이다. 성공이 개인적인 노력의 문제라는 것은 자신이 원하는 것을 각자가 마음속으로 결정해야 한다는 뜻에서만 그렇다. 여기에는 '상상력'의 사용도 포함된다. 이때부터 성공은 얼마나 능숙하고 재치 있게 다른 사람들의 협력을 끌어내느냐에 달렸다.

다른 사람들의 협력을 얻거나 다른 사람들에게 협력을 요청하거나 기대할 권리를 가지려면 먼저 자기 스스로 다른 사람들과 협력할 의지를 보여야 한다. 이런 이유로 이 책 2권에 실린 8장 「보수 이상의 일을 하는 습관」을 진지하고 사려 깊게 살펴보는 것이 좋다. 실제로 8장의 법칙을 실천하는 사람들은 그 자체만으로도 자신이 하는 모든 일에서 성공을 거둘 수 있다.

여러분의 연구와 비교를 돕기 위해 이 책의 도입부에 유명 인사 10명에 대한 자기분석표Personal Analysis Chart를 마련했다. 이 표를 주의 깊게 관찰하면서 이런 신호를 주시하지 않아 실패한 사람들의 '위험 요소'

에 주목하기를 바란다. 분석 대상 10명 중 8명은 성공한 것으로 알려졌지만, 2명은 실패한 것으로 여겨진다. 특히 이 두 사람이 실패한 원인을 자세히 살펴봐야 한다.

그런 다음 자기 자신을 분석해 보자. 이를 위해 마지막 두 칸을 빈칸으로 남겨두었다. 이 책을 처음 읽기 시작할 때 15가지 성공의 법칙에 대해 각각 점수를 매기고, 이 책을 다 읽고 다시 한번 평가하며 그동안 개선한 점을 살펴보기를 바란다. 여러분이 선택한 분야에서 더 큰 역량을 발휘하는 방법을 찾는 것이 이 책의 목적이다. 이를 위해서는 스스로를 분석하고 모든 자질을 분류해서 최대한 활용해야 한다.

여러분은 지금 하는 일이 마음에 들지 않을 수도 있다. 좋아하지 않는 일에서 벗어나는 데는 두 가지 방법이 있다. 한 가지는 지금 하는 일에 거의 관심을 두지 않고 대충대충 하는 것이다. 그러면 곧 탈출구를 찾게 될 것이다. 여러분이 제공하는 서비스에 대한 수요가 사라질 것이기 때문이다. 또 다른 더 나은 방법은 지금 하는 일에서 매우 유능한 사람이 되는 것이다. 그러면 여러분을 추천할 힘을 가진 사람들의 호의적인 관심을 끌게 될 것이다. 자신이 나아갈 방향을 선택하는 것은 여러분에게 주어진 특전이다. 이 책 2권, 9장 「호감을 주는 인성」에서 다루는 법칙의 도움을 받으면 여러분은 '더 나은 방법'을 활용해서 자신을 발전시킬 수 있을 것이다.

수많은 사람이 칼루멧Calumet(미국 미시간 주 북서부의 광산도시)의 거대한 구리 광산을 발견하지 못하고 지나쳤다. 오로지 한 사람만이 '상상력'을 사용해서 채굴하고 탐사해 지구상에서 가장 풍부한 매장량을 자랑하는 구리 층을 발견했다.

우리는 모두 때때로 자신의 '칼루멧 광산' 위를 걸어간다. 하지만 이를 발견하려면 조사하고 '상상력'을 발휘해야 한다. 15가지 성공의 법칙을 소개하는 이 책이 여러분의 '칼루멧'으로 가는 길을 안내할 것이다. 여러분은 자신이 일하는 곳 바로 아래에 풍부한 광산이 있다는 사실을 발견하고 놀랄지도 모른다.

러셀 콘웰Russell Conwell은 그의 저서 『다이아몬드의 땅Acres of Diamonds』에 관한 강연에서 "기회는 먼 곳에서 찾을 필요가 없으며 우리가 있는 바로 그 자리에서 찾을 수 있다"고 말한다. 기억할 만한 진실이다.

독자들에게 당부하고 싶은 것은 글을 다 읽기 전에 이 책에 대한 판단을 내리지 말아 달라는 것이다. 이는 특히 간략하게나마 기술적이고 과학적인 성격의 주제를 다룰 필요가 있었던 서론에 적용된다. 그 이유는 독자들이 이 책을 끝까지 읽은 후에 명백해질 것이다.

열린 마음으로 이 책을 읽기 시작하라. 마지막 장을 읽을 때까지 '열린' 마음을 그대로 유지하는 독자는 전반적으로 더 넓고 정확한 인생관을 터득하게 될 것이다.

나폴레온 힐

당신의 약점을 찾아라

다음 쪽의 자기분석표에 기재된 10명은 세계적으로 잘 알려진 인물이다. 이들 중 8명은 성공한 것으로 알려져 있다. 나머지 2명은 일반적으로 실패한 것으로 여겨지는데 비교를 위해 추가했다.

실패한 사람은 제시 제임스와 나폴레옹 보나파르트로, 이 두 사람이 어디에서 0점을 받았는지 주의 깊게 관찰하면 이들이 실패한 원인을 알 수 있을 것이다.

또 15가지 성공의 법칙 중 어느 하나라도 0점이면 다른 항목의 점수가 높더라도 실패할 가능성이 크다. 반대로 성공한 사람들은 모두 '분명한 핵심 목표' 점수가 100점이라는 데 주목하라. 예외 없는 성공을 위한 전제 조건이다.

만약 여러분이 흥미로운 실험을 하고 싶다면 10명의 이름을 여러분이 아는 10명의 이름으로 바꾸고 각각 점수를 매겨보라. 5명은 성공한 사람, 5명은 실패한 사람을 적으면 좋을 것이다.

끝났으면 자기를 평가해 보라. 그리고 여러분의 약점이 무엇인지 파악해 보기를 권한다.

15가지 성공의 법칙	헨리 포드	벤저민 프랭클린	조지 워싱턴	시어도어 루스벨트	에이브러햄 링컨
1. 분명한 핵심 목표	100	100	100	100	100
2. 자기 확신	100	80	90	100	75
3. 저축하는 습관	100	100	75	50	20
4. 주도성과 리더십	100	60	100	100	60
5. 상상력	90	90	80	80	70
6. 열정	75	80	90	100	60
7. 자제력	100	90	50	75	95
8. 보수 이상의 일을 하는 습관	100	100	100	100	100
9. 호감을 주는 인성	50	90	80	80	80
10. 정확한 사고	90	80	75	60	90
11. 집중력	100	100	100	100	100
12. 협력	75	100	100	50	90
13. 실패에서 배우는 태도	100	90	75	60	80
14. 관용	90	100	80	75	100
15. 황금률	100	100	100	100	100
평균	91	90	86	82	81

항목을 주의 깊게 살펴보고 10명의 등급을 비교한 후, 오른쪽 두 열에 자기 평가 점수를 적어보라. 그리고 이 책을 읽기 전과 후, 두 차례 분석해 보라.

당신은 성공에 가까워지고 있는가?

우드로 윌슨	윌리엄 태프트	캘빈 쿨리지	나폴레옹 보나파르트	제시 제임스	이 책을 읽기 전	이 책을 읽은 후
100	100	100	100	0		
80	50	60	100	75		
40	30	100	40	0		
90	20	25	100	90		
80	65	50	90	60		
90	50	50	80	80		
75	80	100	40	50		
100	100	100	100	0		
75	90	40	100	50		
80	80	70	90	20		
100	100	100	100	75		
40	100	60	50	50		
60	60	40	40	0		
70	100	75	10	0		
100	100	100	0	0		
79	75	71	70	37		

contents

시작하는 글 상상력이 행운을 만든다   7

자기분석표 당신의 약점을 찾아라   13

서론. 마스터 마인드

─ 조화의 힘을 느껴라

23

분자와 원자, 전자로 설명하는 힘의 법칙   34

모든 물질을 움직이게 만드는 유체 에너지   37

생각이 파동이라면?   38

모든 마음은 방송국이자 수신국이다   43

마스터 마인드 사용법   46

마스터 마인드를 이용하는 사람들   51

마음의 화학반응이 불러온 기적   55

마음의 화학반응과 경제적 성취   62

진정한 조화의 효과   68

조화의 부재는 실패를 부른다   72

당신도 성공의 법칙으로 성공할 수 있다   82

1장. 분명한 핵심 목표

─ 성취의 청사진을 그려라

89

성공으로 가는 길을 보여주는 지도   99

목표 설정의 심리적 효과   108

목표 설정의 경제적 효과   114

당신의 삶에 적용하라   124

2장. 자기 확신
— 당신은 당연히 할 수 있다   135

인간이 무서워하는 6가지 두려움   137

사회적 유전과 직접 경험   147

마음을 자기 확신으로 가득 채워라   161

습관의 힘   167

자기 확신이 불러온 변화   171

3장. 저축하는 습관
— 저축도 성공 습관이다   185

습관으로 '풍요로움'을 끌어당겨라   186

빚의 노예가 되지 마라   189

가난이라는 두려움을 극복하는 법   193

빈익빈부익부가 당연한 이유   200

경제적 자유를 이룰 사람은 정해져 있다   204

프리먼의 고백   206

소득별 적정 지출액   219

저축하는 사람에게 찾아오는 기회   223

4장. 주도성과 리더십
— 추종자가 따르는 성품을 만들어라　233

1. 미루는 습관을 당장 없애라　240
2. 다른 사람을 행복하게 하라　244
3. 리더십의 의미를 제대로 알자　246
바흐 소령의 연설　254
운명을 바꾸고 싶다면 결단하라　269
또 다른 이야기들　276

5장. 상상력
— 상상력이 전부다　287

상상력을 이용한 실제 성공 사례들　295
초보자도 발휘할 수 있는 상상력의 힘　298
쓸모없다고 생각하는 것에 상상력을 부어라　302
실패와 실수도 자산이 되는 상상력의 마법　306
상상력을 팔아라　314
나를 탐구하면 '사람'이 보인다　318
상상력의 적용　326
판매에 성공하는 아주 단순한 방법　330
작은 것도 상상하라　336

6장. 열정

― 열정은 누구에게나 공평하다

345

열정과 암시 349

마음을 닫는 대화 vs. 마음을 여는 대화 357

암시의 효력 362

암시로 설득에 성공한 편지 366

잠재의식에 암시를 심는 법 370

'나'를 먼저 갖추어라 372

믿음 378

좋은 옷의 심리학 382

성공한 사람들은 늘 자신을 자극한다 390

7장. 자제력

― 원하는 것만 가슴에 새겨라

397

자제력이 성과를 만든다 402

당신에게 기회가 오지 않는 이유 408

자제력을 갖춘 사람들의 힘 411

나를 파괴하는 습관들을 통제하라 416

강렬한 열망으로 자제력을 키워라 425

보복의 법칙 434

THE LAW OF
SUCCESS

서론

마스터 마인드

THE MASTER MIND

" 할 수 있다고 믿으면 **"**
할 수 있다

조화의 힘을 느껴라

이 책은 '성공의 법칙'에 관한 나의 강좌를 바탕으로 한다.

성공은 조화롭고 균형 잡힌 정신으로 변화무쌍한 삶의 환경에 적응하는 문제다. 조화는 환경을 구성하는 힘에 대한 이해에 바탕을 둔다. 이 책은 독자들이 삶을 둘러싼 환경적인 힘을 해석하고, 이해하고, 최대한 활용할 수 있게 도와준다. 따라서 이 책은 바로 성공으로 이어질 수 있는 실제 삶의 청사진이다.

이 책을 읽기 전에 '성공의 법칙'이라는 강좌의 역사에 대해서 어느 정도 아는 것이 좋겠다. 또한, 이 강좌의 기초가 되는 법과 원칙을 이해하면 무엇을 얻을 수 있는지도 정확히 알아야 한다. 그리고 이 강좌가 자기 위치를 확보하는 싸움에서 도움이 될 가능성뿐만 아니라 그 한계도 알아야 한다.

재미라는 관점에서만 보면 성공의 법칙은 오늘날 신문 가판대에서 볼 수 있는 유행과 흥미 거리를 주로 다루는 월간 잡지들에 훨씬 뒤질 것이다. 이 책은 적어도 자기 시간의 일부를 '성공하는 일'에 할애하는 진지한 사람들을 위한 것이다. 나는 순전히 재미를 목적으로 글을 쓰는 사람들과 경쟁할 생각이 없다.

책을 준비할 때 목표는 두 가지였다. 첫째, 성실한 독자들이 자기 약점을 찾아내는 데 도움을 주고자 했다. 둘째, 약점을 보완하는 '확실한 계획'을 세우는 데 도움을 주고자 했다.

지구상에서 가장 성공한 사람들도 성공하기 위해 성격상의 결점을 고쳐야 했다. 사람들의 성공을 가로막는 결점 중 가장 두드러진 것은 **불관용, 탐욕, 식탐, 질투, 불신, 복수, 이기주의, 자만심, 노력 없이 거저 얻으려는 성향, 버는 것보다 더 많은 돈을 쓰는 습관** 등이다. 이런 인류 공통의 장애물, 그리고 여기에 언급되지 않은 더 많은 장애물을 합리적인 지성을 지닌 사람이라면 쉽게 정복할 수 있는 방식으로 다룬다.

여러분은 먼저 이 성공의 법칙이 이미 실험적인 단계를 거친 지 오래되었으며, 진지하게 생각하고 분석할 가치가 있는 성취 기록이 있다는 사실을 알아야 한다. 또한, 이 세대의 가장 실용적인 몇몇 사람들이 이 책의 내용을 검토하고 지지했다는 사실도 알아야 한다.

성공의 법칙은 처음에 강의 교재로 사용되었다. 나는 7년 이상 미국 전역의 거의 모든 대도시와 수많은 소도시를 다니며 수십만 명에게 이를 전파했다. 강의하는 동안 청중들의 반응을 알아보기 위해 내 조수들이 청중 속에 들어가 강의를 듣게 함으로써 이 강좌가 사람들에게 미치는 영향을 정확하게 파악할 수 있었다. 그리고 이런 연구와 분석 결과를 바탕으로 많이 수정했다.

성공의 법칙 강좌가 첫 번째로 거둔 큰 성과는 3000명의 판매원을 교육하는 과정의 기초로 사용했을 때 나타났다. 이들의 대다수는 판매 경험이 전혀 없었다. 그러나 이 강좌를 통해 약 6개월 동안 100만 달러 이상을 벌었고 나에게 3만 달러를 강의 대가로 지불했다. 이 강좌의 도움을 받아 성공을 거둔 개인과 소규모 판매원 그룹은 너무 많아서 여기에 다 언급할 수 없지만, 수많은 사람이 이 강좌에서 얻은 이점은 분명했다.

성공의 법칙은 오하이오주 캔턴의 《데일리뉴스Daily News》 발행인이었던 돈 멜렛Don Mellett의 주목을 받았다. 나와 파트너십을 맺은 멜렛은 1926년 7월 16일 암살되기 전에 발행인 직을 사임하고 내 일을 도울 준비를 하고 있었다.

죽기 전에 멜렛은 당시 US스틸United States Steel Corporation의 이사장이었던 엘버트 게리Elbert Gary 판사와 회사 전 직원을 대상으로 **총 15만 달러에** 달하는 성공의 법칙을 강연하기로 계획했다. 이 계획은 게리 판사의 죽음으로 중단되었지만, 이는 이 강좌의 가치가 인정되었음을 증명한다. 그가 성공의 법칙 철학을 분석하고 여기에 15만 달러라는 거액을 투자하려고 했다는 사실은 이 강좌에 대한 찬사가 모두 사실임을 말해주는 증거다.

서론에서는 이 강좌를 개괄적으로 소개하려 한다. 서론에서 사용하는 몇 가지 전문용어는 여러분이 명확하게 이해하기 힘들 수 있다. 하지만 너무 신경 쓸 필요 없다. 처음 책을 읽을 때는 이 용어들을 이해하려 하지 않아도 된다. 이 책의 나머지 부분을 다 읽고 나면 그 내용이 분명해질 것이기 때문이다. 서론은 (15장을 제외한) 나머지 14개 장에 대한 배경을 설명할 목적으로 작성했으므로 여기서 자신의 이해도를 평가할 필요는 없다. 하지만 여러 번 읽기를 권한다. 읽을 때마다 이전에 읽을 때 얻지 못한 생각이나 아이디어를 얻게 될 것이기 때문이다.

서론에서 여러분은 뛰어난 개인적 업적의 초석이 되는 새로운 심리학 법칙을 발견하게 될 것이다. 나는 이 법칙을 '**마스터 마인드**Master Mind' 라고 부른다. 특정한 임무를 완수하기 위해 두 사람 이상이 연합해서 조화롭게 협력함으로써 형성되는 사고방식을 뜻한다.

판매업에 종사한다면 일상 업무에서 '마스터 마인드' 법칙을 유익하게 시험해 볼 수 있다. 6~7명으로 구성된 판매원 그룹이 이 법칙을 효과적으로 사용하면 매출이 믿을 수 없을 정도로 늘어날 수 있다고 밝혀졌기 때문이다.

생명보험은 흔히 세상에서 가장 팔기 힘든 상품이라고 한다. 생명보험처럼 필요성이 확실해서 잘 팔릴 것 같은 상품도 실제로는 판매가 쉽지 않다. 이러한 사실을 알면서도 몇몇 푸르덴셜 생명보험 영업 직원은 마스터 마인드 법칙을 실험할 목적으로 그룹을 만들었다. 소액 보험 판매로 매출의 대부분을 일으켰던 사람들이었다. 하지만 이후 이 그룹에 속한 모든 직원은 실험 첫 3개월 동안 전년도에 거둔 연간 실적보다 더 많은 보험 계약을 체결하는 성과를 거두었다. 마스터 마인드 법칙을 적용하는 방법을 배운 소수의 지적인 생명보험 판매원이 달성한 결과를 보면 가장 낙관적이고 상상력이 풍부한 사람도 놀랄 것이다. 생명보험뿐만 아니라 상품이나 기타 서비스 판매에 대해서도 동일한 결과를 가져올 수 있다. 다시 한번 명심하기를 바란다. 서론만 읽어도 인생을 송두리째 바꿀 수 있는 법칙을 충분히 이해할 수 있다.

기업의 성공 척도를 결정하는 것은 직원들의 인성이다. 직원들의 인성을 고객이 더 만족스러워하고 더 매력적으로 느끼도록 바꿔야 기업이 번창할 수 있다. 미국 대도시에서는 수많은 상점에서 비슷한 품질과 가격의 상품을 살 수 있다. 하지만 다른 상점보다 더 영업실적이 뛰어난 상점은 언제나 존재한다. 그 이유는 그 상점에 고객과 접촉하는 직원들의 인성을 관리하는 관리자가 있기 때문이다. 사람들은 상품만큼이나 인성을 산다. 따라서 상품보다 고객을 응대하는 직원의 인성에 더 영향을 받지 않으리라는 법이 없다.

생명보험은 과학적인 기반이 잘 정립되어 있어서 어느 회사의 보험에 가입하든 보험료가 크게 다르지 않다. 하지만 미국에서 영업하는 수백 개의 생명보험 회사 중 10개 남짓한 회사가 미국 시장의 대부분을 점유하고 있다. 바로 인성 때문이다. 생명보험에 가입하는 100명 중 99명은 보험에 어떤 항목이 들어 있는지 모르며, 더더욱 놀라운 것은 별로 신경도 쓰지 않는다는 사실이다. 이들이 정말로 구입하는 것은 인격 함양의 가치를 아는 보험 판매사원의 호감을 주는 인성이다.

우리 인생에서 가장 중요한 일은 성공하는 것이다. 15가지 성공의 법칙에서 다루는 성공은 **다른 사람들의 권리를 침해하지 않고 자신의 분명한 핵심 목표를 달성하는 것**으로 정의할 수 있다. 인생의 주요 목표가 무엇이든 호감을 주는 인성을 함양하는 법, 그리고 어떤 일을 할 때 다른 사람들과 마찰 없이 협력하는 섬세한 기술을 배우고 나면 훨씬 더 쉽게 성공할 수 있다.

인생의 가장 큰 문제 중 하나는 다른 사람들과 조화롭게 협상하는 기술을 배우는 일이다. 이 책은 매년 수많은 사람을 불행과 가난, 실패로 몰아가는 의견 충돌과 마찰의 파괴적인 영향에서 벗어나 조화롭고 평온하게 자신들의 삶의 길을 협상하는 방법을 가르치기 위한 목적으로 만들어졌다. 여러분은 자신의 인성에 완전한 변화가 곧 일어나리라고 기대하면서 이 책을 접하게 되리라 생각한다.

다른 사람들이 조화의 정신으로 여러분에게 협력하도록 하는 인성을 함양하지 못하면 힘을 얻을 수 없다. 또, 힘이 없으면 인생에서 탁월한 성공을 거둘 수 없다. 이 책의 각 장에서는 인성을 함양하는 방법을 보여준다. 다음은 15가지 성공 법칙에서 얻게 될 내용을 장별로 설명한 것이다.

1장 「분명한 핵심 목표」에서는 대다수 사람이 필생의 일을 찾기 위해 낭비하는 헛된 노력을 절약하는 방법을 가르쳐준다. 여기서는 목적 없는 삶을 영원히 끝내고, 여러분의 몸과 마음이 확실하게 잘 계획된 목표를 향하게 하는 방법을 보여준다.

2장 「자기 확신」에서는 모든 사람이 지닌 여섯 가지 기본적인 두려움, 즉 가난에 대한 두려움, 건강을 잃어버리는 것에 대한 두려움, 늙어가는 데 대한 두려움, 비판에 대한 두려움, 누군가의 사랑을 잃는 데 대한 두려움, 그리고 죽음에 대한 두려움을 극복하도록 도와줄 것이다. 또 확실하고 유용한 지식에 바탕을 둔 진정한 자기 확신과 이기주의의 차이를 가르쳐 줄 것이다.

3장 「저축하는 습관」에서는 수입의 일부를 꾸준히 저축하고 소득을 체계적으로 배분해서 가장 위대한 개인적인 힘의 원천을 형성하는 방법을 가르쳐줄 것이다. 돈을 모으지 않고 성공할 수 있는 사람은 아무도 없다. 이 규칙에는 예외가 없다. 누구도 이 규칙에서 벗어날 수 없다.

4장 「주도성과 리더십」에서는 여러분이 선택한 분야에서 추종자가 아닌 리더가 되는 방법을 알려줄 것이다. 여러분의 마음속에 있는 리더십 본능을 키워서 참여하는 모든 일에서 점차 최고가 되도록 돕는다.

5장 「상상력」에서는 여러분의 마음을 자극해서 분명한 핵심 목표를 달성하는 데 도움을 줄 새로운 아이디어를 떠올리고 새로운 계획을 개발할 수 있게 도울 것이다. 말하자면 '오래된 벽돌로 새로운 집을 짓는' 방법을 가르쳐 줄 것이다. 즉, 오래되고 잘 알려진 개념에서 새로운 아이디어를 창출하는 방법과 오래된 아이디어를 새로운 용도로 사용하는 방법을 보여줄 것이다. 이 장에 담긴 하나의 가르침은 매우 실용적인 판매 기술 강좌와 맞먹으며, 진지하게 임하는 사람에게는 진정한 지식의 금맥이 될 것이다.

6장 「열정」에서는 여러분과 여러분의 아이디어에 관심을 가지고 접촉하는 모든 사람의 기대를 충족할 수 있게 해줄 것이다. 열정은 호감을 주는 인성의 토대가 된다. 다른 사람들이 여러분과 협력하도록 영향을 주기 위해서는 이런 인성을 갖춰야 한다.

7장 「자제력」은 여러분의 열정을 조절해서 여러분이 원하는 곳으로 이끄는 '평형 바퀴'다. 실현 가능한 방법으로 여러분이 '자기 운명의 주인과 영혼의 선장'이 되도록 가르칠 것이다.

8장부터 15장은 『나폴레온 힐 성공의 법칙』 2권에서 다루는 이야기지만 여기서도 간단히 소개하겠다.

8장 「보수 이상의 일을 하는 습관」은 성공의 법칙에서 핵심이 되는 중요한 장 중 하나다. 여기서는 수확 체증의 법칙Law of Increasing Returns을 이용하는 방법을 가르쳐줄 것이다. 이는 궁극적으로 여러분이 제공하는 서비스보다 훨씬 더 많은 금전적 보상을 받을 수 있게 해줄 것이다. 보수 이상의 일을 하고 더 나은 일을 하는 습관을 들이지 않는 사람은 어떤 분야에서도 진정한 리더가 될 수 없다.

9장 「호감을 주는 인성」은 여러분이 노력의 '지렛대'를 놓아야 하는 '지렛목'이다. 제대로 놓으면 산적한 수많은 걸림돌을 제거할 수 있다. 이 한 가지 교훈만으로도 수많은 판매의 달인을 탄생시켰고, 하룻밤 사이에 리더들을 기를 수 있었다. 여기서는 어떤 환경이나 다른 사람의 인성에도 적응할 수 있게 여러분의 성격을 바꾸는 방법을 가르쳐줄 것이다.

10장 「정확한 사고」는 모든 지속적인 성공의 초석이 되는 중요한 요소다. 이 장에서는 단순한 '정보'에서 '사실'을 분리해내는 방법을 가르쳐준다. 그리고 알려진 사실을 '중요한' 사실과 '중요하지 않은' 사실로 분류하는 방법을 보여준다. 또 사실을 바탕으로 확실하게 작업 계획을 세우는 방법을 알려준다.

11장 「집중력」에서는 어떤 주제를 마스터하기 위한 실용적인 계획을 세울 때까지 한 번에 한 주제에 주의를 집중하는 방법을 가르쳐준다. 그리고 사람들의 지식을 활용해서 여러분의 계획과 목표를 뒷받침하기 위해 다른 사람들과 협력하는 방법을 가르쳐준다. 주변의 힘에 대한 실용적인 지식을 제공하고, 여러분의 이익을 증진하는 데 이 힘을 활용하는 방법을 보여준다.

12장 「협력」에서는 팀워크의 가치를 보여준다. 여러분이 하는 모든 일에서 찾아볼 수 있을 것이다. 여기서는 '마스터 마인드' 법칙을 적용하는 방법을 설명한다. 마찰과 시샘, 갈등, 부러움, 탐욕에서 벗어나 다른 사람들의 노력과 자기 노력 사이에 조화를 이루는 방법을 보여준다. 또한 나의 일을 하면서 다른 사람들이 배운 모든 것을 활용하는 방법을 배우게 된다.

13장 「실패에서 배우는 태도」에서는 과거와 미래의 모든 실수와 실패를 디딤돌로 삼는 방법을 가르쳐준다. '실패'와 '일시적 패배'의 차이를 알려 주는데 이는 매우 크고 중요한 차이다. 자기의 실패와 다른 사람들의 실패에서 교훈을 얻는 방법도 가르쳐준다.

14장 「관용」에서는 인종과 종교적 편견의 처참한 영향을 피하는 방법을 가르쳐준다. 편견은 수많은 사람이 이런 주제들을 살피지 못해 어리석은 논쟁에 휘말리게 만들고 마음이 오염되고 이성과 탐구의 문을 닫아버려서 패배에 이르게 한다. 이 장은 10장 「정확한 사고」와 쌍둥이라고 할 수 있다. 관용을 베풀지 않고서는 누구도 정확한 사상가가 될 수 없기 때문이다. 편협한 사람은 지식의 책을 덮고 표지에 '끝! 다 배웠다!'라고 쓰고 친구가 되어야 할 사람들을 적으로 만든다. 편협함은 기회를 말살하고 마음을 의심과 불신, 편견으로 채운다.

15장 「황금률」에서는 개인이나 집단의 조화로운 협력을 쉽게 얻는 법을 가르쳐준다. 위대한, 그리고 보편적 인간 행동의 법칙인 '황금률'을 이용하는 방법이다. 황금률 철학에 대한 이해 부족은 평생을 고통과 가난, 결핍 속에 보내는 사람들의 주요 실패 원인 중 하나다. 어떤 종교나 파벌주의와도 관련이 없으며 다른 장들과도 관련이 없다.

성공의 법칙 15가지를 습득하고 자신의 것으로 소화하면 여러분은 15~30주 사이에 분명한 핵심 목표를 달성할 개인적 역량을 갖추게 된다. 성공의 법칙의 목적은 여러분이 가졌거나 미래에 습득할 모든 지식을 발전시키고 정리해서 이를 힘으로 바꿀 수 있게 도와주는 데 있다.

여러분은 수첩을 곁에 두고 이 책을 읽어야 한다. 책을 읽다 보면 이익 증진을 위한 방법과 수단이 '갑자기' 머릿속에 떠오르기 때문이다. 또한 여러분이 가장 아끼는 사람들에게도 이 법칙을 가르쳐줘야 한다. 어떤 주제를 다른 사람에게 가르치다 보면 그 주제를 더 잘 이해할 수 있게 된다는 것은 잘 알려진 사실이기 때문이다. 어린 자식을 둔 부모라면 15가지 성공의 법칙을 아이들의 마음속에 심어줘서 이 가르침이 이들 삶의 전 과정을 바꾸게 할 수 있다. 가정을 이룬 사람이라면 부부가 함께 공부해야 한다. 그 이유는 여러분이 이 서론을 다 읽기 전에 분명히 밝혀질 것이다.

'힘'은 인간의 노력에 속하는 세 가지 기본 요소 중 하나다.

또 힘은 두 가지 부류로 나뉘는데, 하나는 자연 물리 법칙의 조정을 통해 형성되는 물리적 힘이고 다른 하나는 체계적인 지식에서 나오는 힘이다. 둘 중 체계적인 지식에서 나오는 힘이 더 중요하다. 물리적인 힘의 형태와 방향을 바꾸고, 활용할 수 있는 도구를 인간의 손에 쥐어 주기 때문이다.

이 책의 목적은 학생이 자신의 지식 구조에 짜 넣고 싶은 사실들을 수집하기 위해 안전하게 여행할 수 있는 경로를 표시하는 데 있다.

지식을 수집하는 방법에는 크게 두 가지가 있다. 다른 사람들이 체계화한 사실을 연구하고 분류하고 소화하는 방법과 '개인적인 경험'으로 부르는 사실을 자신이 직접 수집해서 정리하고 분류하는 방법이다. 이 책에서는 주로 다른 사람들이 수집하고 분류한 사실과 자료를 연구하는 방법과 수단을 다룬다.

소위 '문명'이라고 말하는 진보한 상태는 인간이 축적한 지식의 척도일 뿐이다. 이 지식은 두 가지로 나뉜다. 정신적 지식과 물리적 지식이다.

인간이 체계화한 유용한 지식 중 우주의 모든 물질을 구성하는 80여 가지의 기본 원소를 발견하고 이를 목록으로 만든 주기율표가 있다. 연구와 분석과 정확한 측정을 통해 인간은 행성, 태양, 별 등으로 대표되는 우주의 물질적 '거대함'을 발견했다. 이런 거대한 천체 가운데는 그 크기가 인간이 사는 지구의 1000만 배 이상인 것도 있다고 알려져 있다.

반면에 인간은 80여 개의 원소를 분자와 원자, 그리고 마지막으로 가장 작은 입자인 전자로 분류함으로써 우주를 구성하는 물리적 형태의 '미세함'도 발견했다. 전자는 눈에 보이지 않는다. 전자는 양(+)전하와 음(-)전하로 구성된 힘의 중심일 뿐이다. 전자는 물리적 성질을 지닌 모든 사물의 시초다(물질을 이루는 가장 작은 단위의 물질을 소립자라고 한다. 현재는 약 300여 종의 많은 소립자가 알려져 있으며 가장 먼저 발견된 소립자는 전자이

다. 책에 설명된 과학 지식은 이 책이 출판되었던 1928년 당시 기준임을 고려해야 한다
- 옮긴이).

분자와 원자, 전자로 설명하는 힘의 법칙

지식을 수집, 체계화, 분류하는 과정의 세부 사항과 관점을 이해하려면 물질의 가장 작고 단순한 입자에서 시작하는 것이 필수적이다.

분자는 원자로 이루어진다. 원자는 지구가 태양 주위를 공전하는 것과 정확히 같은 원리로 빛의 속도로 계속 회전하는 작고 보이지 않는 입자다. 분자 속의 연속적인 회로에서 회전하는 이 원자는 다시 물리적 물질 중 가장 작은 입자인 전자들로 이루어져 있다. 이미 말했듯이 전자는 두 가지 형태의 힘에 불과하다. 전자는 종류와 크기, 성질이 하나로 균일하다. 따라서 전체 우주의 운행 원리가 모래알이나 물방울에서도 똑같이 작용한다.

얼마나 놀라운가! 여러분이 식사할 때 먹는 음식, 접시, 식기류, 식탁 등이 궁극적으로는 단지 균일한 전자의 집합이라는 사실을 기억하면 이 모든 것의 엄청난 규모에 대해 약간의 아이디어를 얻을 수 있을 것이다.

물질의 모든 입자는 매우 불안정한 운동을 계속한다. 거의 모든 물질이 맨눈에는 움직이지 않는 것처럼 보일지라도 가만히 있는 것이 아니다. 엄밀히 말하면 물리적으로 고체인 물질은 없다. 가장 단단한 강철 조각도 단지 회전하는 분자와 원자, 전자의 체계적인 덩어리일 뿐

이다. 게다가 강철 조각의 전자는 금, 은, 황동 또는 백납의 전자와 같은 성질을 지녔고 같은 속도로 움직인다.

80여 가지 물질의 형태는 서로 다른 것으로 보이며, 실제로 서로 다르다. 서로 다른 원자의 조합으로 구성되어 있기 때문이다(다만 원자의 전자는 항상 동일하다. 어떤 전자는 양전하를 띠고 어떤 전자는 음전하를 띨 뿐이다).

화학을 통해 물질은 그 안에서 변하지 않는 원자로 분해할 수 있다. 80여 개의 원소는 원자들의 조합과 위치를 변화시키는 과정을 통해 만들어진다. 현대 과학의 측면에서 원자의 위치 변화가 일어나는 화학적 방식을 설명하면 다음과 같다.

"수소 원자에 양전자 2개와 음전자 2개를 더하면 리튬 원자가 되고, 리튬 원자(양전자 3개와 음전자 3개로 구성됨)에서 양전자 1개와 음전자 1개를 제거하면 헬륨 원자(양전자 2개와 음전자 2개로 구성됨)가 된다."

따라서 우주의 80여 가지 원소는 단지 원자를 구성하는 전자의 수와 각 원소의 분자 내 원자의 수와 배열이 서로 다르다는 것을 알 수 있다. 예컨대 수은의 원자는 원자핵에 80개의 양전하(전자)와 80개의 음전하(전자)를 가지고 있다. 만약 화학자가 두 개의 양전자를 방출하면 바로 백금이 된다. 만약 화학자가 1개의 음전자를 빼앗는다면 수은 원자는 두 개의 양전자와 한 개의 음전자, 즉 전체적으로 1개의 양전하를 잃는 것이 된다. 따라서 원자핵에 79개의 양전하를 가지게 되고 외곽에는 79개의 음전자를 가지게 되어 금이 된다.

이런 전자적 변화가 일어날 수 있는 공식은 오래전 연금술사들과 오늘날의 현대 화학자들이 부지런히 탐구해 온 대상이다. 또 수만 개의 합성 물질이 네 가지 원자, 즉 수소, 산소, 질소, 탄소 원자만으로 구성될 수 있다는 것은 모든 화학자에게 알려진 사실이다.

한 원소의 모든 원자는 화학적으로 같지만, 원자 속의 전자 수의 차이는 질적(화학적) 차이를 부여한다. (분자 내의) 이런 원자의 수와 공간 배열의 차이는 물질, 즉 화합물의 물리적, 화학적 차이를 모두 구성한다. 아주 다른 물질들은 정확히 같은 종류의 원자들 조합으로 생성되지만 그 비율은 다르다.

특정 물질의 분자에서 원자 하나만 빠지면 생명과 성장에 필요한 화합물에서 치명적인 독으로 바뀔 수 있다. 인은 원소이기 때문에 한 종류의 원자를 포함하고 있다. 하지만 어떤 인은 노란색이고 어떤 인은 빨간색이다. 인을 구성하는 분자 내 원자의 공간적 분포에 따라 변하는 것이다.

원자는 자연이 모든 물질적 형태를 만드는 보편적인 입자다. 모래 알에서 우주를 떠다니는 가장 큰 별에 이르기까지 동일하다. 원자는 자연이 참나무나 소나무, 사암이나 화강암, 쥐나 코끼리를 만드는 '구성 요소'다.

몇몇 유능한 사상가들은 우리가 사는 지구와 지구상의 모든 물질의 입자들이 서로 결합한 두 개의 원자에서 시작되었고, 이것이 수억 년 동안 우주를 날아다니면서 지구가 형성될 때까지 다른 원자들과 계속 접촉하며 축적되었다고 추론했다. 이들은 이것이 석탄층, 철광석, 금은 광상鑛床, 구리 광상 등과 같은 지구 물질의 다양하고 서로 다른 지층을 설명한다고 주장한다.

또 이들은 지구가 우주를 돌 때 자력의 법칙을 통해 다양한 성운 혹은 원자와 접촉했다고 주장한다. 지구 표면의 구성을 보면 이 이론을 뒷받침하는 것들이 많지만 이론의 견실성에 대한 확고한 증거는 없다.

다시 정리해 보자. 모든 물질은 끊임없이 진동하거나 운동한다는 것, 분자는 원자라고 불리는 빠르게 움직이는 입자로 이루어져 있다는 것, 그리고 원자는 다시 전자라고 불리는 빠르게 움직이는 입자로 구성되어 있다는 사실을 알게 되었다. 분석 가능한 물질의 가장 작은 입자에 관한 이러한 사실들을 설명한 이유는, 이것이 우리가 힘의 법칙을 개발하고 적용하는 방법을 확인하기 위한 출발점이기 때문이다.

모든 물질을 움직이게 만드는 유체 에너지

물질의 모든 입자에는 원자들이 상상할 수 없는 속도로 서로 주위를 돌게 하는 보이지 않는 '유체' 또는 힘이 있다. 이 '유체'는 한 번도 분석된 적이 없는 에너지 형태다. 지금까지 이것은 전체 과학계를 당황스럽게 했다. 많은 과학자가 이것을 전기와 같은 에너지라고 믿는다. 또 다른 사람들은 이를 진동이라고 부르기도 한다. 이 힘을 뭐라고 부르든 일부 연구자들은 이 힘의 진동 속도가 우주 물체의 외관을 결정한다고 믿는다.

'유체' 에너지의 진동은 소리를 낸다. 인간의 귀는 초당 3만 2000번에서 3만 8000번의 진동으로 생성되는 소리만 감지할 수 있다. 그리고 우리가 '소리'라고 부르는 것보다 초당 진동수가 증가하면 열의 형태로 나타나기 시작한다. 열은 초당 약 150만 번의 진동에서 시작된다.

진동수를 훨씬 더 높이면 빛의 형태로 나타나기 시작한다. 초당 300만 번의 진동은 보랏빛을 만든다. 이 이상의 진동수에서는 맨눈으로는 볼 수 없는 자외선과 다른 방사선을 방출한다. 진동수를 이보다 더 높이면 진동은 인간이 **생각하는 힘**을 만들어낸다.

나의 생각은 이렇다. 모든 진동의 '유체' 부분에서 알려진 모든 형태의 에너지가 발생하며 이는 보편적인 특성이다. 소리의 '유체' 부분은 빛의 '유체' 부분과 같고, 소리와 빛의 효과 차이는 진동수의 차이일 뿐이다. 그리고 생각의 '유체' 부분도 초당 진동수를 제외하면 소리와 열, 빛의 '유체' 부분과 정확히 같다.

지구와 태양, 별 등 모든 행성을 구성하는 물질의 형태는 단 하나, 즉 전자만 존재하듯이 모든 물질이 끊임없이 빠르게 움직이게 하는 '유체' 에너지의 형태도 단 하나밖에 없다.

생각이 파동이라면?

태양과 달, 별, 그리고 우주의 다른 행성들 사이의 광대한 공간은 에테르Ether라고 알려진 에너지로 채워져 있다. 물질의 입자를 움직이게 하는 '유체' 에너지는 우주 공간을 채우는 에테르로 알려진 보편적인 '유체'와 같다는 것이 나의 생각이다. 지구 표면에서 약 80킬로미터 내에 산소와 질소로 구성된 기체 물질인 대기가 존재한다. 대기는 소리의 진동은 전달하지만, 빛과 더 높은 진동은 전달하지 못한다. 반면 에테르는 소리에서 빛, 생각에 이르는 모든 진동의 전도체다.

공기는 모든 동식물의 생존에 필수 요소인 산소와 질소를 공급하는 국지적인 물질이다. 질소는 식물의 주요 필수 요소 중 하나고, 산소는 동물의 주요 필수 요소 중 하나다. 높은 산꼭대기 근처에서는 공기가 매우 가벼워진다. 질소를 거의 포함하지 않기 때문이다. 고산지대에 식물이 거의 자생할 수 없는 이유다. 한편 고산지대에서 발견되는 '가벼운' 공기는 대부분 산소로 이루어져 있다. 그래서 요양을 위해 결핵 환자들을 고산지로 보내기도 한다.

분자, 원자, 전자, 대기, 에테르 등에 관한 짧은 설명조차도 읽기 부담스러울 수 있다. 하지만 이것이 이 책의 기초로서 필수적인 역할을 한다는 사실을 곧 알게 될 것이다. 이 기초에 대한 설명이 현대 소설처럼 짜릿한 재미가 없어 보일지라도 낙담할 필요는 없다. 여러분은 이용 가능한 힘이 무엇인지, 그리고 이런 힘을 조직하고 적용하는 방법은 무엇인지를 찾는 데 진지하게 몰두하고 있다. 이 발견을 성공적으로 마치려면 결단력과 끈기, 그리고 지식을 수집하고 정리하려는 분명한 **욕구**를 결합해야 한다.

알렉산더 그레이엄 벨Alexander Graham Bell 박사는 장거리 전화의 발명가이자 진동 문제에 공인된 권위자 중 한 사람이다. 진동에 관한 나의 이론을 뒷받침하기 위해 그의 생각을 여기에 소개한다.

"암실에 원하는 주파수로 쇠막대를 진동시킬 힘이 있다고 가정하자. 처음에 천천히 진동할 때는 쇠막대의 움직임을 촉각으로만 느낄 수 있을 것이다. 그러다 진동수가 증가하면 낮은 소리가 나와 촉각과 청각, 두 가지 감각으로 느끼게 된다.

초당 약 3만 2000번의 진동에서는 소리가 크고 날카롭지만, 4만 번의 진동에서는 소리가 들리지 않고 쇠막대의 움직임도 촉각으로 감지되지 않는다. 보통 사람의 감각으로는 움직임을 인식할 수 없다. 이 지점부터 초당 약 150만 번의 진동수에 이르기까지는 감각으로 진동의 영향을 인식할 수 없다.

이 단계를 넘어서면 움직임이 온도로 나타나고, 그 후 쇠막대가 뜨거워지면서 빨갛게 달아올라 시각적으로 움직임을 느낄 수 있다. 진동수가 300만 번을 넘어가면 자외선과 기타 보이지 않는 방사선을 방출하는데 그중 일부는 기기로 인식할 수 있고 우리가 사용할 수도 있다.

보통 사람의 감각으로 듣고, 보고, 느낄 수 없는 큰 공백을 들여다보면 진동이 미치는 영향에 대해 배울 것이 많으리라는 생각이 들었다. 일단 이 공백에는 에테르 진동으로 무선 메시지를 보내는 힘이 들어 있다. 하지만 공백이 너무 커서 훨씬 더 많은 것이 있을 것 같다. 무선 기기처럼 실질적으로 새로운 감각을 감지할 수 있는 기계를 만들어야 한다.

이렇게 큰 공백이라면 무선전파만큼, 혹은 무선전파보다 더 훌륭한 결과를 우리에게 가져다줄 수 있는 진동이 많지 않다고 말할 수 있을까? 내가 보기에 이 공백에는 우리가 생각할 때 뇌와 신경 세포에서 발생한다고 추정해온 진동이 있는 것 같다. 이는 자외선을 방출하는 진동을 넘어서는 더 높은 수준의 진동일 수도 있다(마지막 문장은 내가 생각하는 이론이다).

이런 진동을 전달하기 위해 전선이 필요할까? 무선전파처럼 전선 없이 에테르를 통과하지 않을까? 이런 진동을 어떻게 감지할 수 있을까? 일련의 신호를 들을 수 있을까, 아니면 다른 사람의 생각이 우리

뇌 속으로 들어온 것을 느끼게 되는 걸까?

우리는 우리가 아는 무선전파 지식에 기반을 둔 추측에 빠져들 수 있다. 하지만 내가 말했듯이 무선전파는 이론적으로 반드시 존재하는, 방대한 일련의 진동 중에 우리가 인식할 수 있는 유일한 것일 뿐이다. 심파thought wave가 무선전파와 비슷하다면 뇌에서 나와 세계와 우주를 무한하게 흘러 다닐 것이다. 아무리 단단하고 밀도가 높더라도 신체와 두개골, 그리고 다른 단단한 장애물은 심파가 모든 물질의 분자를 둘러싸고 있는 에테르를 통과할 때 아무런 장애가 되지 않을 것이다.

그렇다면 이런 의문이 들 수 있다. 장애물을 통과한 다른 사람들의 생각이 우리 뇌로 흘러들어와 자신의 것이 아닌 생각들을 우리 뇌에 심는다면 지속적인 간섭과 혼란이 일어나지 않을까? 하지만 지금 다른 사람들의 생각이 자신을 방해하지 않는다는 걸 어떻게 확신할 수 있을까? 나는 내가 결코 설명할 수 없는 많은 정신장애 현상들을 안다. 예컨대 연설자가 청중 앞에서 연설할 때 느끼는 영감이나 좌절감이 있다. 나는 이런 일을 여러 번 경험했지만 그 물리적 원인을 정확히 정의할 수 없었다.

최근의 과학적 발견을 보면 사람들이 서로의 생각을 읽고, 생각들이 말이나 글 등 현재 알려진 의사소통 방법의 개입 없이 뇌에서 뇌로 바로 전달될 날이 머지않은 것 같다. 눈 없이 보고, 귀 없이 듣고, 혀 없이 말할 때를 기대하는 것이 터무니없는 것은 아니다. 마음과 마음이 직접적으로 소통할 수 있다는 가설은 생각이나 생명력이 전기적 교란의 일종이며, 무선전파처럼 전선을 통하거나 단순히 만연한 에테르를 통해 먼 거리까지 전달될 수 있다는 이론에 기반을 둔 것이다.

생각이 전기적 교란의 일종이라는 것을 암시하는 많은 유사점이 있다. 뇌와 같은 물질인 신경은 전류의 훌륭한 전도체다. 죽은 사람의 신경에 전류를 흘렸을 때 그가 일어나 앉아 움직이는 것을 보고 우리는 충격을 받을 만큼 놀랐다. 전기를 통하게 한 신경은 살아있을 때와 같이 근육의 수축을 만들어냈다. 전류가 전자석에 영향을 주는 것처럼 신경은 근육에 영향을 주는 것으로 보인다. 전류는 제대로 배치된 쇠막대가 자기를 띠게 하고, 신경에 생명력이라는 무형의 전류를 흘리면 제대로 배열된 근육 섬유들의 수축을 만들어낸다.

생각과 생명력이 전기와 같은 성질을 지닌다고 볼 수 있는 많은 이유를 들 수 있을 것이다. 전류는 우주를 채운 모든 물질에 만연한 가상의 물질인 에테르의 파동 운동으로 여겨진다. 우리는 에테르가 존재한다고 믿는다. 에테르 없이는 전류가 진공 상태를 통과하거나 햇빛이 우주를 통과할 수 없기 때문이다. 오직 비슷한 성격의 파동이 생각과 생명력의 현상을 만들어낼 수 있다고 믿는 것이 타당하다. 우리는 뇌세포가 배터리의 역할을 하고 생성된 전류가 신경을 따라 흐른다고 가정할 수 있다.

하지만 거기서 끝날까? 하인리히 헤르츠Heinrich Hertz가 전파의 존재를 발견하기 전에 무선전파가 눈에 띄지 않고 지나갔듯이 생각이나 생명력도 파동으로 우리의 감각이 감지하지 못하는 사이에 몸 밖으로 빠져나가 세상을 떠돌지 않을까?"

모든 마음은 방송국이자 수신국이다

나는 모든 인간의 두뇌가 사고 주파수thought frequency의 진동을 송출하고 수신하는 방송국이자 수신국임을 증명했다고 자부한다. 만약 이 이론이 사실로 밝혀지고 적절한 통제 방법을 수립한다면 마음이 지식의 수집과 분류, 체계화에서 어떤 역할을 할지 상상해 보라. 이런 현실이 가능하리라는 생각만으로도 놀랍지 않은가?

토머스 페인Thomas Paine은 미국 독립 혁명기의 위대한 사상가 중 한 명이었다. 아마도 우리는 다른 어떤 사람보다도 그에게 미국 독립 혁명의 시작과 행복한 결말을 빚고 있을 것이다. 독립선언서를 작성하고 그 문서의 서명자들을 설득해서 미국 독립을 실현하는 데 도움을 준 것은 그의 간절한 마음이었기 때문이다. 페인은 자기 지식의 원천에 대해 다음과 같이 말했다.

"자기 마음의 관찰을 통해 인간의 마음 행로를 관찰해 본 사람이라면 생각에는 두 가지 종류가 있다는 사실을 알게 된다. 하나는 우리가 성찰과 사고를 통해 만들어내는 생각, 다른 하나는 저절로 떠오르는 생각이다. 나는 항상 자발적인 방문객들을 소중하게 여기고, 이런 생각이 가치 있는지 살펴보았고 이것을 원칙으로 삼았다. 내가 가진 거의 모든 지식은 이런 생각에서 얻었다. 학교 교육을 통해 얻는 지식은 단지 나중에 스스로 학습을 시작할 수 있도록 돕는 작은 자본과 같은 역할을 한다. 배우는 사람은 모두 마침내 자신의 스승이 된다. 원리를 이해하지 못하면 기억은 오래가지 않는다. 이해하지 못한 원리는 기억 속에 깊이 새겨질 수 없기 때문이다."

앞서 이야기한 미국의 위대한 애국자이자 철학자인 페인의 경험은 모든 사람의 경험이기도 하다. 외부의 원천으로부터 생각이 밀려 들어오거나 심지어는 완전한 아이디어가 뇌리로 '펑'하고 들어오는 경험이 없는 사람이 어디 있을까?

그런 방문객에게 에테르 말고 어떤 교통수단이 있을까? 에테르는 우주의 무한한 공간을 채운다. 이것은 소리와 빛, 열과 같은 알려진 형태의 진동을 전달하는 매개체다. 이것이 생각의 진동을 전달하는 매개체가 되어서는 안 될 이유가 있을까?

모든 마음 혹은 뇌는 에테르를 매개로 다른 모든 뇌와 직접 연결되어 있다. 뇌에서 내보내는 모든 생각은 보내는 뇌와 '친밀한' 다른 모든 뇌에서 즉시 받아들이고 해석할 수 있다. 나는 화학식 H_2O가 물을 생성한다는 사실만큼이나 이 사실을 확신한다. 할 수 있다면 이 원칙이 삶의 모든 면에서 어떤 역할을 할지 상상해 보라.

에테르가 마음에서 마음으로 생각을 전달하는 매개체일 가능성은 에테르가 하는 역할 중 가장 놀라운 것이 아니다. 사람의 뇌에서 나오는 모든 생각의 진동을 에테르가 감지해서 그것이 나올 때 사용된 에너지의 강도에 상응하는 길이의 순환 파장circuitous wave length 운동으로 보존한다는 것, 이 운동은 영원히 계속된다는 것, 그리고 이것이 어떤 사람의 마음속으로 '펑'하고 들어온다는 것을 나는 믿는다. 생각을 내보내는 두 가지 원천 중 하나가 이 운동이며, 또 다른 원천은 에테르를 통해 생각의 진동을 방출하는 두뇌와의 직접적이고 즉각적인 접촉이다.

따라서 이 이론이 사실이라면 전 우주의 무한한 공간은 인류가 내보내는 모든 생각을 찾을 수 있는 '정신의 도서관'이 될 것이다.

여기서 2장 「자기 확신」에 열거된 가장 중요한 가설 중 하나를 위한 토대를 마련한다. 이 사실을 기억하면서 읽기 바란다.

이것은 체계화된 지식organized knowledge에 관한 이야기다. 인류가 대대로 물려받은 유용한 지식의 대부분은 자연의 경전Nature's Bible에 정확하게 기록 및 보존되어 있다. 이 변하지 않는 경전의 기록을 돌아보면서 인간은 현재의 문명으로 성장하기까지 엄청난 투쟁의 역사에서 지혜를 얻었다. 이 경전의 기록들은 우리 지구와 다른 행성들을 구성하는 물리적 요소들과 전 우주를 채우는 에테르로 이루어져 있다.

자신들이 사는 이 땅의 돌과 지표에 새겨진 기록을 돌아보면서 인류는 믿을 수 없는 세월 동안 대자연이 자신들을 깨우치고 인도하기 위해 이 땅에 심어놓은 뼈와 해골, 발자국 등 동물 생태사의 명백한 증거들을 발견했다. 증거는 아주 명백하다. 이 땅에서 발견된 거대한 돌 기록과 모든 과거 인간의 생각이 기록된 에테르로 대표되는 이 경전의 끝없는 기록들이야말로 창조주와 인간 사이의 진정한 소통의 원천이다. 이 경전은 인간이 생각하는 동물의 단계에 도달하기 전에, 아니 실제로 인간이 아메바(단세포 동물) 단계에 도달하기 전에 시작되었다.

자연의 경전은 인간이 바꿀 수 없다. 또한 이는 고대의 죽은 언어나 원시인의 상형문자가 아니라 눈이 있는 사람은 누구나 읽을 수 있는 보편적인 언어로 이야기를 들려준다. 우리가 알 만한 가치가 있는 모든 지식을 얻어낸 자연의 경전은 아무도 고치거나 손댈 수 없는 것이다.

지금까지 인간이 발견한 것 중 가장 놀라운 것은 최근에 발견한 전파 원리로, 이는 자연 경전의 중요한 부분인 에테르를 통해 작동한다.

에테르가 일반적인 소리의 진동을 감지하고, 이 진동을 오디오 주파수에서 라디오 주파수로 변환하고, 이 주파수에 맞춘 수신국으로 보내고, 이를 받은 수신국에서 다시 원래 오디오 주파수 형태로 변환하는 이 모든 과정이 순식간에 일어나는 것을 상상해 보라. 이런 힘이 생각의 진동을 모아 그 진동을 영원히 지속하게 할 수 있다고 해도 아무도 놀라지 않을 것이다.

현대 무선 장치를 사용해서 에테르를 매개체로 소리가 순간적으로 전달된다고 확립된 사실은, 생각의 진동이 마음에서 마음으로 전달된다는 이론을 단순히 가능성 있는 이론에서 충분히 개연성 있는 이론으로 만든다.

마스터 마인드 사용법

이제 우리는 두 사람 이상의 마음의 조화로운 연합, 즉 마스터 마인드를 통해 유용한 지식을 수집, 분류하고 체계화하는 수단과 방법을 설명하는 단계로 넘어왔다. '마스터 마인드'라는 용어는 추상적이며, 한 사람의 마음이 다른 사람의 마음에 미치는 영향을 주의 깊게 연구한 소수의 사람을 제외하고는 알려진 사실이 없다.

나는 인간의 마음을 주제로 구할 수 있는 모든 참고문헌과 논문을 뒤졌지만, '마스터 마인드'의 원리에 관한 사소한 언급조차 찾아볼 수 없었다. 이 용어는 앤드루 카네기와의 인터뷰에서 처음 나의 관심을 끌었으며 이는 1장에서 자세하게 설명하겠다.

마음은 우주에 만연한 에테르를 구성하는 것과 같은 보편적인 '유체' 에너지로 이루어져 있다는 것이 나의 믿음이다. 어떤 마음은 서로 만나는 순간 충돌하지만, 다른 마음은 서로에 대해 타고난 친밀감을 보인다는 것은 과학수사 전문요원만이 아니라 비전문가에게도 잘 알려진 사실이다. 마음과 마음이 만나면서 자라나는 자연적인 적대감과 친밀감의 양극단 사이에는 마음과 마음이 다양한 반응을 주고받을 가능성이 있다.

어떤 마음들은 너무나 자연스럽게 서로 적응해서 필연적으로 '첫눈에 반하는 사랑'이 된다. 이런 경험을 모르는 사람이 있을까? 다른 경우에는 마음이 너무 적대적이어서 첫 만남에서 서로 격렬한 혐오감을 보인다. 이런 결과는 한마디 말이나 애증을 자극할 만한 어떤 원인에 대해 아무런 조짐도 없이 일어난다.

'마음'은 에테르 혹은 뭐라고 부르든 이와 비슷한 유체나 물질, 에너지로 구성되어 있을 가능성이 크다. 두 마음이 닿을 정도로 서로 가까이 다가가면 이 '마음 물질(에테르의 전자라고 하자)'이 혼합되어 화학 반응을 일으켜 두 사람에게 유쾌하거나 불쾌한 영향을 미치는 진동을 일으킨다.

두 마음이 만났을 때 그 효과는 무심코 바라보는 사람에게도 확연하게 드러난다. 모든 결과에는 원인이 있기 마련이다. 이제 막 만난 두 마음 사이에 태도의 변화가 일어났다면 그 원인은 무엇일까? 접촉으로 인해 자기 자신을 재배치하는 과정에서 일어나는 각 마음의 전자나 단위들의 교란이라고 보는 것이 가장 합리적인 추론이 아닐까?

이 과정을 견실한 토대 위에 세우기 위해 우리는 먼 길을 걸어왔다.

두 마음의 만남이나 밀접한 접촉이 각각의 마음속에 어떤 뚜렷한 효과를 만들어내거나 접촉 직전의 것과는 상당히 다른 마음 상태를 형성한다는 것을 인정함으로써 얻은 성과다. 마음과 마음 사이, 이러한 반응의 원인이 무엇인지 밝히는 것은 바람직하지만 필수적인 것은 아니다. 모든 경우에 반응이 일어난다는 것은 잘 알려진 사실이므로 우리에게 '마스터 마인드'라는 용어가 무엇을 의미하는지 보여주는 출발점을 제공한다.

마스터 마인드는 둘 이상의 마음이 완벽한 조화의 정신으로 함께 모이거나 섞일 때 형성될 수 있다. 이런 조화로운 혼합으로부터 마음의 화학반응이 일어나서 한 마음 또는 모든 마음이 이용할 수 있는 제3의 마음을 창조한다. 마스터 마인드는 각 마음 사이의 우호적이고 조화로운 동맹이 존재하는 한 계속 이용할 수 있다. 하지만 우호적인 동맹이 깨지는 순간 마스터 마인드는 붕괴되고 동시에 이전에 마스터 마인드가 존재했다는 모든 증거가 사라질 것이다.

이러한 마음의 화학반응은 이른바 '소울 메이트'나 '삼각관계' 같은 사건들의 원인이 되기도 한다. 불행하게도 그들 중 많은 사람이 이혼 법정에 들어가서 무지하고 교육받지 못한 사람들이라는 대중적인 조롱을 받는다.

결혼 후 처음 2~3년간은 다소 사소한 의견 충돌이 많이 생길 수 있다. 이때는 서로 적응하는 시기다. 만약 이 시기를 잘 극복하면 그 결혼은 영구적인 결연이 될 가능성이 크다. 이런 사실들은 경험 있는 기혼자라면 부인하지 않을 것이다. 우리는 또다시 '원인'은 이해하지 못하고 '결과'만 본다.

다른 원인도 있겠지만, 중요한 것은 결혼 초기 몇 년간의 불화는 조화롭게 섞이는 마음의 화학반응이 느리기 때문에 발생한다. 다르게 표현하면 마음이라고 불리는 전자 또는 에너지는 처음 만났을 때 종종 매우 우호적이거나 적대적이지 않다. 이들은 지속적인 유대를 통해 점차 서로 조화롭게 적응해 나간다. 드물게는 이런 유대가 궁극적인 적대감으로 이어지는 역효과를 낼 때도 있다.

남녀가 10년에서 15년 동안 함께 살게 되면 사랑이라고 할 만한 마음이 조금도 남아있지 않더라도 서로에게 실질적으로 없어서는 안 될 존재가 된다. 이런 유대 관계는 두 마음 사이에 자연적인 친밀감을 일으킬 뿐 아니라 실제로 두 사람이 비슷한 표정을 띠거나 다른 여러 면에서 서로 매우 닮게 한다. 인간 본성 분석에 유능한 사람이라면 낯선 사람들 틈에서도 부부를 쉽게 찾아낼 수 있다. 오랫동안 결혼생활을 이어온 사람들의 눈빛과 얼굴 윤곽, 목소리 톤은 눈에 띄게 비슷해진다.

마음의 화학반응은 이처럼 너무나 두드러지게 나타나므로 경험 많은 대중 연설가라면 자기 연설에 대한 청중들의 반응을 빠르게 알아챌 수 있다. 적대감의 효과를 '느끼는' 방법을 배운 연설가는 1000명의 청중 가운데 한 명이라도 적의를 품으면 쉽게 감지할 수 있다. 심지어 청중들의 표정을 관찰하지 않고도 이런 판단을 할 수 있다. 반대로 청중은 소리를 내거나 표정을 지어 만족이나 불만족 의사를 표현하지 않고도 연설자가 웅변을 더 잘하게 만들거나 웅변을 방해해 망치게 할 수도 있다.

노련한 세일즈맨은 마감해야 할 '심리적 시간psychological time'이 도래한 순간을 안다. 즉, 잠재 구매자가 말해서가 아니라 마음의 화학반응을 해석하거나 느껴서 알아낼 수 있다. 말은 말하는 사람의 의도를 착각하게 할 수 있지만, 마음의 화학반응을 올바르게 해석하면 그럴 가능성을 배제할 수 있다. 유능한 세일즈맨은 대부분 구매자가 구매를 결정하려는 순간에 일부러 부정적인 태도를 보이는 경향이 있음을 안다.

유능한 변호사는 교묘하게 거짓말하는 영악한 증인의 마음속 진실을 마음의 화학반응을 통해 올바르게 해석할 수 있는 육감이 있다. 많은 변호사는 이 능력의 진정한 근원을 알지 못한 채 이 능력을 발전시켜 왔다. 즉, 이들은 이 능력의 토대가 되는 과학적 원리에 대한 이해 없이 이 기술을 갖추고 있다. 많은 세일즈맨도 마찬가지다.

다른 사람의 마음에 일어나는 화학반응을 올바르게 해석하는 재능이 있는 사람을 비유적으로 말하면 '집주인도 모르는 사이에 집 전체를 탐색하는 사람'이다. 집주인은 손님을 접대하지도 않았는데 이미 집 정문으로 들어가 모든 세부 사항을 메모하면서 여유롭게 집 전체를 둘러보고는 내부의 완전한 그림을 가지고 유유히 다시 걸어나가는 것이다. 10장 「정확한 사고」에서 이 원리가 매우 실용적인 용도로 사용될 수 있음을 보게 될 것이다. 여기서는 단지 이 원리가 성공의 법칙에 대한 접근방법이라는 것을 언급해 두는 데 그칠 것이다.

지금까지 충분한 시간을 들여 마음에서 일어나는 화학반응의 원리를 소개했다. 학생들의 일상적인 경험과 관찰의 도움을 받아 두 마음이 서로 밀접하게 접촉하는 순간 눈에 띄는 정신적인 변화가 일어나며, 이런 변화가 때로는 적대감, 때로는 친밀감으로 나타난다는 것을 증명했다. 모든 마음에는 전기장electric field이라고 할 수 있는 것이 있다.

장field의 본질은 그 뒤에 위치한 개인의 마음, 즉 '기분mood'과 장을 만드는 마음의 화학적 성질에 따라 달라진다.

나는 마음에서 일어나는 정상적이고 자연스러운 상태의 화학반응은 신체의 유전 형질과 마음을 지배해 온 생각의 본질에 따른 결과라고 믿는다. 그리고 개인의 철학과 사고방식이 마음의 화학반응을 변화시키며 마음도 지속해서 변한다고 생각한다. 나는 이런 원리들을 진실이라고 믿는다. 모든 사람이 자발적으로 자기 마음의 화학반응을 변화시켜 자신이 접촉하는 모든 사람의 마음을 끌어당기거나 쫓아버릴 수 있다는 것은 **알려진 사실이다.** 다른 말로 표현하면 모든 사람이 말이나 표정 또는 기타 몸동작이나 태도의 도움 없이도 다른 사람을 끌어당기고 기쁘게 하거나, 멀리하고 적대시하는 정신적인 태도를 취할 수 있다.

마스터 마인드를 이용하는 사람들

다시 '마스터 마인드'의 정의로 돌아가 보자. 두 명 이상의 마음이 **완벽한 조화의 정신으로** 한데 어우러져 자라나는 마음이 마스터 마인드라고 했다. 이제 여기서 말하는 '조화'라는 단어의 의미를 완전히 이해할 수 있을 것이다. 완벽한 조화의 요소가 존재하지 않는 한 두 마음은 어우러질 수 없다. 여기에 실질적인 비즈니스 관계에서부터 사회적 동반자의 관계까지, 모든 관계 성패의 비밀이 있다.

판매 관리자, 군 지휘관, 그리고 다른 분야의 모든 리더는 성공을 달성하려면 소속감 혹은 공통 이해와 협력 정신이 필요함을 이해한다. 목표가 조화를 이루는 이런 집단정신은 자발적이든 강제적이든 개개인의 마음이 '마스터 마인드'로 어우러지는 수련을 통해 얻어진다. 개별적인 마음이 화학반응을 일으켜 한마음이 된다는 것을 뜻한다.

이런 융합 과정이 일어나는 방법은 다양한 형태의 리더십에 관여하는 사람들만큼이나 다양하다. 모든 리더에게는 추종자들의 마음을 조직화하는 자기만의 방법이 있다. 어떤 리더는 물리력을 사용하고 어떤 리더는 설득력을 사용한다. 어떤 리더는 특정 집단에 속한 개개인의 마음을 집단정신으로 모으기 위해 일벌백계로 처벌의 무서움을 이용하며 또 다른 리더는 보상을 이용한다. 여러분이 이런 분야의 리더들이 사용하는 기술을 발견하기 위해 정치, 비즈니스 또는 금융의 역사를 깊이 탐구할 필요는 없다.

위대한 세계적 리더들은 마음의 화학반응을 유리하게 조합하는 능력을 타고났다. 그 능력의 핵심은 다른 사람의 마음을 끌어당기는 것이다. 나폴레옹은 그가 접촉하는 모든 사람의 마음을 끌어당기는 결정적 성향을 보였다. 자석 같은 마음을 가진 사람의 유명한 예다. 병사들은 확실한 죽음 앞에서도 망설이지 않고 나폴레옹을 따랐다. 이는 사람의 마음을 끌어당기는 매력을 지닌 그의 성격적 특성 때문이었다. 그리고 이런 특성은 마음의 화학반응에 지나지 않았다.

만약 특정 집단의 한 개인이 극도로 부정적이고 혐오스러운 마음을 가지고 있다면 어떤 집단의 마음도 어우러질 수 없다. 부정적인 마음과 긍정적인 마음은 여기서 말하는 의미의 마스터 마인드로 어우러지지 않는다. 유능한 리더도 이런 사실을 알지 못해 실패한 경우가 많았다.

마음의 화학반응 원리를 이해하는 유능한 리더는 실질적으로 특정 집단 구성원의 마음을 일시적으로 융합해서 집단정신을 나타내도록 할 수 있다. 하지만 이런 구성은 그 집단에서 이런 리더가 사라지는 바로 그 순간 해체될 것이다. 성공적인 생명보험 판매 조직이나 기타 판매원들이 일주일에 한 번 이상 자주 만나는 이유는 뭘까? 바로 **개별적인 마음을 하나의 마스터 마인드로 융합해서 이를 통해 일정 기간 개개인의 마음을 자극하기 위해서다.**

이런 집단의 리더들 대부분은 이런 모임에서 실제로 무슨 일이 일어나는지 이해하지 못한다. 이런 모임은 통상적으로 리더와 그룹의 다른 구성원들이 대화를 나누고 때때로 외부 인사를 초청해서 강연을 듣기도 하는 형태로 진행되며 이 과정에서 개개인의 마음이 서로 접촉하고 재충전하게 된다.

인간의 뇌는 지치거나 고갈되면 의기소침하고 의욕이 떨어지고 '기력'이 쇠하는 느낌이 들게 된다는 점에서 전기 배터리에 비유할 수 있다. 이런 감정을 한 번도 느끼지 않은 운 좋은 사람이 있을까? 인간의 뇌는 이처럼 고갈된 상태일 때 재충전해야 하며, 그 방법은 더 활기찬 마음과 접촉하는 것이다. 훌륭한 리더들은 재충전의 필요성을 이해하며, 이런 결과를 가져오는 방법도 안다. **이런 지식은 리더와 추종자를 구별하는 주요 특성이 된다.**

이 원리를 잘 이해하는 사람은 주기적으로 더 활력 있는 사람과 접촉함으로써 뇌를 활성화하거나 '충전'한다. 사랑하는 남녀 사이의 성적인 접촉은 마음을 재충전할 수 있는 가장 효과적인 자극 중 하나다.

하지만 다른 성관계는 오히려 마음의 활력을 잃게 한다. 고갈된 마음을 되살리기 위한 수단으로서 성적 접촉을 언급했는데, 참고로 모든 분야의 위대한 지도자들은 모두 매우 강한 성욕의 소유자들이었다. '성sex'이라는 단어는 외설스러운 단어가 아니다. 모든 사전에서 이러한 정의를 찾을 수 있다.

유능한 정신 치료학Psycho-therapeutics 의사라면 몇 분 안에 뇌를 재충전할 수 있다. 이를 잘 아는 의사들과 건강 전문가들 사이에서 모든 질병은 개인의 뇌가 고갈되거나 활력이 약해진 상태일 때 시작된다는 이론을 받아들이는 경향이 늘어나고 있다. 달리 말하면 뇌가 완벽하게 활성화된 사람은 전부는 아닐지라도 대부분 질병에 면역성을 가지게 된다는 것이다.

영민한 의료인들은 모두 '자연'이나 마음이 질병을 낫게 한다는 것을 알고 있다. 약, 믿음, 안수按手, 지압 요법, 접골 요법 등의 외부 자극제는 '자연'의 인위적인 보조물에 지나지 않는다. 더 정확히 말하면 마음의 화학반응이 신체의 세포와 조직을 재조정하고, 뇌를 활성화하고, 몸을 정상적으로 작동하게 하는 단순한 방법에 지나지 않는다. 정통한 의사라면 이 말이 진실임을 인정할 것이다. 그렇다면 마음의 화학반응 분야에서 미래의 발전 가능성은 무엇일까?

나는 마음의 화학반응 분야의 과거 성취를 상세하게 조사하고, 이런 성취가 주로 이런 마음들이 우연히 모인 결과라는 사실을 염두에 둠으로써 이 분야의 미래 가능성을 판단할 수 있다. 지금 대학에서 가르치는 다른 주제들과 마찬가지로 대학교수들이 마음의 화학반응을 가르칠 시점이 가까워지고 있다. 이 주제와 관련된 연구와 실험은 학생들에게 가능성의 길을 열어준다. 우리는 마음을 조화롭게 어우러지게 하는 원리를 통해 완벽한 건강을 누릴 수 있을 것이다. 또 같은 원리로 모든 사람을 끊임없이 짓누르는 경제적 압박 문제를 해결하는 힘도 기를 수 있을 것이다.

마음의 화학반응이 불러온 기적

마음의 화학반응이 경제계와 상업계의 일상 업무에 적절하게 적용될 수 있다는 것은 증명할 수 있는 사실이다.

마음의 화학반응 원리는 완벽한 조화의 정신으로 둘 이상의 마음을 어우러지게 함으로써 마음이 어우러진 개인들이 초인적인 위업으로 보이는 일을 할 수 있는 능력을 개발하게 할 수 있다. 이 능력은 인간이 어떤 일이라도 성취하도록 돕는 힘이다. 전체를 위해 자기 개성과 당면한 개인의 이익을 묻어두는 지혜를 가진 사람들의 집단이라면 완벽한 조화의 정신으로 개개인의 마음을 어우러지게 함으로써 이런 무한한 능력을 누릴 수 있다.

서론 전반에 걸쳐 '조화'라는 단어가 얼마나 많이 등장하는지 보라. 이 '완벽한 조화'라는 요소가 없으면 '마스터 마인드'는 형성될 수 없다. 이를테면 개개인의 마음이 **완벽한 조화의 정신으로 달아오르기 전에는 다른 마음과 어우러지지 않는다.** 두 마음의 이해가 갈리는 순간 개별적인 마음은 분리되고, 우호적이고 조화로운 동맹에서 자라난 '마스터 마인드'로 알려진 제3의 요소는 해체되고 만다.

이제 마음의 화학반응 원리를 적용해서 큰 힘과 부를 축적한 몇몇 유명 인사들의 연구로 넘어가자. 경제와 비즈니스, 과학 등 각자의 전문 분야에서 큰 업적을 남긴 세 사람을 살펴보겠다. 세 사람은 헨리 포드Henry Ford와 토머스 에디슨Thomas Edison, 그리고 하비 파이어스톤Harvey Firestone 이다. 이들 가운데 경제력과 재정 능력으로 보면 헨리 포드가 단연코 가장 막강하다.

포드를 연구한 많은 사람이 그가 역사상 가장 영향력 있는 사람이라고 생각한다. 포드는 생전에 금전신탁에서 미국 정부를 능가하는 재력을 가진 유일한 사람으로 알려졌다. 포드는 해변에서 노는 아이가 양동이에 모래를 채우듯 아주 쉽게 수백만 달러를 모았다. 포드를 잘 아는 사람들의 말에 따르면 그는 필요하다면 일주일 내에 10억 달러를 움직일 수 있었다고 한다. 포드의 업적을 아는 사람들은 이를 의심하지 않는다. 그를 잘 아는 사람들은 그가 보통 사람들이 한 달 집세 낼 돈을 마련하는 데 들이는 것보다 더 큰 노력을 들이지 않고도 그렇게 할 수 있다는 것을 안다. 그는 성공의 법칙의 기초가 되는 원칙을 적용함으로써 이 돈을 얻을 수 있었다. 1927년 포드의 새 자동차 모델이 마무리 단계에 있을 때 그는 37만 5000대 이상의 선주문 대금을 현금으로 받았다고 한다. 당시 시세로 자동차 한 대 가격을 600달러로 추정했을 때 2억 2500만 달러에 달하는데 이 어마어마한 금액을 자동차 한 대를 배달도 하기 전에 받은 것이다. 이것이 포드의 능력에 대한 신뢰의 힘이다.

토머스 에디슨은 모두가 알다시피 철학자이자 과학자이며 발명가다. 아마도 그는 지구상에서 가장 경전을 좋아하는 사람일 것이다. 하지만 그가 좋아하는 것은 인간이 만든 수많은 경전이 아니라 자연의 경전이다. 에디슨은 대자연의 경전에 대한 예리한 통찰력을 지녔으며 인류의 이익을 위해 누구보다도 자연의 법칙을 더 많이 활용하고 결합했다. 바늘과 회전하는 판을 결합해서 사람의 목소리 진동을 녹음하고 현대식 축음기를 통해 이를 재생할 수 있게 한 것이 바로 그였다(인간의 음성을 기록하고 재생할 수 있게 한 것처럼 무한한 우주의 에테르에 기록되고 있는 생각의 진동을 포착하고 올바르게 해석할 수 있게 할 사람도 에디슨일 것이다).

백열전구를 발명해서 번개를 인간이 사용할 수 있는 빛으로 만든 것도 에디슨이다. 그리고 세상에 현대적 형태의 영화를 가져다준 것도 에디슨이다. 하지만 이것들은 에디슨의 뛰어난 업적 중 극히 일부에 불과하다. 그가 행한 이런 현대의 '기적'은 초인적인 힘을 가장한 속임수가 아니라 과학의 밝은 빛 아래에서 이룬 것으로 인간이 쓴 소설책에 나오는 이른바 '기적'을 초월한다.

하비 파이어스톤은 오하이오주 애크런에 있는 파이어스톤타이어 Firestone Tire사의 핵심 인물이다. 그의 산업적 업적은 자동차를 사용하는 곳이라면 어디서나 너무나 잘 알려져 있어 이에 관해 특별히 언급할 필요는 없어 보인다.

이 세 사람은 모두 자본도 없이, 그리고 보통 '교육'이라고 일컬어지는 교육을 거의 받지 못한 채 자신들의 경력을 시작했다. 세 사람 모두 이제는 교양과 학식을 갖췄다. 모두 부유하다. 그리고 모두 영향력이 막강하다. 이제 이들의 부와 힘의 근원을 알아보자. 지금까지 우리는 효과만을 다루어 왔다. 진정한 철학자는 어떤 효과의 '원인'을 알고 싶어 한다.

포드와 에디슨, 파이어스톤이 오랜 세월 친한 친구 사이로 지내왔다는 것은 널리 알려진 사실이다. 이들은 1년에 한 번 숲속에서 휴식과 명상을 하며 회복기를 가지곤 했다. 이 세 사람 사이에 힘의 진정한 원천인 '마스터 마인드'로 어우러지게 한 조화로운 유대감이 존재했는지는 알려지지 않았으며 이들끼리 이를 인식했는지도 심히 의문이다. 하지만 포드와 에디슨, 파이어스톤의 마음이 한데 어우러져서 나온 이 집단정신이 대부분 사람은 모르는 힘(지식의 원천)을 알 수 있게 했다.

만약 여러분이 여기서 설명한 원리나 효과를 의심한다면, 여기서 설명한 이론의 절반 이상이 이미 알려진 사실임을 기억하라. 예컨대 이 세 사람은 엄청난 힘과 부를 가진 것으로 알려졌다. 이들은 자본 없이 시작했으며 거의 정규교육을 받지 않았다. 이들은 주기적으로 마음을 접촉했으며 서로 화목하고 우호적이었다. 각자의 활동 분야에서 이들의 업적은 다른 사람들의 업적과 비교할 수 없을 정도로 뛰어나다는 것도 잘 알려진 사실이다.

이 모든 결과는 문명 세계의 거의 모든 사람에게 알려진 사실이기 때문에 효과에 관한 한 논쟁의 여지가 없다. 포드와 에디슨, 파이어스톤이 이룬 업적의 원인과 관련해 우리가 확신할 수 있는 한 가지 사실이 있다. 즉, 이들의 업적이 속임수와 기만, 초자연적 현상, 신의 계시 또는 다른 형태의 비정상적인 법칙에 기반을 두지 않았다는 것이다. 이 사람들에게서는 어떤 속임수도 찾아볼 수 없다. 이들은 자연법칙을 따랐다. 마음의 화학반응 원리를 제외한 대부분 법칙은 모든 경제학자와 과학 분야의 리너들에게 잘 알려진 법칙이다. 마음의 화학반응 원리가 과학자들에게 잘 알려진 법칙의 대열에 끼지 못한 것은 아직 이론이 충분히 성숙하지 않았기 때문이다.

'마스터 마인드'는 완벽한 조화의 정신으로 개개의 마음을 조정하는 집단이라면 누구라도 만들 수 있다. 이런 집단은 둘 이상의 마음으로 구성할 수 있지만, 가장 바람직한 결과는 여섯 또는 일곱 사람의 마음을 융합했을 때 얻을 수 있는 것으로 보인다.

예수 그리스도가 마음의 화학반응 원리를 이용하는 방법을 발견했으며, 기적으로 보이는 그의 행적은 그가 열두 제자의 마음을 혼합해서 발전시킨 힘에서 나왔다는 가설이 있다. 그리고 제자 중 한 명인 가룟 유다Judas Iscariot가 신앙을 깨뜨렸을 때 '마스터 마인드'는 즉시 붕괴됐고 예수는 그의 삶에서 가장 큰 시련을 겪게 되었다는 지적도 있다.

두 명 이상이 마음의 조화를 이루어 '마스터 마인드'로 알려진 효과를 만들어내면 그 집단의 각자는 그 집단의 다른 모든 구성원의 '잠재의식으로 심어진' 마음을 통해 지식을 접하고 모으는 힘을 얻게 된다. 이 힘은 즉시 눈에 띄게 나타나고 강렬하게 마음을 자극하는 효과가 있으며, 생생한 상상과 육감으로 보이는 의식의 형태로 존재를 증명한다.

새로운 아이디어가 '갑자기' 뇌리를 스치듯 떠오르는 것은 이런 육감을 통해서다. 이런 아이디어들은 개개의 마음을 지배하는 주제의 특성과 형태를 취한다. 만약 전체 그룹이 특정한 주제를 토론하기 위해 만났다면 그 주제에 관한 아이디어들이 마치 외부 영향력의 명령에 따른 것처럼 모든 참석자의 뇌리에 쏟아져 들어올 것이다. '마스터 마인드'에 참여하는 사람들의 마음은 마치 자석처럼 고도로 체계화된 실용적인 아이디어를 끌어당긴다. 하지만 이런 아이디어가 어디서 오는지는 아무도 모른다.

여기서 '마스터 마인드'라고 하는 마음의 융합 과정은 많은 전기 배터리를 하나의 전선에 연결해서 그 전선에 흐르는 전력을 강화하는 것에 비유할 수 있다. 배터리를 추가할 때마다 그 전선에 흐르는 전력은 배터리가 가진 에너지양만큼 증가한다. 개개인의 마음을 '마스터 마인드'로 융합하는 경우도 마찬가지다. 개개의 마음은 마음의 화학반응 원리에 따라 집단의 다른 모든 마음을 자극하고, 이렇게 해서 이 마음 에너지가 커지면 에테르로 알려진 우주 에너지로 침투해서 연결되고, 이것이 차례로 전체 우주의 모든 원자와 접촉한다.

현대의 무선 장치는 여기서 설명한 이론을 상당 부분 증명한다. 먼저 소리의 진동을 강화하고 에테르의 훨씬 더 강한 진동 에너지로 이를 포착해서 사방팔방으로 보낼 수 있는 강력한 송신소나 방송국을 세워야 한다. 많은 개개의 마음이 한데 어우러져 강한 진동 에너지를 내는 '마스터 마인드'는 라디오 방송국과 거의 흡사하다.

대중 연설자는 마음이 화학반응을 일으키는 영향을 느낀다. 청중들 개개의 마음이 연설가와 '라포rapport(의사소통에서 상대방과 형성되는 친밀감 또는 신뢰 관계)'를 형성하는 순간 연설자의 마음속에 열정이 눈에 띄게 끓어올라 종종 자신을 포함한 모두가 놀라는 훌륭한 연설을 하게 된다.

보통 연설의 첫 5분에서 10분은 이른바 '워밍업'으로 할애된다. 이는 말하는 사람과 듣는 사람의 마음이 완벽한 조화의 정신으로 융합하는 과정을 뜻한다. 모든 연사는 청중의 일부에게서 이런 '완벽한 조화'가 실현되지 못할 때 어떤 일이 일어나는지 안다.

영성 집회 등에서 일어나는 것으로 보이는 초자연적인 현상은 집단 내 마음이 서로 반응하는 결과다. 이런 현상은 집단이 형성된 지 10분에서 20분 사이 나타나기 시작한다. 집단의 마음이 조화를 이루거나 융합하는 데 이 정도 시간이 걸리기 때문이다.

영적 집단의 구성원들이 받는 '메시지'는 다음 두 가지 출처 중 하나 또는 둘 다에서 온다고 할 수 있다. 하나는 집단 내 일부 구성원의 잠재의식에 있는 방대한 지식 창고이며 다른 하나는 모든 생각의 진동이 보존되어 있을 가능성이 큰 에테르의 지식 창고다.

누구나 마음의 화학반응 원리를 통해 다른 사람의 마음속에 저장된 지식을 탐구할 수 있다는 것은 알려진 사실이며, 이런 능력을 확장해서 에테르에서 이용할 수 있는 모든 진동과 접촉할 수 있다고 생각하는 것이 타당해 보인다. 그러나 알려진 자연의 법칙이나 인간의 이성은 죽은 사람들과의 의사소통이론을 지지하지 않는다.

생각에서 나오는 진동과 같은 더 높고 더 정제된 진동이 모두 에테르에 보존된다는 이론은 물질도 에너지도 생성되거나 파괴될 수 없다고 알려진 사실(질량 보존의 법칙과 에너지 보존의 법칙)에서 비롯된다. 그러므로 에테르에 포착될 수 있을 만큼 충분히 '강화된' 모든 진동이 영원히 계속된다고 가정하는 것이 타당하다. 에테르와 섞이지 않거나 에테르와 접촉하지 않는 낮은 주파수의 진동은 시간이 되면 자연 소멸할 것이다.

이른바 천재라고 불리는 사람들도 모두 우연이든 아니든 이들의 마음의 진동을 '강화'해서 우주의 에테르에 기록되고 보관된 거대한 지식의 전당에 들어갈 수 있게 해준 다른 마음들과 결합함으로써 명성을 얻었을 것이다.

마음의 화학반응과 경제적 성취

비즈니스 분야에서 사람들의 업적으로 나타나는 경제력의 원천을 더 자세히 살펴보기 위해 '빅6Big Six'로 알려진 시카고 그룹 사례를 연구해 보자. 먼저 이 그룹의 구성원을 소개하겠다. 자신의 이름을 딴 껌 회사를 소유하고 있고 연간 개인 소득이 1500만 달러가 넘는다는 윌리엄 리글리 2세William Wrigley jr., 자신의 이름을 딴 식당 체인을 운영하는 존 톰슨John R. Thompson, 로드앤토머스Lord & Thomas라는 광고대행사를 소유한 앨버트 라스커Albert Lasker, 미국에서 가장 큰 운송회사인 파말리익스프레스Parmalee Express Company를 소유한 찰스 맥컬러프Charles A. McCulloch, 그리고 옐로우택시캡Yellow Taxicab이라는 택시회사를 소유한 존 리치John Ritchie와 존 허츠John Hertz다.

한 신뢰할 만한 회계법인이 이 여섯 명의 연간 수입을 2500만 달러 이상, 즉 한 사람당 평균 400만 달러 이상으로 추산했다. 이들은 모두 특별한 교육 혜택을 받지 못했고, 아무런 자본 없이 시작했으며, 그들의 경제적 성취는 그들 자신의 개인적인 계획에 따른 것이지 요행으로 일군 것이 아니었다는 사실이 밝혀졌다. 그리고 여러 해 전, 여섯 명은 우호적인 관계를 맺고 정기적으로 만나 다양한 사업 분야의 아이디어를 서로 교환했다.

리치와 허츠를 제외하고 누구도 법적으로 동업 관계에 있지 않았다. 이 모임은 전적으로 아이디어와 제안을 서로 공유하는 상호부조를 기반으로 협력하는 목적으로 만들어졌지만 때때로 비상사태를 만나 도움이 필요한 일부 구성원을 위해 보증을 서는 등 재무적으로 도움을 주기도 했다.

빅6 그룹에 속한 사람들은 모두 백만장자라고 한다. 수백만 달러를 모은 것 외에는 아무것도 한 일이 없는 사람에 대해 논평하는 것은 가치가 있는 일이 아니다. 하지만 빅6에 속한 사람들의 경제적 성취에는 무언가가 있다. 이는 논평과 연구, 분석의 대상이 되고 심지어 모방할 만한 가치가 있다. 그리고 그 '무언가'는 이들이 완벽한 조화의 정신으로 자신들 개개의 마음을 조정하는 방법을 배웠으며, '마스터 마인드'를 창조함으로써 대부분의 인류에게 닫혀있던 문을 열었다.

US스틸은 세계에서 가장 막강하고 영향력 있는 기업 중 하나다. 이 거대 기업의 아이디어는 일리노이주 시카고 근처 다소 평범한 소도시의 변호사 엘버트 게리의 마음에서 태어났다. 게리는 완벽한 조화의 정신으로 자신의 마음과 다른 사람들의 마음을 융합하는 데 성공함으로써 위대한 US 스틸을 움직이는 '마스터 마인드' 정신을 만들어냈다.

주변에서 비즈니스나 금융, 산업, 또는 어떤 분야에서 뛰어난 성공을 거둔 사람을 발견한다면 그 성공의 이면에는 마음의 화학반응 원리를 적용해서 '마스터 마인드'를 만든 사람이 있다고 확신할 수 있다. 얼핏 보면 이런 뛰어난 성공은 한 사람이 이룬 일로 보인다. 하지만 자세히 살펴보면 그의 마음과 조화를 이룬 다른 사람들을 발견할 수 있다. 두 명 이상의 사람이 마음의 화학반응 원리를 통해 '마스터 마인드'를 만들어낼 수 있다는 사실을 다시 한번 기억하기를 바란다.

사람의 힘은 지적인 노력을 통해 표현되는 체계화된 지식이다. 어떤 노력도 그 노력에 참여하는 개개인이 자신들의 지식과 에너지를 완벽한 조화의 정신으로 조직화하지 않으면 체계화되었다고 말할 수 없다. 사실상 이런 조화로운 체계화가 부족한 것이 모든 사업 실패의 주요 원인이다.

나는 유명 대학의 학생들과 흥미로운 실험을 했다. 학생들에게 '헨리 포드가 부자가 된 방법과 원인'을 주제로 리포트를 쓰라고 했고 포드의 진정한 자산이 무엇이라고 생각하는지와 이런 자산이 어떻게 구성되어 있는지를 상세히 기술하라고 했다.

학생들 대부분은 포드 자산 목록과 재무제표를 수집해서 포드의 부를 추정하는 기초로 사용했다. '포드의 부의 원천'에는 은행 잔고, 원자재 및 완제품 재고, 토지와 건물, 영업권 등이 포함되었다.

하지만 전체 수백 명의 학생 중 한 학생이 다음과 같이 대답했다.

헨리 포드의 자산은 두 가지 항목으로 구성된다. (1) 운전 자본인 원자재와 완제품. (2) 헨리 포드 자신의 경험으로부터 얻은 지식, 그리고 이 지식을 포드의 관점에서 가장 잘 활용하는 훈련된 조직의 협력. 이 두 자산 그룹의 실제 금전적 가치를 추정할 수는 없지만 상대적인 가치는 다음과 같다고 본다.

• 현금과 원자재, 완성품 등 모든 물질적 자산: 25%
• 포드 조직의 체계화된 지식: 75%

나는 이 보고서가 매우 분석적이라고 생각한다. 의심의 여지 없이 헨리 포드가 가진 가장 큰 자산은 **그의 두뇌**다. 그다음은 주변에 있는 **동료들의 두뇌**일 것이다. 그가 지배하는 물리적 자산이 동료들과의 협동으로 축적된 것이기 때문이다.

포드 자동차 회사가 소유한 공장을 모두 파괴한다고 해보자. 모든 기계 부품, 원부자재, 완성차, 그리고 은행에 예치된 모든 예금을 깡그리 없애버린다고 해도 포드는 여전히 지구상에서 경제적으로 가장 강력한 사람이 될 것이다. 포드의 사업을 구축한 두뇌들이 단기간에 이를 다시 복원해낼 것이기 때문이다. 그리고 포드 같은 두뇌에게는 자본도 언제나 무제한으로 제공될 것이다.

포드는 지구상의 어떤 사람보다도 **체계화된 지식**의 원리에 대한 가장 예리하고 가장 실용적인 개념의 소유자이기 때문에 지구상에서 경제적으로 가장 강력한 사람이다. 포드가 엄청난 힘을 가지게 되고 재정적으로 성공했지만 종종 실수도 저질렀을 것이다. 포드의 마음 조정 방법이 종종 세련되지 않았던 것은 거의 틀림없다. 적어도 그가 적용의 지혜를 얻기 전에는 그랬을 것이다.

또한 포드가 마음의 화학반응 원리를 적용한 것이 적어도 처음에는 다른 사람의 마음, 특히 에디슨의 마음과의 우연한 결합의 결과였다는 것에는 의심의 여지가 없다. 그리고 자연의 법칙에 대한 포드의 놀라운 통찰력은 에디슨이나 파이어스톤을 만나기 훨씬 전에 그의 아내와의 친밀한 관계의 결과로 처음 시작되었을 가능성이 크다. 많은 남자들은 자기 성공의 진정한 근원이 '마스터 마인드' 원칙을 적용한 자신의 아내에 의해 만들어졌다는 것을 알지 못한다. 포드 부인은 매우 지적인 여성이다. 그가 힘을 얻기 시작한 진정한 출발점이 된 것은 포드의 마음과 융합한 그녀의 마음이었다고 믿는다.

운 좋게 지식을 습득하고 응용하는 재능을 타고난 에디슨이나 파이어스톤과는 달리 포드는 문맹과 무지라는 강력한 적과 더 많이 씨름해야 했다. 포드는 거칠고 다듬어지지 않은 목재와 같은 그의 유전적 자산에서 이런 재능을 끌어내야 했다. 상상을 초월하는 짧은 시간 안에 포드는 인류의 가장 고질적인 세 가지 적을 정복하고 이를 자기 성공의 토대를 이루는 자산으로 만들었다. **이 적은 바로 무지와 문맹, 그리고 가난이다.**

지금 우리는 산업이 힘인 시대에 살고 있다. 이 힘의 원천은 **체계적인 노력**이다. 산업 기업의 경영진은 개개의 노동자들을 효율적으로 조직해 왔고 대부분 US스틸처럼 산업 합병을 통해 실질적으로 무제한의 힘을 축적해 왔다. 오늘날 어떤 기업, 산업 혹은 금융기관 간의 합병 뉴스가 하루도 빠지는 날이 없다. 하루는 은행, 다른 날은 철도회사, 또 그다음 날은 철강회사 등 모두 고도로 체계적이고 조정된 노력을 통해 힘을 기르기 위해 합병한다. 이런 합병은 한 경영진에 막대한 자원을 몰아주고 그에 따라 엄청난 힘을 창출한다.

체계화되지 않은 일반적인 지식은 힘이 아니다. 이런 지식은 단지 힘이 될 가능성이 있을 뿐이며, 진정한 힘을 개발할 수 있는 재료일 뿐이다. 모든 도서관에는 현재 문명이 계승한 모든 가치 있는 지식이 기록되어 쌓여 있다. 하지만 이런 지식은 체계화되지 않았으므로 힘이 아니다.

모든 에너지와 모든 동식물은 체계화되어야 생존할 수 있다. 지금은 멸종해서 자연의 묘지에 화석으로 남아있는 거대 동물들은 체계화되지 않으면 결국 멸종하고 만다는 사실을 침묵으로 웅변한다. 물질을 구성하는 가장 작은 입자인 전자부터 우주에서 가장 큰 별까지, 이 양극단 사이에 있는 모든 물질은 자연법칙의 첫 번째가 체계화임을 증명한다.

이런 법칙의 중요성을 인식하고 이를 유리하게 적용할 수 있는 다양한 방법을 숙지하는 것을 자기 일로 삼는 사람은 행운아다. 영민한 사업가는 체계적인 노력이라는 법칙의 중요성을 인식할 뿐만 아니라 이 법칙을 자기 힘의 기초로 삼는다. 마음의 화학반응 원리에 관한 지식 없이, 혹은 이런 원리가 존재한다는 사실조차 모르는 많은 사람이 자신들이 아는 지식을 체계화하는 것만으로 큰 힘을 축적했다. 마음의 화학반응 원리를 발견하고 이 원리를 마스터 마인드로 발전시킨 사람들 대다수는 단지 이 지식을 우연히 발견했으며, 자신들이 발견한 것의 진정한 본질을 인식하지 못하거나 자신들이 가진 힘의 원천을 이해하지 못할 때가 많다.

내가 생각하기에 현재 의식적으로 마음의 융합을 통해 힘을 개발하는 데 마음의 화학반응 원리를 이용하는 사람은 열 손가락 안에 들 정도다. 그러니 여러분은 마음의 화학반응 원리를 실제로 적용하는 사람이 너무 많아질 거란 염려는 하지 않아도 된다.

회사를 경영하는 사람이 해야 할 가장 어려운 일 중 하나가 자기와 관련된 사람들이 조화의 정신으로 자기 노력을 돕도록 하는 것이다. 어떤 사업에서든 직원들 간에 지속적인 협력을 유도하는 일은 매우 어렵다. 가장 효율적인 지도자만이 이 바람직한 목표를 달성할 수 있다. 하지만 아주 가끔 이런 리더가 산업, 비즈니스 또는 금융계에 혜성같이 나타난다. 헨리 포드, 토머스 에디슨, 존 록펠러John Rockefeller, 에드워드 해리먼Edward Harriman, 제임스 힐James Hil 등이 그런 사람이다.

> 당신의 직책은 당신이 어떤 능력을 갖췄는지 보여줄 기회일 뿐이다. 당신은 심은 대로 거둘 뿐 그 이상도 그 이하도 아니다. '큰' 직책은 수많은 '작은' 직책의 총합일 뿐이다.

진정한 조화의 효과

권력과 성공은 사실상 같은 말이다. 둘은 서로 밀접한 관계가 있다. 그러므로 조화의 정신으로 개개인의 마음을 융합하는 법칙을 통하거나 다른 어떤 방식으로든 힘을 개발할 지식과 능력을 겸비한 사람은 어떤 일에서도 성공할 수 있다. 하지만 '마스터 마인드'가 조화의 정신에 따라 모든 집단에서 즉시 우후죽순처럼 자랄 것으로 생각해서는 안 된다. 진정한 의미에서 조화는 기독교인임을 자처하는 사람 중에서 진정한 기독교인을 찾기 어려운 것과 같이 사람의 집단에서 찾아보기 힘들다.

조화는 '마스터 마인드'로 알려진 마음 상태를 개발하는 데 핵심 요소다. 조화라는 요소 없이는 '마스터 마인드'도 있을 수 없다. 이는 아무리 강조해도 지나치지 않은 진실이다.

우드로 윌슨Woodrow Wilson 전 미국 대통령은 국제연맹 설립 제안에서 세계 문명국들을 대표하는 마음 집단으로 구성된 '마스터 마인드' 개발을 염두에 두고 있었다. 월슨 대통령의 개념은 인간의 마음속에서 만들어진 가장 영향력 있는 인도주의 사상이었다. 진정한 인류를 위한 조직을 설립하기에 충분한 힘을 아우르는 법칙을 다루었기 때문이다. 국제연맹 혹은 이와 비슷하게 전 세계인의 마음이 조화의 정신으로 융합되는 날이 분명히 올 것이다. 이런 마음의 통합이 일어나는 순간은 훌륭한 대학들과 비종파적 교육기관이 이해와 지혜로 무지와 미신을 대체할 때가 될 것이다. 이 시기가 빠르게 다가오고 있다.

부흥회의 심리학

'부흥회'로 알려진 오래된 종교 행사는 '마스터 마인드'로 알려진 마음의 화학반응 원리를 공부할 좋은 기회가 된다. 이 행사에 참석해 보면 집단의 마음을 융합하고 조화를 끌어내는 데 음악이 적지 않은 역할을 한다는 사실을 알게 될 것이다. 음악이 없다면 부흥회는 재미없는 행사가 될 것이다. 부흥회에서 리더는 신자들의 마음에 조화를 이루는 데 어려움이 없다. 하지만, 이런 조화 상태는 리더가 참석하는 동안만 지속되고, 리더가 없으면 그가 일시적으로 만든 '마스터 마인드'도 해체된다.

종교 부흥 운동가는 적절한 무대 배경과 적절한 음악으로 추종자들의 정서적 본성을 자극함으로써 부흥회에 오는 모든 사람의 눈길을 끄는 '마스터 마인드'를 만드는 데 어려움이 없다. 분위기는 참가한 모든 사람의 마음을 변화시키는 긍정적이고 기분 좋은 영향으로 충만하게 된다. 종교 부흥 운동가는 이 에너지를 '성령'이라고 부른다.

나는 실험의 성격을 모르는 과학수사 전문요원과 비전문가들을 대상으로 진행한 실험에서 성령이라고 부르지는 않았지만, 이와 똑같은 심리상태와 긍정적인 분위기를 만들어냈다. 이것을 활용해 시카고 협동조합 설립자인 해리슨 파커Harrison Parker가 판매 기술을 가르치는 학교를 운영하는 데 도움을 주었다. '성령'과 같은 마음의 화학반응 원리를 사용해서 이전에 판매 경험이 전혀 없는 3000여 명의 남녀의 본질을 변화시켜 9개월 이내에 1000만 달러 이상의 보험을 팔게 만들었다. 자신들에게도 100만 달러 이상의 소득이 있었다.

이 학교에 입학한 일반인들은 일주일 만에 판매력이 최고조에 달했다. 이후 그룹 판매 회의를 통해 개개인의 두뇌에 새로운 활력을 줄 필요가 생겼고 부흥회와 거의 같은 순서로 진행되었다. 음악과 고출력 스피커를 포함한 무대 장비를 갖추고 종교 부흥 운동가와 거의 흡사한 방식으로 판매원들을 격려했다.

이를 종교나 심리학, 마음의 화학반응 또는 여러분이 원하는 어떤 것으로 불러도 상관없다(이들은 모두 같은 원리에 기반을 두고 있기 때문이다). 하지만 **완벽한 조화**의 정신으로 한 집단의 마음이 서로 융합하는 곳이라면 어디서든 집단에 속한 개개인의 마음이 '마스터 마인드'라고 불리는 에너지로 즉시 보충되고 강화된다는 것은 확실하다. 이 모든 것으로 미루어 볼 때 이 미지의 에너지가 성령일 수도 있다고 생각한다. 물론 다른 이름으로 불러도 똑같이 좋은 영향을 미친다.

에너지가 신체에 미치는 영향

인간의 뇌와 신경계는 소수를 제외한 일반인이 이해하기 어려운 복잡한 시스템이다. 이 시스템을 잘 통제하고 적절하게 다스리면 놀라운 성취를 가져올 수 있지만, 통제할 수 없을 때는 정신병원에 입원한 환자처럼 환상과 유령 같은 기이한 현상을 보게 된다.

인간의 뇌는 사고력의 원천이 되는 에너지를 지속해서 받아들이는 기능을 관장하는 기관이다. 뇌는 이 에너지를 체내에 섭취된 음식물에서 생성된 에너지와 혼합하고 혈류와 신경계의 도움을 받아 모든 신체 부위에 보낸다. 이렇게 만들어진 에너지를 '생명'이라고 부른다.

외부 에너지가 어디에서 오는지는 아무도 모르는 것 같다. 우리가 아는 것은 이 에너지가 없으면 살 수 없다는 것이다. 이 에너지는 '에테르'라고 부르는 것이며, 우리가 숨을 쉴 때 공기에서 산소와 함께 몸으로 흘러 들어온다고 가정하는 것이 타당해 보인다.

정상적인 인체는 충분한 화학 물질을 비축하고 있어서 우리가 섭취하는 음식을 분해·소화하고, 적절하게 혼합·합성해서 영양이 필요한 모든 신체 부위에 보낸다. 음식물을 합성해서 몸을 만들고 보수하는 데 필요한 물질로 바꾸는 이런 화학작용에서 마음으로 알려진 에너지가 중요한 역할을 한다는 것을 증명하기 위해 많은 인체·동물 실험이 이루어졌다.

실험 결과, 걱정·흥분·공포가 소화 과정을 방해하며 극단적인 경우 이 과정을 멈추게 해서 질병이나 사망에 이르게 하는 것으로 알려졌다. 이에 따라 마음이 음식을 소화하고 에너지를 분배하는 화학작용에 관여하는 것도 분명해졌다.

비록 과학적으로 증명된 적은 없지만 많은 저명한 권위자는 마음이나 생각이라고 알려진 에너지가 부정적인 요소에 오염되면 신경계 전체가 작동을 멈추고, 소화불량이 되며, 이에 따라 여러 잡다한 질병이 발병하게 된다고 믿는다. 경제적 어려움과 짝사랑이 이런 정신적 장애의 원인 중 가장 큰 비중을 차지한다.

예컨대 가족 중 누군가가 끊임없이 잔소리를 해대는 것과 같은 부정적인 환경에 놓인 사람은 야망을 잃는다. 세상을 잊을 정도로 극심하게 마음의 화학작용이 무너진다. 이 때문에 남자나 여자나 그 배우자를 '훌륭하게 만들거나 망가뜨릴 수도 있다'는 옛말이 있는 것이다. 이 주제는 이어지는 장에서도 계속 다룰 것이다.

중학생이나 고등학생 정도면 특정 음식물의 조합이 위장에 들어가면 소화불량이나 격렬한 통증을 일으키고 심지어 사망에 이를 수도 있다는 것을 안다. 건강은 '조화로운' 음식의 조합에 달려 있다. 하지만 음식 조합만으로 건강을 보장하기에는 충분하지 않다. 마음이라고 알려진 에너지와 조화를 이뤄야 한다.

조화의 부재는 실패를 부른다

이처럼 '조화'가 없으면 체계적인 에너지나 어떤 형태의 생명도 있을 수 없다. 이것은 자연의 법칙으로 보인다. 정신과 육체의 건강은 문자 그대로 '조화'라는 원리를 중심으로 구축된다. 신체 기관들이 조화로운 활동을 멈추면 생명이라고 알려진 에너지가 해체되고 죽음에 이른다. 어떤 형태의 체계화된 에너지(힘) 원천의 조화가 깨지는 순간 그 에너지는 무질서한 혼돈 상태에 빠지고 그 힘은 중립적이거나 수동적으로 바뀐다. 조화는 또한 '마스터 마인드'로 알려진 마음의 화학반응이 힘을 얻는 핵이다. 이 조화를 깨면 개개인의 마음 집단의 조화로운 노력에서 나오는 힘을 파괴할 수 있다.

나는 이 진리를 상상할 수 있는 모든 방법으로 반복해서 강조했다. 여러분이 이 원리를 이해하고 적용하는 방법을 배우지 않으면 아무런 쓸모가 없기 때문이다.

무엇을 성공이라고 부르든 인생에서 성공은 자신과 자신을 둘러싼 환경 사이에 조화를 이루는 방식으로 환경에 적응하는 문제다. 왕의 궁전도 성안에 조화가 이루어지지 않으면 농민의 오두막집과 다를 바 없다. 거꾸로 말하면 조화가 이루어지면 농부의 오두막집에서도 부자의 저택보다 더 많은 행복을 얻을 수 있다는 것이다.

완벽한 조화가 없다면 천문학은 성자의 유골처럼 무용지물이 될 것이다. 별과 행성이 서로 충돌하고 모든 것이 혼란과 무질서 상태에 있을 것이기 때문이다. 조화의 법칙이 없다면 도토리나무는 떡갈나무, 포플러, 단풍나무 등이 혼합된 잡종 나무로 자랄지도 모른다. 조화의 법칙이 없다면 머리카락이 자라야 할 두피에 손톱이 자라나서 미신을 믿는 사람들이 상상 속의 뿔 달린 도깨비로 오해하기 쉬울 것이다.

조화의 법칙이 없다면 체계화된 지식도 있을 수 없다. 사실과 진실, 자연법칙의 조화를 제외하고 체계화된 지식이 무엇이냐는 의문이 생기기 때문이다. 말하자면 동업 관계에서 이루어진 조화든, 천상 행성들의 질서 있는 운동이든, 불화가 앞문으로 슬그머니 들어오기 시작하는 순간 조화는 뒷문으로 빠져나간다는 것이다.

만약 내가 조화의 중요성을 지나치게 강조한다는 인상을 받는다면 **조화의 결여가 실패의 첫 번째이자, 마지막이자, 유일한 원인이라는**

사실을 기억하기를 바란다. 조화 없이는 주목할 만한 시나 음악, 연설도 있을 수 없다. 좋은 건축은 대체로 조화의 문제다. 조화가 이루어지지 않은 집은 단지 흉측한 건축 자재 더미일 뿐이다. 견실한 기업의 경영진은 그 존재의 근간을 조화에 둔다. 잘 차려입은 남녀는 조화를 생생하게 보여주는 움직이는 본보기다. 지성인이라면 세상일, 아니 전 우주의 운행에서 조화가 맡은 중요한 역할과 그 일상적인 사례들을 보면서 어떻게 인생의 목표에서 조화를 빼놓을 수 있겠는가? 목표에서 가장 중요한 주춧돌인 조화가 빠진 것은 '분명한 목표'가 아니다.

인체는 장기와 분비샘, 혈관, 신경, 뇌세포, 근육 등으로 이루어진 복잡한 시스템이다. 행동을 자극하고 신체 각 부위의 활동을 조정하는 마음 에너지도 끊임없이 변화하는 여러 에너지의 복합체다. 태어나서 죽을 때까지 마음의 힘 사이에는 지속적인 갈등이 있다. 예컨대 선한 충동과 그릇된 충동 사이에서 일어나는 인간 마음속의 동기부여하는 힘과 욕망 사이의 끊임없는 갈등은 누구나 아는 사실이다.

모든 인간은 적어도 두 가지 뚜렷이 구별되는 마음의 힘mind force이나 성격을 지니며, 한 사람에게서 뚜렷이 구별되는 여섯 가지 인격이 발견되기도 했다. 인간이 하는 가장 섬세한 일은 이런 마음의 힘이 조화를 이루어 특정 목표를 성취하도록 질서정연하게 이끄는 것이다. 조화라는 요소 없이는 정확한 사고를 할 수 없다.

기업과 산업체, 정치 등 다양한 분야의 리더들이 사람들이 마찰 없이 어떤 목표를 달성하도록 조직하는 일은 굉장히 어렵다. 각 개인의 내면에는 조화를 이루기 가장 좋은 환경에 놓였을 때도 조화를 이루기 어려운 힘이 있다. 한 사람의 마음속 힘의 조화조차 쉽게 이룰 수 없다는 것을 알면, 한 무리의 마음을 '마스터 마인드'로 알려진 집단정신을 통해 질서정연하게 한마음으로 향하도록 조화를 이루는 것이 얼마나 어려운 일인지 짐작이 갈 것이다.

'마스터 마인드'의 에너지를 성공적으로 개발하고 이끄는 리더는 재치와 인내, 끈기, 자신감, 마음의 화학반응에 대한 정통한 지식, (매우 침착하고 조화로운 상태로) 급변하는 환경에 조금이라도 당황하는 기색을 보이지 않고 적응하는 능력을 지녀야 한다. 이런 요구에 부응할 수 있는 사람이 과연 몇이나 될까?

성공적인 리더는 자신의 리더십 목표와 관련하여 발생하는 모든 상황에 맞춰 카멜레온처럼 자기 마음의 색깔을 바꾸는 능력이 있어야 한다. 게다가 리더는 화난 기색이나 자제력을 잃은 모습을 조금도 보이지 않고 분위기를 전환하는 능력을 지녀야 한다. 성공적인 리더는 성공의 법칙을 이해하고 필요할 때마다 15가지 법칙의 조합을 실행할 수 있어야 한다. 이런 능력 없이는 어떤 리더도 강력한 힘을 얻을 수 없고, 힘이 없으면 어떤 리더도 오래 버틸 수 없다.

> 15가지 성공 법칙에 숙달하는 것은
> 실패를 대비해서 보험을 드는 것과 같다.
> —새뮤얼 곰퍼스(Samuel Gompers)

교육의 의미

'Educate'라는 단어의 의미에 대한 일반적인 오해는 오래전부터 있었다. 사전은 이런 오해를 없애는 데 도움이 되지 않았다. 'Educate'라는 단어를 '지식을 전달하는 행위'로만 정의했기 때문이다.

'Educate'라는 단어는 라틴어 'educo'에서 유래했다. 이는 안으로 부터 발달하다, 추론하다, 끌어내다, 사용하는 법칙을 통해 성장하다 등을 뜻한다.

자연은 모든 형태의 게으름을 싫어한다. 자연은 사용되는 것에만 지속적인 생명을 부여한다. 팔이나 신체의 다른 부위를 묶어 쓰지 못 하게 하면 이 부위는 곧 퇴화해서 활기를 잃게 된다. 거꾸로 종일 무거 운 망치를 휘두르는 대장장이처럼 평소보다 팔을 많이 쓰면 팔이 튼튼 해진다.

힘은 **체계적인 지식**에서 나온다고 했다. 하지만 이보다 중요한 것 은 이런 지식을 적용하고 사용하는 데서 힘이 나온다는 것이다. 사람 은 걸어다니는 지식의 백과사전이 될 수 있지만 이런 지식은 무용지물 이다. 지식은 체계화하고, 분류하고, 실행에 옮길 때만 힘이 된다. 좋은 교육을 받은 사람 중에서는 높은 지식을 가지고 있는 사람이 있는가 하면 보통 사람보다 일반 지식이 훨씬 적은 사람도 있다. 둘의 차이는 전자는 가진 지식을 적극적으로 활용했지만, 후자는 활용하지 않았다 는 데 있다.

'교육받은' 사람은 다른 사람의 권리를 침해하지 않고 자기 삶의 주 요 목표를 달성하는 데 필요한 것을 얻는 방법을 아는 사람이다. 이른 바 '배웠다'는 사람 중 많은 이가 실은 자신들이 '교육받은' 사람의 근처에도 못 간다는 사실을 알면 놀랄 것이다. 반대로 자신을 배움이 부족한 사람이라고 믿었는데 실은 잘 '교육받은' 사람이라는 사실을 알면 더 놀라울 수 있다.

성공한 변호사가 반드시 법리를 가장 많이 외우는 사람은 아니다. 이와는 반대로 성공한 변호사는 특정 사건의 당면 요구에 맞는 법리와 이를 뒷받침하는 다양한 견해를 어디에서 찾을 수 있는지 아는 사람이다. 즉, 성공한 변호사는 자신이 원하는 법을 필요할 때 어디서 찾을 수 있는지 아는 사람이다. 산업 분야와 기업에도 똑같이 적용된다.

헨리 포드는 초등학교 교육도 거의 받지 못했다. 하지만 그는 세계에서 가장 잘 '교육받은' 사람 중 하나다. 그는 인간의 마음은 말할 것도 없고 자연법칙과 경제 원리를 결합하는 능력을 얻어서 자신이 원하는 물질은 무엇이든 가질 힘이 있었다.

제1차 세계대전 중 포드는 《시카고트리뷴Chicago Tribune》을 상대로 소송을 제기했다. 자신을 부당하게 비방하는 기사를 게재해서 명예를 훼손한 혐의였다. 문제의 기사는 포드가 '무식쟁이'이고, '무식한 반전주의자'라고 했다. 법정에서 《시카고트리뷴》 측 변호사들은 포드의 입을 통해 그가 무식하다는 자신들의 진술이 사실임을 증명하기로 하고, 이런 관점에서 다양한 주제에 관해 그에게 캐물었다. 이들이 한 질문은 다음과 같았다(책 집필 당시는 제1차 세계대전이 끝난 상태로, 제2차 세계대전은 아직 일어나지 않았지만 혼란을 줄이기 위해 '제1차'라고 명시했다 – 옮긴이).

"영국은 1776년 식민지 미국의 반란을 진압하기 위해 몇 명의 병력을 파견했습니까?"

천연덕스러운 미소를 지으며 포드가 태연하게 대답했다.

"글쎄요. 몇 명인지는 정확히 모르지만 돌아간 숫자보다는 훨씬 더 많았다고 들었소."

재판부, 배심원, 법정 방청객 사이에서 큰 웃음이 터져 나왔고 심지어 질문을 던졌던 변호사조차도 웃지 않을 수 없었다. 심문이 한 시간 이상 계속되는 내내 포드는 완벽할 정도로 침착했다. '아는 체하는' 변호사들이 지칠 때까지 자신을 가지고 놀도록 놔두던 포드는 마침내 행동하기로 결심했다. 특히 불쾌하고 모욕적인 질문을 듣고 자세를 바로 하고 질문하는 변호사를 손가락으로 가리키며 이렇게 대답했다.

"만약 내가 정말로 당신이 방금 던진 질문과 지금까지 해온 바보 같은 질문에 대답하고 싶은 마음이 든다면 내 책상 위에 놓인 인터폰 버튼만 누르면 그만이오. 나는 당신이 던진 그 모든 질문뿐만 아니라 당신이 몰라서 질문하지 못했거나 답할 수 없는 질문에 대한 답을 줄 수 있는 사람을 부를 수 있다는 사실을 상기시켜 주고 싶소.

자, 이제 내 주위에 내가 부르면 언제든지 달려와 내가 원하는 모든 사실을 알려주는 능력 있는 사람들을 두고 왜 내가 누가 물어볼지도 모르는 어리석은 질문에 대답하기 위해 내 머릿속을 수많은 쓸데없는 잡다한 지식으로 채워야 하는지 그 이유를 내게 친절하게 말해줄 수 있겠소?"(이 답변은 내 기억에 의존해서 인용한 것이지만 포드가 했던 답변과 실질적으로 관련이 있다.)

순간 법정에는 침묵이 흘렀다. 질문하던 변호사는 놀라 입이 쩍 벌어지고 눈이 휘둥그레졌고 판사는 의자에서 몸을 앞으로 숙이고 포드 쪽을 응시했다. 많은 배심원은 폭발 소리에 깨어난 것처럼 주위를 두

리번거렸다.

당시 법정에 있었던 한 저명한 성직자는 훗날 이때를 회상하면서 본디오 빌라도 앞에서 재판받던 예수 그리스도가 "진리가 무엇이냐?"라는 빌라도의 질문에 했던 유명한 답변을 떠올렸다고 말했다. 포드의 대답은 질문자에게 정신적인 충격을 줬다. 이 대답이 있을 때까지 변호사는 포드가 모를 것으로 생각한 많은 사건과 주제에 관한 질문을 던지며 자신의 풍부한 일반상식을 교묘하게 보여주고 이를 포드의 무지함과 비교하면서 상당한 재미를 느끼고 있었다. 하지만 포드의 대답이 변호사의 재미를 망쳤다. 이는 또한 진정한 교육은 단지 지식을 수집하고 분류하는 것이 아니라 마음의 개발을 의미한다는 사실을 다시 한번 증명했다. 포드는 진정한 교육을 마친 덕분에 미국의 모든 주에서 '수많은 자동차 바퀴를 돌리기 위한 자본'을 모을 수 있었다.

이것만은 꼭 기억하자. 교육은 '**필요할 때 다른 사람들의 권리를 침해하지 않고 필요한 모든 것을 얻을 힘**'으로 구성된다. 포드는 이 정의에 잘 들어맞는 사람이다. 나는 앞에서 언급한 사건을 단순한 포드 철학과 연계해서 이해하기 쉽게 설명하려고 했다.

포드가 개인적으로 답할 수 없는 미로 퍼즐 같은 질문을 내던지며 그를 쉽게 얽어맬 수 있는 이른바 '배운' 사람들은 많다. 하지만 포드는 전장을 산업이나 금융 분야로 옮겨서 모든 지식과 지혜를 가진 자들을 지리멸렬하게 할 수 있다. 포드는 화학 실험실에 들어가 물을 수소와 산소로 분해한 다음 이를 다시 이전 상태로 되돌릴 수는 없었지만 자신을 위해 이런 일을 할 수 있는 화학자들을 자기 주변에 두는 방법은 안다. 다른 사람이 가진 지식을 지혜롭게 사용할 수 있는 사람은 지식을 가졌을 뿐 무엇을 어떻게 해야 할지 모르는 사람보다 교육 받은 사람이다.

진짜 '교육받은' 사람

한 유명한 대학 총장은 매우 쓸모없고 척박한 땅을 물려받았다. 이 땅은 상업적인 가치가 있는 목재도, 광물도 나지 않고 그 밖의 귀중한 부산물도 없었기 때문에 그에게 있어서 이 땅은 토지세만 내야 하는 골칫거리였다. 이때 주에서 이 땅에 고속도로를 건설했다. 차를 타고 이 길을 가로질러 가던 한 '교육받지 못한' 남자가 이 척박한 땅에 주목했다.

사방팔방으로 수 킬로미터에 걸쳐 멋진 경치를 내려다볼 수 있는 산꼭대기에 있고, 작은 소나무와 다른 묘목들로 뒤덮인 땅이었다. 그는 이 땅의 일부를 헐값에 사들였다. 그리고 고속도로 근처에 독특한 통나무집을 짓고 옆에 큰 식당을 지었다. 집 근처에 주유소도 세웠다. 길을 따라 방 한 칸짜리 통나무집을 10여 채 지어 하룻밤에 3달러를 받고 관광객들에게 빌려줬다. 식당과 주유소, 통나무집으로 그는 첫해에 1만 5000달러의 순수익을 올렸다.

이듬해 그는 계획을 확장해서 방 세 칸짜리 통나무집 50채를 추가로 지었고, 인근 도시 사람들에게 여름 한철 시골 별장으로 빌려주고 150달러씩 받았다. 건축 자재 비용은 한 푼도 들지 않았다. 그의 땅에서 풍성하게 자라났기 때문이다(이 땅은 대학 총장이 쓸모없다고 생각했던 바로 그 땅이다). 게다가 통나무로 지은 방갈로의 독특하고 특이한 모습은 이 계획을 홍보하는 광고 역할을 했다. 이런 조잡한 재료로 집을 짓지 않으면 안 되는 상황에 몰렸다면 많은 사람은 이를 재앙으로 여겼을 것이다.

이 사람은 통나무집들이 있는 곳에서 8킬로미터도 채 떨어지지 않은 곳에 버려진 농장을 또한번 아주 저렴하게 구입했는데, 이 땅을 판 사람은 매우 비싼 가격에 잘 팔았다고 여겼다. 여기에 30미터 길이의 댐을 건설해서 물줄기를 막아 호수로 바꾸고 호수에 물고기를 채운 다음 호수 주변의 피서지를 원하는 사람들에게 이 농장의 대지를 팔았다. 이 간단한 거래에서 얻은 총이익은 2만 5000달러 이상이었고 이 거래를 마치는 데 걸린 시간은 여름 한 철이었다.

비전과 상상력을 지닌 이 사람은 전통적인 의미에서 '교육받은' 사람이 아니었다. 이 간단한 예시를 통해 사람이 교육받고 강력해질 수 있는 것은 체계적인 지식을 사용함으로써 가능하다는 진리를 명심하자. 예시에서 쓸모없다고 생각한 땅을 헐값에 팔았던 대학 총장은 이 거래에 대해 이렇게 말했다.

"우리 대부분이 무지하다고 생각하는 그 사람이 쓸모없는 땅을 가지고 한 일을 보세요! 교육받았다는 내가 5년 동안 번 돈보다 더 많은 돈을 1년 만에 벌었답니다."

어떤 사람들은 다른 누군가가 그들을 뒤에서 지원하고 격려해야 성공하고, 어떤 사람들은 지옥에서도 성공한다. 당신이라면 어떤 사람을 선택하겠는가?

당신도 성공의 법칙으로 성공할 수 있다

많지는 않을지라도 미국의 모든 주에서 여기에서 설명한 아이디어를 활용할 기회가 있다. 지금부터 여기에서 설명한 것과 유사한 지형을 연구해 보라. 그러면 돈벌이에 적합한 비슷한 장소를 찾을 수 있을 것이다. 사람들은 자연적으로 이런 편의 시설을 좋아하기 때문에 해수욕장이 적은 지역에서 특히 먹힐 수 있다.

자동차의 발달로 미국 전역에 훌륭한 고속도로 시스템이 건설되게 되었다. 사실상 모든 고속도로에는 관광객들을 위한 '오두막 리조트'로 적합한 장소가 있는데 **상상력**과 **자기 확신**이 있는 사람이라면 이곳을 돈을 찍어내는 '조폐국'으로 바꿀 수 있다.

여러분 주위에는 돈을 벌 기회들이 있다. 이 책은 이런 기회를 찾는 방법과 찾은 후 이를 최대한 활용하는 방법을 알려주기 위해 마련했다. 성공의 법칙으로 덕을 많이 볼 사람들을 아래와 같이 정리해 보았다. 설명한 모든 유형의 사람에게 확실하고 신속한 도움을 줄 것이다.

• **철도회사 임원:** 철도 승무원과 철도 승객 간의 더 나은 협력 정신을 원하는 사람.

• **봉급생활자:** 자기 수익력을 높이고 자신이 하는 일을 홍보해서 더 나은 이익을 얻기를 원하는 사람.

• **판매원:** 자신이 선택한 분야에서 달인이 되기를 원하는 사람. 성공의 법칙 철학은 모든 알려진 판매 법칙을 다루고 있으며, 다른 과정에 포함되지 않은 많은 특징들을 포함하고 있다.

- **산업 공장 관리자:** 직원들 간의 조화의 가치를 아는 사람.

- **철도회사 직원:** 업무 효율을 높여 더 많은 보수를 받고 더 책임감이 따르는 직위로 승진하기를 원하는 사람.

- **상인:** 신규 고객을 유치해서 사업을 확장하려는 사람. 상인들이 상점을 방문하는 모든 고객을 걸어 다니는 광고로 만드는 방법을 가르쳐줌으로써 사업 확장을 돕는다.

- **자동차 판매 대리점 관리자:** 자동차 판매원들의 판매력을 높이기를 바라는 사람. 성공의 법칙 중 상당 부분은 가장 위대한 자동차 판매원의 삶과 경험에서 나온 것으로 자동차 판매원의 영업을 지휘하는 판매 관리자에게 특별히 도움 된다.

- **생명보험 대리점 관리자:** 새로운 보험 계약자를 추가하고 기존 보험 계약자의 보험을 늘리기를 원하는 사람들. 오하이오주의 한 생명 보험회사 판매원은 15장 「실패에서 배우는 태도」를 딱 한 번 읽고 철강회사 임원에게 5만 달러짜리 보험 증서를 팔았다. 이 판매원은 15가지 성공의 법칙을 훈련한 결과, 뉴욕 생명 보험 회사의 보험 판매왕에 올랐다.

- **학교 교사:** 현재 직업에서 최고 자리에 오르기를 원하거나, 필생의 사업으로 수익성이 더 큰 사업 분야에 진출할 기회를 찾는 사람.

- **학생**(고등학생과 대학생)**:** 어떤 분야의 일에 종사하고 싶은지 결정하지 못한 사람. 이 철학을 공부하는 학생이 자신에게 가장 적합한 직업을 결정하는 데 도움이 되는 완전한 개인 분석 서비스가 포함된다.

- **은행가:** 고객들에게 더 좋고 더 친절한 서비스를 제공함으로써 사업을 확장하려는 사람.

- **은행원:** 은행이나 상업 또는 산업 분야의 임원이 되려는 야망이 있는 사람.

- **의사와 치과의사:** 직접적인 광고로 직업윤리를 위반하지 않고 자기 일을 확장하기를 원하는 사람. 한 저명한 의사는 직업윤리상 직접적인 광고가 금지된 전문직 남녀에게 성공의 법칙 강좌가 1000달러의 가치가 있다고 말했다.

- **기획자:** 기업이나 산업계에서 지금까지 하지 않았던 새로운 조합을 개발하기를 원하는 사람. 어떤 사람은 이 서론에 기술된 원칙을 부동산 홍보의 기초로 삼아 상당한 부를 창출했다고 한다.

- **부동산중개업자:** 새로운 판매 촉진 방법을 원하는 사람. 서론에는 새로운 유형의 부동산 판매 촉진 계획에 관한 설명이 포함되어 있으며, 이 계획은 이를 사용할 많은 사람에게 확실한 부를 가져다줄 것이다. 모든 주에서 시행할 수 있는 데다가, 사업을 해본 경험이 없는 사람들도 사용할 수 있다.

- **농부:** 농산물을 마케팅해서 자신들에게 더 큰 이익을 주는 새로운 방법을 찾는 사람. 그리고 서론 말미에 언급한 부동산 개발 계획에 적합한 토지를 소유한 사람들. 수많은 농부가 경작지로는 적합하지 않지만 오락 목적과 휴양지로 사용할 수 있는 '금광'을 가지고 있다.

- **속기사와 회계장부 담당자:** 더 나은 보수를 받는 직위로 승진하기 위한 실용적인 계획을 찾는 사람. 성공의 법칙은 개인적 노무 제공의 마케팅을 위한 것 중 최고의 강좌로 평가된다.

- **인쇄업자:** 직원 간의 협력 증진으로 사업 확장과 더 효율적인 생산을 원하는 사람들.

- **일용직 노동자:** 더 큰 책임을 지고 결과적으로 더 많은 보수를 받는 직위로 진출하려는 야망을 품은 사람.
- **변호사:** 법률 서비스가 필요한 더 많은 사람의 호의적인 관심을 끌 수 있는, 품위 있고 윤리적인 방법으로 고객층을 확장하려는 사람들.
- **기업 임원:** 직원 간의 협력 강화로 현재 사업을 확장하기를 원하거나 현재 업무를 적은 비용으로 처리하기를 원하는 사람.
- **세탁소 주인:** 세탁물 배달 기사에게 더 친절하고 효율적으로 일하는 방법을 교육함으로써 사업 확장을 원하는 사람.
- **생명보험 총대리점:** 더 크고 효율적인 판매 조직을 원하는 사람들.
- **체인점 경영자:** 더 효율적인 개별 영업 노력의 결과로 비즈니스 확대를 원하는 사람.
- **기혼자:** 가정불화와 협력 부족으로 인해 불행하고 실패한 결혼 생활을 영위하는 사람.

이제 1장으로 넘어갈 준비가 되었다. 1장에서는 이 서론에서 설명한 원칙의 적용 방법을 더욱 깊이 살펴보게 될 것이다.

THE LAW OF
SUCCESS

분명한 핵심 목표

THE CHIEF AIM

" 할 수 있다고 믿으면 "
할 수 있다

성취의 청사진을 그려라

여러분은 지금 세계 역사상 최초로 위대한 성공을 이룬 사람들이 사용했고 앞으로도 많은 사람들이 사용하게 될 성공의 법칙을 읽고 있다. 책의 문체는 이 철학 강좌의 원리와 법칙을 남녀노소 누구나 빠르고 쉽게 이해할 수 있도록 하는 데 중점을 두었다. 여기서 설명하는 법칙 중에는 이미 독자들에게 친숙한 것도 있고 처음으로 접하는 것도 있을 것이다. 성공의 법칙이라는 가치는 단순히 그 내용 자체에 있는 것이 아니다. 처음부터 마지막까지, 전적으로 독자들의 사고를 자극하는 데 있다. 달리 표현하면 독자들이 마음을 가다듬어 '분명한' 목표를 지향하게 함으로써 대부분의 사람이 돌발적이고 무의미한 생각에 낭비하는 엄청난 정신력을 잘 이용하도록 돕는 정신 자극제 역할을 하는 것이 목표다.

성공을 어떻게 정의하든 **한 가지 목표에 몰두하는 것이 성공의 필수 요소다.** 하지만 한 가지 목표에 몰두하면서도 동시에 많은 관련 주제를 고려해야 한다.

나는 잭 뎀프시Jack Dempsey(1919년 세계 헤비급 챔피언이었던 미국 프로권투 선수 - 옮긴이)가 시합을 앞두고 훈련하는 모습을 보기 위해 먼 거리를 여행한 적이 있다. 그리고 그가 한 가지 훈련에만 전적으로 매달리지 않고 다양하게 훈련한다는 사실을 알게 되었다. 샌드백은 근육 단련뿐만 아니라 기민한 눈을 만드는 훈련에도 도움이 되었다. 아령으로는 또 다른 근육을 단련했고, 달리기로 다리와 엉덩이 근육을 단련했다. 균형 잡힌 식이요법으로 지방은 없애고 근육을 키웠다. 적절한 수면과 오락 활동, 휴식 습관이 시합에 이기기 위해 갖춰야 할 다른 자질들을 제공했다.

이 책을 읽는 여러분은 생존 투쟁에서 이기기 위해 지금 훈련하고 있거나 앞으로 하게 될 것이다. 이기기 위해서는 관심을 둬야 할 수많은 요소가 있다. 체계화되고, 민첩하고, 활기찬 정신은 여러 가지 잡다한 자극으로 형성된다. 이 모든 자극에 대해서는 1장에서 명확하게 설명하겠다.

육체와 마찬가지로 정신 발달을 위해서도 다양하고 체계적인 훈련이 필요하다. 승마 장애물 경기 조련사들은 말들이 불리한 조건에서 장애물을 넘는 훈련을 반복하고 이를 습관화함으로써 원하는 걸음걸이를 개발한다. 인간의 정신도 이와 비슷하다. 생각을 불러일으키는 다양한 자극을 통해 훈련해야 한다.

여러분이 이 책을 읽다 보면 오래지 않아 폭넓은 주제에 관한 여러

가지 생각이 떠오르게 될 것이다. 따라서 공책과 연필을 준비해서 옆에 두고 읽으면서 이런 생각이나 아이디어가 떠오르는 대로 기록하기를 권한다. 이런 과정을 거치며 이 책을 두세 번쯤 읽게 되면 여러분의 인생을 송두리째 바꿀만한 풍부한 아이디어가 모이게 될 것이다. 이 원칙을 수년 동안 실험해 온 저명한 과학자의 말을 빌리면 이렇게 하다보면 '갑자기' 정신이 마치 유용한 아이디어를 끌어당기는 자석처럼 작용한다는 것이다.

지금 아는 것보다 더 많이 알 필요는 없다고 생각하면서 이 책을 읽는다면 그건 자기 자신에게 매우 부당한 일을 저지르는 것이다. 어떤 주제든 자신이 가장 잘 안다고 자신 있게 말할 수 있는 사람은 아무도 없다. 인생은 자신의 무지를 불식하고 삶의 유용한 진실을 깨우치려고 노력하는 길고 험난한 과정이다. 나는 자기 자신이 현명하다고 믿는 사람들의 이마에 '불쌍한 바보'라고 쓰고, 자기 자신이 성인군자라고 믿는 사람들의 이마에 '불쌍한 죄인'이라고 쓰는 위대한 표시자great marker를 보는 상상을 하곤 했다. 그 누구도 삶을 즐기는 여유를 가질 만큼 잘 알지 못한다는 뜻이다. 성공하려면 겸손해야 한다. 마음속 깊이 겸손해지기 전에 다른 사람들의 경험과 생각을 활용하기는 어렵다.

이 모든 말이 도덕률에 관한 장황한 설교처럼 들릴 수도 있다. 그러면 어떤가? 일반적으로 설교는 무미건조하고 재미없다. 하지만 그것이 우리의 실제 자아를 반영하고 이를 통해 우리가 얼마나 왜소하고 우리가 아는 지식이 얼마나 얄팍한 것인지 깨달을 수 있다면 이 또한 도움이 되지 않겠는가.

인생에서 성공은 대체로 인간에 대한 우리의 이해도에 달렸다. 인간의 동물적 특성을 연구하기에 가장 좋은 곳은 바로 자기 마음속이며 가능한 한 자신의 속성을 정확하게 이해하는 것이 인간을 이해하는 가장 좋은 방법이다. 자기를 완전히 이해하게 되면 다른 사람들에 관한 이해도도 높아지게 된다. 겉모습이 아니라 실제 있는 그대로 다른 사람을 이해하기 위해 다음과 같은 요소를 연구하면 도움이 된다.

- 자세와 걸음걸이
- 목소리의 톤과 음질, 높낮이, 음량
- 찔리는 데가 있는 듯한 눈빛과 정직한 눈빛
- 단어 사용과 그 경향, 성격, 질

이런 열린 창을 통해 우리는 '바로 인간의 영혼 속으로 걸어 들어가서' 그 사람의 본모습을 볼 수 있다. 한 걸음 더 나아가 인간을 알고 싶다면 다음과 같은 다양한 상황에서 이들을 연구하는 것도 추천한다.

- 화가 났을 때
- 사랑에 빠졌을 때
- 돈이 관련될 때
- 음식을 먹을 때(특히 혼자거나 보는 사람이 없다고 믿을 때)
- 글을 쓸 때
- 곤경에 빠졌을 때
- 기쁘고 의기양양할 때
- 풀이 죽고 패배감에 젖었을 때

- 위태로운 재난에 직면했을 때
- 다른 사람들에게 좋은 인상을 주려고 할 때
- 다른 사람의 불행한 소식을 들었을 때
- 다른 사람의 좋은 소식을 들었을 때
- 스포츠 경기에서 졌을 때
- 스포츠 경기에서 이겼을 때
- 혼자 명상에 잠겨 있을 때

우리가 어떤 사람의 실체를 제대로 파악하기 위해서는 앞서 말한 상황, 그리고 어쩌면 더 많은 상황에서 그 사람을 관찰해야 한다. 이는 실제로 우리가 다른 사람을 보자마자 평가할 권리는 없다는 말과 같다. 외모는 의심할 여지없이 중요하다. 하지만 우리는 종종 외모에 속을 수 있다.

이 책은 '성급한 판단'이 아닌 신중한 방법으로 자신과 다른 사람의 성격을 분석할 수 있도록 고안되었다. 이 철학에 통달한 학생은 개인적인 장신구나 옷 같은 거죽을 뚫고 그의 내면 깊숙한 곳을 모두 들여다볼 수 있을 것이다. 이는 자신 있게 말할 수 있다. 만약 내가 수년간의 실험과 분석을 통해 이 이론이 충족될 수 있음을 알아내지 못했다면 감히 이렇게 호언장담할 수 없었을 것이다.

먼저 원고를 살펴본 어떤 사람들은 이 책을 '마스터 세일즈맨십Master Salesmanship'이라고 하면 어떻겠느냐고 묻기도 했다. 나는 '세일즈맨십'이라는 단어가 주로 상품이나 서비스의 마케팅과 연관되기 때문에 책의 실제 성격을 좁히고 제한할 수 있다고 생각했다. 하지만 세일즈맨십의 의미를 일반적인 의미보다 더 심오하게 이해한다면 이 책의 주제가 마스터 세일즈맨십인 것도 사실이다.

이 책은 독자들이 최소한의 저항과 마찰을 겪으면서 자기 삶을 성공적으로 헤쳐 나갈 수 있게 돕는다. 평범하게 살아가는 대다수 사람이 간과하는 많은 진실을 체계화하고 이용하도록 도와준다.

자기 삶에 필연적으로 영향을 미치는 모든 문제에 관한 진실을 알고 싶어 하는 사람은 많지 않다. 연구를 하면서 매우 놀랐던 사실은 자기 약점에 관한 진실이 드러날 때 이를 기꺼이 알고 싶어 하는 사람이 극히 드물다는 것이다. 인간은 현실보다 환상을 더 좋아한다. 새로운 진실은 받아들이더라도 각자 적당히 알아서 받아들인다. 어떤 사람들은 적당한 정도가 지나쳐서 새로운 아이디어가 쓸모없게 될 정도로 자의적으로 해석해 받아들인다. 이런 이유로 서론과 1장에서는 여러분이 새로운 아이디어에 자연스럽게 다가가는 길을 열어주는 주제를 다루어 여러분의 마음에 너무 심한 충격을 주지 않도록 배려했다.

내가 전달하려는 생각은 《아메리칸매거진American Magazine》(1906년 창간된 미국 잡지 - 옮긴이)의 편집장이 실은 사설에서 아주 분명하게 나타났다.

"얼마 전 어느 비 오는 밤, 알래스카 순록 왕으로 불리는 미국의 기업가이자 사진작가, 칼 로멘Carl Lomen이 내게 한 실화를 들려주었다. 이 이야기가 뇌리에 박혀 잊을 수 없었다. 이제 나는 이 이야기를 독자들에게 전달하고자 한다.

수년 전 그린란드의 한 에스키모인이 미국 북극 탐험대에 합류했다. 그에 대한 보상으로 미국인들은 에스키모인에게 뉴욕 관광을 시켜

쳤다. 경이로운 광경과 소리에 놀란 그는 경탄을 금치 못했다. 고향 마을로 돌아온 그는 마을 사람들에게 하늘을 찌를 듯한 빌딩과 전차(그는 사람들이 사는 집들이 오솔길을 따라 움직인다고 묘사했다), 거대한 다리, 인공 조명 등 도시의 놀라운 광경을 들려주었다. 마을 사람들은 그를 냉랭하게 쳐다보고는 돌아서 가버렸다. 소문은 온 마을에 퍼졌고 그는 에스키모 말로 거짓말쟁이를 뜻하는 '새그드룩Sagdluk'이라 불렸다. 그리고 그는 이 부끄러운 이름을 무덤까지 가져갔다. 그가 죽기 훨씬 전에 그의 원래 이름은 완전히 잊혀졌다.

북극 탐험가 크누드 라스무센Knud Rasmussen은 그린란드에서 알래스카로 여행할 때 솜털오리라는 뜻의 '미텍Mitek'이라 불리는 그린란드 에스키모를 동반했다. 미텍은 코펜하겐과 뉴욕을 방문했는데 그곳에서 그는 처음으로 많은 것을 보고 큰 감명을 받았다. 나중에 그린란드로 돌아온 그는 새그드룩의 비극을 떠올렸다. 진실을 말하는 것이 현명하지 않다고 생각한 그는 진실을 말하는 대신 마을 사람들이 이해할 수 있는 이야기를 해서 평판을 유지했다. 그는 사람들에게 자기와 라스무센 박사가 매일 아침 허드슨강에서 카약을 타고 사냥한 이야기를 들려줬다. 강에 오리와 거위, 물개가 많아서 이 방문이 매우 즐거웠다고 했다. 미텍은 그의 동포들이 보기에 매우 정직한 사람이었다. 그래서 그의 이웃들은 그를 존경했다.

진실을 말하는 사람의 길은 항상 험난했다. 예컨대 소크라테스는 독배를 마셨고, 그리스도는 십자가에 못 박혔다. 스티븐은 돌에 맞아 죽고, 지동설보다 한층 더 과격한 무한 우주론을 주장했던 로마 가톨릭 도미니크회 수도사 조르다노 브루노Giordano Bruno는 로마 교황청으로

부터 이단을 선고받고 화형당했다. 갈릴레이 갈릴레오는 이단자로 몰리는 것이 두려워 별처럼 반짝이는 진실을 철회해야 했다. 유혈이 낭자한 이러한 발자취는 역사 속에서 끝없이 찾아볼 수 있다. 인간 본성의 무언가로 인해 우리는 새로운 아이디어의 영향을 못마땅하게 생각한다."

우리는 대대로 전해 내려오는 믿음과 편견이 방해받는 것을 싫어한다. 동면에 들어간 동물이 축적한 지방으로 살아가듯이 많은 사람이 나이가 들면 고대의 물신 숭배와 같은 관습에 얽매여 산다. 새로운 생각이 굴에 침입하면 으르렁거리며 겨울잠에서 일어난다.

적어도 에스키모들은 약간의 핑곗거리가 있다. 그들로서는 칼 로멘이 묘사한 놀라운 광경들을 상상할 수 없었다. 그들의 소박한 삶은 너무나 오랫동안 음울한 북극의 밤으로 둘러싸여 있었기 때문이다. 하지만 보통 사람이 삶을 바라보는 새로운 시각에 마음을 닫아야 할 마땅한 이유는 없다. 정신적 타성만큼 비극적이거나 흔한 것은 없다. 육체적으로 게으른 사람보다 마음이 침체한 사람이 훨씬 많다. 그리고 침체한 마음은 두려움의 온상이 된다. 버몬트에 사는 한 늙은 농부는 항상 이렇게 기원하며 기도를 끝내곤 했다. "오, 하나님. 열린 마음이 되게 하소서." 더 많은 사람이 이 농부의 사례를 따른다면 편견에 치우치지 않을 수 있을 것이다. 그러면 세상이 얼마나 살기 좋아지겠는가.

사람은 자기가 일상적으로 생활하고 일하는 환경이 아닌 다른 곳에서 새로운 아이디어를 모으는 것을 자기 일로 삼아야 한다. 새로운 아이디어를 찾지 않으면 마음은 시들고, 침체하고, 좁아지고, 닫히게 된다. 농부는 도시로 자주 나가서 낯선 사람들과 높은 건물들 사이를 걸어보는 것도 좋다. 그러면 기분전환도 되고 더 많은 용기와 더 큰 열정을 품고 농장으로 돌아갈 수 있다. 도시인이라면 자주 시골로 여행을 가서 자기 일상과는 다른 새로운 풍경을 보며 마음을 새롭게 하는 것이 좋다. 다양한 음식을 섭취해야 하는 것과 마찬가지로 정신적인 환경에도 변화가 필요하다. 사람의 마음은 일상 업무 영역 밖에서 새로운 아이디어를 많이 접하고 나면 더욱더 기민해지고, 더 빠르고 정확하게 탄력적으로 일할 준비가 된다.

여러분은 앞으로 일상 업무와 관련된 생각을 잠시 접어두고 완전히 새로운, 그리고 때에 따라서는 지금까지 듣도 보도 못한 아이디어 분야로 빨려들어가게 될 것이다. 어떤 일을 하고 있든지 여러분은 더 효율적이고, 더 열정적이며, 더 용기 있는 사람으로 만들어줄 새로운 아이디어들을 보게 될 것이다. 새로운 아이디어를 두려워하지 말라. 그것이 성공과 실패를 가르게 될지도 모른다.

소개하는 아이디어 가운데 일부는 실제 모든 사람에게 익숙하기에 부연해서 설명하거나 타당성을 증명할 필요가 없을 것이다. 하지만 어떤 아이디어들은 새롭다는 이유로 그것들을 타당한 것으로 받아들이기를 주저하는 사람도 있을 것이다. 기억하라. 여기에서 설명하는 모든 원리는 내가 철저히 검증했고, 단지 이론에 그치는 것과 실제적인 것을 구별할 수 있는 수십 명의 과학자와 다른 사람들의 검증을 거친 것이다. 이런 이유로 여기에서 다루는 모든 원칙은 주장하는 대로 정확하게 실행할 수 있는 것이다. 하지만 시험과 실험, 분석이 이해되지 않았는데도 모든 것이 무조건 타당하다며 받아들이라고 강요하지는 않는다. 여러분이 피해야 할 폐해는 확실한 사실에 근거하지 않고 견해를 형성하는 것이다. 이와 관련해서 영국의 철학자 허버트 스펜서 Herbert Spencer는 다음과 같은 유명한 경고를 남겼다.

"모든 정보를 차단하고 모든 논쟁을 봉쇄하며 한 사람을 영원히 무지하게 할 수 있는 원칙이 있다. 이 원칙은 바로 시험도 하기 전에 경멸부터 하는 것이다."

마스터 마인드 법칙을 공부할 때 이를 명심하면 좋을 것이다. 다만 이 법칙은 완전히 새로운 마음의 작용 원리를 담고 있어서 많은 사람들로부터 확실히 검증되기 전까지는 아직 타당한 것으로 받아들이기 어려울 것이다.

하지만 천재로 여겨지는 사람들의 업적 대부분이 마스터 마인드의 법칙에 기반을 두고 있다. 많은 과학자도 마스터 마인드 법칙이 집단적 협업에서 비롯되는 실질적으로 중요한 모든 성취의 토대라고 믿고 있다.

알렉산더 그레이엄 벨 박사는 이 철학에서 설명하는 마스터 마인드의 법칙이 타당할 뿐만 아니라, 모든 고등 교육 기관에서 곧 심리학 과목의 일부로 이 법칙을 가르치게 되리라 믿는다고 말했다.

수학자이자 전기 공학자인 찰스 스타인메츠Charles Steinmetz는 나와 이 주제에 관해 이야기하기 훨씬 전에 이 책과 같은 결론에 도달했다고 말했다.

미국의 원예 육종가 루서 버뱅크Luther Burbank와 미국 동식물 연구가 존 버로스John Burroughs도 비슷한 말을 했다. 에디슨에게 직접 물어보지는 않았지만 그가 한 다른 말로 비추어볼 때 그도 마스터 마인드를 적어도 가능성 있는 법칙으로 지지할 것으로 보인다. 엘머 게이츠Elmer Gates 박사는 15년도 전에 나와의 대화에서 이 법칙을 지지했다. 게이츠 박사는 스타인메츠, 에디슨, 벨과 함께 최고 수준의 과학자다.

나는 수많은 총명한 사업가와도 이야기를 나누었다. 과학자는 아니었지만, 이들도 이구동성으로 마스터 마인드 법칙의 타당성을 믿는다고 했다. 그러므로 이런 문제를 판단할 능력이 부족한 사람들이 진지하고 체계적인 조사도 없이 이 법칙에 대해 섣부른 평가를 하는 것은 용납하기 어렵다.

성공으로 가는 길을 보여주는 지도

지금부터 이 장에서 다룰 내용과 이를 통해 여러분에게 어떤 이득을 주고자 하는지 간단하게 소개하려고 한다. 이 법칙의 실례를 내가 스스로 마련했기 때문에 이를 '나의 경험'으로 소개한다. 25년 이상 나의 비즈니스와 전문적인 경험을 통해 수집한 사실과 직접 경험을 토대로 만들어졌으며 이를 뒷받침할 증거는 15개 장에서 제시할 것이다.

나는 이 책을 출판하기 전에 원고를 두 저명한 대학에 보내서 유능한 교수들에게 경제적 관점에서 타당하지 않은 것으로 보이는 내용을 삭제하거나 바로잡아 달라고 요청했다. 요청에 기꺼이 응해준 교수들이 원고를 꼼꼼하게 감수했지만 약간의 문구 수정 외에는 어떤 대대적인 수정도 이루어지지 않았다. 당시 원고를 감수한 교수 중 한 사람은 다음과 같이 개인적인 견해를 밝혔다.

"고등학생들이 당신이 만든 성공의 법칙 15가지를 효율적으로 훈련받지 못하는 현실은 비극입니다. 또한 저와 연결된 훌륭한 대학과 다른 모든 대학이 교과 과정에 이것을 포함하지 않는 것도 유감스러운 일입니다."

이 책은 여러분이 갈망하는 '성공'이라는 목표를 달성하도록 안내할 지도나 청사진으로 마련된 것이다. 따라서 여기서 먼저 성공을 정의해 두는 것이 좋을 것으로 생각한다.

성공은 다른 사람의 권리를 침해하지 않고 인생에서 원하는 것을 얻는 힘을 기르는 것이다. 특히 '힘'이라는 단어를 강조하고 싶다. 힘은 성공과 떼려야 뗄 수 없는 관계이기 때문이다. 우리는 치열한 경쟁의 시대에 살고 있으며 세상은 적자생존의 법칙이 지배한다. 이런 냉혹한 현실 속에서 오래도록 성공하고자 하는 사람이라면 힘을 이용해서 성공을 거두어야 한다. 그러면 힘이란 무엇인가?

힘은 체계적인 에너지 또는 노력이다. 이 책을 '성공의 법칙'이라고 하는 것도 **사실과 지식과 정신력을 힘으로 만드는 방법을 가르치기 때문이다.**

이 책은 여러분에게 한 가지를 확실히 보장한다. 즉, 이 책을 마스터하고 적용하면 '합리적인 범위 내에서' 여러분이 원하는 모든 것을 얻을 수 있다. 물론 성공을 달성하는 데는 여러분의 교육 수준과 지혜, 육체적 인내력과 기질, 그리고 이 책의 15개 장에서 다루는 모든 자질이 필요하다. 탁월한 성공을 거둔 사람들은 예외 없이 의식적이든 무의식적이든 15가지 법칙의 전부 또는 일부에 힘입어 성공했다. 이 말이 믿기지 않는다면 정확한 분석을 할 수 있도록 카네기, 록펠러, 힐,

해리먼, 포드 등 막대한 물질적 부를 축적한 사람들을 분석해 보기를 바란다. 그러면 이들이 성공의 법칙 전반에 흐르는 체계적인 노력의 원칙을 이해하고 적용했다는 사실을 알게 될 것이다.

카네기의 성공 비결

거의 20년 전에 카네기에 관한 이야기를 쓰기 위해 그를 인터뷰한 적이 있다. 인터뷰 중 그에게 성공의 비결을 물었다. 그러자 그는 눈을 반짝이며 이렇게 되물었다.

"젊은이, 질문에 대답하기 전에 무엇을 성공이라고 하는지 말해 주겠나?"

그의 질문에 당황하는 기색을 보이자 그가 다시 말을 이어갔다.

"자네가 말하는 성공이란 내가 번 돈을 말하는 거겠지?"

돈은 대부분 사람이 성공을 평가하는 용어라고 대답하자 그는 이렇게 말했다.

"음, 글쎄. 내가 어떻게 돈을 벌었는지 알고 싶다면, 그게 자네가 말하는 성공이라면 이렇게 말해 주지. 우리 회사에는 마스터 마인드라는 게 있네. 여기서 마스터 마인드는 경영자와 관리자, 회계원, 연구원, 그리고 다른 필요한 직원들 수십 명의 마음이 어우러진 마음이라네. 여기에 속한 개개인의 마음은 내가 말하는 마스터 마인드는 아니지만 이런 마음들이 조화로운 협력의 정신으로 조율되고 조직되고 분명한 목표를 향해 나아가는 마음의 총화가 나를 위해 돈을 벌어준 힘이라네. 이 그룹에서 정확히 닮은 두 사람은 없지만, 각자가 자신이 해야 할 일을 하고, 또 다른 어떤 사람보다 더 잘한다네."

당시 이 대화는 씨앗이 되어 내 마음속에 뿌려졌다. 이것이 강좌로 발전하게 되면서 비소로 뿌리를 내리고 싹트게 되었다. 이 인터뷰는 서론에서 '마스터 마인드'로 설명한 심리학 원리의 발견으로 이어졌으며, 수년간의 연구를 시작하는 계기가 되었다.

나는 카네기의 말을 모두 귀담아들었다. 하지만 그가 말한 것을 소화하고 그 원리를 명확하게 파악하고 이해하는 데는 수년간 비즈니스 세계와 접촉하면서 얻은 지식이 필요했다. 그리고 이것이 바로 이 성공의 법칙의 토대가 되는 체계적인 노력의 원리였다.

카네기 그룹 직원들은 '마스터 마인드'를 형성했으며 이 마인드는 매우 잘 조직되고, 잘 조정되고, 매우 강력해서 카네기가 모든 상업 및 산업 활동에서 수백만 달러를 모을 수 있었다. 철강 사업은 카네기가 마스터 마인드로 부를 축적할 수 있었던 한 사례일 뿐이었다. 만약 '마스터 마인드'가 석탄 사업이나 은행 사업, 혹은 식료품 사업으로 향했더라도 같은 부를 축적할 수 있었을 것이다. 마스터 마인드의 근간은 힘, 바로 여러분이 인생의 분명한 목표를 달성하기 위해 정신력을 잘 가다듬고 잘 조직된 다른 마음과 연합할 때 가질 수 있는 그런 힘이기 때문이다.

이후 카네기의 이전 사업 동료 몇 명과 만나 면밀하게 확인한 결과, '마스터 마인드'라고 불리는 법칙이 있을 뿐만 아니라 이 법칙이 카네기 성공의 주요 원천이었다는 것이 확실히 밝혀졌다. 카네기와 인연이 있는 사람 중 강철왕 찰스 슈와브Charles Schwab만큼 그를 잘 아는 사람은 없을 것이다. 슈와브는 카네기의 성격에서 그가 엄청난 성공을 거둘 수 있게 해준 '은밀한 무언가'를 매우 정확하게 묘사했다.

"나는 그렇게 상상력이 풍부하고 활기 넘치는 지성과 본능적인 이해력을 타고난 사람을 본 적이 없다. 그는 다른 사람의 생각을 캐내고 지금까지 해온 일이나 앞으로 할 가능성이 있는 일을 알아내는 능력이 있었다. 그는 다른 사람이 말하기 전에 다음에 무슨 말을 할지 아는 것 같았다. 그의 마음 씀씀이는 눈부셨고 그의 세밀한 관찰 습관은 그에게 수많은 문제에 대한 풍부한 지식을 안겨주었다.

그렇게 풍부한 재능에서 나온 그의 뛰어난 자질은 다른 사람들에게 영감을 주는 힘이었다. 그에게서는 자신감이 뿜어져 나왔다. 당신이 뭔가가 미심쩍어서 카네기와 그 문제를 상의한다면 그는 순식간에 그것이 옳다는 것을 깨닫게 해서 완전히 믿게 하거나 취약점을 지적함으로써 당신의 의심을 풀어줄 것이다. 다른 사람들을 끌어당기고 격려하는 이런 자질은 그의 힘에서 비롯되었다.

카네기의 리더십은 놀라웠다. 산업 역사상 철강이나 공학에 관해 내세울 만한 기술적인 지식도 없고 자기 사업을 세부적으로 이해하지 못하면서 그런 사업을 만들 수 있는 사람은 없었다. 사람들에게 영감을 주는 카네기의 능력은 알 수 없는 심오한 무언가에서 나오는 것 같다."

마지막 문장에서 슈와브는 내가 카네기 힘의 주요 원천으로 꼽은 '마스터 마인드' 이론을 뒷받침하는 생각을 전했다. 또한 슈와브는 카네기가 철강 사업에서 그랬던 것처럼 다른 사업에서도 성공할 수 있었으리라고 말했다. 그의 성공은 철강 사업 자체에 대한 단순한 지식이 아니라 자신의 마음과 다른 사람들의 마음을 이해했기 때문임이 분명하다. 이런 생각은 아직 뛰어난 성공을 거두지 못한 사람들에게 가장 위안이 된다. 성공은 단지 누구나 이용할 수 있는 법칙과 원리를 올바르게 적용하는 문제라는 것을 보여주기 때문이다. 그리고 이런 법칙들은 이 책에 충분히 설명되어 있다.

카네기는 마스터 마인드를 적용하는 방법을 터득했다. **자신의 마음 능력과 다른 사람들의 마음 능력을 체계화해서 분명한 핵심 목표를 향하게 조정할 수 있었다.**

마스터 마인드의 쓰임

사업이나 전쟁, 혹은 기타 어느 분야에서나 모든 전략가는 체계적이고 잘 구성된 노력의 가치를 이해한다. 군사 전략가들은 적군 진영에 불화의 씨앗을 뿌리는 작전의 가치를 안다. 적군 내부의 협력을 무너뜨리기 때문이다. 제1차 세계대전에서 보여진 선전이 조직을 파괴하는 힘은 전쟁에 사용된 모든 총과 폭발물보다 훨씬 더 파괴적이었다고 해도 과언이 아니다. 제1차 세계대전의 주요 전환점 중 하나는 연합군이 프랑스 장군 포슈Foch의 지휘 아래 배치되었을 때였다. 많은 군사 전문가들은 이것이 적군에게는 파멸을 예고하는 움직임이었다고 주장한다.

현대의 철교도 조직적인 노력의 가치를 보여주는 훌륭한 예다. 무게를 전체에 분산해 배치함으로써 소규모의 강철봉과 교각으로 수천 톤의 무게를 견딜 수 있다는 것을 매우 단순하고도 명확하게 보여주기 때문이다.

항상 자기들끼리 다투는 일곱 아들을 둔 남자가 있었다. 어느 날 그는 아들을 모두 불러 모아놓고 협력하는 노력이 부족하면 어떻게 되는지 보여주겠다고 했다. 그는 일곱 개의 나뭇가지를 다발로 묶어 준비했다. 그리고 아들들에게 한 명씩 나와서 나뭇가지 다발을 부러뜨려보라고 했다. 아들들은 각자 시도했지만 모두 허사였다. 그러자 아버지는 나뭇가지를 묶은 줄을 풀고 일곱 아들에게 나뭇가지 하나씩을 건네주면서 부러뜨려 보라고 했다. 아들들이 나뭇가지를 모두 부러뜨리고 난 후 아버지가 말했다.

"화목하게 합심하여 협력할 때의 너희는 나뭇가지 다발과 같아서 아무도 너희를 꺾을 수 없다. 하지만 너희들끼리 서로 다투면 누구든지 너희를 한 번에 한 명씩 꺾을 수 있다."

이 교훈은 한 공동체의 사람들, 특정 기업의 직원들과 고용주들 사이, 또는 우리가 사는 국가에도 적용할 수 있다. 조직적인 노력이 힘이 될 수 있지만 지혜롭게 이끌지 않으면 위험한 힘이 될 수도 있다. 15장에서 조직적인 노력의 힘을 어떻게 해서 성공으로 이끌 수 있는지를 설명하는 주된 이유다. 여기서 성공은 궁극적인 행복으로 이끄는 진실과 정의, 공정성에 기반을 둔 성공을 말한다.

체계적 노력의 쓰임

30년 전 한 남자가 헨리 포드가 일하는 가게에서 포드가 하는 것과 거의 같은 일을 하고 있었다. 이 사람은 포드보다 더 유능한 직원이었다고 한다. 오늘날 이 남자는 여전히 주급 100달러 미만의 임금으로 같은 일을 하고 있지만 포드는 세상에서 가장 부유한 사람이 되었다.

물질적인 부에 있어서 이들을 이렇게 크게 갈라놓은 어떤 두드러진 차이가 있을까? 아니다. 포드는 체계적인 노력의 원칙을 이해하고 적용했지만, 그 사람은 그렇지 못했던 것뿐이다.

내가 이 글을 쓰고 있을 즈음 오하이오주 셸비라는 소도시에서는 세계 역사상 처음으로 이 체계적인 노력의 원칙이 교회와 지역사회의 사업가들이 더 긴밀하게 제휴하기 위한 목적으로 적용되고 있다. 성직자들과 사업가들이 연합한 결과 이 도시의 거의 모든 교회는 모든 사업가의 지지를 받고, 모든 사업가는 모든 교회의 지지를 받고 있다. 이 효과로 이 연합에 속한 누구도 현실적으로 자기 소명(직업)에서 실패할 수 없을 것이라는 말이 나올 정도로 모든 교회와 사업가의 입지를 강화했다. 연합에 속한 다른 사람들이 이런 실패를 용납하려 하지 않았기 때문이다.

이는 사람들이 집단으로 결속한 힘을 지원받기 위해 연합하면 어떤 일이 일어나는지 보여주는 좋은 사례다. 이 연합으로 셸비는 비슷한 규모의 다른 미국 도시들이 누리기 힘든 물질적, 정신적 이점을 누리게 되었다. 이 계획은 매우 효과적이고 만족스러워서 이를 미국 전역의 다른 도시들로 확장하려는 움직임이 진행됐었다.

체계적인 노력의 원칙이 어떻게 강력해질 수 있는지 더 구체적으로 보려면 잠시 멈춰라. 그리고 상상력을 발휘해서 여러분이 사는 도시 혹은 전 세계 다른 도시의 모든 교회, 모든 신문, 모든 여성 클럽, 그리고 비슷한 성격의 다양한 시민 단체가 힘을 모으고 모든 구성원의 이익을 도모하기 위해 연합을 결성한다면 어떻게 될지 그려보라. 연합함으로써 얻을 수 있는 결과는 상상만 해도 놀랍지 않은가.

이런 연합은 한 세대 이내에 문명 세계 전체의 사업적, 사회적, 도덕적 경향을 바꾸는 영향력을 발휘할 수 있다. 또한 이런 연합은 다음 세대의 마음에 바람직한 모든 이상을 강요하는 힘을 가지게 될 것이다.

이미 말했듯이 힘은 체계적인 노력이다. 그리고 성공은 힘에 기반을 둔다.

성공한 5% 사람들의 공통점

이 책은 경제학과 응용 심리학 원리와 완벽한 조화를 이룬다. 각 장에는 관련되는 심리학적 원리에 대한 충분한 설명이 보강되었다. 이 책의 원리를 더 쉽게 이해하고 적용하는 데 심리학 지식이 필요하기 때문이다.

나는 20년 이상 이 책에 담긴 자료를 모으고 분류하고 정리했다. 지난 14년간 1만 6000명 이상의 남녀를 분석했고 이 분석에서 수집된 모든 중요한 사실을 세심하게 정리했다. 분석 과정에서 밝혀진 많은 흥미로운 사실이 성공의 법칙을 실용적이고 유용하게 만드는 데 도움이 되었다.

예컨대 분석 대상자 중 95%가 실패자였고 5%만이 성공한 사람이었다(여기서 말하는 '실패'는 투쟁 없이는 행복을 찾지 못하고 생활필수품도 얻지 못하는 것을 뜻한다). 아마도 이는 세상 모든 사람을 정확하게 분석하면 발견할 수 있는 성공과 실패의 비율일 것이다. 타고난 재능을 체계화하고 활용하는 법을 배우지 못한 사람들에게는 단지 생존을 위한 투쟁도 버거운 일이다. 하지만 체계적인 노력의 원리를 터득한 사람들에게는 생활필수품은 물론이고, 사치품을 얻는 일도 비교적 간단한 일이다.

1만 6000명을 대상으로 한 분석에서 밝혀진 가장 놀라운 사실은 실패자로 분류된 95%는 인생의 명확한 핵심 목표가 없었다는 것이다. 성공한 5%는 분명한 목표뿐만 아니라 그 목표를 달성하기 위한 확실한 계획을 세우고 있었다. 또 실패한 95%는 자기가 좋아하지 않는 일에 종사하고 있지만, 성공한 5%는 자신들이 가장 좋아하는 일을 하고 있다는 것이다. 분석을 통해 알게 된 또 다른 중요한 사실은 성공한 5%는 모두 체계적인 저축 습관을 지니고 있지만, 실패한 95%는 아무것도 저축하지 않았다는 것이다. 이는 진지하게 생각해 볼 가치가 있다. 이 책의 주요 목표 중 하나는 여러분이 선택한 일을 하면서 부와 행복을 모두 얻을 수 있도록 돕는 것임을 잊지 말아야 한다.

> 백과사전에는 세상에 알려진 사실들이 대부분 포함되어 있다.
> 하지만 이를 체계화하고 행동으로 옮기지 않으면
> 쓸모없는 모래언덕에 지나지 않는다.

목표 설정의 심리적 효과

이 장의 주안점은 '분명한'이라는 단어에서 찾을 수 있다. 세계 인구의 95%가 평생을 아무런 목표 없이 표류하며, 자신들에게 가장 적합한 일에 대한 개념도 없고, 심지어 달성하려고 노력해야 할 '분명한' 목표의 필요성조차 못 느낀다는 현실은 정말 끔찍한 일이다.

인생의 '분명한 핵심 목표'를 선택하는 데에는 경제적인 이유뿐만 아니라 심리적인 이유도 있다. 먼저 심리적인 측면을 중점적으로 살펴보도록 하자. 사람의 행동이 항상 그 사람의 마음을 지배하는 생각과 조화를 이룬다는 것은 확립된 심리학의 원리다. 신중한 선택을 거처 마음속에 굳게 자리 잡은 '분명한 핵심 목표'는 강한 실현 의지를 가져온다. 마침내 잠재의식을 지배하게 되면 신체 행동에 영향을 줘서 목표 달성을 향하도록 한다. 따라서 인생의 '분명한 핵심 목표'는 신중하게 선택해야 하며 선택한 후에는 글로 옮겨서 적어도 하루에 한 번은 볼 수 있는 곳에 놓아둬야 한다. 이렇게 하면 심리적인 효과로 우리 마음의 잠재의식에 목표가 매우 강하게 각인된다. 목표는 궁극적으로 우리의 활동을 지배하며, 우리는 이 목표를 청사진으로 받아들이게 된다.

잠재의식에 분명한 핵심 목표를 각인하는 심리학의 원리를 '자기암시auto-suggestion'라고 한다. 자기 자신에게 반복적으로 하는 암시로, 이것은 일종의 자기최면이지만 그렇다고 해서 이를 두려워할 필요는 없다. 나폴레옹이 가난에 찌든 코르시카의 하찮은 신분에서 프랑스 황제 자리에 오른 것도 자기암시의 원리를 이용했기 때문이다. 토머스 에디슨도 같은 원리의 도움으로 신문 판매원에서 세계적인 발명가가 되었다. 켄터키 산속의 통나무 오두막에서 태어난 에이브러햄 링컨Abraham Lincoln이 지구상에서 가장 위대한 국가의 대통령이 된 것도, 시어도어 루스벨트Theodore Roosevelt가 미국 대통령 중 가장 공격적인 지도자가 된 것도 바로 자기암시 원리를 통해서였다.

노력하고 있는 목표가 오래가는 행복을 가져다줄 것이라고 확신하는 한 여러분은 자기암시의 원리에 대해 걱정할 필요가 없다. 명심할 것은 여러분의 분명한 목표는 건설적이어야 하며 그 목표를 달성하는 과정에서 다른 사람에게 고난과 고통을 주지 않아야 한다는 것이다. 그리고 여러분에게 평화와 번영을 가져다주는 목표여야 한다. 이러한 조건이 모두 충족된다면 목표를 빨리 달성하기 위해 자기암시의 원리를 적용하면 된다.

내 서재에서는 바로 맞은편 길모퉁이에 서서 온종일 땅콩을 파는 남자가 보인다. 그는 쉴 새 없이 바쁘다. 땅콩을 팔지 않을 때도 그는 땅콩을 구워서 작은 봉지에 넣고 포장하느라 바쁘다. 그는 인생에 뚜렷한 목적이 없는 95%를 구성하는 사람 중 한 명이다. 그가 땅콩을 파는 것은 자신이 할 수 있는 어떤 것보다 그 일이 좋아서가 아니라 자기 노동에 대해 더 큰 보상을 가져다줄 분명한 목표를 생각하지 않았기 때문이다. 그가 땅콩을 파는 것은 그가 인생의 바다 위에서 떠돌이 생활을 하고 있기 때문이다. 더 큰 비극은 그가 땅콩 파는 일에 쏟는 노력을 다른 일에 쏟으면 그에게 훨씬 더 큰 이익을 가져다줄 것이라는 사실이다.

> 시야를 넓히는 데 소홀한 사람들은 평생 한 가지 일만 해왔다.

또 다른 비극은 무의식적으로 자기암시의 원리를 이용하면서도 자기 자신에게 불리하게 하고 있다는 사실이다. 만약 그의 생각을 사진으로 담을 수 있다면 분명히 그 사진에는 땅콩 굽는 기계, 종이봉투, 땅콩을 사려는 사람들 외에는 아무것도 없을 것이다. 만약 그에게 더 수익성 있는 일을 하는 자신을 상상하는 비전과 야망이 있고, 그의 마음이 더 수익성 있는 일을 하기 위해 필요한 조처할 때까지 마음속에 그 그림을 간직하는 인내심이 있다면 이 남자는 땅콩 파는 일에서 벗어날 수 있을 것이다. 자기 노동이 더 큰 이익을 가져다주는 분명한 목표를 달성하기 위한 것이라면 그는 상당한 보수를 받을 수 있도록 일에 충분한 노력을 기울이게 된다.

친한 친구 중에 미국에서 가장 잘 알려진 작가이자 대중 연설가가 있다. 그는 10여 년 전에 자기암시의 원리의 가능성을 발견하고 즉시 실행에 옮기기 시작했다. 당시 그는 작가도 연설가도 아니었다. 매일 밤 잠들기 전에 그는 눈을 감고 그가 닮고 싶은 유명 인사들이 긴 회의 탁자에 앉아 있는 모습을 상상하곤 했다. 테이블 끝에 링컨을 앉히고 테이블 양쪽에 나폴레옹, 조지 워싱턴George Washington, 랠프 월도 에머슨Ralph Waldo Emerson, 엘버트 허버드Elbert Hubbard를 앉혔다. 그런 다음 그는 상상 속의 회의 탁자에 앉은 상상 속의 인물들과 다음과 같은 방식으로 대화를 나눴다.

"링컨, 당신의 뛰어난 인내력과 모든 인류에 대한 공정함, 날카로운 유머 감각을 닮고 싶습니다. 나는 이런 자질이 필요하며 이런 자질을 개발할 때까지 만족하지 못할 겁니다."

"워싱턴, 당신의 뛰어난 애국심과 자기희생, 리더십의 자질을 배우고 싶습니다."

"에머슨, 감옥의 벽과 자라나는 나무, 흐르는 개울, 피어나는 꽃과 어린아이의 얼굴에서 자연의 법칙을 읽어내는 당신의 뛰어난 시각과 능력을 닮고 싶습니다."

"나폴레옹, 자립심과 장애물을 극복하고 실수에서 교훈을 얻고 더 강해지는 당신의 전략적 능력을 배우고 싶습니다."

"허버드, 명확하고 간결하며 힘찬 언어로 자기를 표현하는 당신의 능력을 능가하고 싶습니다."

친구는 몇 달 동안 밤마다 이들과 대화하는 상상을 계속했다. 마침내 그는 이들의 뛰어난 특성을 자신의 잠재의식 속에 뚜렷이 각인시켜 이들의 성격을 합성한 성격을 개발하기 시작했다.

잠재의식은 자석에 비유할 수 있다. 잠재의식이 어떤 분명한 목표로 인해 활성화되고 그 목표로 충만하게 되면 그 목표를 달성하는 데 필요한 모든 것을 끌어당기는 결정적인 경향이 있다. '유유상종'의 법칙이 적용되는 것이다. 풀잎과 자라나는 나무에서도 이 법칙의 증거를 찾아볼 수 있다. 도토리는 흙과 공기로부터 참나무로 자라는 데 필요한 성분을 끌어당긴다. 그러면 일부는 참나무고 일부는 포플러인 나무로는 자라지 않는다. 흙에 심은 밀알은 흙에서 밀을 자라게 하는 성분을 끌어당긴다. 실수로 같은 줄기에서 귀리와 밀이 같이 자라는 법은 없다.

인간에게도 이 같은 끌어당김의 법칙Law of Attraction이 적용된다. 어느 도시에서나 저렴한 하숙집들이 있는 구역으로 가면 비슷한 처지인 사람들이 모여 사는 모습을 볼 수 있다. 반대로 부촌으로 가면 거기도 비슷한 수준의 사람들이 모여 사는 모습을 발견하게 된다. 성공한 사람은 성공한 사람과 어울리고 싶어 한다. 마찬가지로 가난한 사람들도 비슷한 처지인 사람들과 어울리게 된다. 동병상련인 셈이다.

물이 평형을 이루기 위해 흘러가듯이 사람도 재정적으로나 정신적으로 자기와 비슷한 수준의 사람들과 어울리고 싶어 한다. 예컨대 예일대 교수와 무식한 떠돌이 일꾼은 공통점이 전혀 없다. 오랜 시간 함께 있으면 둘 다 힘들 것이다. 공통점이 없는 사람들은 물과 기름의 관계와 같아서 쉽게 어울리지 않는다.

지금까지의 이야기는 다음과 같이 요약할 수 있다. 원하든 원하지 않든 여러분 주위에는 자기와 인생관이 비슷한 사람들이 모이게 될 것이다. 그렇다면 자신에게 도움이 되고 방해가 되지 않는 사람들을 끌어당기는 것을 분명한 핵심 목표로 정하고 여러분의 마음을 활성화하는 것이 중요하다. 물론 여러분의 분명한 핵심 목표가 현재 수준보다 훨씬 높을 것이다. **인생의 목표를 높게 잡는 것은 당신의 특권이자 의무다.** 자기 기준을 높이 설정하는 것이 여러분 자신과 지역사회에 대한 의무임을 명심해야 한다.

> 당신이 무엇을 할 수 있는지 '말'로만 하지 말고
> '행동'으로 보여줘라.

자기암시의 원리를 적용해서 분명한 핵심 목표를 수립하는 방법을 아는 사람은 어떤 역경도 극복한다. 이런 사람은 가난의 족쇄를 벗어던지고, 치명적인 병도 물리칠 수 있으며 하찮은 신분의 삶에서 부귀영화를 누리는 삶으로 상승할 수 있다.

훌륭한 리더들은 자신들의 리더십 기반을 명확하게 주요 목표에 둔다. 추종자들은 자신들의 리더가 명확한 목표가 있고 그 목표를 실천할 용기를 가진 사람이라는 것을 알 때 기꺼이 따른다. 심지어 고집 센 말도 확실한 목표가 있는 기수가 고삐를 잡으면 고분고분 따른다. 목표가 확실한 사람이 군중 속으로 들어가면 모두가 한쪽으로 비켜서서 그에게 길을 내준다. 반면 주저하면서 어디로 가야 할지 모르겠다는 모습을 보이면 군중들은 한 치도 물러서지 않을 것이다.

분명한 핵심 목표가 없을 때 부모와 자식 사이만큼 더 눈에 띄고 서로에게 더 해로운 영향을 주는 관계는 없을 것이다. 아이들은 부모의 흔들리는 태도를 매우 빨리 알아채고 이를 거리낌 없이 이용한다. 이는 평생 똑같다.

지금까지 분명한 핵심 목표의 심리적 관점을 살펴보았다. 이제 이 문제의 경제적인 측면으로 눈을 돌려보자.

목표 설정의 경제적 효과

기선이 바다 한가운데에서 방향타를 놓치고 빙빙 돌기 시작하면 해안까지 여러 번 왕복할 연료를 다 소비하고도 기슭에 도달하지 못하고 말 것이다. 분명한 목표와 그 목표를 달성하기 위한 확실한 계획 없이 일하는 사람은 방향타를 잃은 배와 같다. 고된 노동과 선한 의도만으로는 성공하기 힘들다. 마음속에 자기가 원하는 분명한 목표를 세우지 않고 성공을 거두었다고 확신할 수 있는 사람이 얼마나 되겠는가?

잘 지은 집은 분명한 목표와 청사진과 같은 분명한 계획을 세우고 시작한다. 계획 없이 아무렇게나 집을 짓는다면 어떻게 될지 상상해보라. 일꾼들은 서로 방해가 되고 건축자재는 기초 공사가 끝나기 전에 곳곳에 쌓이고 집을 어떻게 지을지에 대해 일하는 사람 모두가 각자 다른 생각을 하게 될 것이다. 그 결과는 혼란과 오해와 엄청난 비용이다.

그런데도 대부분의 사람은 분명한 목표나 계획도 없이 학교를 졸업했을 것이다. 여러분은 직업을 갖거나 사업을 하는 것에 대해 깊이 생각해 본 적이 있는가? 오늘날 과학이 사람들의 성격을 분석하고 상당히 정확하게 적성에 맞는 일을 찾아준다는 사실을 고려할 때 세계 성인 인구의 95%가 적성에 맞는 직업을 찾지 못해서 실패자가 되었다는 것이 현대의 비극으로 보이지 않는가?

성공이 힘에 달려 있고 힘이 체계적인 노력이라면, 그리고 체계화의 방향을 정하는 첫걸음이 분명한 목표라면, 분명한 목표가 필수적이라고 주장하는 이유를 쉽게 알 수 있을 것이다. 반면 삶의 분명한 목표를 정하지 않은 사람은 에너지를 낭비하고 생각을 너무 많은 주제와 다양한 방향으로 분산함으로써 힘을 집중하지 못하고 우유부단하고 나약해진다.

여러분은 돋보기를 통해 체계적인 노력의 가치에 대한 훌륭한 교훈을 스스로 터득할 수 있다. 돋보기(분명한 목표)로 햇빛을 한곳에 모으면 판자에 구멍을 뚫을 수 있다. 돋보기를 치우면 같은 햇빛이 같은 판자에 백만 년 동안 비쳐도 구멍을 뚫을 수 없다.

1000개의 건전지를 예로 들어보자. 건전지 1000개를 체계적으로 배치하고 전선으로 잘 연결하면 대형 기계를 몇 시간 돌릴 수 있는 전력을 만들어낼 수 있다. 하지만 같은 건전지를 하나하나 분리하면 그 어느 것도 기계를 돌리지 못한다. 여러분 마음의 능력은 이 건전지에 비유할 수 있다. 이 책의 15개 장에서 말하는 계획에 따라 여러분의 능력을 체계화하고 이를 삶의 분명한 목표 달성을 향하게 할 때 여러분은 '체계적인 노력'으로 불리는 힘을 얻게 된다.

앤드루 카네기는 달걀이 든 바구니를 예로 들어 조언을 해줬다.

"달걀을 모두 한 바구니에 담아 둬봐 보게. 그러면 아무도 그 바구니를 발로 차서 달걀이 굴러다니는 일이 없을 걸세."

이 조언은 우리가 지엽적인 일에 에너지를 낭비해서는 안 된다는 것을 뜻했다. 견실한 경제 전문가이기도 했던 카네기는 자신들의 에너지를 잘 활용하고 어떤 한 가지 일에 집중하면 대부분 사람이 잘 해낸다는 사실을 알고 있었다.

다리를 저는 사람이 한 시각장애인을 만났다. 다리를 저는 사람은 확실히 통찰력 있는 사람임이 틀림없었다. 그는 시각장애인에게 서로 큰 이익을 얻기 위해 힘을 합치자고 제안했다.

"당신이 나를 등에 업으면 나는 당신의 다리를 이용할 수 있고, 당신은 내 눈을 쓸 수 있습니다. 우리 둘이 힘을 합하면 더 빨리 다닐 수 있을 겁니다."

서로 연합하면 더 큰 힘이 나온다. 이 점은 성공의 법칙 기초 중에서도 가장 중요한 부분이기 때문에 재차 강조할 가치가 있다. 세계는 연합의 원칙을 사용해서 큰 부를 축적해 왔다. 한 사람이 평생 혼자 성취할 수 있는 것은 아무리 잘 체계화하더라도 기껏해야 미미한 것에 불과하다. 하지만 한 사람이 다른 사람들과의 연합의 원칙을 통해 성취할 수 있는 것은 사실상 무한하다.

카네기가 인터뷰에서 언급했던 '마스터 마인드'는 수십 명의 마음으로 이루어졌다. 이 집단에는 다양한 기질과 성향을 지닌 사람들이 있었다. 여기서 개개인은 특정한 역할을 맡았다. 이들 사이에는 팀워크가 형성되어 있었고 서로를 완벽하게 이해했다. 이들 사이의 조화를 유지하는 것이 카네기의 일이었다. 그리고 그는 그 일을 아주 잘 해냈다. 축구 경기를 보면 승리하는 팀은 선수들의 노력을 가장 잘 조율하는 팀이라는 사실을 알 것이다. 팀워크가 승리의 요체이기 때문이다. 이는 인생이라는 위대한 게임에서도 마찬가지다.

성공하기 위해 노력하면서 여러분은 자기가 원하는 것이 무엇인지, 즉 분명한 목표가 무엇인지 정확하게 알아야 하고, 그 분명한 목표를 달성하는 과정에서 체계적인 노력의 원칙이 지닌 가치를 늘 명심해야 한다.

거의 모든 사람이 분명한 목표로 착각하는 것이 있다. 돈을 모으고 싶다는 욕망이 그 대표적인 것이다. 하지만 이는 여기서 말하는 분명한 목표가 아니다. 설령 그 목표가 돈을 축적하는 것일지라도 이를 분명한 목표라고 하려면 그 돈을 축적하는 정확한 방법을 결정해야 한다. 사업을 해서 돈을 벌겠다고 하는 것은 충분하지 않다. 정확히 어떤 종류의 사업을 할지 결정해야 한다. 또한, 구체적인 장소와 사업 정책도 결정해야 한다. 앞에서 말한 1만 6000여 명을 대상으로 한 설문지에 등장하는 '인생에서 당신의 분명한 목표는 무엇입니까?'라는 질문에 많은 이들이 다음과 같이 답했다.

"내 인생의 분명한 목표는 가능한 한 세상에 많이 기여하고 좋은 삶을 사는 것입니다."

하지만 이 대답은 우물 안 개구리가 우주의 크기를 말하는 것과 같이 모호하다. 이 장의 목적은 여러분의 필생의 직업을 알려주는 것이 아니다. 이는 실제로 여러분을 완전히 분석한 다음에야 정확하게 이루어질 수 있기 때문이다. 이 장의 목적은 여러분의 마음에 분명한 목표의 가치, 그리고 분명한 목표를 실현하는 데 필요한 힘을 얻기 위한 수단으로 체계적인 노력의 원리를 이해하는 가치를 심어주는 데 있다.

각자의 분야에서 뛰어난 성공을 거둔 100여 명의 사업 철학을 주의 깊게 관찰한 결과, **모두가 신속하고 분명한 결정을 내린 사람이라는 사실이 밝혀졌다.** 분명한 핵심 목표를 세우고 일하는 습관은 신속한 결정 습관을 길러주고, 이 습관은 여러분이 하는 모든 일에 도움이 될 것이다. 게다가 분명한 핵심 목표를 세우고 일하는 습관은 맡은 모든 일에서 그 일을 마스터할 때까지 모든 주의를 집중하도록 해줄 것이다. 노력을 집중하는 것과 분명한 핵심 목표를 세우고 일하는 습관은 항상 함께 따라다니는 성공의 필수 요소다.

성공적인 사업가로 잘 알려진 사람들은 모두 항상 하나의 목표를 자신들의 주요 목표로 삼고 일하고 신속하게 결정을 내리는 사람들이었다. 몇 가지 주목할 만한 사례를 소개한다.

• **프랭크 울워스**: 미국 전역에 '파이브앤텐센트스토어' 체인점을 개설하는 것을 그의 분명한 핵심 목표로 세웠고, 이 한 가지 일에 집중했다.

• **윌리엄 리글리**: 5센트짜리 껌 생산과 판매에 정신을 집중했고 이 아이디어 하나로 수백만 달러를 벌었다.

• **토머스 에디슨**: 자연의 법칙의 조화를 이루는 일에 집중했고 그

의 노력으로 지금까지 살았던 어떤 사람보다 유용한 것들을 더 많이 발명했다.

- **헨리 도허티**: 수도, 전기 등 공공시설 건설과 운영에 집중해서 백만장자가 되었다.
- **에드윈 반스**: 에디슨의 구술 녹음(재생)기 판매에 집중해서 젊은 나이에 필요 이상으로 많은 돈을 가지고 은퇴했다.
- **우드로 윌슨**: 분명한 핵심 목표를 지키는 가치를 안 덕분에 25년간 대통령직에 전념하며 백악관의 주요 세입자가 되었다.
- **에이브러햄 링컨**: 노예 해방에 정신을 집중했고 이 일로 가장 위대한 미국 대통령이 되었다.
- **마틴 리틀턴**: 한 연설을 듣고 훌륭한 변호사가 되고자 하는 열망으로 가득 차서 이 하나의 목표에 집중했다. 사건당 수임료가 5만 달러 이상인 미국에서 가장 성공한 변호사로 알려졌다.
- **존 록펠러**: 석유에 집중해서 자기 세대에서 가장 부유한 사람이 되었다.
- **헨리 포드**: 자동차에 집중해서 역사상 가장 부유하고 가장 영향력 있는 사람이 되었다.
- **앤드루 카네기**: 강철에 집중했고 그의 노력으로 큰 부를 축적하고 미국 전역의 공공도서관에 그의 이름을 새겼다.
- **조지 이스트먼**: 코닥 카메라 필름에 집중했고 이 아이디어로 수백만 명에게 큰 즐거움을 주면서 돈을 벌었다.
- **러셀 콘웰**: '다이아몬드의 땅'이라는 간단한 강의에 집중했고 이 아이디어로 600만 달러 이상의 수익을 올렸다.

- **윌리엄 랜돌프 허스트**: 신문 경영에 집중해서 수백만 달러의 가치가 있는 '허스트 신문 제국'을 구축했다.
- **헬렌 켈러**: 청각장애와 언어장애를 가진 시각장애인이지만, 말을 배우는 데 집중해서 자신의 분명한 핵심 목표를 실현했다.
- **존 패터슨**: 금전등록기에 집중해서 자신도 부자가 되고 다른 사람들의 현금 거래를 안전하게 만들었다.
- **독일의 카이저**: 전쟁에 집중했고 결국 엄청난 대가를 치렀다. 이 사실을 잊지 말고 기억하자.
- **마셜 필드**: 세계 최대 소매점을 상상했고 결국 현실로 만들었다.
- **필립 아머**: 도축업에 집중해서 거대 기업을 설립하고 막대한 부를 창출했다.
- **라이트 형제**: 비행기에 집중해서 하늘을 정복했다.
- **조지 풀먼**: 철도 '침대차'에 집중했고 이 아이디어로 수백만 명이 편안하게 여행을 즐길 수 있게 하고 자신도 부자가 되었다.
- **질레트**: 안전면도기에 집중해서 이를 전 세계에 보급하고 백만장자가 되었다.
- **잉거솔**: 1달러짜리 시계에 집중해서 회중시계라는 한 가지 아이디어로 상당한 부를 축적했다.
- **스태틀러**: '가정적인 호텔 서비스'에 집중해서 자기 서비스를 이용하는 수백만 고객에게 도움을 줬을 뿐만 아니라 자신도 부자가 되었다.
- **플라이슈만**: 효모 케이크에 집중해서 전 세계에 명성을 날렸다.
- **주류판매반대동맹**The Anti-Saloon League: 금주법 개정안에 집중했고 (좋

든 나쁘든) 이를 현실로 만들었다.

성공하는 사람은 누구나 어떤 분명하고 두드러지는 목표를 세우고 일을 한다는 것을 알 수 있다. 그런데도 매일 수많은 사람이 가난과 실패에 집중하고 이를 넘치도록 경험하고 있다. 세상에는 여러분이 누구보다 더 잘 할 수 있는 일이 있다. 이 특별한 일이 무엇인지 찾아내고, 이를 분명한 핵심 목표의 대상으로 삼아라. 그리고 모든 힘을 체계화해서 끝내 이기리라는 신념으로 공략하라. 가장 좋아하는 일을 찾아냄으로써 가장 큰 성공을 거둘 수 있다는 사실을 명심하라. 사람은 일반적으로 모든 심혈을 기울일 수 있는 특정 분야에서 가장 성공할 가능성이 크다는 것은 잘 알려진 사실이기 때문이다.

만약 여러분이 마음속에 분명한 핵심 목표를 세우는 진짜 이유를 파악하지 못한다면 이는 여러분이 감당할 수 없는 손실이 된다. 이를 명확하게 하면서 다시 한번 강조하기 위해 이 장의 바탕이 된 심리학적 원리로 돌아가 보자.

첫째, 신체의 모든 움직임은 마음의 작동, 즉 생각의 영향을 받고 통제되고 지시된다.

둘째, 의식 속에 존재하는 어떤 생각이나 아이디어는 연관된 감정을 만들어내고, 그 느낌을 생각의 본질과 완벽하게 조화를 이루는 근육의 작용으로 바꾸려는 경향이 있다. 예컨대 윙크를 한다고 생각하면 그 순간 뇌에서 생각을 전달해서 바로 그에 상응하는 근육 운동이 일어난다.

다른 각도에서 이 원리를 설명해 보자. 여러분은 필생의 일을 분명한 목표로 세우고 그 목표를 달성할 것을 결심한다. 이런 선택을 하는 바로 그 순간부터 이 목표는 여러분 의식에서 지배적인 생각이 되고, 여러분은 끊임없이 이 목표를 달성하는 데 필요한 사실과 정보, 지식을 주의 깊게 살피게 된다. 다시 말해, 여러분이 마음속에 분명한 목표를 심을 때부터 여러분의 마음은 의식적으로든 무의식적으로든 그 목표를 성취할 수 있는 자료를 모으고 저장하기 시작한다.

욕구는 여러분 인생의 분명한 목표를 결정짓는 요소다. 아무도 여러분의 욕구를 대신 선택할 수 없다. 여러분이 스스로 선택한 목표는 여러분의 분명한 목표가 된다. 상반된 욕구에 밀려나지 않는 한 이 목표는 실현될 때까지 마음속에 자리 잡게 된다.

> 시작은 누구나 할 수 있지만, 끝내기는 일류만이 할 수 있다.

대학에 들어가서 스스로 학비를 버는 학생들이 부모가 학비를 대주는 학생들보다 학교 교육에서 더 많은 것을 얻는다. 자신의 길을 스스로 개척해 나가려는 사람들은 교육에 대한 열망이 더 강하기 때문이다. 그 열망의 대상이 타당한 것이라면 그 열망이 실제로 실현될 가능성도 크다. 자기암시의 원리를 통해 깊이 뿌리내린 열망은 확실한 이유가 있다면, 몸과 마음 전체를 지배하고 마음을 강력한 자석으로 바꿔 열망의 대상을 끌어당길 것이다. 이는 과학적으로 조금도 의심할 여지가 없다. 이 말을 제대로 해석하지 못하는 사람들을 위해 이 원칙을 다른 방식으로 설명해 보겠다.

단순히 자동차를 원한다고 해서 자동차가 그저 굴러들어오는 것이 아니다. 자동차를 간절히 원한다면 그 욕구는 자동차의 대가를 치를 수 있는 적절한 행동으로 이어질 것이다. 욕구가 성취로 이어지기 위해서는 먼저 불타는 욕구가 있어야 하고, 그 욕구를 구체화해서 분명한 목표로 만들고, 그 목표를 달성하는 데 충분하고 적절한 행동이 뒤따라야 한다. 성공을 보장하기 위해서는 항상 이 세 단계가 필요함을 기억해야 한다.

나는 한때 사람들의 성격을 정확하게 분석할 수 있기를 바라는 불타는 욕구가 있었고, 그 욕구가 너무나 끈질기고 깊이 자리 잡고 있어서 10년 동안 사람들에 관한 연구에 몰두했었다.

여러분은 성공이라는 건물을 짓는 건축가다. 나무와 벽돌, 철근으로 집을 짓는 사람들처럼 성공이라는 건물을 짓기 위한 계획을 세워야 한다. 여러분은 성공에 필요한 저렴한 재료가 풍부한 멋진 시대에 살고 있다. 공공도서관의 기록 보관소에 가면 2000년에 걸쳐 인류가 이루어놓은 연구 결과들이 잘 정리되어 있으며 마음껏 이용할 수도 있다. 실제로 이 연구 결과들은 사람들이 하고자 하는 모든 활동 분야를 망라한다.

여러분이 설교자가 되고 싶으면 이 분야 선조들의 모든 역사를 찾아볼 수 있다. 기계 기술자가 되고 싶다면 기계의 발명과 금속과 금속성 물질의 발견과 사용에 관한 모든 역사를 활용할 수 있다. 변호사가 되고 싶다면 모든 법률 절차의 역사를 마음대로 참조할 수 있다. 필생의 일이 농부라면 워싱턴에 있는 농무부를 통해 지금까지 인류가 터득한 모든 농업과 축산 지식을 자유롭게 이용할 수 있다.

세계에 지금처럼 찬란한 기회가 넘쳐났던 적이 없다. 모든 면에서 더 나은 제품과 서비스를 제공하거나, 더 나은 설교를 하거나, 더 편리하게 이용할 수 있는 은행을 운영하는 사람들에 대한 요구가 끊임없이 증가하고 있다.

당신의 삶에 적용하라

이 장을 마치기 전에 여러분은 인생에서 가장 중요한 목표를 선택한 후 그 목표를 적어서 매일 아침저녁으로 볼 수 있는 곳에 놓아야 한다.

여러분은 자기가 스스로 인생의 목표를 세우는 사람이라는 것을 알고 있다. 이미 아는 걸 실천하지 않고 미룰 이유가 있는가? 분명한 목표는 스스로 정해야 한다. 다른 사람이 대신 정해 줄 수도 없고 저절로 생성되지도 않는다. 여러분은 이를 위해 무엇을, 언제, 그리고 어떻게 할 것인가?

지금 여러분의 갈망을 분석하고 여러분이 원하는 것이 무엇인지 알아낸 후 그것을 얻기로 마음먹어라. 2장에서는 다음 단계를 설명하고 진행 방법을 보여 준다. **성공의 법칙에 따르면 운에 맡길 일이 없다. 모든 단계가 분명하게 표시되어 있다.** 여러분이 해야 할 일은 목적지에 도착할 때까지, 즉 여러분의 분명한 핵심 목표를 달성할 때까지 안내에 따르는 것이다. 목표를 명확히 하고 불가능을 모르는 끈기로 뒷받침하라.

분명한 핵심 목표를 세울 때 명심할 것은 **아무리 높은 목표를 추구해도 지나치지 않다는 사실이다.** 또한 '아무것도 시작하지 않는다면 아무것도 얻을 수 없다'라는 만고불변의 진리를 기억하라. 여러분의 삶의 목표가 모호하면 여러분의 성취도 모호하고 아주 미미할 것이다. 여러분이 원하는 것, 원하는 시기, 원하는 이유와 원하는 것을 성취할 방법을 파악하라. 이는 심리학에서 무엇을what, 언제when, 왜why, 어떻게how 의 영어 첫머리 글자를 딴 '3W1H 공식'으로 알려져 있다.

이 장을 일주일 간격으로 네 번 읽어라. 네 번째 읽을 때는 처음 읽었을 때 보지 못한 것을 많이 발견하게 될 것이다. 이 책이 여러분에게 성공을 가져다주느냐 마느냐는 성공의 법칙에 포함된 모든 지침을 얼마나 잘 따르느냐에 달려 있다.

자기만의 학습 규칙을 정하지 마라. 이 책에서 지시하는 대로 따라야 한다. 다년간 심사숙고하고 실험한 결과이기 때문이다. 이를 실험해 보고 싶다면 내가 제안한 방법으로 성공의 법칙을 마스터할 때까지 기다려라. 그러면 더 안전하게 실험할 수 있을 것이다. 지금은 수업을 듣는 학생으로 만족하라. 여러분이 성공의 법칙을 마스터할 때까지 지침을 따라간다면 이것을 가르치는 교사도 될 수 있을 것이다. 물이 낮은 곳에서 높은 곳으로 흐를 수 없듯이 여러분이 '성공의 법칙'이라는 지침을 따른다면 실패할 리가 없다.

여러분은 이미 마스터 마인드로 알려진 심리학 원리에 익숙해졌을 것이다. 이제 이 원리를 여러분의 분명한 핵심 목표를 실현하는 수단으로 사용하자. 그러나 분명한 핵심 목표를 세웠다고 하더라도 이를 실현하기 위한 매우 확실하고 실용적인 계획이 없다면 목표가 없는 것과 마찬가지다. 여러분의 첫걸음은 인생의 핵심 목표를 세우는 것이다. 다음 단계는 이 목표를 명확하고 간결하게 적는 것이다. 이어서 이 목표를 달성하는 구체적인 계획표를 작성해야 한다.

마지막 단계는 분명한 핵심 목표를 현실로 바꾸는 과정에서 여러분과 협력할 사람들을 찾아 연대하는 것이다. 연대의 목적은 '마스터 마인드'의 법칙을 적용해서 여러분의 계획을 뒷받침하는 데 있다. 연대는 여러분과 마음이 가장 잘 맞는 사람들과 이루어져야 한다. 여러분이 기혼자고 배우자와 서로 신뢰하고 공감한다면 여러분의 배우자가 연대의 일원이 될 수 있다. 다른 구성원으로는 부모, 형제자매, 또는 친한 친구가 될 수 있다. 여러분이 독신이고 사랑하는 사람이 있다면 그 사람이 이 연대의 일원이 될 수 있다. 농담이 아니라 여러분은 지금 가장 강력한 마음의 법칙을 공부하고 있다. 비록 이것이 여러분을 어디로 이끌지 확신할 수 없을지라도, 이 장에서 정한 규칙을 진지하게 따르면 여러분에게 이득이 될 것이다.

마스터 마인드를 형성하기 위해 우호적인 연대를 맺는 사람들은 여러분이 작성한 분명한 핵심 목표에 함께 서명해야 한다. 모든 구성원이 동맹을 맺는 목적의 본질을 잘 알아야 하기 때문이다. 또한 모든 구성원은 이 목표에 진심으로 동의해야 하며 전적으로 공감해야 한다. 연대하는 각 구성원에게 여러분이 작성한 분명한 핵심 목표의 사본을 제공해야 한다. 세상에는 '의심 많고 증거가 없으면 믿지 않는' 사람이 많기 때문이다. 수다스럽고 머리는 텅 빈 사람들이 여러분의 야망을 비웃는 것은 도움이 되지 않는다. 여러분에게 필요한 것은 조소와 의심이 아닌 친절한 격려와 도움이라는 것을 기억하라.

이제 여러분이 따라야 할 가장 중요한 규칙이 남았다. 우호적인 연대의 구성원들과 의논해서 이들이 여러분에게 가장 긍정적이고 분명하게 "우리는 당신이 분명한 핵심 목표를 달성할 수 있다는 것을 알고, 또 그 목표가 실현될 것으로 믿는다"라고 말하게 하라. 이런 긍정적인 말을 하루에 한 번 이상 자주 들어야 한다. 이것이 여러분이 원하는 곳으로 인도해 줄 것이라고 믿고 지속해서 지켜야 한다. 며칠 또는 몇 주 실행하고 그만둬서는 안 된다. 시간이 얼마나 들더라도 핵심 목표를 달성할 때까지 절차를 따라야 한다.

때로는 분명한 핵심 목표를 달성하기 위한 계획을 바꿀 필요가 있다. 망설이지 말고 변경하라. 어떤 변경이나 변화도 필요 없는 계획을 세울 정도로 선견지명이 있는 사람은 없다. 마찬가지로 연대의 어떤 구성원이 '마스터 마인드' 법칙에 대한 믿음을 잃는다면 즉시 그 구성원을 다른 사람으로 대체해야 한다.

> "그래, 그는 성공했어. 하지만 거의 실패할 뻔했지."
> 로버트 풀턴과 에이브러햄 링컨 등 우리가 성공했다고 부르는
> 거의 모든 사람도 마찬가지였다. 실패의 문턱에서
> 헤어나온 경험 없이 값진 성공을 거둔 사람은 한 명도 없었다.

앤드루 카네기는 나에게 '마스터 마인드' 구성원 일부를 대체할 필요가 있다고 말했다. 그의 구성원도 시간이 지나자 연대의 정신과 목적에 더 충실하고 열정적인 다른 사람들로 모두 대체되었다고 말했다.

여러분의 목표가 무엇이든 불성실하고 비우호적인 동료들에 둘러싸여 있으면 성공할 수 없다. 성공은 충성심, 믿음, 성실, 협력 등 긍정적인 힘을 토대로 이루어지기 때문이다.

책을 읽는 여러분 중 많은 이들이 자기가 하는 사업이나 직장에서 성공을 거두기 위해 직업적으로나 사업적으로 연관된 사람들과 우호적인 연대를 맺고 싶어 할 것이다. 이때 여기서 설명하는 절차와 규칙에 따라야 한다. 목표는 여러분 개인에게 이익이 되는 목표일 수도 있고 연결된 사업이나 직업에 이익이 되는 것일 수도 있다. '마스터 마인드'의 법칙은 두 경우에 모두 똑같이 작용한다. 만약 일시적으로든 영구적으로든 이 법칙을 적용하는 데 실패한다면 그 원인은 연대의 일부 구성원이 믿음과 충성, 성실함으로 참여하지 않아서일 것이다. 분명한 핵심 목표는 여러분의 '취미'가 되어야 한다. 여러분은 이 '취미'와 계속 같이 가야 한다. 이 '취미'와 함께 자고, 먹고, 놀고, 일하고, 생활하고, **생각해야 한다.**

어떤 것을 원하든 지속적으로 강렬하게 원하라. 그것이 이치에 맞고 여러분이 **실제로 그것을 얻으리라고 믿는다면** 얻게 될 것이다. 하지만 어떤 것을 단순히 원하는 것과 실제로 그것을 얻으리라고 믿는 것은 엄연히 다르다. 이 차이를 몰라서 수많은 사람이 실패했다. '믿음이 있는 사람'은 '행동으로 옮기는 사람'이다. 자신들의 분명한 핵심 목표를 달성할 수 있다고 **믿는 사람들은 불가능을 모른다.** 일시적인 패배도 인정하지 않는다. 이들은 자신들이 성공하리라는 것을 안다. 그리고 하나의 계획이 실패하면 다른 계획으로 재빨리 대체한다.

주목할 만한 업적은 모두 성공하기 전에 일시적인 좌절과 마주쳤다. 에디슨은 첫 번째 축음기를 발명할 때 '메리는 어린 양이 있었네'라는 동요 가사를 1만 번 이상 실험한 다음에야 녹음하는 데 성공했다. 이 장에서 여러분의 마음속에 새겨야 할 또 하나의 단어가 있다면, 그것은 '끈기'라는 단어다.

이제 여러분은 성취를 위한 마스터키를 가지게 되었다. 지식의 신전에 문을 열고 들어가기만 하면 된다. 하지만 우선 지식의 신전으로 가야 한다. 지식의 신전이 여러분에게 오지는 않기 때문이다. 이 법칙들이 여러분에게 새롭다면 처음에는 진행하기가 쉽지 않을 것이다. 분명 여러 번 비틀거릴 것이다. 그러나 계속해서 나가라. 그러면 곧 정상에 다다르게 될 것이다. 여러분은 발아래 보이는 계곡에서 믿음과 노력에 대한 보상이 될 풍부한 지식의 유산을 발견하게 될 것이다.

모든 것에는 대가가 있다. 세상에 '공짜'는 없다. 마스터 마인드의 법칙을 실험하면서 여러분은 고귀한 자연의 모습을 마주하게 될 것이다. 자연은 속일 수 없다. 자연은 여러분이 대가를 지불한 후에야 얻으려고 노력하는 대상을 내놓을 것이다. **그 대가는 바로 지속적이고, 단호하고, 끈질긴 노력이다.**

지금까지 여러분은 무엇을 해야 하는지, 언제 해야 하는지, 어떻게 해야 하는지, 그리고 왜 해야 하는지 배웠다. 이제 다음 장을 마스터하면 자기 확신을 가질 수 있으며 여기에서 다뤘던 지침을 쉽게 이행할 수 있을 것이다.

인간 운명의 주인인 나!

명예와 사랑, 행운이

내 발아래 기다리네.

나는 도시와 들판을 걷고,

먼 사막과 바다를 통과한다.

그리고 오두막집과 시장과 궁전을 지나

이윽고 초대받지 않았지만,

모든 문을 노크한다!

잠자고 있으면 깨어나고

축제를 벌이고 있으면 내가 돌아서기 전에 일어나라.

이제 운명의 시간,

나를 따르는 자 어디든 닿을 수 있으며

죽음을 제외한 모든 적을 정복한다.

하지만 의심하거나 망설이는 자는

실패와 가난과 비애를 선고받고서

나를 찾으나 소용없고 헛되이 애원한다.

나는 대답하지 않고, 다시는 돌아오지 않으리!

– 잉갈스(Ingalls)

THE LAW OF
SUCCESS

2

자기 확신

SELF-CONFIDENCE

당신은 당연히 할 수 있다

이 장의 토대가 되는 기본 원칙을 설명하기 전에 이 책이 매우 실용적이라는 점과 25년간의 연구 결과를 토대로 했다는 점, 그리고 세계 일류 과학자들이 성공의 법칙에 소개된 모든 원리를 시험해 보고 인정했다는 점을 염두에 두면 좋을 것이다.

회의주의는 진보와 자기 발전에 치명적인 적이다. 여러분이 2장의 토대가 되는 원리를 머리가 덥수룩한 어느 이론가가 쓴 것으로 받아들인다면 차라리 여기서 책을 덮고 멈춰라. 확실히 지금은 회의론자들의 시대가 아니다. 과거 인류 역사에서 발견한 것보다 더 많은 자연법칙을 발견하고 이용하는 시대이기 때문이다. 30년이라는 짧은 기간에 우리는 하늘을 정복하고 바다를 탐험했다. 이제 지구상에서 거리는 대부분 문제가 되지 않게 되었으며 전기를 이용해서 산업의 바퀴를 돌린다. 이전에는 한 포기밖에 자라지 않던 곳에서 일곱 포기의 식물이 자란다. 그리고 전 세계 국가 간에 즉각적인 의사소통이 가능해졌다. 확실히 지금은 계몽과 발견의 시대이지만 우리의 지식은 아직 수박 겉핥기에도 못 미치는 수준이다. 하지만 우리가 안에 저장된 비밀의 힘으로 연결되는 문을 열면 과거의 모든 발견을 부색하게 만들 지식을 가져다줄 것이다.

생각은 인간이 아는 가장 고도로 체계화된 에너지 형태다. 그리고 지금은 분명 우리 안에 자리 잡은 생각이라는 신비한 힘을 더 잘 이해할 수 있는 실험과 연구의 시대다. 우리는 이미 인간의 마음에 대해 충분히 알고 있으며 수천 년에 거쳐 누적된 두려움을 자기암시의 원리로 벗어 던질 수 있다는 사실도 안다. 우리는 이미 공포가 가난과 실패, 그리고 수많은 불행의 주요 원인이라는 사실을 안다. 우리는 이미 이런 두려움을 극복한 사람은 실질적으로 어떤 일에서도 성공적인 성취를 향해 나아갈 수 있다는 사실을 발견했다.

자기 확신은 두려움이라는 악마를 제거하는 데서 시작된다. 이 악마는 사람의 어깨에 앉아 귀에 대고 이렇게 속삭인다.

"너는 할 수 없어. 너는 뭔가를 시도하기를 두려워해. 너는 세간의 이목이 두렵고, 실패할까 봐 두려워해. 그리고 능력이 없을까 봐 두려워해."

하지만 우리는 과학의 발달로 이런 두려움에서 벗어날 수 있는 치명적인 무기를 개발했다. 2장에서는 여러분이 진보의 오랜 적인 두려움과의 싸움에서 이 무기를 사용하는 방법을 알려준다.

인간이 무서워하는 6가지 두려움

사람은 모두 두려움의 영향을 물려받는다. 이보다 덜한 두려움도 많이 있겠지만, 여기에서는 6가지 기본적인 주요 두려움을 열거하고 그 근원을 알아본다. 여러분의 두려움은 어디에 해당하는지 확인해 보라.

1. 가난에 대한 두려움
2. 늙어가는 것에 대한 두려움
3. 비판받는 것에 대한 두려움
4. 사랑을 잃어버리는 것에 대한 두려움
5. 건강을 잃어버리는 것에 대한 두려움
6. 죽음에 대한 두려움

사람은 누구나 세상을 이해하는 나이가 되면 하나 이상의 두려움에 사로잡히게 된다. 이 두려움을 떨쳐버리기 위한 첫 번째 단계로 우리가 이런 두려움을 어디서 물려받았는지 알아보자.

신체적 유전과 사회적 유전

인간은 정신적으로나 육체적으로 두 가지 형태의 유전을 통해 태어났다. 하나는 육체적 유전이고, 다른 하나는 사회적 유전이다.

육체적 유전 법칙을 통해 인간은 아메바(단세포 동물)에서 서서히 진화해 왔으며, 지구상에 존재했다가 지금은 멸종된 동물을 포함한 모든 동물 형태에 상응하는 진화 단계를 거쳤다. 당대의 특징과 습관, 외모를 그 본성에 더해 온 것이다. 따라서 인간의 육체적 유전은 여러 가지 습성과 육체적 형태의 집합체라고 할 수 있다. 인간의 6가지 기본적인 두려움은 정신적인 문제이므로 유전될 수 없었겠지만 육체적 유전이 우리 몸에 두려움이 깃들기 가장 알맞은 장소가 되도록 만들어진 것은 틀림없어 보인다.

예컨대 육체적 진화의 모든 과정은 죽음과 파괴, 고통 그리고 잔혹한 적자생존의 법칙에 기반을 두고 이어졌다는 것, 그리고 한 생명체의 죽음이 다른 더 고등한 생명체 존속의 밑거름이 되는 고도화 과정에서 지구 토양을 이루는 성분들이 운반수단을 찾는다는 것은 알려진 사실이다. 즉, 모든 식물은 토양과 대기 중의 성분을 '흡수'해서 살아가며, 모든 동물은 식물이나 더 약한 동물을 잡아먹고 살아간다.

식물의 세포에는 매우 높은 수준의 지능이 있다. 동물의 세포에도 마찬가지로 매우 높은 수준의 지능이 있다. 물고기의 동물 세포는 쓰라린 경험을 통해 물수리fish hawk를 두려워해야 한다는 것을 배웠을 것이다. 인간을 포함한 동물들은 더 작고 약한 동물들을 잡아먹고 살기 때문에 인간에게 잡아먹혀 인간의 일부가 된 이런 동물들의 '세포 지능cell intelligence'이 산 채로 잡아먹힌 경험을 통해 두려움을 가져왔을 것이다.

이 이론이 믿기지 않을 수도 있고 실제로 사실이 아닐 수도 있지만 적어도 논리적인 이론이다. 내가 이 이론이 정당하다거나 이것이 6가지 기본적인 두려움을 설명한다고 주장하는 것은 아니다. 이런 두려움의 근원에 대한 훨씬 더 나은 설명이 있다. 지금부터 살펴보려고 하는 사회적 유전이 바로 그것이다.

단언컨대 인간의 가장 중요한 기질은 사회적 유전의 법칙을 통해 유전된다. 사회적 유전은 한 세대가 이전 세대로부터 차례로 물려받은 미신과 믿음, 전설, 사상 등을 다음 세대의 마음에 심어주는 것을 말한다.

'사회적 유전'이라는 용어는 우리가 지식을 습득하는 모든 원천을 의미하는 것으로 이해해야 한다. 이런 원천에는 종교 혹은 다른 모든 본성의 교육, '개인적 경험'으로 여겨지는 독서, 대화, 이야기, 그리고 사고를 자극하는 모든 형태의 영감이 포함된다.

사회적 유전의 법칙을 적용하면 아이의 마음을 통제하는 사람은 누구나 강렬한 가르침을 통해 아이의 마음속에 거짓이든 진실이든 어떤 생각이라도 심을 수 있다. 아이가 진실로 받아들인 생각은 신체 세포나 기관처럼 아이의 성격을 형성하게 되고 이렇게 형성된 성격은 바꾸기 어려워진다. 종교주의자들이 아이의 마음에 독단적인 교리와 신조, 그리고 설명하기에 너무 많은 종교의식 등을 심고 아이의 마음이 그것들을 받아들일 때까지 반복 주입하는 것도 이런 사회적 유전의 법칙을 이용하기 위해서다. 이렇게 주입된 교리 등은 영원히 바꿀 수 없는 믿음으로 아이의 마음속에 봉인된다. 스스로 사리를 판단하고 이해할 능력이 없는 아이, 예컨대 두 살 정도 되는 아기의 마음은 유연하고 열려 있으며 순수하고 자유롭다. 아이가 신뢰하는 사람이 아이의 마음에 심어놓은 생각이 뿌리내리고 자라면 그 생각이 아무리 논리나 이치에 어긋나더라도 절대 그 생각을 뿌리 뽑거나 없앨 수 없다. 많은 종교주의자는 자신들의 종교 교리를 아이들 마음속에 깊이 심어서 다른 어떤 종교도 비집고 들어갈 공간이 없게 만들 수 있다고 주장한다. 이런 주장은 크게 과장되지 않았다.

사회적 유전의 법칙이 작동하는 방식을 이해한 여러분은 이제 인간이 6가지 기본적인 두려움을 물려받는 근원을 조사할 준비가 되었을 것이다. 자신의 미신을 짓밟는 진리를 탐구할 자세를 갖춘 사람이라면 6가지 기본적인 두려움에 적용되는 사회적 유전의 원칙이 자신의 개인적인 경험과 다르지 않고 타당하다는 것을 확인할 수 있을 것이다. 여러분이 가졌을 편견과 선입견은 접어두고 지금부터 인간의 6가지 가장 기본적인 두려움의 근원과 본질을 연구해 보자.

1. 가난에 대한 두려움

이 두려움의 역사를 말하려면 용기가 필요하다. 그리고 그 진실을 듣고 받아들이는 데는 더 큰 용기가 필요하다. 가난에 대한 두려움은 같은 인간을 경제적으로 포식하는 인간의 습성에서 비롯된다. 대부분의 하등동물은 본능은 있지만 이성적으로 추론하고 사고하는 능력이 없다. 따라서 이들은 육체적으로 서로를 잡아먹는다. 뛰어난 직관력과 더 강력한 사고력이라는 무기를 가진 인간은 동료인 인간을 육체적으로 잡아먹지는 않지만 **경제적인 포식을 통해 더 큰 만족을 얻는다.**

지금 우리가 사는 시대는 그 어느 시대보다도 황금만능주의가 팽배하다. 두둑한 은행 예금 잔고를 보여주지 않으면 먼지보다 못한 존재로 여긴다. **가난만큼 인간에게 고통과 굴욕을 주는 것은 없기에 사람이 가난을 두려워하는 것은 당연하다.** 사람들은 대대로 물려받은 경험을 통해 돈이나 기타 세속적인 소유물이 연관된 경우 동물적 본능을 지닌 인간을 믿으면 안 된다는 것을 확실히 알게 되었다. 결혼하는 부부 중 한 명이라도 상대방이 가진 재산만 보고 시작했다면 종종 이 문제로 파국을 맞는다. 이혼 법정이 붐비는 것은 당연하다.

인간의 부에 대한 열망은 너무도 강해서 할 수 있는 모든 방법을 동원해서 부를 얻으려고 한다. 가능하면 합법적인 방법을 통하지만 필요하다면 다른 방법도 서슴지 않는다. 그만큼 가난에 대한 두려움은 끔찍한 것이다. 살인이나 강도, 강간 등 다른 사람의 인권을 침해하는 범죄를 저지르고도 부를 잃지 않으면 높은 지위를 되찾을 수 있다. 그러므로 가난이야말로 용서할 수 없는 죄인 것이다. 그러니 인간이 가난을 두려워하는 것이 당연하지 않은가.

세계 각국의 법률에는 가난에 대한 두려움이 인류의 기본적인 두려움이라는 증거가 있다. 강자들로부터 약자를 보호하기 위한 다양한 법칙들을 발견할 수 있기 때문이다. 가난에 대한 두려움이 인간이 물려받은 두려움인지 혹은 이 두려움이 다른 사람들을 속이려는 인간의 본성에서 비롯하는 것인지를 증명하기 위해 노력하는 것은 3 곱하기 2는 6이라는 것을 증명하기 위해 노력하는 것과 같다.

분명히 인간이 다른 인간을 믿을 만한 근거가 있다면 가난을 절대 두려워하지 않을 것이다. 그러나 세상에는 모든 사람의 필요를 채울 수 있는 의식주와 같은 생필품뿐만 아니라 호화로운 사치품도 넘쳐난다. 만약 인간에게 필요 이상의 것을 가지고도 다른 돼지들을 여물통 밖으로 밀어내려는 습성이 없었다면 모든 사람이 축복을 누렸을 것이다.

2. 늙어가는 것에 대한 두려움

이 두려움은 두 가지 주요 근원에서 나온다. 하나는 늙으면 가난해질지도 모른다는 생각이다. 자기 재물을 빼앗아 갈지도 모르는 다른 인간에 대한 불신에서 비롯되기도 한다.

다른 하나는 '유황불이 타오르는 지옥'으로 묘사되는 사후 세계에 관한 거짓되고 잔인한 종파적 가르침에서 나온다. 늙는다는 것은 살기 힘든 이 세상보다 더 끔찍하다고 하는 사후 세계에 더 가까워지는 것을 뜻하기 때문이다. 사후 세계의 끔찍한 그림은 태어나기 훨씬 전부터 이미 사회적 유전의 법칙을 통해 마음속에 깊이 새겨져 있어 벗어나기 어렵다.

이래도 인간이 늙어가는 것을 두려워하는 것이 이상한가?

3. 비판받는 것에 대한 두려움

인간이 이 두려움을 어디서 어떻게 얻었는지 알기는 어렵지만 이런 두려움이 있는 것은 확실하다. 어떤 이들은 정치가 생기면서부터 이 두려움이 인간의 마음속에 나타났다고 믿는다. 또 어떤 이들은 '여성 클럽'으로 알려진 여성 단체의 첫 집회에서 비롯되었다고 믿는다. 몇몇 익살꾼들은 성경에 난폭한 비판이 넘쳐나기 때문이라며 여기서 기원을 찾기도 한다. 이 주장이 옳고, 성경을 문자 그대로 믿는 사람들이 틀리지 않는다면 인간의 마음에 내재하는 비판받는 것에 대한 두려움의 책임은 하나님께 있다. 인간이 성경을 쓰게 한 것은 하나님이기 때문이다.

익살꾼도 선지자도 아닌 평범한 인간인 나는 비판받는 것에 대한 두려움의 기원을 인간의 유전적 성격에서 찾고 싶다. **다른 사람의 인격을 비난함으로써 자기 행동을 정당화하도록 부추기는 것이다.**

비판받는 것에 대한 두려움은 다양한 형태로 나타나고 대부분은 사소한 것이며 심지어 매우 유치하기까지 하다. 예컨대 예전의 남자들은 비판받는 것에 대한 두려움 때문에 대머리가 됐다. 꽉 조이는 밴드가 달린 모자가 유행이었는데 이 때문에 모근의 혈액 순환이 잘 안돼서 머리가 벗겨진 것이다. 그런데 남자들이 모자를 쓰는 이유는 편안하기 때문이 아니라 다른 모두가 모자를 쓰기 때문이었다. 다른 사람들이 모자를 쓰지 않고 다니는 자신을 비난할까 봐 그 대열에 합류했던 것이다. 반면 여성들은 머리가 벗겨지거나 모발이 가늘어지는 경우가 거의 없다. 여성들은 단지 외모를 꾸미기 위해서 헐렁한 모자를 쓰기 때문이다.

하지만 여성이 모자에 대해 자유롭고 비판받는 것에 대한 두려움이 없다고 생각해서는 안 된다. 이 두려움과 관련해서 여성이 남성보다 우월하다고 주장하는 여성이 있으면 한두 계절 유행에 뒤떨어진 모자를 쓰고 길을 걸어보라고 하라. 의류 제조업자들은 인간의 이런 기본적인 두려움을 재빠르게 이용해 왔다. 우리는 많은 의류 품목의 유행이 계절마다 바뀌는 것을 본다. 그렇다면 이런 유행은 누가 창조할까? 옷을 사는 사람이 아니라 옷을 만드는 사람이다. 이런 잦은 유행의 변화는 의류 제조업자들이 더 많은 옷을 팔기 위해 만드는 것이 분명하다. 의류 제조업자들은 인간이라는 동물이 '지금 모두 입고 있는 옷'보다 한 철 지난 옷을 입는 것을 얼마나 두려워하는지 안다. 같은 이유로 자동차 제조업자들도 (드물게 몇몇 매우 합리적인 예외가 있기는 하지만) 매 시즌 스타일을 바꾼다. 이것이 사실 아닌가? 여러분의 경험이 이를 뒷받침하지 않는가?

4. 사랑을 잃는 것에 대한 두려움

이 두려움의 근원에 관해서는 설명이 거의 필요 없을 것이다. 조현병과 유사한 정신장애인 '질투'가 사랑을 잃는 것에 대한 두려움에서 나온다는 것은 거의 의심할 여지가 없다.

내가 연구한 '정신이 멀쩡한 바보들' 중에서 가장 특이하고 이상했던 것은 남녀를 불문하고 상대 이성에 대한 질투에 사로잡힌 사람들이다. 나는 개인적으로 이런 유형의 정신 이상을 한 번밖에 경험하지 않아 다행이었다. 하지만 이 경험을 통해 누군가의 사랑을 잃어버리는 것에 대한 두려움이 매우 고통스러운 것이라는 사실을 깨달았다. 그리고 이 두려움은 다른 어느 두려움보다 인간의 마음을 혼란스럽게 하고, 종종 더 폭력적이고 영속적인 정신 이상 상태로 이어진다.

5. 건강을 잃는 것에 대한 두려움

이 두려움은 가난과 늙어가는 것에 대한 두려움과 같은 원천에서 비롯된다. 두 가지 두려움과 밀접한 관련이 있는 것은, 이 두려움 또한 알지 못하지만 여러분이 여러 번 전해 들은 '끔찍한 세계'로 연결되기 때문이다.

나는 인간의 마음속에 건강을 잃는 것에 대한 두려움이 자리 잡은 것이 건강법을 파는 일에 종사하는 이들과 상당한 관련이 있을 것으로 의심한다. 세상에는 잡다한 치료법과 건강법을 제공하는 사람들이 있다. 예컨대 어떤 사람이 사람들의 건강을 유지하는 일을 생계로 삼는다면 사람들에게 자신의 도움이 필요하다고 설득하기 위해 모든 수단을 동원하는 것은 당연하다. 그렇게 시간이 지나면서 사람들이 건강을 잃는 것에 대한 두려움을 물려받을지도 모른다.

6. 죽음에 대한 두려움

많은 사람이 6가지 기본적인 두려움 중 죽음을 가장 두려워할 것이다. 수천 년 동안 인간은 여전히 답이 없는, 그리고 아마도 답을 할 수 없는 질문을 거듭해 왔다.

"인간은 어디에서 왔으며 죽으면 어디로 가는가?" 솔직하지만 잘 속는 사람들과 교활한 인간들은 이 영원한 질문에 답하기를 서슴지 않았다. 사실 이런 질문에 답하는 일은 학력이 거의 필요 없지만, 그럼에도 이는 '박식한' 사람들의 직업이 되었다.

자, 이제 죽음이라는 공포의 주요 근원을 살펴보자.

"내 장막에 들어와 내 신앙과 교리를 받아들이면, (그리고 내 월급을 주면) 너희들이 죽어서 바로 천국으로 들어갈 수 있는 입장권을 주겠다." 한 종파주의 지도자는 이렇게 설교한다. 이어서 이렇게 덧붙인다. "내 장막 밖에 남아 있는 너희는 지옥으로 직행할 것이고 거기서 영원히 지옥 불에 불타게 될 것이다."

사실 자칭 지도자라는 자가 천국으로 들어가는 입장권을 줄 수도 없고 자기를 믿지 않고 헌금을 내지 않는다고 진실을 추구하는 사람을 지옥으로 떨어지게 할 수도 없다. 하지만 지옥은 너무나 끔찍해 보여서 심약한 사람의 마음에 죽음에 대한 두려움을 자아낸다. 실제로 천국이나 지옥이 어떤 곳인지 혹은 그런 곳이 있기는 한지 아무도 모른다. 바로 이런 이유로 사기꾼들은 인간의 마음의 문을 열고 들어와서 다양한 속임수로 그 마음을 통제한다.

우리가 태어났을 때 어디서 왔는지, 죽을 때 어디로 가는지 아무도 모른다. 이것이 진리이며 그 이상도 그 이하도 아니다. 그렇지 않다고 주장하는 사람이 있다면 쉽게 믿는 인간의 속성을 이용해서 등쳐 먹는 일을 업으로 삼는 사기꾼이다. '천국으로 들어가는 입장권을 파는 일'에 종사하는 대부분 사람은 자신들이 천국이 어디에 있는지 알고 있을 뿐만 아니라 자신들의 신앙과 교리가 이를 받아들이는 모든 사람이 천국의 문으로 들어가게 해줄 것이라고 믿는다. 이런 믿음을 한마디로 요약하면 '맹신'이다.

종교 지도자들은 일반적으로 교회가 한 일 덕분에 현재의 문명이 존재한다고 주장한다. 나는 개인적으로 이들의 주장이 옳다고 인정한다. 하지만 이 주장이 사실이라고 해도 신학자들이 자랑할 만한 것은 별로 없다. '문명'이라는 용어가 현재 우리가 누리는 많은 물건의 발명과 자연법칙의 발견을 의미한다면 현대 문명이 교회와 신자들의 체계적인 노력에서 발달했다는 주장은 사실이 아니고 사실일 수도 없다. 만약 신학자들이 문명에서 다른 인간에 대한 행동과 관련된 부분을 자신들의 업적으로 주장하기 원한다면 나는 그 주장을 받아들일 수 있다. 하지만 이들이 인류의 모든 과학적 발견의 공로까지 다 차지하려고 한다면 나는 격렬하게 항의할 것이다.

사회적 유전과 직접 경험

사회적 유전이 인간의 오감을 이용해 관심권 내에 들어오는 모든 지식을 모으는 방법이라고 설명하기에는 부족하다. 사회적 유전이 다양한 응용 분야에서 어떻게 작용하는지를 설명함으로써 독자들이 이 법칙을 종합적으로 이해할 수 있게 하는 것이 더 중요하다. 몇몇 하등 동물부터 시작해서 이들이 사회적 유전의 법칙에 어떻게 영향을 받는지 살펴보자.

30여 년 전, 인간이 지식을 모으는 주요 원천을 조사하기 시작했을 때 나는 목도리 뇌조ruffed grouse(북미 지역에 서식하는 새 - 옮긴이)의 둥지를 발견했다. 이 둥지는 꽤 먼 거리에 있었지만 망원경을 이용해 새끼 새들이 부화해서 나올 때까지 자세히 관찰할 수 있었다. 새끼 새들이 알을 깨고 나오면 어떤 일이 일어날지 궁금해서 둥지로 다가갔다. 어미 새는 침입자가 3미터 이내로 다가올 때까지 새끼들 옆에 버티고 있다가 갑자기 깃털을 퍼덕이고 다친척하며 한쪽 날개를 다리 위로 뻗고 쩔뚝거리며 도망갔다. 새끼들을 보호하려는 이런 어미 새들의 요령을 잘 아는 나는 어미 새를 쫓아가지 않고 새끼 새들을 보기 위해 둥지로 다가갔다. 새끼 새들은 조금도 두려워하는 기색 없이 시선을 내 쪽으로 돌리고 머리를 이리저리 움직였다. 나는 손을 뻗어 새끼 새 한 마리를 집어 올렸다. 새끼 새는 손바닥 위에서 두려운 기색 없이 서 있었다. 나는 새끼 새를 둥지에 다시 내려놓고 어미 새가 다시 돌아올 수 있게 안전한 거리로 물러났다.

기다림의 순간이었다. 곧 어미 새는 둥지로 돌아가기 시작했다. 둥지 몇 발짝 앞에 왔을 때 어미 새는 날개를 치며 암탉이 먹이를 발견하고 새끼들에게 먹이기 위해 부를 때 내는 것과 비슷한 소리를 지르면서 있는 힘을 다해 둥지로 달려갔다. 어미 새는 새끼 새들을 주위에 모으고 매우 흥분해서 깃털을 곤두세우고 연신 날갯짓을 해댔다. 어미 새가 작은 새들에게 사회적 유전의 법칙을 통해 자기를 방어하는 방법에 관한 첫 번째 교훈을 가르치는 것임을 알 수 있었다.

"이 바보 같은 녀석들아! 너희들은 인간이 우리의 적이라는 걸 모르니? 그 남자가 자기 손에 널 들도록 놔둔 건 부끄러운 일이야. 그가 널 데리고 가서 산 채로 잡아먹지 않은 게 이상하다! 다음에 사람들이 다가오면 멀리 도망쳐. 땅바닥에 엎드리거나 나뭇잎 아래에 숨어. 어디든지 꼭꼭 숨어서 적이 떠날 때까지 절대로 나오면 안 돼."

새끼 새들은 어미 새 주위에 서서 매우 흥미롭게 어미 새의 강의를 듣고 있었다. 어미 새가 흥분을 가라앉힌 후 나는 다시 둥지에 접근했다. 둥지 6미터 거리에 접근했을 때 그 어미 새는 다시 날개를 구기고 절뚝거리듯 비틀거리며 나를 다른 방향으로 유인하기 시작했다. 둥지를 바라보았지만 새끼 새들은 이미 어디에도 없었다. 이들은 타고난 본능 덕분에 천적을 피하는 법을 빠르게 배웠다. 다시 물러나서 새들이 돌아올 때까지 기다렸다가 둥지에 다가갔지만 결과는 마찬가지였다. 내가 마지막으로 어미 새를 본 곳으로 다가갔을 때 새끼 새들은 흔적조차 보이지 않았다.

어린 시절 나는 새끼 까마귀 한 마리를 잡아 애완조로 삼았다. 이 새는 집 환경에 꽤 길들었고 상당한 지능이 필요한 여러 가지 재주도 부렸다. 날 수 있을 만큼 컸기 때문에 어디든 원하는 곳으로 날아가기도 했다. 때때로 몇 시간 동안 사라지기도 했지만 항상 어두워지기 전에 집으로 돌아왔다.

어느 날 야생 까마귀 몇 마리가 내 애완조가 사는 집 근처 들판에서 올빼미와 싸움을 벌이게 되었다. 내 애완조는 야생 친척들이 '까악까악' 하는 소리를 듣자마자 지붕 위로 날아올라 크게 동요하는 기색을 보이며 집 한쪽 끝에서 다른 쪽 끝으로 걸어갔다. 마침내 애완조는 날개를 펴고 전투가 벌어지고 있는 방향으로 날아갔다. 나는 무슨 일이 일어날지 궁금해서 뒤따라갔다. 몇 분 후에 낮은 나뭇가지에 앉아 있는 애완조를 발견했다. 야생 까마귀 두 마리가 바로 윗가지에 앉아 왔다 갔다 하며 지저귀고 있었다. 마치 화난 부모가 자식을 앉혀놓고 벌주는 것 같았다.

내가 다가가자 야생 까마귀 두 마리는 날아갔고 그중 한 마리가 나무 주위를 몇 바퀴 돌면서 마치 심한 욕설을 퍼붓듯 울어댔다. 그것은 분명 잘 날 수 있는데도 날지 않은 어리석은 친척을 향한 것이었다. 내가 애완조를 불렀지만 반응이 없었다. 그날 저녁 애완조는 돌아왔지만 집 근처에는 얼씬도 하지 않았다. 그리고 사과나무 높은 가지에 앉아 한동안 지저귀는데 동료들의 야생 생활로 돌아가기로 결심했다고 말하는 것 같았다. 그리고 날아가서 이틀 후 다시 돌아왔지만 안전거리를 유지하면서 한동안 지저귀다가 사라졌다. 그리고 다시는 돌아오지 않았다. 사회적 유전이 내 애완조를 빼앗아 간 것이다. 애완조를 잃으면서 얻은 유일한 위안은 까마귀가 영영 떠나기 전에 마지막 작별을 고하는 우정을 보여줬다는 것이었다.

여우가 스컹크를 제외한 모든 가금류와 작은 동물을 잡아먹는다는 것은 잘 알려진 사실이다. 스컹크가 면제된 이유는 말할 필요가 없을 것이다. 여우는 스컹크를 한 번은 건드릴 수 있지만 두 번 다시 건드릴 수 없다. 이런 이유로 스컹크 가죽을 닭이 올라앉는 홰에 못 박아두면 아주 어리고 경험이 없는 새끼 여우들을 제외한 모든 여우가 접근하지 못한다.

스컹크 냄새는 한번 경험하면 절대 잊을 수 없다. 다른 냄새와는 전혀 다르다. 어미 여우가 새끼 여우에게 스컹크 냄새를 감지하고 멀리하는 방법을 가르쳤다는 기록은 없지만 '여우 전설'을 들은 사람들은 여우와 스컹크가 같은 동굴에서 보금자리를 마련하지 않는다는 것을 안다.

하지만 여우에게 스컹크에 대해 알아야 하는 모든 것을 가르치는 데는 한 가지 교훈이면 충분하다. 후각을 통한 단 한 번의 불쾌한 경험에서 얻는 사회적 유전의 법칙은 평생 잊히지 않기 때문이다.

개구리는 낚싯바늘에 작은 붉은 천 조각이나 다른 작은 붉은 물체를 매달고 코앞에 가져다 대면 잡을 수 있다. 개구리가 처음 미끼를 물었을 때 바로 낚인다면 이런 식으로 잡을 수 있다. 하지만 낚싯바늘이 잘 안 걸려서 도망가거나 미끼를 물었지만 잡히지 않았을 때 개구리가 낚싯바늘의 끝을 느꼈다면 다시는 같은 실수를 저지르지 않을 것이다. 사회적 유전은 이렇게 한 가지 교훈만으로도 양서류에게 빨간 천 조각은 건드리면 안 된다는 사실을 가르치기에 충분하다.

나는 한때 아주 훌륭한 에어데일airedale(털 색깔이 짙고 덩치가 큰 테리어종 개 - 옮긴이) 수컷을 키웠다. 그런데 집에 새끼 닭을 물고 오는 버릇 때문에 골치가 아팠다. 그때마다 닭을 빼앗고 호되게 혼냈지만 소용이 없었다. 개는 닭을 물어오는 행각을 계속했다.

개를 구할 요량으로, 그리고 사회적 유전을 실험해 볼 겸 개를 암탉과 새로 부화한 병아리들을 키우는 이웃 농장으로 데려갔다. 암탉이 헛간으로 들어가자 개도 암탉을 따라 들어갔다. 아무도 보이지 않자 개는 천천히 암탉 쪽으로 다가가 한두 번 냄새를 맡더니 암탉을 향해 달려들었다.

암탉은 나름대로 개에 대해 어느 정도 '조사'를 마쳤기 때문에 유리한 위치에 있었다. 암탉은 개가 전에 경험하지 못했던 날개와 발톱을 이용해 기습적으로 공격했다. 첫판은 분명히 암탉의 승리였다. 하지만 개는 이 먹음직스러운 통통한 새가 자기 발 사이로 그렇게 쉽게 빠져나가게 할 수는 없었다. 개는 한발 뒤로 물러났다가 다시 돌격했다. 이번에는 암탉이 날카로운 부리와 발톱 공격으로 개의 등에 불붙는듯한 통증을 선사했다. 개는 궁지에 몰려 마치 종을 울려 이 싸움을 말려줄 누군가를 찾는 것처럼 사방을 두리번거렸다. 하지만 암탉은 틈을 주지 않았다. 공격의 가치를 알고 있다는 것을 과시하는 듯 개를 쉴 새 없이 몰아붙였다. 불쌍한 에어데일을 이 구석 저 구석으로 몰아붙이며 암탉은 속사포처럼 소리를 질러댔다. 마치 더 나이 많은 소년들의 공격으로부터 어린 자식을 지키기 위해 달려 나온 어머니의 성난 목소리 같았다.

에어데일은 처량한 패잔병 신세가 되었다. 2분가량 헛간을 이리저리 도망 다닌 그는 땅바닥에 최대한 납작 엎드려 앞발로 자기 눈을 보호하기 위해 최선을 다했다. 암탉이 그의 눈을 집중 공격했기 때문이다. 그때 암탉 주인이 나서서 암탉을 구했다. 더 정확히 말하면 개를 구해준 셈이었다.

다음날 닭 한 마리를 개가 자는 지하실에 갖다 놓았다. 그는 닭을 보자마자 꼬리를 다리 사이에 감추고 구석으로 도망쳤다. 그리고 다시는 닭을 잡으려 하지 않았다. 개는 촉각을 통해 사회적 유전의 한 가지 교훈을 얻었다. 닭을 쫓는 것은 약간의 즐거움을 줄 수 있지만, 여기에는 또한 많은 위험이 따른다는 것을 가르치기에 충분했다.

여기서 든 사례들은 첫 번째 사례(어미 목도리 뇌조와 새끼 새들)를 제외하고 모두 직접적인 경험을 통해 지식을 모으는 과정을 보여준다. 직접 경험을 통해 얻는 지식과 나이 든 세대가 젊은이들에게 가르치는 교육을 통해 얻는 지식 사이의 현저한 차이를 잘 살펴보기를 바란다.

가장 인상적인 교훈은 나이 든 세대가 젊은이들에게 매우 선명하고 정서적인 방법으로 가르치는 교육이다. 앞서 든 목도리 뇌조 사례에서 어미 새는 날개를 펴고 깃털을 곤두세우고 마치 중풍 걸린 사람처럼 몸을 흔들며 몹시 흥분한 모습을 보여줌으로써 인간에 대한 두려움을 새끼 새들의 가슴에 심어주었다.

이 장에서 사용하는 '사회적 유전'이라는 용어는 아이가 배운 것을 자기 나름대로 추론하고 성찰할 수 있는 나이(7~12살)에 도달하기 전에 부모나 다른 친권자로부터 어떤 생각이나 교리, 신조, 종교 또는 윤리적 행위의 체계를 배우는 모든 방법을 지칭한다.

두려움의 형태는 무수히 많지만 가난과 늙어가는 것에 대한 두려움만큼 치명적인 것은 없다. 우리는 가난이 너무 무서워서 노후 대비를 위해 마치 노예처럼 우리 몸을 혹사한다. 이 공통된 두려움이 우리의 몸을 혹사시켜서 우리가 피하려고 애쓰는 바로 그것(노화)을 불러온다.

정신적으로 이제 막 성숙하기 시작하는 나이인 마흔 살 언저리에서 스스로 자기를 혹사하는 사람들을 바라보는 것은 슬픈 일이다. 사람이 마흔이 되면 이제 막 숲과 흐르는 개울, 어른과 아이들의 얼굴에서 나타나는 자연의 이치를 보고 이해하고 소화할 수 있는 나이로 접어든다. 하지만 이 악마 같은 두려움이 사람의 눈을 멀게 하고 갈등하는 욕망의 미로에 빠져들게 한다. 체계적인 노력의 원리는 보이지 않는다. 그리고 자신을 둘러싼 자연의 힘을 이용해서 위대한 성취를 이루는 대신 자연의 힘을 무시해서 결국 자신을 파괴하는 힘이 되게 한다.

자연의 이 위대한 힘 중 어떤 것도 자기암시의 원리만큼 인간의 발전에 유용한 것은 없을 것이다. 하지만 대부분 사람이 이 힘을 무시함으로써 도움이 아니라 방해물로 작용하도록 하는 우를 범하고 있다.

> 일어나지 않는 일을 가장 두려워하는 것이 이상하지 않은가?
> 실패가 가장 좋은 약임에도
> 우리는 실패할까 봐 두려워 계획을 망치고 있다.

자연법칙을 무시한 사람들

자연의 거대한 힘이 어떻게 잘못 이용되고 있는지 보여주는 사례들을 살펴보자.

여기 실망하는 한 사람이 있다. 그의 오랜 친구는 거짓말쟁이로 드러나고 이웃은 그에게 무관심하다. 그는 곧 (자기암시를 통해) 모든 사람은 믿을 수 없고 모든 이웃은 공감 능력이 없다고 단정한다. 이런 생각은 그의 잠재의식 속에 깊이 뿌리박혀서 다른 사람들에 대한 그의 전반적인 태도를 지배하게 된다. 자, 여기서 1장「분명한 핵심 목표」에서 말한 것으로 돌아가 보자. 마음이 비슷한 사람들을 끌어당기는 지배적인 사고에 관한 것이다.

끌어당김의 법칙을 적용하면 불신자가 다른 불신자를 끌어당기는 이유를 곧 알게 될 것이다. 이 법칙을 뒤집어서 생각해 보자. 여기에 가장 좋은 면만을 바라보는 사람이 있다. 이웃들이 무관심한 것처럼 보여도 신경 쓰지 않는다. 그는 낙관적이고 다른 사람들을 좋은 마음으로 응원하고 신뢰하는 게 지배적인 생각이며 이것들로 자기 마음을 채운다. 사람들이 그에게 거칠게 말하면 그는 부드러운 어조로 대꾸한다. 끌어당김의 법칙에 따라 그는 삶에 대한 태도와 지배적인 생각이 자기 생각과 조화를 이루는 사람들의 관심을 끌어당긴다. 이 원리를 조금 더 따라가 보자.

좋은 교육을 받고 세상에 이바지할 능력을 지닌 사람이 있다. 어디에선가 그는 겸손이 큰 미덕이며 인생이라는 게임에서 무대 전면에 나서는 것은 이기심의 발로라는 말을 들은 적이 있다. 그때부터 그는 다른 사람들이 과감하게 앞으로 나서는 동안 조용히 뒷문으로 들어가 뒷좌석에 앉는다. 그는 다른 사람들이 무슨 말을 할지 두려워서 뒷줄에 남아 있다. 여론, 혹은 그가 여론이라고 믿는 것이 그를 뒷전으로 밀어내고 세상은 그의 소식을 거의 듣지 못한다. 그가 받은 학교 교육은 아무런 의미가 없다. 그는 자기가 그런 교육을 받았다는 것을 세상에 알리기 두려워하기 때문이다. 그는 마치 비판이 그에게 어떤 해를 끼치거나 그의 목적을 망치기라도 할 것처럼 비판받지 않도록 계속 뒤에 남아 있어야 한다고 자신에게 암시한다.

또 다른 예시를 들어보자. 여기 가난한 부모에게서 태어난 남자가 있다. 그가 기억하는 첫날부터 가난하다는 말을 들으며 살아왔다. 그는 양어깨에 가난의 차가운 손을 느꼈고, 이 느낌은 너무나 깊은 인상을 줘서 가난은 복종해야만 하는 저주로 여기게 된다. 무의식적으로 그는 '한번 가난뱅이는 영원한 가난뱅이다'라는 믿음의 희생양이 되었고 이 믿음이 지배적인 생각이 되고 만다. 자기암시로 인해 그는 인생이라는 무대의 뒤로 빠르게 밀려난다. 결국 그는 중도 포기자가 되고 야망은 사라졌다. 이제 그에게 기회는 오지 않는다. 설령 기회가 와도 알 수 없다. 그는 **자기 운명을 받아들였다.**

신체 팔다리처럼 정신력도 사용하지 않으면 위축되고 쇠퇴한다는 것은 잘 확립된 사실이다. 자기 확신도 예외가 아니다. 사용하면 발전하지만 사용하지 않으면 사라진다.

> 모든 영혼은 위대한 미래의 씨앗을 품고 있다.
> 하지만 이 씨앗을 잘 가꾸지 않으면 절대 싹이 돋지 않으며,
> 자라서 열매를 맺기는 더더욱 어렵다.

자기 확신의 역할

재산 상속의 단점 중 하나는 상속받은 사람들이 하는 일 없이 놀고

먹거나 '자기 확신'을 잃어버리는 경우가 너무나 흔하다는 사실이다. 몇 년 전 워싱턴시에 있는 메클레인 부인이 아들을 낳았다. 아이가 물려받은 유산은 1억 달러에 달했다. 아기를 유모차에 태우고 산책하러 나갈 때면 간호사와 보조 간호사, 경호원, 그리고 아기를 보호하는 임무를 띤 다른 하인들이 따라나섰다. 세월이 가도 이와 같은 경계는 계속되었다. 아이는 직접 옷을 입을 필요가 없었다. 그에게 옷을 입혀주는 하인들이 있었기 때문이다. 하인들은 그가 자는 동안에도, 노는 동안에도 그를 지켜보았고 늘 도와주었기 때문에 그는 하인이 해줄 수 있는 일을 스스로 할 수 없었다. 어느덧 그가 자라서 10살이 되었다. 어느 날 마당에서 놀고 있던 그는 후문이 열려 있다는 사실을 알아차렸다. 평생 그는 그 문밖에 혼자 나가 본 적이 없었으므로 혼자 나가보고 싶었다. 하인들이 보지 않은 틈을 타 문으로 달려나간 그는 길 한복판에 다다르기도 전에 차에 치여 죽었다. 평생 하인들의 눈을 이용했기에 자기 눈에 의지하는 방법을 배웠다면 작동했을 기능을 잃어버린 것이다.

20년 전 내가 비서로 일할 때 모셨던 상사는 두 아들을 멀리 있는 학교에 보냈다. 한 명은 버지니아의 대학에 갔고 다른 한 명은 뉴욕에 있는 대학에 갔다. 이 소년들을 위해 매달 100달러씩 수표를 발행하는 것이 내 일이었다. 이 돈은 그들이 원하는 대로 쓸 수 있는 용돈이었다. 매달 수표를 발행하면서 이 소년들이 얼마나 부러웠는지 모른다. 나는 종종 왜 내가 가난하게 태어났는지 궁금했다. 그리고 내가 보잘것없는 직원으로 있는 동안 이 소년들이 어떻게 인생의 높은 지위에 오르게 될지 앞을 내다볼 수 있었다.

머지않아 소년들은 학교를 마치고 집으로 돌아왔다. 이들의 아버지는 은행과 철도, 광산, 그리고 다른 가치 있는 재산을 소유한 부자였다. 아버지가 마련한 좋은 직위가 그 소년들을 기다리고 있었다. 하지만 20년이라는 세월은 삶을 영위하기 위해 몸부림칠 필요가 없는 사람들에게 잔인한 농간을 부릴 수도 있다. 이 두 소년은 학교에서 졸업장 말고 다른 것을 집으로 가져왔다. 이들은 주량만 늘어서 돌아왔는데 매달 받는 100달러 때문에 어떤 노력도 할 필요가 없었기 때문이었다.

이 이야기의 자세한 내막에는 대부분 관심이 없겠지만 이들의 최후에는 관심이 있을 것이다. 지금 내 책상 위에 이 소년들이 살던 마을에서 발행되는 신문 한 부가 놓여 있다. 이 소년들의 아버지는 파산했고, 이들이 태어난 호화 저택은 경매에 부쳐졌다. 소년 중 한 명은 알코올 중독에 따른 진전섬망delirium tremens이라는 병으로 죽었고 다른 한 명은 정신병원에 있다고 한다.

모든 부잣집 아들이 이렇게 불행하게 되는 것은 아니다. 하지만 활동 부족은 근 위축으로 이어지고 이는 결국 야망과 자신감 상실로 이어지게 된다는 사실은 여전한 진리다. 그리고 이런 본질적인 자질이 없는 사람은 바람에 이리저리 날리는 낙엽처럼 불확실한 삶을 살아갈 것이다.

삶을 위한 투쟁은 단점이 되기는커녕 확실한 이점이 된다. 투쟁이 아니었다면 영원히 잠자고 있을 당신의 자질을 키워주기 때문이다. 많은 사람이 어린 나이에 생존 투쟁을 강요받았기 때문에 세상에서 자기 자리를 찾았다. 이런 투쟁의 이점을 잘 모르는 많은 부모는 "나는 젊었을 때 열심히 일해야 했지만 내 아이들은 안락한 삶을 살 수 있도록 할 거야!"라고 말한다. 가엾고 어리석다. 안락한 삶은 보통 평균적인 사람들이 살아남는 것보다 더 불리한 조건으로 드러난다. 이 세상에는 어린 시절에 강제로 일을 시키는 것보다 더 나쁜 일들이 있다. 강요된 게으름은 강제 노동보다 훨씬 더 나쁘다. 일하도록 강요하고 최선을 다하도록 강요하는 것은 여러분에게 절제와 자제, 의지와 만족의 힘을 선물한다. 이것이 게으른 사람들이 결코 알지 못할 백 가지의 다른 미덕을 길러 줄 것이다.

살기 위해 발버둥 칠 필요가 없으면 야망과 의지력이 약해진다. 마음이 무기력해지면 이는 자신감의 상실로 이어지기에 더욱 위험하다. 더는 노력할 필요가 없어 고군분투하기를 그만둔 사람은 '자신감'이라는 자기 힘을 깎아내리는 데 자기암시의 법칙을 적용하는 셈이다. 이런 사람은 마침내 실제로 투쟁을 계속해야 하는 사람을 경멸하는 마음으로 바라보게 되는 마음에 빠져들 것이다.

인간의 마음은 긍정적일 수도 있고 부정적일 수도 있다. 자기 확신은 마음을 재충전하고 긍정적으로 만드는 자질이다. 이 추론을 판매 전략에 적용해서 자기 확신이 어떤 역할을 하는지 알아보도록 하자.

거절을 이기는 막강한 힘

'세계 최고의 세일즈맨'이라는 타이틀을 얻게 된 그는 한때 신문사 직원이었고 내성적인 성격에 소심한 청년이었다. 그는 뒷문으로 몰래 들어가서 인생의 무대 뒤쪽에 앉는 것이 가장 좋다고 믿는 사람 중 한 명이었다. 어느 날 저녁 그는 '자기 확신'에 관한 강의를 듣고, 지금까지 표류하던 삶의 틀에서 벗어나야겠다는 굳은 결의를 하게 되었다.

그는 신문사 사업부장에게 가서 광고를 유치하는 일자리를 요청했고 수수료를 받는 조건으로 일하게 되었다. 사무실의 모든 사람은 그가 실패하리라 예상했다. 이런 종류의 판매 기술은 가장 긍정적인 영업력을 요구하기 때문이다. 그는 자기 방으로 가서 그가 전화할 상인들의 명단을 작성했다. 사람들은 당연히 그가 최소한의 노력으로 광고를 유치할 수 있다고 믿는 사람들의 명단을 작성했을 것으로 생각했겠지만 그는 그렇게 하지 않았다. 그는 다른 세일즈맨이 전화했지만 광고를 유치하지 못한 상인들의 이름만 명단에 올렸다. 그래서 그의 명단에는 12명의 이름만 있었다. 그는 전화를 걸기 전에 공원으로 나가 명단을 꺼내 백 번 이상 읽으면서 이렇게 혼잣말을 했다. "이달 안에 당신들은 내게서 광고 지면을 사게 될 겁니다."

　　그런 다음 그는 전화를 걸기 시작했다. 첫날 그는 난공불락이었던 12명 중 3명에게 광고 지면을 팔고, 그 주 남은 기간에 다른 2명에게 추가로 광고 지면을 파는 데 성공했다. 그달 말까지 그는 명단에 있는 1명의 상인을 제외한 모든 상인과 광고 거래를 텄다. 그다음 달에 그는 1건도 광고 지면을 팔지 않았다. 이 고집 센 상인을 제외하고는 다른 누구에게도 전화를 걸지 않았기 때문이다. 매일 아침 가게 문을 열자마자 그는 이 상인을 찾았지만 상인은 매번 싫다고 답했다. 상인은 자신이 광고 지면을 사지 않으리라는 것을 알았지만 이 젊은이는 그 사실을 모르는 듯했다. 젊은이는 계속 찾아왔다. 30번 연속으로 거절한 상인은 그달의 마지막 날 이 집요한 청년에게 이렇게 말했다.

　　"여보게, 젊은이. 자네는 나를 설득하기 위해 한 달 내내 시간을 허비했네. 나는 그 이유가 궁금하네."

"저는 헛되이 낭비한 시간이 하나도 없습니다. 저는 그동안 학교에 다닌 셈이고 당신은 제 선생님이었습니다. 이제 저는 당신이 하는 주장의 논점을 다 알게 되었습니다. 뿐만 아니라 저는 스스로 자기 확신 훈련도 해왔습니다."

그러자 상인은 이렇게 말했다.

"나도 작은 고백을 하겠네. 사실 나도 그동안 학교에 다니는 학생이었고, 자네가 내 선생님이었네. 내게 가치 있는 끈기에 대한 교훈을 보여주었으니 나도 감사의 표시로 자네에게 광고 지면을 주문하겠네."

이것이 필라델피아 일간지 《노스아메리칸North American》 최고의 광고 이야기가 탄생하게 된 배경이다. 이는 이 젊은이를 백만장자로 만든 명성의 시작을 의미했다.

그가 성공할 수 있었던 것은 자기 마음을 의도적으로 자기 확신으로 채워서 거부할 수 없는 힘으로 만들었기 때문이다. 12명의 명단을 작성하기 위해 자리에 앉았을 때 그는 100명 중 99명이 하지 않았을 일을 했다. 즉, 광고 지면을 팔기 어려울 것으로 믿었던 사람들의 이름을 선택했다. 그는 팔려고 노력하는 과정에서 마주치게 될 저항에서 힘과 자신감이 생긴다는 것을 알았다. 그는 모든 강(사람들)이 저항이 가장 적은 선을 따르기 때문에 구부러진다는 것을 이해하는 극소수의 사람 중 한 명이었다.

> 당신의 진정한 재산은 당신이 가진 것이 아니라
> 당신의 됨됨이로 평가된다.

마음을 자기 확신으로 가득 채워라

여기서 잠시 주제에서 벗어나서 부부들에게 조언 한마디 전하고자 한다. 나는 대다수가 유부남인 남자 1만 6000명 이상을 분석한 결과, 아내들에게 가치 있을 만한 것을 알게 되었다. 남편이 매일 자신감에 넘쳐서 출근할 수 있게 하는 힘을 발견한 것이다. 이런 자신감은 그가 고된 하루 일을 성공적으로 마치고 저녁에 웃으며 행복하게 집으로 돌아올 수 있게 해줄 것이다.

내가 알던 어떤 남자는 의치를 한 여자와 결혼했다. 어느 날 그의 아내가 의치를 떨어뜨려 깨졌다. 남편은 깨진 조각들을 집어 들고 흥미로운 듯 살펴봤다. 그러자 그의 아내는 이렇게 말했다.

"마음만 먹으면 당신도 이런 이빨을 만들 수 있어요."

아내가 이 말을 하기 전까지 남편은 작은 농장 울타리를 넘어서는 야망을 품어본 적 없는 농부였다. 아내는 다가와서 남편의 어깨에 손을 얹고 치과 관련 일을 해보라고 격려했다. 아내는 마침내 남편을 설득하는 데 성공했으며 오늘날 그는 버지니아주에서 가장 유명하고 성공적인 치과의사가 되었다. 바로 내 아버지가 겪은 실화다.

남편이 더 크고 더 나은 일을 하도록 격려해 주는 아내를 둔 남자가 얻을 수 있는 성취력은 아무도 예측할 수 없다. 여자가 남자를 분발하게 해서 거의 초인적인 업적을 이루게 할 수 있다는 것은 잘 알려진 사실이다. 반려자를 격려하고 그가 제자리를 찾을 때까지 가치 있는 일을 하도록 격려하는 것은 당신의 권리이자 의무다. 여러분은 당신의 반려자가 이 세상 다른 어떤 사람보다 더 큰 일을 할 수 있도록 설득할 수 있다. 그가 성취할 수 없는 것은 없다고 믿게 하라. 그러면 여러분은 오래도록 그가 인생의 싸움에서 승리하도록 돕는 일을 하는 것이다.

미국에서 큰 성공을 거둔 사람 중 한 사람은 자신이 성공한 것은 전적으로 부인 덕분이라고 했다. 이들이 처음 결혼했을 때 그의 아내는 서약서를 작성해서 남편이 서명하고 책상 위에 놓아두게 했다. 그 서약서의 내용을 소개한다.

"나는 나 자신을 믿는다. 나는 나와 함께 일하는 사람들을 믿는다. 나는 내 고용주를 믿는다. 나는 내 친구들을 믿는다. 나는 내 가족을 믿는다. 내가 성실하고 정직하게 최선을 다하면 성공하는 데 필요한 모든 것을 하나님께서 빌려주실 것으로 믿는다. 나는 기도를 믿으며, 잠들기 전에 항상 내가 다른 사람들을 인내하고 믿지 않는 사람들에게 관대할 수 있게 해달라고 하나님께 기도할 것이다. 나는 성공은 운에 달렸거나 친구, 동료 또는 내 고용주를 속이거나 배신함으로써 이룰 수 있는 것이 아니라 오로지 내 지적인 노력의 결과임을 믿는다. 나는 '심은 대로 거둔다'라는 말을 믿는다. 그러므로 나는 다른 사람들이 나를 대접해 주기를 원하는 대로 다른 사람들을 대접하도록 유념할 것이다. 나는 마음에 들지 않는 사람들을 비방하지 않을 것이다. 나는 다른 사람이 무슨 일을 하든지 내 일을 경시하지 않을 것이다. 나는 인생에서 성공하겠다고 다짐했고 성공은 항상 성실하고 능률적인 노력의 결과라는 것을 알기 때문에 내가 할 수 있는 최선을 다할 것이다. 마지막으로, 나는 내 기분을 상하게 하는 사람들을 용서할 것이다. 나도 때때로 다른 사람들의 기분을 상하게 할 것이고 그들의 용서가 필요할 것이기 때문이다."

이 서약서를 쓴 여성은 사실상 일류 심리학자였다. 이런 내조가 있으면 어떤 사람도 주목할 만한 성공을 거둘 수 있었을 것이다. 서약서를 보면 1인칭 대명사가 얼마나 거리낌 없이 사용되는지 알 수 있을 것이다. 이는 확고한 자기 확신에서 비롯된다. 성공을 위한 투쟁에서 자신을 도와줄 사람들을 끌어당기는 긍정적인 태도를 개발하지 않으면 어떤 사람도 이런 신념을 자기 것으로 만들 수 없다.

여러분이 이 신조를 채택하면 성공에 도움이 될 것이다. 하지만 채택하는 것만으로는 충분하지 않다. 이를 생활화해야 한다. 이것을 외울 때까지 반복해서 읽어라. 그리고 이것이 여러분의 정신적 기질로 바뀔 때까지 하루에 한 번 이상 반복하길 바란다. 실천하겠다는 다짐을 매일 잊지 않기 위해 이 서약서를 여러분 앞에 두어라. 그렇게 함으로써 여러분은 자신감을 키우기 위한 수단으로 자기암시의 원칙을 효율적으로 사용하게 된다. 여기에 대해 누가 뭐라고 하든 신경 쓰지 마라. 성공하는 것이 여러분의 일이며, 이 신조를 잘 익히고 적용하면 오래도록 큰 도움이 되리라는 것만 기억하길 바란다. 자기 외에는 누구도 여러분에게 성공을 가져다줄 수 없다는 것도 기억하라. **당신에게 평화를 가져다줄 수 있는 사람은 자신뿐이다.**

물론 여러분이 넓은 의미의 성공을 목표로 한다면 다른 사람들의 협조가 필요하다. 하지만 여러분이 자기 확신이라는 긍정적인 태도로 마음을 활성화하지 않는 한 절대 그 협조를 얻을 수 없다.

아마도 여러분은 똑같이 많은 교육을 받고 많은 일을 해내는 것으로 보이는 사람 중에 소수만 고연봉 지위에 오르고, 주변의 다른 사람들은 그러지 못하는 이유가 궁금할 것이다. 여러분이 선택한 이 두 가지 유형에 속하는 특정인을 두 사람 골라 이들을 연구하면 한 사람은 승진하는데 다른 사람은 제자리걸음 하는 이유를 명확히 알 수 있을 것이다. 승승장구하는 사람들은 자신을 믿는다. 이런 사람들은 역동적이고 적극적인 행동으로 이 믿음을 뒷받침하고 다른 사람들에게 그가 자기 확신에 찬 사람임을 알린다. **자기 확신은 전염성이 있고, 추진력과 설득력이 있어서 다른 사람들을 끌어당긴다.**

여러분은 또한 제자리걸음을 하는 사람들은 자신 없는 표정이나 자세, 활기 없는 걸음걸이, 불확실한 말투 등을 통해 자신감 부족을 분명하게 드러낸다는 사실을 알 수 있다. 아무도 자기 확신이 없는 사람에게 큰 관심을 기울이지 않을 것이기에 이런 사람은 다른 사람을 끌어당기지 못한다. 다른 사람을 끌어당기기보다 밀어내는 부정적인 힘이 작용하기 때문이다.

> 어떤 일을 잘 처리하고 싶다면, 바쁜 사람을 불러
> 그 일을 맡겨라. 바쁜 사람들은 일반적으로 하는 일에
> 정성을 다하고 철저하다.

판매 기술 분야만큼 자기 확신 혹은 자신감이 중요한 역할을 하는 분야는 없을 것이다. 세일즈맨을 만나면서 그가 자기 확신에 넘치는지 판단하기 위해 성격 분석가가 될 필요는 없다. 자기 확신에 넘치는 사

람이라면 그 흔적이 온몸에 쓰여 있기 때문이다. 말하는 순간 여러분에게 자신은 물론 자기가 파는 상품에 대한 신뢰를 불어넣어 준다.

이제 자기암시의 원리를 이해하고 긍정적이고 역동적이며 자립심 강한 사람이 되기 위해 이 원리를 직접적으로 사용할 시점에 도달했다. 아래의 자기 확신을 위한 서약문을 복사해서 서명하고 항상 기억하기를 바란다.

✦ 자기 확신을 위한 서약문 ✦

첫째, 나는 내 분명한 목표를 달성할 능력이 있다는 것을 안다. 따라서 나는 목표를 달성하기 위해 끈질기고 적극적인 노력을 지속한다.

둘째, 나는 마음속의 지배적인 생각들이 결국 신체 행동을 통해 외부로 표출되고 점차 실제 현실로 바뀐다는 것을 안다. 그러므로 나는 매일 30분 내가 되고자 하는 사람의 정신세계를 생각하고, 실천을 통해 이를 현실로 만드는 데 집중한다.

셋째, 나는 자기암시의 원리에 따라 내가 집요하게 마음속에 품고 있는 열망이 결국 그것을 실현하는 실질적인 수단을 통해 표출된다는 것을 안다. 그러므로 나는 매일 10분 동안 성공의 법칙에서 설명한 15가지 요소들을 개발할 것을 다짐한다.

넷째, 나는 앞으로 5년 동안 내 인생의 분명한 목표를 달성할 계획을 명확하게 세우고 기록했다. 그리고 5년 동안 쏟아낸 내 노력의 가격을 매겼다. 이 가격은 효율적이고 만족스러운 서비스 원칙을 엄격하게 적용해 내가 얻고자 하는 대가이다.

다섯째, 나는 진실과 정의를 바탕으로 하지 않는 한 어떤 부나 지위도 오래갈 수 없다는 것을 잘 안다. 그러므로 나는 모든 이해관계자에게 이익이 되지 않는 거래를 하지 않을 것이다. 내가 사용하고 싶은 힘과 다른 사람들의 협력을 끌어냄으로써 성공할 것이다. 내가 먼저 다른 사람들을 도와줌으로써 이들이 나를 돕도록 설득할 것이다. 나는 모든 인류를 사랑하고 증오와 부러움, 질투, 이기심, 냉소주의와 같은 부정적인 감정을 버릴 것이다. 다른 사람에 대한 부정적인 태도가 결코 성공을 가져다줄 수 없다는 것을 알기 때문이다. 나 자신과 다른 사람들을 믿음으로써 다른 사람들도 나를 믿게 할 것이다.

나는 이 서약문에 서명하고, 기억하며, 이것이 점차 내 인생 전반에 영향을 미쳐 내가 선택한 분야에서 성공적이고 행복한 일꾼이 되리라는 확실한 믿음을 가지고 하루에 한 번씩 큰 소리로 읽을 것이다.

서명 _____

이 서약문에 서명하기 전에 지시사항을 반드시 이행해야 함을 명심해야 한다. 이 서약문의 이면에는 아무도 설명할 수 없는 법칙이 있다. 심리학자들은 이 법칙을 '자기암시'라고 부른다. 여러분이 명심할 한 가지는 여기에는 불확실한 점이 없다는 것, 그리고 이 법칙이 무엇이든 간에 실제로 작동한다는 사실이다.

명심해야 할 또 한 가지는 자기암시의 원칙은 어떻게 적용하느냐에 따라 우리를 평화와 번영의 산으로 인도하거나, 불행과 빈곤의 계곡으로 인도할 것이라는 사실이다. 여러분이 마음을 자기 성취력에 대한 의심과 불신으로 가득 채운다면 자기암시의 원리는 이 불신 정신을 여러분의 잠재의식에 지배적인 생각으로 설정하고 여러분을 천천히, 그러나 확실하게 실패의 소용돌이 속으로 빠져들게 할 것이다. 하지만 마음을 빛나는 자기 확신으로 가득 채운다면 자기암시의 원리는 이 믿음을 지배적인 생각으로 설정하고 성공의 정상에 도달할 때까지 길을 가로막는 장애물을 극복하도록 도와줄 것이다.

습관의 힘

나 자신도 자기암시의 원리를 실제로 적용할 이해가 부족한 사람들이 겪는 모든 어려움을 경험했다. 그래서 습관의 원리를 간단히 소개하려 한다. 이를 통해 여러분은 어떤 방향과 목적에도 자기암시의 원리를 쉽게 적용할 수 있다.

습관은 환경에서 비롯된다. 같은 일이나 생각, 말을 반복함으로써 형성된다. 습관은 '축음기 레코드의 홈'으로, 인간의 마음은 '그 홈에 맞는 바늘'로 비유할 수 있다. 생각이나 행동을 반복함으로써 어떤 습관이 형성되었을 때 마음은 그 습관을 따르는 경향이 있다. 축음기 바늘이 축음기 레코드의 홈을 따라가는 것처럼 말이다.

습관은 시각과 청각, 후각, 미각, 촉각 등 오감 중 하나 이상을 특정한 방향으로 반복적으로 향하게 함으로써 만들어진다. 마약 중독이나 습관성 음주(알코올 의존증) 같은 해로운 습관도 이런 반복 원칙을 통해 형성된다.

습관이 정착되면 이런 습관이 저절로 우리의 신체 활동을 통제하고 지시하게 된다. 이 지점에서 자기 확신의 강력한 요소인 '생각'을 발견할 수 있다. 이 생각은 어떤 습관을 형성할 때까지 여러분의 노력과 생각을 자발적으로 혹은 필요하다면 강제로 원하는 노선을 따라가게 안내한다. 이렇게 해서 습관이 형성되면 여러분의 노력과 생각이 자발적으로 같은 노선을 따라가게 된다.

자기 확신 서약문을 쓰고 반복하는 목적은 그 생각이 습관의 원리를 통해 잠재의식에 완전히 새겨질 때까지 자기 확신을 여러분 마음의 지배적인 생각으로 만드는 습관을 형성하는 것이다. 예컨대 여러분은 글자라는 특정한 윤곽을 팔과 손으로 반복해서 따라감으로써 쓰는 법을 배웠고, 마침내 이런 윤곽을 추적하는 습관을 갖게 되었다. 이제 모든 글자를 천천히 추적하지 않고 쉽고 빠르게 쓸 수 있다. 여러분에게 글쓰기 습관이 형성된 것이다.

습관의 원리는 신체 근육에 영향을 미치는 것과 마찬가지로 마음의 능력도 장악할 것이다. 이는 자기 확신을 마스터하고 적용함으로써 쉽게 증명할 수 있다. 자신에게 반복적으로 하는 말, 혹은 반복적인 말을 통해 마음속에 깊이 새긴 열망은 결국 외부적 신체 활동으로 표출된다. 습관은 바로 자기 확신이라는 토대를 이루는 원리다.

대부분은 스스로를 깨워줄 상상의 손만을 기다리느라 여러분 안에 잠들어 있는 가능성을 거의 알지 못한다. 만약 현재의 평범한 위상을 끌어올릴 자신감을 키우지 않으면 앞으로도 영영 이런 가능성을 인식하지 못하게 될 것이다.

인간은 놀랍고 신비로운 시스템이다. 나는 몇 달 전 에머슨의 『수상록』을 집어 들고 정신의 법칙Spiritual Law에 관한 그의 글을 다시 읽으면서 이 사실을 새삼 깨달았다. 그런데 이상한 일이 일어났다. 이미 수십 번도 더 읽었던 이 책에서 이전에는 발견하지 못했던 많은 것을 본 것이다. 이전에 읽었을 때보다 더 많은 것을 본 이유는 지난번 읽었을 때부터 내 마음이 더 넓어지면서 더 많은 것을 이해할 수 있게 되었기 때문이다.

꽃잎이 활짝 피는 것처럼 인간의 마음도 그 발달이 최고조에 이를 때까지 끊임없이 펼쳐진다. 이 최대치가 무엇인지, 어디서 멈출지, 아니면 아예 멈추지 않는지는 답할 수 없지만 개인의 성격과 일에 몰두하는 정도에 따라 전개가 달라지는 것 같다. 매일 분석적 사고를 하는 사람은 사물에 대한 해석력이 계속 발전하는 것으로 보인다.

켄터키주 루이빌에 사는 리 쿡Lee Cook이라는 사람은 하반신 마비로 휠체어를 타고 다녀야 했다. 그는 선천적으로 장애를 안고 태어났지만 자신의 노력으로 위대한 기업의 주인이자 백만장자가 되었다. 그는 자기 확신만 강하면 다리 없이도 아주 잘 지낼 수 있다는 것을 증명했다. 반대로 뉴욕시 5번가에서는 매일 오후 다리는 없지만 체격이 건장하고 머리도 멀쩡해 보이는 청년이 기어 다니며 구걸하는 모습을 볼 수 있다. 그의 머리는 아마도 보통 사람만큼 건전하고 생각할 수 있을 것이다. 앞선 사례의 쿡이 그랬던 것처럼 자기 확신을 가졌더라면 이 젊은이도 쿡이 한 모든 것을 이룰 수 있었다.

위스콘신에 사는 마일로 존스Milo Jones는 몇 년 전에 중풍에 걸렸다. 증세가 너무 심해서 침대에서 돌아눕거나 몸을 움직일 수도 없었다. 하지만 뇌에는 아무 이상이 없었으므로 그는 난생처음 본격적으로 뇌를 가동하기 시작했다. 침대에 드러누운 상태로 머리를 써서 확실한 목표를 세웠다. 이 목표는 평범하지만 분명했으며 전에 세우지 못했던 목표였다.

그의 분명한 목표는 돼지고기 소시지를 만드는 것이었다. 그는 주변의 가족들에게 전화를 걸어 자기 계획을 말하고 계획을 실행에 옮기도록 지시하기 시작했다. 오로지 건전한 정신력과 자기 확신만으로 마일로 존스는 '리틀피그소시지Little Pig Sausage'의 이름과 명성을 미국 전역에 떨치고 상당한 부를 축적했다. 이 모든 것은 그가 중풍 때문에 손으로 일을 할 수 없게 된 후에 이루어졌다. 강인한 생각에서 힘이 나오는 법이다. 더 많은 것을 얻고 싶다면 더 많은 것을 요구해야 한다. 이 요구는 여러분 자신에게 하는 것이다.

사람의 심리에 관한 위대한 진리를 표현한 유명한 시가 떠오른다. 여러분이 이 시를 암송하면서 자기 확신을 키우는 도구로 사용해도 좋을 것이다.

만약 당신이 패배했다고 생각하면 패배한 것이다.
감히 할 수 없다고 생각하면 할 수 없다.
이기고 싶지만 할 수 없다고 생각하면

당신은 하지 않을 것이 거의 확실하다.

만약 당신이 질 것이라 생각한다면 이미 진 것이다.
성공은 인간의 의지에서 비롯된다는 것을
우리는 잘 알기 때문이다.
모든 것은 정신 상태에 달렸다.

만약 당신이 우월하다고 생각하면
당신은 우월한 존재다.
높이 오르려면 생각을 높게 해야 한다.
상을 받으려면 먼저 자신을 믿어야 한다.

삶의 투쟁에서 승리는 반드시
강자나 빠른 자에게 돌아가는 것은 아니다.
궁극적인 승리는 자신이 이길 수 있다고
확신하는 사람에게 돌아간다.

자기 확신이 불러온 변화

사람의 기질에는 미묘한 뭔가가 있는데 적절하게 외부 영향을 받으면 이 기질이 여러분을 전에는 예상하지 못했던 성취의 극치로 이끈다. 아무도 자기 안에 어떤 힘이 숨겨져 있는지 모른다. 여러분 자신도 자기 능력을 알지 못한다. 더 원대한 행동을 하게 만들고, 시야를 넓히고, 자신감을 키워주고, 성취하고자 하는 더 뜨거운 열망으로 움직이게 하는 어떤 자극을 경험하기 전에는 이 힘을 알지 못할 것이다.

인생의 가장 중요한 전환점이 종종 가장 예상치 못한 때와 방식으로 찾아오는 것은 이상하지만 사실이다. 나는 인생에서 중요하지 않아 보이는 경험이 종종 가장 중요한 것으로 드러나는 전형적인 예를 소개하고자 한다. 사람이 자기 확신의 가치를 완전히 이해했을 때 무엇을 성취할 수 있는지를 보여주기 때문이다.

시카고에서 성격 분석에 관련된 일을 하고 있을 때 있었던 일이다. 어느 날 한 부랑자가 사무실에 나타나 면담을 요청했다. 일하다가 고개를 들어 인사를 할 때, 그는 내가 수년 전에 썼던 『자기 확신Self-confidence』이라는 책을 주머니에서 꺼내면서 말했다.

"이 책을 쓴 분을 만나러 왔습니다." 그는 계속 말을 이어갔다. "어제 오후에 이 책이 제 손에 들어온 것은 운명 같습니다. 그때 저는 미시간 호수에 구멍을 뚫고 빠져 죽으려던 참이었거든요. 이 책을 읽기 전까지 저는 모든 것과 모든 사람, 그리고 하나님마저도 저에게 원한을 품고 있다는 결론에 도달했습니다. 하지만 이 책 덕분에 저는 새로운 관점을 알게 되었고 밤새 저를 지탱해줄 용기와 희망을 얻게 되었습니다. 만약 내가 이 책을 쓴 사람을 만날 수 있다면 내가 다시 일어설 수 있도록 도와줄 거라 생각했습니다. 나 같은 사람을 위해 무엇을 해주실 수 있는지 알고 싶습니다."

그가 말하는 동안 나는 그를 머리부터 발끝까지 관찰했다. 내가 그를 위해 할 수 있는 일이 아무것도 없다고 생각했지만 그에게 그렇게 말하고 싶지는 않았다. 멀거니 바라보는 눈빛, 얼굴에 나타난 낙담의 주름, 자세, 열흘 동안 덥수룩하게 자란 수염, 그리고 긴장하는 태도는 모두 그가 가망이 없다는 인상을 주었지만 그에게 그렇게 말할 용기가 없었다. 나는 그에게 그의 모든 이야기를 들려달라고 부탁했다. 무엇이 그를 벼랑 끝에 서게 했는지 가능한 한 그대로 아주 솔직하게 말해 달라고 했다. 이야기를 전부 들은 후에 내가 그에게 도움이 될 수 있는지 없는지를 말하겠다고 약속했다. 그는 자기 이야기를 장황하게 했는데 요약하면 이랬다.

그는 조그만 제조업에 전 재산을 투자했었다. 1914년 제1차 세계대전이 발발하자 공장 운영에 필요한 원자재 수급이 어려워져 사업에 실패했다. 돈을 모두 잃고 너무 상심한 그는 아내와 자식들을 버리고 부랑자가 되었다. 잃어버린 것을 곱씹다가 자살을 생각하는 지경에 이르게 되었다. 그가 이야기를 마쳤을 때 나는 그에게 말했다.

"아주 관심 깊게 잘 들었습니다. 당신을 도울 수 있는 일이 있기를 바랐지만 아무것도 없군요."

그는 관에 누운 시체처럼 창백해져서 의자에 기대앉아 턱을 가슴까지 떨구며 "그걸로 결론이 났군요"라고 힘없이 말했다. 나는 잠시 기다렸다가 말했다.

"내가 당신을 위해 해줄 수 있는 것은 아무것도 없지만 당신이 원한다면 이 건물 안에 당신을 소개해 줄 사람이 있습니다. 그는 당신이 잃어버린 재산을 되찾고 다시 일어서도록 도와줄 수 있습니다." 이 말이 내 입에서 떨어지기가 무섭게 그가 벌떡 일어나 내 손을 잡고 "하나님, 부디 저를 그 사람에게 데려가 주십시오"라고 말했다.

그가 하나님께 기원했다는 사실은 고무적인 일이었다. 이는 그의 가슴 속에 아직 희망의 불꽃이 남아 있음을 나타내기 때문이다. 그래서 나는 그의 팔을 잡고 내가 성격 분석 심리학 시험을 하던 실험실로 데리고 갔다. 그리고 커튼 앞에 그와 함께 섰다. 나는 커튼을 한쪽으로 당겨서 그가 머리끝에서 발끝까지 자신을 볼 수 있는 전신 거울을 꺼냈다. 나는 거울을 손가락으로 가리키며 말했다.

"여기 내가 소개하기로 약속한 사람이 서 있습니다. 이 세상에서 당신을 다시 일어서게 할 수 있는 유일한 사람입니다. 당신이 지금까지 그랬던 것처럼 이 사람과 친해지지 않는 한 당신은 다시 미시간 호수에 가서 구멍을 뚫게 될 겁니다. 이 남자를 더 잘 알 때까지는 당신 자신이나 세상이 아무런 가치가 없을 것이기 때문입니다."

그는 거울로 다가가 수염 난 자신의 얼굴을 만져 보고 머리부터 발끝까지 살피더니 고개를 숙이고 울기 시작했다. 더는 해줄 수 있는 게 없었으므로 나는 그를 엘리베이터로 다시 데리고 가서 돌려보냈다. 그를 다시 만나게 되리라고는 기대하지 않았다. 구원하기에는 너무 멀리 가버린 것 같았기 때문에 이런 교훈이 그가 이 세상에서 자기 자리를 되찾는 데 도움이 될 수 있을지도 의문이었다. 그는 풀이 죽은 정도가 아니라 거의 넋이 나간 것 같았다.

며칠 후 거리에서 이 사람을 다시 만났다. 그의 변신이 너무나 완벽해서 그를 거의 알아보지 못했다. 그는 고개를 들고 활기차게 걷고 있었다. 늙고 초조해하던 자세는 온데간데없었다. 그는 머리부터 발끝까지 새 옷을 차려입고 있었다. 그는 행복해 보였고 자신도 그렇게 느끼는 것 같았다. 그는 나를 세우고 그동안 자신이 어떻게 비참한 실패 상태에서 희망과 약속의 상태로 급변하게 되었는지 이야기했다.

"좋은 소식을 전해 드리려고 선생님 사무실로 가던 참이었어요. 제가 빈털터리 부랑자로 선생님 사무실에 갔던 바로 그날, 그런 몰골에도 불구하고 저는 연봉 3000달러 일자리를 구했어요. 생각해 보세요. 일 년에 3000달러라고요. 그리고 제 고용주는 새 옷을 살 수 있는 선금을 주셨어요. 직접 보셨듯이 말이죠. 그는 또 집으로 보낼 돈도 빌려 주셨습니다. 저는 다시 한번 성공의 길로 가고 있어요. 불과 며칠 전까지만 해도 희망과 믿음, 용기를 잃고 자살을 고민하고 있었던 걸 생각하면 꿈만 같습니다.

선생님이 절 거의 잊어버리셨을 때 제가 다시 방문할 것이고, 그때는 성공한 사람이 돼서 오겠다고 말씀드리러 왔습니다. 그리고 백지수표를 가지고 와서 선생님이 원하시는 금액을 쓰시라고 할 거예요. 선생님께서 거울 앞에서 진짜 저를 보여주기 전까지는 알지 못했어요. 저 자신을 소개함으로써 이전의 저로부터 구해주셨습니다."

그가 시카고 거리의 붐비는 인파 속으로 사라져갈 때 나는 생애 처음으로 자력갱생의 가치를 발견하지 못했던 사람의 마음속에 어떤 강인함과 힘과 가능성이 숨겨져 있는지를 보았다. 그때 나는 똑같은 거울 앞에 섰다. 내가 다른 사람에게 가르치던 교훈을 발견하지 못한 것에 대해 나 자신을 가리키며 질책하기로 했다. 그 자리에서 나는 사람들이 자신들 안에 잠들어 있는 힘을 발견하도록 돕겠다고 다짐하며 이것을 내 인생의 명확한 목표로 정했다. 여러분이 손에 들고 있는 책이 바로 나의 분명한 목표가 달성되고 있다는 증거다.

이 이야기의 주인공은 미국에서 가장 크고 가장 성공적인 기업 중

한 곳의 사장이다. 이 회사는 미국 전역은 물론 캐나다와 멕시코까지 사세를 확장했다.

방금 소개한 일이 일어나고 얼마 지나지 않아 한 여성이 내 사무실을 찾아와서 성격 분석을 의뢰했다. 그녀는 당시 시카고 공립학교 교사였다. 나는 그녀에게 성격 분석표를 주고 작성하라고 했다. 분석표를 작성하던 그녀는 몇 분 만에 내 책상으로 돌아와서 분석표를 건네주며 "이 표를 작성하지 않기로 했어요"라고 말했다. 이유를 물었더니 그녀는 이렇게 대답했다. "아주 솔직히 말씀드리면 이 분석표의 질문 중 하나가 저를 생각하게 했고, 이제 제 문제가 무엇인지 알게 되었어요. 그래서 돈을 내고 제 성격을 분석할 필요가 없다고 생각했어요." 그렇게 그녀는 가버렸고 2년 동안 소식을 듣지 못했다. 그녀는 뉴욕으로 가서 미국에서 가장 큰 광고 대행사의 카피라이터가 되었고, 그녀가 나에게 편지를 썼을 무렵 그의 수입은 연봉 1만 달러였다.

그녀는 분석비를 수표로 보내왔다. 내가 서비스를 제공하지는 않았지만 그녀는 분석비를 낼 만큼 도움받았다고 느낀 것이다. 대수롭지 않아 보이는 사건이 자기 경력에 중요한 전환점을 가져올 수 있다는 것은 누구도 예측할 수 없다. 하지만 자기 확신이 강한 사람들이 이런 '전환점'을 더 쉽게 인식할 수 있다는 사실은 부인할 수 없다.

인류에게 돌이킬 수 없는 손실 중 하나는 평균적인 지능을 가진 평범한 사람도 자기 확신을 개발하는 확실한 방법이 있다는 사실을 모르는 것이다. 젊은이들이 학업을 마치기 전에 자기 확신을 키우는 방법을 가르치지 않는 것은 인류 문명에 헤아릴 수 없는 손실이다. **자신**

에 대한 믿음이 부족한 사람은 진정한 의미에서 교육을 받았다고 할 수 없다. 인류에게 드리워진 두려움의 장막을 걷어내고 자기 확신이 가져다주는 이해의 햇빛을 받아들일 수 있게 된다면 얼마나 행복하고 만족스럽겠는가. 두려움이 지배하는 곳에서 괄목할 만한 성취는 불가능하다. 여기서 어느 위대한 철학자가 말한 두려움의 정의를 떠올리게 된다.

"두려움이란 마음이 숨바꼭질하며 은신처를 찾는 지하 감옥이다. 두려움은 미신을 가져오고 미신은 위선이 영혼을 암살하는 단검이다."

> 실수를 하지 않는 사람이 있다면 아무것도 하지 않는 사람이다.
> 같은 실수를 두 번 하지 않는 한 실수를 두려워할 필요 없다.
> — 시어도어 루스벨트

내 타자기 앞에는 큰 글씨로 다음과 같은 글귀가 적혀 있다.

"나는 모든 면에서 나날이 더욱더 성공하고 있다."

이 글귀를 읽은 한 회의론자가 내게 정말 그렇게 생각하느냐고 물었고, 나는 이렇게 답했다.

"물론 아닙니다. 이 글귀가 내게 해준 것은 단지 내가 노동자로 첫발을 디딘 탄광에서 나오게 해주고, 10만 명이 넘는 사람에게 이 글귀가 나타내는 것과 같은 긍정적인 생각을 심어주는 일을 할 수 있게 도와준 것이 전부였습니다. 그런데 내가 왜 이걸 믿어야 하겠습니까?"

이 사람이 떠나면서 말했다. "글쎄요. 어쨌든 이런 철학에는 무언가가 있을지도 모르겠네요. 왜냐하면 나는 항상 내가 실패할 것을 두려워해 왔고, 지금까지 내 두려움은 완전히 실현되었거든요."

여러분이 자신을 가난과 불행과 실패로 몰아넣는 것도, 위대한 성취의 정점을 향해 나아가게 하는 것도 전부 생각에 달렸다. 만약 자신의 성공을 굳게 다짐하고 지혜로운 행동으로 이를 뒷받침한다면 여러분은 반드시 성공할 것이다. 하지만 성공을 다짐하는 것과 단지 성공을 바라는 것은 다르다는 것을 명심하라.

여러분이 믿음을 가지고 자신감을 키우는 일에 임하기를 바란다. '다른 사람들이 뭐라고 할지' 신경 쓸 필요 없다. 여러분은 '다른 사람들'이 여러분의 분명한 목표를 향해 오르막길을 올라가는 데 거의 도움이 되지 않는다는 것을 알고 있다. 여러분에게는 이 세상에서 여러분이 원하는 것 또는 필요한 것을 얻는 데에 필요한 모든 힘이 있다. 그리고 이 힘을 이용하는 가장 좋은 방법은 자신을 믿는 것이다.

"너 자신을 알라."

이는 대대로 전해오는 철학자들의 조언이다.

"나는 모든 면에서 나날이 더욱더 성공하고 있다."

여러분이 정말로 여러분 자신을 알게 되면 이 글귀를 여러분 앞에 걸어두는 것이 어리석은 일이 아니라는 것을 알게 될 것이다. 나는 책상 앞에 좋은 일을 암시하는 이런 글귀를 붙여두는 것이 두렵지 않다. 이런 글귀가 내게 좋은 영향을 미쳐 내가 더 긍정적이고 능동적인 인간이 되리라고 믿는 것이 두렵지 않기 때문이다.

25여 년 전 나는 자기 확신 형성에 관한 첫 번째 교훈을 얻었다. 어느 날 밤 벽난로 앞에 앉아 몇몇 나이 든 분들이 자본과 노동에 관해 나누는 대화를 듣고 있었다. 초대도 없이 대화에 참여한 나는 고용주들과 직원들이 황금률에 기반을 두고 자신들의 의견 차이를 극복하는 방안을 말했다. 내 말이 한 사람의 주의를 끌었고, 그 사람은 놀란 표정으로 나를 돌아보며 말했다.

"총명한 젊은이군. 만약 자네가 세상에 나가서 교육을 제대로 받으면 세상에 이름을 날릴 걸세."

처음으로 내가 똑똑하고 인생에서 가치 있는 일을 해낼 수 있을 거라는 말을 듣고 솔깃했다. 그 말을 듣고 나는 생각하게 되었고, 생각을 더 깊이 하면 할수록 그 말의 이면에는 어떤 가능성이 있다는 확신이 들었다. 내가 세상을 위해 하는 모든 봉사와 내가 이룬 모든 성과는 모두 이때 들은 칭찬 덕분이라고 솔직하게 말할 수 있다.

이와 같은 암시는 종종 강력한 힘을 발휘한다. 의도적으로 하거나 자기표현 방식을 통할 때도 마찬가지다. 자, 이제 다시 돌아가서 자기 확신의 공식을 완전히 익히기를 바란다. 이것이 여러분을 출세의 사다리 꼭대기까지 데려다주는 힘을 만들어내는 마음의 발전소로 이끌 것이기 때문이다.

다른 사람들은 여러분이 자신을 믿을 때만 여러분을 믿을 것이다. 이들은 여러분이 자신에 대해 느끼는 것과 똑같이 여러분을 생각하고 느낄 것이다. 정신적 텔레파시의 법칙이 적용되는 것이다. 여러분은 자신에 대해 생각하는 것을 계속 전파한다. 만약 여러분이 자신에 대한 믿음이 없다면 다른 사람들은 당신의 생각 진동을 그들 자신의 것으로 착각할 것이다. 이러한 텔레파시를 이해하면 왜 자기 확신이 성공의 법칙 15가지 중 두 번째에 위치했는지 알게 될 것이다.

하지만 여러분은 '자기 확신'과 '자기중심주의'의 차이를 구분해야 한다. 자기 확신은 알고 있는 것과 할 수 있는 것에 견실한 기반을 두는 반면, 자기중심주의는 알고 싶거나 할 수 있기를 바라는 것에 기반을 둔다. 이 두 용어를 구분하지 못하면 이해력 있는 문화인들에게 성가시고 터무니없고 짜증스러운 존재가 되고 말 것이다. 자기 확신은 건설적이고 지혜로운 행위를 통해서만 표출되어야 한다.

여러분이 자신을 믿으면 주변 사람들이 이 사실을 알게 될 것이다. 여러분이 자기 확신으로 충만하다는 것을 행동으로 보여 다른 사람들이 알아채게 하라. 그러면 이들은 이 사실을 발견한 자신들의 관찰력을 자랑스러워할 것이고 여러분은 자기중심적이라는 평가를 피할 수 있을 것이다. 극도로 자기중심적인 사람에게는 기회가 따르지 않는다. 오로지 모욕과 악평만 따라다닐 뿐이다. 자화자찬은 결코 자기 확신을 나타내는 적절한 척도가 아니다. 기회는 자기중심적인 사람보다 자기 확신이 강한 사람을 훨씬 좋아한다. 이를 명심하고 여러분이 자신을 믿는다고 떠벌리는 게 아니라 건설적인 행동으로 보여주도록 하라.

자기 확신은 지식에서 나온다. 자신을 알고, 자기가 얼마나 많이 아는지 혹은 모르는지, 어떻게 알게 되었는지, 그리고 아는 것을 어떻게 활용할 것인지 알려고 노력하라. 허세 부리는 사람은 철저히 실패한다. 그러므로 실제로 아는 것보다 더 많이 아는 척하지 말라. 가식은 필요 없다. 교양 있는 사람이라면 3분만 이야기를 듣고도 여러분을 꽤 정확하게 파악할 수 있다. 진짜 모습은 확연하게 드러나서 여러분이 아무리 달리 주장해도 소용이 없다. 만약 이 경고에 주의를 기울인다면 이 장의 마지막 부분이 여러분의 인생에서 가장 중요한 전환점이 될지도 모른다.

자신을 믿어라. 하지만 세상을 위해 여러분이 무엇을 할 수 있다고 말하지 마라. 행동으로 보여라.

이제 3장으로 넘어갈 준비가 되었다. 3장에서는 성공의 사다리에 오르는 다음 단계를 소개한다.

당신이 비록 위대한 일을 할 수 없을지라도
작은 일을 위대하게 할 수 있음을 기억하라.

THE LAW OF
SUCCESS

3

저축하는 습관

THE HABIT OF SAVING

"할 수 있다고 믿으면"
할 수 있다

저축도 성공 습관이다

저축하는 방법을 설명하지 않고 저축하라고 하는 것은 말을 그리고 그 밑에 '이것은 말이다'라고 쓰는 것과 같다. 돈을 절약해서 저축하는 것이 성공의 필수 요소 중 하나라는 것은 모든 사람이 다 안다. 하지만 저축하지 않는 대부분 사람의 마음에는 가장 중요한 질문이 있다. "어떻게 하면 저축할 수 있을까?"

저축은 순전히 습관의 문제다. 그래서 이 장은 습관에 관한 간략한 분석으로 시작한다.

인간이 습관을 통해 자기 개성을 형성한다는 것은 사실이다. 우리가 탐닉하는 모든 행동은 여러 번 반복하면 습관이 된다. 그리고 마음은 일상 습관에서 나오는 특정 행동의 원인이 되는 힘의 집합이다. 일단 마음에 자리 잡은 습관은 우리가 저절로 행동하게 한다. 예컨대 여러분이 직장이나 자주 가는 장소로 갈 때 특정 경로를 따라가면 이것이 곧 습관이 되어 무의식중에 그 길로 가게 된다. 출발할 때 다른 경로로 가려고 마음먹었어도 계속 다른 경로를 염두에 두지 않으면 어느새 자주 가던 길을 따라가는 자신을 발견하게 된다. 완전히 허구에 바탕을 둔 이야기도 계속하다 보면 습관의 법칙이 작동해서 곧 그 이야기가 허구라는 사실을 잊어버리게 된다.

습관으로 '풍요로움'을 끌어당겨라

수많은 사람이 습관의 법칙을 잘못 적용해 가난하고 궁핍한 삶을 살아간다. 습관의 법칙이나 '유유상종'이라는 끌어당김의 법칙을 이해하지 못한 채 가난하게 살아가는 사람들은 자기 행위의 결과로 자신이 현재의 처지에 놓이게 되었다는 것을 좀처럼 깨닫지 못한다.

마음속으로 돈 버는 능력에 한계가 있다고 생각하면 절대 그 이상을 벌지 못한다. 왜냐하면 습관의 법칙이 여러분이 벌 수 있는 한도를 정하게 되고, 여러분의 잠재의식이 이 한계를 받아들이게 되기 때문이다. 그렇게 되면 곧 가난에 대한 두려움에 휩싸이게 되며 기회도 오지 않게 되고 여러분의 불행한 운명은 그대로 봉인되어 굳어버리게 된다.

저축이라는 습관을 만든다는 것은 돈 버는 능력을 제한해야 한다는 뜻이 아니다. 오히려 정반대다. 이 법칙을 적용하면 번 돈을 체계적으로 보존할 수 있을 뿐만 아니라 더 큰 기회의 길로 접어들게 하고 비전과 자기 확신, 상상력, 열정, 주도성과 리더십을 가져다주어 실제로 돈 버는 능력이 향상된다. 습관의 법칙을 완전히 이해할 때 어부지리로 돈 버는 위대한 게임에서도 성공하게 될 것이다. 그러기 위해서는 다음과 같은 방법을 따라야 한다.

첫째, 분명한 핵심 목표의 법칙에 따라 벌려고 하는 액수를 포함해서 원하는 것을 마음속에 정확하고 확실하게 그려야 한다. 그러면 잠재의식이 그린 그림을 청사진으로 삼아 핵심 목표를 달성하는 실현 가능한 계획에 따라 생각과 행동을 바꾸게 된다. 여러분은 습관의 법칙을 통해 분명한 핵심 목표가 마음속에 확고하게 영구히 자리 잡을 때까지 계속 새기게 된다. 이런 과정을 거쳐 마음속에는 어느덧 가난 의식이 사라지고 그 자리에 번영 의식이 자리 잡게 된다. 이제 여러분은 자신에게 번영을 요구하고 기대하기 시작한다. 그리고 이를 성취해서 현명하게 사용할 태세를 갖추기 시작한다. 이렇게 저축하는 습관을 개발하는 길을 닦거나 그 발판을 마련하게 된다.

둘째, 이렇게 해서 돈 버는 능력을 키우고 나면 이제 다시 습관의 법칙을 적용해야 한다. 분명한 핵심 목표에 버는 돈의 일정 비율을 저축한다는 목표를 추가하고 실천한다. 이렇게 하면 소득이 늘어날수록 저축액도 비례해서 증가하게 된다. 항상 자신을 채찍질해서 돈 버는 능력을 높이는 한편 수입의 일정 비율을 체계적으로 저축함으로써 마음속 가상의 한계를 모두 떨쳐버리는 단계에 도달하게 되고, 경제적 자립을 향한 첫발을 순조롭게 내디딜 수 있게 된다. 이보다 더 실용적이거나 더 쉽게 성취할 방법은 없을 것이다.

하지만 습관의 법칙을 거꾸로 적용해서 가난에 대한 두려움을 마음속에 심게 되면 이 두려움이 여러분의 돈 버는 능력을 위축시켜 생활

필수품을 마련하기도 힘들 지경에 이르게 될 것이다. 신문사들은 현존하는 전체 기업 수에 비해 실제로 도산하는 기업이 거의 없음에도 그 나라의 실제 사업 실패에 관한 뉴스 기사들로 지면을 채움으로써 일주일 만에 공황을 일으킬 수 있다.

이른바 '범죄의 급증'은 대부분 선정적인 저널리즘의 산물이다. 한 건의 살인 사건이라도 그 나라의 신문들이 불안감을 조성하는 헤드라인을 통해 부채질하면 다양한 지역에서 유사한 범죄의 파동이 일어나게 하기에 충분하다. 실제로 어떤 살인 사건을 여러 일간지에서 반복 보도하면 다른 지역에서도 비슷한 사례가 보도되기 시작한다.

우리는 모두 습관의 희생자다. 암시나 주위 환경 혹은 동료들의 영향 등으로 마음속에 새겨진 생각들은 그 생각의 본질과 일치하는 행위에 우리를 빠져들게 한다. 그러므로 번영과 풍요를 생각하고 말하는 습관을 형성하면 곧 그 물적 증거가 더 넓고 새롭고 예상하지 못했던 기회로 나타나기 시작할 것이다.

끌어당김의 법칙을 기억하라. 만약 여러분이 사업가면서 '사업이 안된다'라고 생각하는 습관이 있다면 사업은 나빠질 것이다. 만약 한 사람의 비관론자가 오랫동안 부정적인 영향을 미친다면 동료들의 마음속에 가난과 실패라는 생각이 떠돌아다니게 함으로써 유능한 다른 사람들의 일까지 망칠 수 있다. 절대 이런 사람이 되어서는 안 된다.

일리노이주에서 크게 성공한 한 은행가의 개인 사무실에는 다음과 같은 간판이 걸려 있다. "우리는 여기서 풍요로움만 생각하고 대화합니다. 비통한 이야기는 삼가주세요. 우리는 그런 이야기를 원하지 않으니까요."

어떤 기업도 비관주의자의 서비스를 원하지 않는다. 끌어당김의 법칙과 습관의 법칙을 이해하는 사람이라면 도둑이 자기 집을 활개 치고 돌아다니게 두지 않는 것 이상으로 비관주의자를 용납하지 않을 것이다. 비관주의자 한 사람이 주변의 유능한 사람들을 망치기 때문이다.

수많은 가정에서 나누는 대화는 주로 가난과 결핍에 관한 것이다. 바로 그래서 이들이 가난한 것이다. 이들은 가난을 생각하고, 가난을 이야기하며, 가난을 자신들의 운명처럼 받아들인다. 이들은 대대로 가난했기 때문에 자신들 또한 가난할 수밖에 없다고 생각한다. 가난 의식은 이렇게 가난을 생각하고 두려워하는 습관의 결과로 형성된다.

> 당신은 인간 자석이다.
> 당신의 성격과 조화를 이루는 사람들을
> 끊임없이 끌어당기기 때문이다.

빚의 노예가 되지 마라

빚은 인정사정없는 주인이며 저축 습관의 치명적인 적이다. 가난만으로도 사람들은 야망이 사라지고 자기 확신과 희망을 잃게 된다. 여기에 빚까지 지게 되면 이중고에 시달리는 사람들은 사실상 실패할 운명에 처하게 된다. 빚의 무게에 짓눌려서는 어떤 사람도 자기 일에 최선을 다할 수 없고 존경심을 불러일으키는 말로 자신을 표현할 수 없으며 인생의 분명한 목표를 세우거나 실천할 수 없다. 빚의 노예가 된 사람은 무지의 노예나 실제 사슬에 묶인 노예처럼 속수무책이다.

나의 절친 중에 한 달 수입이 1000달러인 친구가 있다. 이 친구의 아내는 사교계를 좋아해서 연간 수입이 1만 2000달러인데도 허세 부리느라 2만 달러를 쓴다. 그 결과 이 불쌍한 친구는 매년 약 8000달러의 빚을 지게 됐다. 그의 자식들도 모두 어머니에게서 소비 습관을 배웠다. 1남 2녀인 자식들은 이제 대학 진학을 고민하는 나이지만 아버지의 빚 때문에 불가능하다. 결국은 아버지와 자녀들 사이에 불화가 생기고 온 가족이 불행하고 비참해졌다.

빚 때문에 다른 누군가에게 구속되어 쇠사슬에 묶인 죄수처럼 살아가야 하는 삶은 생각만 해도 끔찍하다. 빚을 쌓는 것은 습관이다. 빚은 소액으로 시작해서 서서히 늘어나다가 마침내 한 사람의 영혼을 망칠 정도로 엄청나게 불어난다. 수많은 젊은이가 불필요한 빚을 지고 결혼 생활을 시작하지만 그 부담에서 헤어나지 못한다. 신혼의 참신함이 사라지면 부부는 결핍의 곤란함을 느끼기 시작하고 이 감정이 커지고 자주 서로에게 불만을 표출하다 보면 결국 이혼 법정에 서게 된다.

빚의 노예가 되어 얽매인 사람은 이상을 세우고 실현할 겨를이 없으며 시간이 흐르면서 서서히 추락한다. 결국 자신의 마음에 한계를 세우기 시작하고 다시는 헤어나올 수 없는 두려움과 의심의 감옥의 벽 뒤에 자신을 가둬버린다. 어떤 희생을 치르더라도 빚의 고통은 피해야 한다.

"당신 자신과 당신에게 의지하고 있는 사람들에게 빚진 것을 생각하고, 누구의 빚도 지지 않기로 결심하라."

이는 빚으로 인해 초기의 기회를 잃어버렸던 어느 성공한 사업가의 충고다. 이 사람은 얼른 제정신을 차려 불필요한 물건을 사는 습관을 버리고 마침내 빚의 구속에서 벗어났다.

빚진 사람이 제때 정신을 차리고 빠져나올 수 있으면 운이 좋은 것이다. 빚은 점점 더 깊이 빠져드는 모래 수렁과 같아서 빚지는 습관을 들인 대부분 사람은 헤어나기 힘들기 때문이다. 가난에 대한 두려움은 앞에서 설명한 6가지 기본적인 두려움 중에서도 가장 파괴적인 것이다. 빚더미로 인해 절망에 빠진 사람은 가난의 두려움에 사로잡혀 야망과 자신감을 잃어버리고 점점 사람들의 기억에서 사라져버린다.

빚에는 두 가지 부류가 있다. 두 가지는 본질적으로 매우 달라서 다음과 같이 구분해 보았다.

1. 쓸모없는 사치품 때문에 생긴 빚.
2. 직업상 또는 사업상의 거래에서 생긴 빚. 이는 다시 자산으로 전환될 수 있는 서비스 또는 상품에 해당한다.

첫 번째 부류의 빚은 피해야 할 빚이다. 두 번째 부류의 빚은 질 수도 있는 빚이다. 다만 채무자가 잘 판단하고 적절한 한도를 초과하지 않는 경우에 한한다. 자신의 한계를 넘어서 욕심을 부리는 순간 투기의 영역으로 들어가고 투기는 풍요를 가져오기보다는 희생자를 삼켜버린다. 실제로 분수에 넘치는 생활을 하는 사람들은 운이 좋으면 한 방에 모든 것을 만회하고 빚도 청산할 수 있으리라는 희망으로 투기의 유혹에 빠진다. 하지만 운명의 수레바퀴는 엉뚱한 곳에서 멈추기가 일쑤다. 투기에 빠져드는 사람들은 빚에서 벗어나기는커녕 더 빚의 노예가 된다.

가난에 대한 두려움은 희생자들의 의지력을 무너뜨리며 이들은 잃어버린 재산을 되찾을 수 없다는 것을 알게 된다. 더 슬픈 것은 이들이 빚의 노예에서 벗어나려는 모든 의욕을 잃어버리게 되는 것이다. 빚에 쪼들리다 못해 극단적인 선택을 했다는 자살 기사가 신문에 나지 않는 날이 거의 없다. 매년 다른 원인을 합친 것보다 빚으로 인한 자살이 더 많이 일어난다는 사실에서 가난에 대한 두려움이 얼마나 잔인한지 엿볼 수 있다. 수많은 이름 없는 무덤에 가난에 대한 두려움의 희생자들이 누워있다. 빚이 없는 사람은 가난을 물리치고 경제적으로 뛰어난 성공을 거둘 수 있다. 하지만 빚에 쪼들리는 사람은 이런 성공을 거둘 가능성이 거의 없다.

가난에 대한 두려움은 부정적이고 파괴적인 정신 상태다. 게다가 한 가지 부정적인 정신 상태는 다른 부정적인 정신 상태를 끌어당기는 경향이 있다. 예컨대 가난에 대한 두려움은 건강을 잃어버리는 것에 대한 두려움을 끌어당길 수 있고, 이 두 가지 두려움은 다시 늙어가는 것에 대한 두려움을 끌어당길 수 있다. 그래서 두려움의 피해자는 실제로 가난에 시달리고, 건강이 좋지 않으며, 늙기 훨씬 전부터 노화의 징후를 보이기 시작한다.

10여 년 전에 한 젊은이가 뉴욕시의 시티내셔널뱅크City National Bank에서 책임 있는 직책을 맡았다. 하지만 자기 분수에 넘치는 생활을 하던 그는 걱정해야 할 정도로 많은 빚을 지게 되었다. 결국 이 파괴적인 습관이 일에 영향을 주기 시작했고 그는 은행에서 해고되고 말았다.

그는 더 적은 연봉으로 다른 일자리를 얻었다. 하지만 채권자들의 등쌀에 못이긴 그는 직장을 그만두고 다른 도시로 떠나기로 작정했다. 빚 갚을 돈이 모일 때까지 채권자들을 피하고 싶었다. 하지만 채권자들은 채무자를 추적하는 방법이 있어서 곧 이 젊은이를 찾아냈고 고용주는 그가 빚진 사실을 알고 그를 해고했다. 두 달 동안 일자리를 찾아 헤맸지만 허사였다. 어느 추운 밤 그는 브로드웨이에 있는 한 빌딩 옥상에서 뛰어내렸다. 또 한 젊은이가 빚의 희생자가 되었다.

가난이라는 두려움을 극복하는 법

빚으로 인한 가난의 두려움을 떨쳐버리려면 두 가지 매우 확실한 단계를 밟아야 한다. 먼저 외상으로 사는 습관을 버리고 이미 진 빚은 점차 갚아 나가는 것이다. 빚의 걱정에서 벗어나면 마음의 습관을 고치고 번영을 향해 나아갈 준비가 된다. 적은 액수라 하더라도 수입의 일정 비율을 저축하는 습관을 분명한 목표로 세워라. 이 습관이 여러분의 마음을 사로잡기 시작하면 저축하는 기쁨도 얻게 된다. 어떤 바람직하지 못한 습관도 다른 더 바람직한 습관으로 대체하면 버릴 수 있다. 예컨대 경제적 자립을 원하는 사람은 낭비하는 습관을 저축하는 습관으로 대체해야 한다. 바람직하지 않은 습관을 끊는 것만으로는 충분하지 않다. 이런 습관이 마음속에 차지했던 자리를 다른 습관으로 채우지 않으면 다시 나타나는 경향이 있기 때문이다.

여러분은 경제적 자립을 위해 노력하고 있을 것이다. 일단 가난에 대한 두려움을 극복하고 저축하는 습관을 기르면 돈 모으기는 그리 어렵지 않다. 여러분이 이 책에서 성공이 오로지 돈으로만 측정된다는 인상을 받았다면 나는 크게 실망스러울 것이다. 하지만 돈은 성공의 중요한 요소이며 사람들이 쓸모 있고, 행복하고, 번영하도록 돕는다. 그러므로 어떤 철학이든 돈에는 적절한 가치가 부여되어야 한다. 황금 만능주의 시대에 돈의 위력 뒤에 단단히 자리 잡지 않으면 사람은 환경의 바람에 이리저리 휘날리는 한 줌 모래알에 지나지 않는다는 것이 냉혹한 현실이다.

특별한 재능을 지닌 사람들은 많은 보상을 받을 수 있지만 그런 재능을 표출할 돈이 없다면 이런 재능은 공허하고 허울 좋은 명예에 불과하다는 것도 사실이다. 돈이 없는 사람은 돈을 가진 사람의 자비만 바랄 뿐이다. 이는 어떤 사람의 능력이나 받은 교육 혹은 타고난 재능과는 무관하게 흘러간다.

여러분이 누구든 무엇을 할 수 있든, 사람들이 은행 예금 잔고에 비추어 여러분을 저울질하는 현실에서 벗어날 수 없다. 대부분 사람이 낯선 사람을 만났을 때 가장 먼저 하게 되는 생각은 '이 사람은 얼마나 많은 돈을 가지고 있을까?'다. 돈이 있는 사람은 어디서든 환영받고 사업의 기회도 찾아온다. 모든 관심이 그에게 쏠린다.

하지만 신발 뒤축은 닳아 없어지고, 옷은 다림질을 안 해서 구깃구깃하고, 옷깃은 더러우며, 빈곤한 재정 상태를 솔직히 드러내면 불행해진다. 군중들이 그의 발을 밟고 그의 얼굴에 무례하게 담배 연기를 내뿜으며 지나갈 것이기 때문이다. 사람들이 가진 돈이나 돈을 지배하는 능력에 따라 사람들을 판단하는 이런 경향은 어떤 특정 계층의 사람들에게만 국한되지 않는다. 이런 사실을 인정하든 인정하지 않든 우리에게는 그런 성향이 있다.

토머스 에디슨은 세계에서 가장 잘 알려지고 가장 존경받는 발명가이다. 하지만 그가 재산을 모으고 저축하는 습관을 따르지 않았다면 알려지지 않은 무명 인물로 남았을 것이다.

헨리 포드가 젊었을 때부터 저축하는 습관을 기르지 않았다면 '말 없는 마차'로 순조롭게 성공하지 못했을 것이다. 게다가 포드가 자기 재산을 보존하고, 그 힘으로 자신을 보호하지 않았다면 경쟁자나 그에게서 사업을 빼앗아 가려던 사람들이 아주 오래전에 그를 삼켜버렸을 것이다.

많은 사람이 성공을 향해 아주 먼 길을 걸어왔지만 위급할 때 자금 부족으로 쓰러져서 다시는 일어서지 못했다. 매년 준비금 부족으로 인한 사업체 도산율은 어마어마하다. 다른 모든 원인을 합친 것보다 자금 부족으로 인해 실패하는 기업이 더 많다. 사업을 성공적으로 운영하기 위해 준비금은 필수다.

마찬가지로 저축은 개인의 성공에 필수 조건이다. 저축해 놓은 돈이 없는 사람은 두 가지로 어려움을 겪는다. 첫째, 현금이 준비된 사람에게만 오는 기회를 잡을 수 없고 둘째, 예상치 못한 (갑자기 현금이 필요한) 비상사태를 만났을 때 당황하게 된다.

또한 저축 습관을 기르지 않는 사람은 저축하는 습관을 실천하는 데서 생기는, 성공에 필수적인 어떤 다른 자질들이 결핍되어 고통을 받는다. 보통 사람들이 대수롭지 않게 여기는 푼돈이라도 체계적으로 저축하고 적절하게 일한다면 결국 경제적으로 자립할 수 있다. 쓸모없는 상품이나 오락을 위해 쓰는 돈만 모아도 10년 뒤에 놀라운 액수가 된다. 돈을 벌고 저축하는 것은 과학이지만, 돈이 모이는 규칙은 너무나 간단해서 누구나 할 수 있다. **중요한 것은 사치품에 대한 불필요한 지출을 없앰으로써 현재보다 미래를 중시하는 의지다.**

뉴욕의 저명한 은행가의 운전기사로 일하며 일주일에 20달러밖에 벌지 못했던 한 청년에게 고용주는 그가 일주일 동안 쓴 비용을 센트 단위까지 정확하게 기록하도록 권유했다. 다음은 그가 지출한 비용의 항목별 목록이다.

담배	75센트
껌	0센트
탄산음료	1달러 80센트
접대용 시가	1달러 50센트
영화 관람	1달러
면도(팁 포함)	1달러 60센트
신문 구독(일간지, 주말신문)	22센트
구두 닦기	30센트
하숙비	12달러
수중에 남은 돈	53센트

총계: 20달러

이 수치들은 이 장부를 기록한 젊은이와 비슷한 다른 수많은 사람에게도 해당하는 비극적인 이야기를 전한다. 20달러 중 그가 실제 저축한 액수는 53센트밖에 되지 않았다. 그는 사지 않아도 될 물건을 사는 데 7달러 47센트나 들였다. 사실 면도와 구두 닦은 일만 스스로 해도 많은 돈을 절약할 수 있었다.

이 젊은이가 매월 25달러만 저축했다고 가정해도 저축액은 10년 동안 5000달러 정도의 넉넉한 금액으로 증가했을 것이다. 이 장부를 기록했을 때 그의 나이는 스물한 살이었다. 만약 매월 25달러씩 저축했다면 서른한 살이 되었을 때 그는 은행에 상당한 금액을 저축할 수 있었을 것이고 이 저축은 그를 바로 경제적 자립으로 이끌 많은 기회를 가져다주었을 것이다.

일부 근시안적인 사이비 철학자들은 매주 몇 달러씩 저축하는 것만으로는 부자가 될 수 없다고 말한다. 추론으로는 가능한 주장이지만 이야기의 한쪽 단면만 바라본 것에 불과하다. 소액이라도 꼬박꼬박 저축하면 종종 직접적으로 상당히 빠르게 경제적 자립으로 이어지는 사업 기회를 이용할 수 있게 되기 때문이다.

만약 여러분이 체계적으로 저축하는 습관을 아직 몸에 익히지 못했다면 매월 5달러씩 저축하면 10년 후 얼마나 많은 돈을 저축할 수 있는지 보여주는 표를 만들어 거울에 붙여라. 그리고 매일 아침저녁으로 이 표를 바라보며 저축 습관의 중요성을 되새겨라. 이 표를 전국의 학교 벽에 붙여서 아이들에게 저축 습관의 가치를 지속해서 일깨워주는 것도 좋겠다.

몇 년 전에는 나도 저축이라는 습관의 가치를 진지하게 생각하지 않았다. 손가락 사이로 빠져나간 돈을 항목별로 적어봤는데 그 결과가 심상치 않아 이 장을 집필하게 되었고, 성공의 법칙 15가지 중 하나로 '저축하는 습관'을 추가하게 되었다. 다음은 당시 내가 정리했던 항목별 설명이다.

- 4000달러: 상속 자금. 친구와 함께 자동차 판매 사업에 투자했다가 1년 만에 날림.
- 3600달러: 잡지와 신문에 기고해서 번 여분의 돈. 모두 쓸데없이 낭비함.
- 3만 달러: 성공의 법칙으로 판매사원 3000명을 교육하고 번 돈. 잡지에 투자했지만 잡지사는 여유 자금 부족으로 실패함.
- 3400달러: 대중 연설, 강의 등으로 번 여분의 돈. 들어오는 족족 모두 써버림.
- 6000달러: 정규 소득에서 매월 50달러씩 10년 동안 저축했으면 모을 수 있었던 추정 금액.
- 버려진 돈: 총 4만 7000달러

나는 도박, 음주, 과도한 오락 등 방탕한 습관의 피해자가 아니다. 생활 습관이 상당히 온건한 내가 10년 조금 넘는 기간에 4만 7000달러를 소비할 수 있다는 것이 믿기지 않지만 일어날 수 있는 일이었고 실제로 일어났다.

만약 돈이 들어오는 대로 은행에 저축하고 투자했더라면 이 장을 집필할 때쯤 총액이 9만 4000달러로 늘어났을 것이다. 9만 4000달러라는 준비금은 어떤 사람이라도 필요한 재정적 자유를 누리기에 충분한 돈이다.

한 대기업 사장이 직원들을 위한 연회에 대한 강연료로 500달러짜리 수표를 보내준 때가 생각난다. 편지 봉투를 뜯고 수표를 봤을 때 머릿속을 스치던 일이 선명하게 떠오른다. 나는 새 차를 원했고 이 수표는 정확히 계약금 지급에 필요한 금액이었다. 나는 이 수표가 수중에 들어와 30초가 채 지나기도 전에 다 써버렸다. 아마도 대다수가 이런 경험이 있을 것이다.

사람들은 저축 방법이나 수단을 생각하기보다 **수중에 들어온 돈을 어떻게 소비할 것인가를 더 많이 생각한다.** 저축과 자제와 자기희생을 생각하면 불편하지만 돈을 쓸 생각을 하면 얼마나 짜릿한가. 여기에는 다 이유가 있다. 저축 습관은 도외시하고 소비하는 습관만 기르기 때문이다. 인간의 마음에 드물게 드는 생각은 자주 드는 생각만큼 환영받지 못하기 마련이다.

사실 저축하는 습관도 소비하는 습관만큼 매력적일 수 있다. 하지만 이것이 규칙적이고 잘 훈련되고 체계적인 습관이 되기 전까지는 그렇지 않다. 우리는 자주 반복되는 일을 좋아한다. 이는 과학자들이 발견한 것으로 우리가 습관의 희생자라는 것을 다르게 표현한 것에 불과하다.

저축하는 습관은 대부분 사람이 길러온 것보다 더 강인한 품성이 필요하다. 저축하기 위해서는 수많은 오락과 즐거움을 희생해야 하기 때문이다. 이런 이유로 저축 습관을 기르는 사람은 동시에 성공에 이르는 다른 필요한 습관들, 특히 자제력, 자신감, 용기, 침착성, 두려움 극복 같은 습관들을 기르게 된다.

빈익빈부익부가 당연한 이유

저축하는 습관을 기르기 위해 첫 번째로 던져야 할 질문은 "얼마나 저축해야 할까?"이다. 이에 대한 답은 몇 마디로 끝낼 수 없다. 저축해야 할 금액은 여러 가지 조건에 따라 달라지며 통제할 수 있는 것이 있고 그렇지 않은 것도 있기 때문이다. 일반적으로 봉급생활자는 자기 소득을 다음과 같이 배분하는 것이 좋다.

저축 ····································· 20%

생활비(의식주) ····················· 50%

교육비 ································· 10%

취미활동 ······························ 10%

보험 ···································· 10%

하지만 사람들은 보통 다음과 같이 자기 소득을 배분한다.

저축 ····································· 0%

생활비(의식주) ····················· 60%

교육비 ································· 0%

취미활동 ······························ 35%

보험 ···································· 5%

또한 '취미활동'이라는 항목에는 음주, 디너 파티, 그리고 사람의 건강과 인격을 해칠 수 있는 다른 유사한 항목에 쓰는 돈과 같이 문화생활이라는 의미와는 무관한 지출이 많이 포함된다.

사람들의 생활양식 분석에 경험이 많은 한 분석가는 그 사람의 월간 비용 지출 명세를 조사해 보면 그 사람이 어떤 삶을 사는지 매우 정확하게 알 수 있으며, '취미활동'이라는 한 항목에서 대부분의 정보를 얻을 수 있다고 말했다. 그렇다면 '취미활동'은 온실 관리자가 식물의 생사를 좌우하는 온도계를 지켜보듯이 주의 깊게 지켜봐야 할 항목이다. 또 사람들은 종종 '오락'이라는 항목을 두는데, 이는 대부분 돈을 많이 낭비하게 되고 지나치면 건강도 나빠지기 때문에 해로운 것으로 드러난다.

우리는 지금 '오락'이라는 항목이 너무 많은 예산을 잡아먹는 시대에 살고 있다. 주간 수입이 50달러에도 못 미치는 수많은 사람이 그들 수입의 3분의 1을 의심스러운 라벨이 붙은 병에 담긴 리터당 6~12달러나 하는 액체에, 이른바 '오락'이라는 명목으로 탕진하고 있다. 이 어리석은 사람들은 저축해야 할 돈을 낭비할 뿐더러 인격과 건강을 해치고 있다. 이 장에서 도덕성이나 다른 주제에 관해 장황한 설교를 늘어놓을 의도는 추호도 없다. 성공을 창출하는 재료가 되는 엄연한 사실들을 다루고 있을 뿐이다.

지금이 바로 이 책 전체는 물론, 특히 이 장에서 빠트려서는 안 될 정도로 중요하고 성공을 성취하는 주제와 직접적인 관련이 있는 몇몇 사실을 말해 둘 적절한 시점이라고 생각한다.

1926년 나는 돈 멜렛과 파트너십을 맺었다. 멜렛은 당시 오하이오주 캔턴《데일리뉴스》의 발행인이었다. 멜렛은 성공의 법칙이 간절히 출세를 원하는 젊은이들에게 건전한 조언을 해준다고 생각해서 이 철학에 관심을 두게 되었다고 했다. 멜렛은《데일리뉴스》의 지면을 통해 캔턴의 암흑가 세력과 치열한 전투를 벌이고 있었다. 오하이오 주지사가 파견해 준 형사들과 수사관들의 도움을 받아 멜렛과 나는 캔턴 주민들의 생활방식에 관한 정확한 자료를 수집했고 이를 토대로 조사를 이어갔다.

하지만 1926년 7월 멜렛은 매복 공격으로 암살당했고 전 캔턴 경찰 한 명을 포함한 범인 네 명은 오하이오 주립 교도소에서 종신형을 선고받았다. 캔턴의 범죄 상황을 조사하는 동안 모든 조사 보고서가 나의 사무실로 전달되었다. 따라서 여기에 기술된 데이터는 절대적으로 정확한 것이다.

연봉이 6000달러였던 한 대형 산업 공장의 임원은 접대용 술값으로 밀주업자(당시 미국은 금주법 시대였다 - 옮긴이)에게 월 평균 300달러를 지불했다. 그의 집에서 일어난 '접대'에는 그의 아내도 참여했다.

월급이 150달러인 한 은행원은 술값으로 월 평균 75달러를 지출했다. 그리 대단하지도 않은 월급에 여행까지 다니느라 결국 신용불량자가 되고 말았다.

연봉 5000달러인 한 대형 제조 공장 관리자는 적어도 한 달에 125달러는 저축했어야 하는데 실제로 한 푼도 저축하지 않았다. 밀주업자가 그에게 보내온 계산서는 한 달 평균 150달러였다.

한 달 수입이 160달러인 한 경찰관은 집 근처 술집에서 여는 디너 파티에 한 달에 400달러 이상을 썼다. 그가 수입과 지출 차이를 어디서 메울 수 있었는지는 의문이다.

전년도 소득세 신고서로 추정한 연간 수입이 약 8000달러에 달하는 한 은행 임원은 3개월 동안 밀주업자에게서 매달 500달러 이상의 청구서를 받았다.

백화점에서 주급 20달러를 받으며 일하는 한 젊은이는 밀주 구매에만 주당 평균 35달러를 썼다. 고용주의 이익을 가로채서 적자를 메우고 있다고 가정할 수밖에 없다. 그 후의 일을 알 수는 없지만 불행한 노년이 이 청년을 기다리고 있을 것이다.

한 생명보험회사 보험 판매원은 수수료를 받고 일했기 때문에 정확한 수입은 알려지지 않았지만 밀주업자에게 한 달 평균 200달러를 쓰고 있었다. 예금 계좌는 발견되지 않아 없는 것으로 추정했다. 나중에 이 젊은이가 일하던 회사가 자금 횡령 혐의로 그를 고발해서 체포당하게 했을 때 진실이 밝혀졌다. 회사에 납입해야 할 돈을 썼음에 의심의 여지가 없었다. 그는 오하이오 주립 교도소에서 장기 복역했다.

한 고등학생은 술을 사는 데 많은 돈을 쓰고 있었다. 현금으로 사고 밀주업자가 명세를 공개하지 않았기 때문에 실제 구매 금액은 알 수 없었다. 나중에 이 소년의 부모는 그를 구하기 위해 가둬두었다. 그러나 결국 이 젊은이는 자기 어머니가 집안에 모아둔 돈을 훔쳤다. 발각되었을 때는 이미 300달러 이상을 써버린 뒤였다.

나는 41개 고등학교에서 한 달에 한 번 강의를 한 적이 있다. 각 고등학교 교장들은 저축 성향을 조금이라도 보이는 학생이 2% 미만이라고 했다. 고등학생 1만 1000명을 대상으로 한 설문조사에서도 단 5%만이 저축 습관을 성공의 필수 요소 중 하나로 믿는다는 사실이 밝혀졌다. 빈익빈부익부 현상은 놀라운 일이 아니다.

사회주의적 발언이라고 해도 어쩔 수 없지만 이는 엄연한 현실이다. 수많은 사람이 수중에 들어오는 돈을 전부 써버린다. **이처럼 낭비벽이 심한 나라에서 저축하는 습관을 기르면 어떤 사람이든 부자가 되기는 어렵지 않다.**

수년 전 현재와 같은 소비 광풍이 전국적으로 퍼지기 전에 울워스는 수많은 사람이 싼 맛에 쓰고 버리는 허드레 물건을 사는 데 쓰는 푼돈을 긁어모으는 매우 간단한 방법을 고안해서 몇 년 만에 1억 달러 이상을 벌어들였다. 울워스는 고인이 되었지만 푼돈을 긁어모으는 그의 시스템은 계속되고 있고, 그의 유산은 점점 더 불어나고 있다.

그가 설립한 파이브앤텐센트스토어의 전면은 보통 밝은 빨간색으로 칠해져 있다. 빨간색은 위험을 뜻하기 때문에 알맞은 색상이다. 이 외관은 **우리 세대의 주요 결점 중 하나가 소비 성향이라는 것을 잘 증명하는** 인상적인 기념물이다.

경제적 자유를 이룰 사람은 정해져 있다

불행하게도 많은 사람들이 습관의 심리 작용에 대한 개념이 전혀 없는 부모 밑에서 자랐다. 대부분의 부모는 아이들의 낭비를 방임하고 저축 습관을 길러주지 않음으로써 과도한 소비 습관 발달을 조장하면서 정작 자신들의 잘못은 깨닫지 못하고 있다. '세 살 버릇 여든까지 간다'고 어린 시절 몸에 밴 습관은 평생 우리를 따라다닌다. 부모가 저축 습관에 대한 선견지명과 이해력이 있어서 아이들의 마음속에 저축 습관을 심어줄 수 있는 경우는 정말 다행이다. 어려서부터 받은 이런 훈련만이 풍부한 보상을 제공한다.

사람에게 생각치 않았던 100달러가 생긴다면 그걸로 뭘 하게 될까? 대부분은 마음속으로 이 돈을 어떻게 쓸 것인지 궁리하기 시작할 것이다. 필요하거나 필요하다고 생각하는 수십 가지 물건이 머릿속에 떠오를 것이다. 저축 습관이 들지 않은 한 이 100달러를 저축할 생각은 추호도 하지 않을 것이다. 하루도 지나가기 전에 100달러를 써버리거나 적어도 어떻게 쓸 것인지 마음속으로 결정할 것이다. 그래서 이미 너무 밝게 타오르고 있는 '소비 습관'이라는 불길에 기름을 붓게 될 것이다. 우리는 그렇게 습관의 지배를 받는다.

모든 사람이 그토록 원하는 경제적 자유와 독립을 누릴 수 있을지 아닐지를 미리 결정하는 규칙이 하나 있는데, 이는 개인의 수입액과는 전혀 관계가 없다. 일해서 벌거나 다른 방법으로 버는 모든 돈의 일정 비율을 저축하는 체계적인 습관을 따른다면 사실상 경제적으로 독립할 것이 확실하다. 하지만 한 푼도 저축하지 않는다면 수입이 아무리 많아도 **절대 경제적으로 독립하지 못할 거라고 확신한다.**

이 규칙의 유일한 예외는 저축하지 않는 사람이 다 쓰지도 못할 정도로 많은 돈을 상속받을 경우다. 하지만 이것은 현실과 너무나 동떨어진 이야기다. 사실 이런 기적이 여러분에게 일어난다고 믿을 수는 없다.

나는 미국 전역은 물론 외국의 수많은 사람들과 상당히 친밀한 관계를 맺고 있다. 거의 25년 동안 이들을 지켜봤다. 따라서 실제 경험을 통해 이들이 어떻게 살고 있는지, 왜 이들 중 일부는 실패했고 다른 이들은 성공했는지, 그리고 실패와 성공의 원인은 무엇인지 모두 알고 있다. 지인 중에는 수억 달러를 주무르고 실제로 수백만 달러를 번 사람도 있고, 한때 수백만 달러를 벌었지만 다 탕진해버리고 지금은 무일푼인 사람도 있다.

이 책을 읽는 여러분에게 습관의 법칙이 어떻게 성패를 판가름하는 중심점이 되는지, 그리고 **왜 체계적인 저축 습관을 기르지 않고는 경제적으로 독립할 수 없는지**를 보여주기 위해 나의 지인 중 몇몇 사람의 생활 습관을 설명하려 한다.

광고로 100만 달러를 벌었지만 지금은 자기 노력을 증명할 것이 아무것도 남지 않은 한 사람의 이야기로 시작한다. 이 이야기는 《아메리칸매거진》에 처음 실렸고 이 잡지 출판사의 호의로 여기 다시 싣는다.

프리먼의 고백

이 뒤에 나오는 이야기는 모두 사실이다. 이 이야기의 주인공인 프리먼이 다른 사람들이 자기 실수를 답습하지 않기를 바라는 마음에서 기꺼이 자기 실패담을 공개해 준 덕분에 여기에 싣게 되었다.

"나는 백만 달러를 벌었지만, 지금은 한 푼도 없다."

내 인생을 엉망으로 만든 중대한 잘못을 고백하는 것이 쑥스럽고 굴욕스럽기도 하지만, 이 고백이 많은 이에게 도움이 되기를 바라는 마음에 공개하기로 결심했다.

지금까지 번 약 100만 달러에 달하는 돈을 어떻게 탕진했는지 솔직히 털어놓겠다. 스물다섯 살까지 시골 학교에서 가르치고 몇몇 시골 주간지와 일간지에 소식지를 써서 번 돈을 제외하면 나의 재산은 모두 광고업으로 벌어들인 돈이다.

어쩌면 100만 달러는 수백만, 심지어 수십억 달러 시대에 그다지 큰돈으로 보이지 않을지도 모른다. 하지만 100만 달러는 똑같이 큰돈이다. 그렇지 않다고 생각하는 사람이 있으면 100만을 세어보라. 나는 전에 100만 달러를 세는 데 얼마나 걸릴지 알아보았다. 1분에 평균 100달러를 셀 수 있었다. 이를 기준으로 하면 100만 달러를 세는 데 매일 8시간씩 20일하고도 6시간 40분이 더 걸릴 것이다. 여러분이 1달러짜리 지폐 100만 장을 다 세면 모두 당신 것이 된다는 약속으로 돈 세는 임무를 부여받는다면 셀 수 있을까? 아마 당신을 미치게 할 것이다. 이 정도의 돈이라면 엄청나게 유용하지 않을까?

이야기를 시작하면서 나는 내가 번 돈의 90%를 썼다는 사실을 단 1분도 후회하지 않는다고 말해두고 싶다. 내가 후회하는 것은 돈을 **모두 다 썼다는 것**, 게다가 번 것보다 더 많이 썼다는 것이다. 만약 그때 10%만 저축했더라면 나는 10만 달러를 안전하게 투자했을 것이고 빚도 없을 것이다. 만약 내게 이 돈이 있다면 나는 정말 부자라고 느낄 것이다. 돈을 위해서 돈을 모으고 싶은 욕심은 없기 때문이다.

수입의 증가

교직과 신문기자 생활에는 주의와 책임이 따랐지만, 낙천적으로 잘 해냈다. 21살에는 양가 부모의 전폭적인 지지를 얻어 결혼했다. 우리 부모님들은 헨리 워드 비처Henry Ward Beecher가 설파한 "조혼은 고결하다"라는 교리를 철저히 믿었다.

결혼한 지 불과 한 달 하루 만에 아버지는 비극적인 죽음을 맞이했다. 아버지는 석탄 가스에 질식해서 돌아가셨다. 평생 교육자였고 최고의 교육자였던 아버지는 돈을 한 푼도 모으지 못했다. 아버지가 우리 가족을 떠났을 때 함께 힘을 합쳐 어떻게든 잘 지내는 것이 우리 모두가 할 일이었고, 우리는 그렇게 했다. 아버지의 죽음으로 우리 집은 먹고살기는 빠듯해졌지만 아내와 나, 어머니, 그리고 하나뿐인 누이까지, 우리 가족은 함께 즐겁게 살았다.

내가 태어날 때까지 아버지와 함께 학교에서 학생들을 가르쳤던 어머니는 유난히 재능 있고 지혜가 풍부했다. 어머니는 가족의 오랜 친구인 한 부부에게 우리 집을 개방하기로 했다. 이들은 우리와 함께 살기 위해 왔고 이들의 합류는 생활비에 도움이 되었다. 우리 어머니는 음식 솜씨가 훌륭하기로 알려져 있었다. 나중에 부유한 가족 친지 두 사람도 우리 집으로 옮겨와서 수입이 늘었다. 누이는 우리 집 큰 거실에서 유아들을 가르치면서 상당한 도움을 주었고, 아내는 바느질과 옷 수선을 맡아 그녀의 몫을 다했다.

그 시절은 매우 행복했다. 늘 돈을 자유롭게 쓰려고 하는 나 자신 외에는 집안의 누구도 사치를 부리거나 사치스러운 성향이 아니었다. 나는 가족에게 선물을 주는 것과 손님을 접대하는 것을 좋아했다.

우리 집에 첫 아이가 태어났을 때 우리는 모두 하늘이 우리에게 문을 열어줬다고 생각했다. 우리 일에 항상 열렬하게 깊은 관심을 두고 항상 도움의 손길을 내밀 준비가 되셨던 장인 장모도 첫 손자의 탄생을 기뻐하셨다. 아내보다 훨씬 나이가 많지만 결혼을 안 한 매형은 처음에는 우리가 모두 느끼는 기쁨을 이해할 수 없었지만, 나중엔 자랑스러운 공작처럼 아이를 뽐내고 다니기 시작했다.

나는 단지 내 인생의 초기 시절이 어땠는지 강조하기 위해 이렇게 세세한 사항들을 이야기하고 있다. 많은 돈을 쓸 기회가 없었지만 나는 그 시절에 어느 때보다도 행복했다. 그때까지의 경험은 내게 돈의 가치를 가르쳐주지 않았다. 그러나 나는 누군가에게 미래에 나를 이끌어줄 실용적인 수업을 받았다고 확신한다.

아들이 태어나자 나는 교단에 서거나 신문에 글을 쓰는 것보다 더 많은 돈을 벌 수 있는 일을 해야겠다는 생각이 들었다. 나는 아내, 어머니, 그리고 여동생이 가족을 부양하기 위해 자신들의 역할을 무한정 계속해야 한다고 생각하기 싫었다. 건장한, 그리고 합당한 능력을 지닌 내가 가족을 부양하는 모든 일을 책임져서는 안 되는 걸까?

더 많은 돈을 벌고 싶은 욕망에 따라 교사와 글쓰기에 더해 책을 판매하는 일을 시작했다. 이 일로 꽤 많은 돈을 벌었다. 결국 가르치는 일을 포기하고 책 파는 일과 신문에 글 쓰는 일에 집중했다.

나는 도서를 판매하기 위해 뉴저지주 브리지턴에 가게 되었다. 처음으로 제대로 돈을 벌기 시작한 곳이 바로 여기였다. 이 일을 하기 위해 집을 많이 비워야 했다. 하지만 이런 희생은 그만한 가치가 있었다. 나는 몇 주 안에 학교 교사와 신문 기자로 일하면서 어느 해보다 더 많은 돈을 집으로 보냈다. 브리지턴 지역을 샅샅이 뒤지던 나는 그 지역 신문인 《모닝스타Morning Star》에 관심을 두게 되었다. 내가 보기에 이 신문의 편집인 겸 발행인은 조력자가 필요한 것 같았다. 나는 그를 찾아가서 조력자가 필요하냐고 물었다. 그러자 그가 말했다. "젊은이, 내가 어떻게 당신을 고용하겠나? 내 생계를 유지하기도 급급한 걸." 내가 말했다. "바로 그겁니다. 저는 우리가 함께하면 《모닝스타》를 성공작으로 만들 수 있다고 믿습니다. 제가 할 일을 말씀드리겠습니다. 하루 1달러로 일주일 동안 당신을 위해 일하겠습니다. 주말에 제 성과가 좋으면 둘째 주에는 하루에 3달러를 주시기 바랍니다. 그리고 제가 계속 잘하면 셋째 주에는 하루에 6달러를 주시기 바랍니다. 그렇게 일주일에 50달러를 줄 만큼 돈을 벌 때까지 계속하는 겁니다."

신문사 발행인은 내 제안을 받아들였다. 그리고 두 달 후 나는 주당 50달러를 받게 되었다. 당시 이것은 큰 봉급이었다. 교사 월급의 네 배였다. 돈을 버는 쪽으로 순조롭게 가고 있음을 느끼기 시작했다. 하지만 내가 원하는 것은 우리 가족을 더 편안하게 해주는 것이었다.

《모닝스타》에서 맡은 일은 사설 쓰기(썩 훌륭하지는 않음), 보도 (보통 수준), 광고 작성 및 판매(꽤 성공적), 교정 등이었다. 일주일에 6일은 혹사당했지만 견딜 수 있었다. 나는 강하고 건강했고, 무엇보다 이 일이 매우 흥미진진했기 때문이다. 나는 또한 《뉴욕선New York Sun》, 《필라델피아 레코드Philadelphia Record》, 그리고 뉴저지주 《트렌턴타임스Trenton Times》에도 기고해서 한 달 평균 150달러를 벌어들였다.

나는 《모닝스타》에서 궁극적으로 내 삶의 방향을 정하게 된 교훈을 얻었다. 신문에 글을 쓰는 것보다 신문 광고를 팔면 돈을 훨씬 더 많이 벌 수 있다는 사실을 알게 된 것이다. 광고는 신문의 좋은 돈벌이감이다. 이후 나는 《모닝스타》에 사우스 저지 굴 산업에 관한 논평 기사를 실었다. 이는 일종의 광고성 기사로 발행인은 굴 양식업자들이 낸 광고

비 3000달러의 반을 내게 나누어줬다. 평생 이렇게 많은 돈을 한번에 만져 본 적이 없었다. 생각해 보라. 1500달러는 내가 2년 동안 교사 일과 다른 잡다한 일을 하면서 벌었던 것보다 25%나 더 많은 돈이다.

내가 이 돈을 전부 혹은 일부라도 저축했을까? 안 했다. 저축이 무슨 소용일까 싶었다. 나는 이 돈으로 내 아내와 아이, 어머니, 그리고 누이를 행복하게 만드는 많은 일을 할 수 있었다. 그런 이유였기에 내가 어렵게 번 돈을 훨씬 쉽게 쓸 수 있었다.

내가 브리지턴에서 한 일이《필라델피아레코드》뉴저지 특파원인 샘 허드슨Sam Hudson의 관심을 끌었다. 샘은 남을 위해 봉사하는 것을 인생의 가장 큰 즐거움으로 삼는 신문기자의 훌륭한 본보기였다. 샘은 내가 대도시로 진출해야 할 때라고 말했다. 그는 내가 잘 해낼 수 있다고 생각했다. 그는 내게 필라델피아에 일자리를 알아봐 주겠다고 말했고 실제로 그렇게 했다. 아내와 아기를 데리고 독일계 주민이 많은 필라델피아 북서부의 저먼타운으로 이사했다. 나는 필라델피아 저먼타운의 주간지인《가제트Gazette》에서 광고부 일을 맡게 되었다.

처음에는 브리지턴에서 번 만큼 돈을 벌지 못했다. 신문기자 일을 포기해야 했기 때문이다. 이 부문의 뉴스는 다른 기자들이 맡았다. 하지만 곧 25% 더 많은 돈을 벌게 되었다.《가제트》는 광고를 실으려고 규모를 세 배로 늘렸고, 그때마다 나는 상당히 많은 봉급을 받았다.

게다가《필라델피아프레스Philadelphia Press》의 일요판을 위한 사회 뉴스들을 취재하는 일까지 맡게 되었다. 지금은 아주 중요한 뉴욕의 신문사 임원이 된 이 신문 편집장 브래드퍼드 메릴Bradford Merrill은 내게 넓은 취재 지역을 맡게 해주었다. 그래서 토요일을 제외한 주중에는 매일 밤 바빴다. 칼럼당 5달러를 받지만 일요일마다 평균 7개의 칼럼을 써서 일주일에 35달러를 더 받았다.

소득이 더 많아졌지만 나는 이 돈을 다 썼다. 예산을 세울 생각은 추호도 하지 않았다. 그냥 버는 족족 써버렸다. 돈을 신중하게 써야 한다고 생각하지도 않았고 그럴 시간도 없었다.

1년 후에는《필라델피아프레스》광고부 직원으로 초대받았다. 이는 아직 젊은 내게 큰 기회였다. 지금은《필라델피아이브닝불리틴Philadelphia Evening Bulletin》의 사주가 된 윌리엄 맥린William McLean 밑에서 훌륭한 훈련을 받을 수 있었기 때문이다. 사회 뉴스 취재 일도 계속했다. 수입은 저먼타운에서 벌어들이던 것과 거의 비슷해졌다.

얼마 지나지 않아 내 일이 옛《새터데이나이트Saturday Night》와《골든데이즈Golden Days》의 발행인인 제임스 엘버슨 시니어James Elverson, Sr.의 관심을 끌었다.《필라델피아인콰이어러Philadelphia Inquirer》를 인수한 지 며칠 지나지 않은 시점이었다. 그가 이 신문의 광고 경영을 제안했고 나는 수락했다. 수입이 크게 늘었다.

확 늘어난 수입, 확 늘어난 지출

얼마 지나지 않아 우리 가족의 행복도 늘었다. 딸이 태어났기 때문이다. 그때 나는 아들이 태어났을 때부터 하고 싶었던 일을 할 수 있었다. 아내와 두 아이, 어머니와 누이, 우리 가족을 다시 한 지붕 아래 모이게 했다. 마침내 나는 어머니의 모든 걱정과 책임을 덜어드리고, 어머니가 살아계시는 동안 다시는 일을 하지 않아도 되게 해드릴 수 있었다. 어머니는 아버지가 돌아가신 지 25년 만에 81세의 나이로 돌아가셨다. "윌, 너는 태어난 이후로 내게 한순간도 걱정을 끼치지 않았 단다. 내가 영국 여왕이었어도 네가 내게 준 것보다 더 많은 것을 가질 수 없었을 거야." 어머니의 마지막 말씀을 결코 잊을 수 없다. 당시 나 는 뉴저지주 필립스버그의 한 공립학교 관리인이셨던 아버지가 번 돈 보다 4배나 더 많은 돈을 벌고 있었다.

하지만 돈은 흐르는 물처럼 쉽게 주머니에서 빠져나갔다. 수입이 늘 때마다 지출이 늘었다. 내 생각에 대부분 사람에게 이런 습관이 있 는 것 같다. 지출이 수입보다 더 많을 합당한 이유가 없었음에도 지출 은 수입을 넘어섰다. 결국 빚더미에 올라앉았고 이때부터 이 빚더미에 서 헤어나오지 못했다. 하지만 당시에는 빚을 걱정하지 않았다. 언제 든지 갚을 수 있다고 생각했기 때문이다. 빚이 결국 큰 불안과 불행을 불러올 뿐 아니라 친구와 신용도 잃게 되리라는 생각을 당시에는 전혀 하지 못했다.

하지만 딱 한 가지는 잘했다고 내 등을 토닥여주고 싶다. 나는 돈을 버는 것만큼 빨리, 종종 버는 것보다 더 빨리 쓰고 있었다. 이는 내 큰 잘못이지만 나는 결코 내 일을 회피하지 않았다. 그래서 항상 더 많은 일을 찾으려고 노력했다. 가족과 함께 보내는 시간이 거의 없을 정도 였다. 매일 밤 집에 가서 저녁을 먹고 아이들이 잠자리에 들 때까지 같 이 놀아주다가 사무실로 다시 돌아와 일하곤 했다.

이렇게 세월이 흘러 둘째 딸이 태어났다. 딸들에게 조랑말과 수레 를 사주고 아들이 탈 말을 선물하고 싶었다. 나와 가족이 탈 마차도 필 요하다고 생각했다. 그리고 이 모든 것을 다 샀다. 이 모든 것과 어울 리는 마구간도 있어야 했다. 이런 것들을 갖추는 데 연 수입의 4분의

1이 들었다.

그러고 나서 골프를 시작했다. 마흔한 살 때였다. 일에 몰두했던 것처럼 노는 데에도 몰두했다. 나는 꽤 잘 놀았다. 아들과 큰딸이 나와 함께 놀았고, 그들도 잘 노는 법을 배웠다.

작은딸은 남쪽에서 겨울을 나고 여름은 애디론댁 산맥에서 보내야 했다. 아내 혼자 가는 것보다 아들과 큰딸이 함께 가는 게 좋을 것 같아서 그렇게 했다. 이들은 매년 겨울에는 노스캐롤라이나주의 파인허스트에 갔고 여름에는 애디론댁이나 뉴햄프셔주에 있는 비싼 휴양지로 갔다.

모든 일에 많은 돈이 들었다. 아들과 큰딸은 골프에 관심이 많아서 골프에 많은 돈을 썼다. 나도 뉴욕 주변의 골프 코스에서 꽤 많은 돈을 썼다. 우리 셋이서 80개의 상을 탔는데 대부분 창고에 보관되어 있다. 어느 날 나는 앉아서 이 상을 받는 데 든 대가를 따져 봤다. 15년 동안 받은 트로피 1개당 250달러로 계산하면 총 4만 5000달러, 연평균 3000달러의 비용이 들었다는 사실을 알게 되었다. 터무니없었다.

집에 손님들을 초대해서 아낌없이 대접하는 것도 즐겼다. 나는 종종 사업가들을 초대해서 클럽에서 종일 골프를 치고 저녁에는 우리 집에서 만찬을 함께했다. 몽클레어Montclair 사람들은 나를 백만장자로 생각했다. 우리 식탁은 20명이 넉넉하게 앉을 수 있었는데 매번 꽉 찼다. 이들은 소박한 가정식 만찬에도 만족했을 테지만 나는 이들에게 유명한 연회업자가 정성들여 마련한 음식을 대접했다. 이런 만찬에는 인당 10달러 이상 들었다. 식사하는 동안 나오는 음악에 쓴 돈은 포함하지 않았다. 나는 사중주단을 집으로 오게 했다. 사람들을 불러 대접하는 일이 즐거웠다. 사실 매우 행복했다. 얼마나 빨리 빚을 지고 있는지는 생각해 본 적이 없었다.

불붙는 소비 속도

이윽고 빚에 시달리기 시작한 날이 왔다. 나는 한 달 동안 골프 클럽에서 너무 많은 손님을 접대해서 점심값과 시가, 골프장 사용료 등으로 450달러를 지불했다. 이 일은 나의 좋은 친구이자 내 행복에 매우 관심이 많았던 클럽 이사들의 관심을 끌었다. 이들은 내가 너무 많은 돈을 쓰고 있다고 걱정하면서 내가 쓰는 비용을 확인했으면 좋겠다고 했다.

이 일로 약간 충격을 받았다. 오랫동안 진지하게 생각한 후 헐값으로 말들과 마차들을 처분했다. 집을 포기하고 도시로 돌아왔다. 하지만 몽클레어에 미납 청구서를 남기지는 않았다. 나는 그들에게 줄 돈을 빌렸다. 재정 상태가 좋지 않다는 사실이 잘 알려졌음에도 내가 돈을 빌리는 일은 항상 쉬웠다. 여기 내가 '불타는 40대'에 겪은 경험에 관한 두 가지 정보가 있다.

어리석고 무모하게 돈을 쓰는 것 외에도 나는 아무렇게나 돈을 빌려주었다. 도시로 이사하기 전에 집에서 책상을 정리하면서 차용증서 꾸러미를 살펴보았는데 모두 4만 달러가 넘었다. 찾아온 아무에게나 나눠준 돈이었다. 나는 이 차용증서들을 모두 찢고 잊어버렸다. 하지만 만약 내가 그 돈을 가지고 있었다면 1달러도 빚지지 않았을 거라는 사실을 뒤늦게 깨달았다.

내가 여러 번 접대했고 답례로 나를 접대했던 잘나가던 사업가가 내게 말했다. "빌리, 이제 당신과 그만 만나야겠어요. 당신은 내게 너무 많은 돈을 써서 난 당신을 따라갈 수 없어요."

나보다 돈을 더 많이 버는 사람이 그런 말을 하다니! 그의 말에 정곡을 찔렸어야 했지만 그렇지 않았다. 나는 계속 똑같은 시간을 보내면서 어리석게도 내가 좋은 시간을 보내고 있다고 생각했다. 미래는 전혀 생각하지 않았다. 내게 조언한 이 사람은 현재 뉴욕에서 가장 큰 금융 기관 중 한 곳의 부사장이고 보도에 따르면 재산이 수백만 달러라고 한다. 그의 충고를 들었어야 했다.

1908년 가을, 《허스트Hearst》를 그만두고 다른 사업 분야에서 6개월에 걸친 처참한 경험을 한 나는 《뉴욕이브닝메일New York Evening Mail》의 광고 매니저로 다시 신문 일을 시작했다. 편집자이자 사주인 헨리 스토다드Henry Stoddard는 그가 《필라델피아프레스》의 정치부 기자였을 때부터 알았다.

빚 때문에 골머리를 앓았지만 나는 《뉴욕이브닝메일》에서 내 생애 최고의 일을 했고, 이 신문에서 일하는 5년 동안 전에 벌었던 것보다 더 많은 돈을 벌었다. 게다가 스토다드는 내게 광고 이야기를 팔 수 있는 특권을 주었다. 이 이야기는 그의 신문에 1000일 연속 게재되었고 나는 이를 통해 5만 5000달러 이상을 벌었다.

스토다드는 다른 여러 면에서 매우 관대했고 자신이 생각했을 때 이례적으로 사업을 발전시킨 일에 대해 종종 특별 보너스를 줬다. 이 기간에 나는 빚이 너무 많아서 이쪽에서 돈을 빌려 저쪽 빚을 갚고, 저쪽에서 돈을 빌려 이쪽 빚을 갚았다. 그러면서 지출은 조금도 줄이지 않았다. 광고 이야기를 팔아 벌어들인 5만 5000달러는 빚을 다 갚고도 저축할 돈이 남는 정도였다. 하지만 이 모든 돈은 마치 전혀 신경 쓰지 않는다는 듯 쉽게 내 수중을 빠져나갔다.

1915년, 나는 혼자서 광고업에 뛰어들었다. 그때부터 1922년 봄까지 수수료 수입은 매우 큰 액수에 달했다. 그 어느 때보다 더 많은 돈을 벌고 있었다. 그리고 벌어들인 만큼이나 빨리 쓰고 있었다. 마침내 친구들이 내게 돈을 빌려주는 데 지치기 시작했다.

빚이 내게 알려준 것

내가 만약 지출을 10%라도 억제하려는 뜻을 보였다면 이 친구들은 기꺼이 나섰을 것이다. 그리고 5%는 자신들에게 진 빚을 갚게 하고 5%를 저축하게 했을 것이다. 이들은 내게 빌려준 돈을 돌려받는 데 별로 신경을 쓰지 않았고 그저 내가 마음을 가다듬는 모습을 보고 싶어 했다.

5년 전, 드디어 문제가 터졌다. 충실하게 내 곁을 지켰던 두 친구가 더는 참을 수 없어 내게 극단적인 조처가 필요하다고 솔직하게 말했다. 그러나 나는 파산할 수밖에 없었고 마음이 찢어질 것 같았다. 내가 아는 모든 사람이 내게 경멸의 손가락질을 하는 것을 느꼈다. 하지만 이는 어리석은 생각이었다. 나에 대한 논평이 있었지만 전혀 적대적이지 않았다. 자기 직업에서 그렇게 많은 명성을 얻었고, 그렇게 많은 돈을 번 사람이 재정적인 어려움에 빠지게 된 것에 대한 깊은 유감의 표시였다.

자존심이 강하고 민감했던 나는 파산이라는 불명예를 뼈저리게 느꼈다. 그래서 한때 한 고객을 위해 특별한 일을 한 적이 있는 플로리다로 가기로 했다. 내가 보기에 그곳은 미래의 엘도라도(남아메리카 아마존

강변에 있다는 상상 속의 황금도시 - 옮긴이)처럼 보였다. 몇 년 안에 모든 빚을 다 갚을 수 있을 정도로 많은 돈을 벌어 뉴욕으로 금의환향할 수 있을 거라 생각했다. 한동안은 이 야망을 실현할 것처럼 보였다. 하지만 나는 큰 부동산 문제에 휘말렸다. 결국 나는 내가 한때 큰 수입을 올렸던 곳, 수많은 친구와 내 행복을 비는 사람들이 있는 예전 마을로 돌아왔다. 참 이상한 경험이었다.

한 가지 확실한 것은 내가 마침내 교훈을 얻었다는 것이다. 나는 실수를 만회할 기회가 올 것이며 수입이 회복될 것으로 확신한다. 그리고 그때가 되면 수입의 40%로 전처럼 잘 살리라는 것을 안다. 나머지 60%를 둘로 나눠서 30%는 빚을 갚고 30%는 보험을 들거나 저축할 것이다. 그러나 만약 내가 과거를 생각하며 우울해하거나 내 마음을 걱정으로 가득 채운다면 나는 실수를 만회하기 위한 싸움을 계속할 수 없을 것이다. 그뿐만 아니라 나는 평생 훌륭한 건강을 내게 준 조물주에게 감사할 줄도 모르게 될 것이다. 이보다 더 큰 축복이 있을까?

훌륭한 훈육으로 내게 도덕적인 기준을 안전하게 정립하게 해주신 부모님의 은혜도 모르는 것이 될 것이다. 도덕률을 어기는 것은 검약의 기준에서 벗어나는 것보다 훨씬 더 심각하다. 또 수많은 사업가에게서 받은 후한 격려와 지지를 고마워할 줄 모르고, 내 직업에서 높은 명성을 쌓도록 도와준 많은 친구를 배신하게 될 것이다.

이런 기억은 내 인생의 햇살이다. 그리고 나는 이런 기억을 미래의 성취를 위한 길을 닦는 데 사용할 것이다. 비록 자신이 싸워야 하는 싸움을 늦게 깨닫기 시작했지만 넘치는 건강과 흔들리지 않는 믿음, 지칠 줄 모르는 에너지, 끊임없는 낙관주의, 그리고 싸움에서 이길 수 있다는 무한한 자신감으로 무장한 사람을 죽음 외에 막을 수 있는 것이 있을까?

프리먼의 이야기는 수입의 액수가 다를 뿐 아무것도 저축하지 않는 수많은 다른 사람의 이야기와 같다. 프리먼의 이야기에서 말한 것처럼 생활방식, 그리고 돈을 쓰는 방법과 이유는 돈을 쓰는 사람의 마음이 어떻게 움직이는지를 보여준다. 내가 분석한 남성 1만 6000여 가구의 가계소득과 지출을 망라한 통계를 종합해 본 결과, 실질적이고 경제적인 기준에 따라 소득과 지출 예산을 짜려고 하는 사람들에게 도움이 될 몇 가지 사실을 알아냈다.

> 교육의 힘은 위대해서 젊은이들의 마음과 태도를
> 바람직한 방향으로 형성하고 그런 습관이 영원히 남게 한다.
> —애터버리(Atterbury)

소득별 적정 지출액

평균 수입은 월 100달러에서 300달러까지 다양하다. 이 구간 소득에 상응하는 예산 지출은 다음과 같아야 한다(다음에 나올 숫자는 이 책이 처음 출간된 1928년을 기준으로 한다 - 편집주).

소득이 월 100달러인 2인 가족은 적어도 월 10~12달러를 저축해야 한다. 주거비는 한 달에 25~30달러, 식비는 평균 25~30달러, 옷값은 15~20달러를 초과해서는 안 된다. 취미활동과 기타 부대비용은 한 달에 약 8~10달러로 낮춰야 한다.

소득이 월 100달러인 가정에서 소득이 125달러까지 증가한다면 적어도 20달러는 저축해야 한다.

소득이 월 150달러인 2인 가족은 예산을 저축액 25달러, 주거비 35~40달러, 식비 35~40달러, 옷값 20~30달러, 취미활동 및 기타 10~15달러로 책정해야 한다.

소득이 월 200달러인 2인 가족은 예산을 저축액 50달러, 주거비 40~50달러, 식비 35~45달러, 옷값 30~35달러, 취미활동 및 기타 15~20달러로 책정해야 한다.

월급이나 수입이 300달러인 2인 가족은 소득을 저축 55~65달러, 주거비 45~60달러, 식비 45~60달러, 옷값 35~45달러, 취미활동과 교육에 50~75달러로 배분하는 것이 좋다.

한 달에 300달러를 버는 2인 가족도 100달러나 125달러밖에 못 버는 2인 가족만큼 알뜰하게 살 수 있다고 주장하는 사람들도 있다. 하지만 이는 적절한 주장이 아니다. 한 달에 300달러를 버는 능력이 있는 사람은 더 나은 외모와 접대가 필요한 사람들과 어울려야 하기 때문이다.

한 달에 100달러, 150달러, 300달러를 버는 독신자는 소득이 같은 기혼자가 저축할 수 있는 것보다 훨씬 더 많이 저축해야 한다. 부양가족도 없고 빚도 없는 독신자는 주거비와 식비는 월 50달러, 옷값은 월 30달러, 취미활동 비용은 10달러를 넘지 말아야 한다. 이 금액은 한 달에 150~300달러를 버는 사람의 경우 약간 증가할 수 있다.

분가해서 사는 주급이 20달러에 불과한 젊은 남성은 수입의 5달러는 저축해야 하고 나머지로 의식주를 감당해야 한다. 분가한 같은 수입의 젊은 여성은 같은 남성보다 옷값이 더 들 것이다. 이는 여성복이 남성복보다 더 비싸고, 일반적으로 여성이 남성보다 외모에 더 신경 쓰기 때문이다.

　3인 가족은 2인 가족보다 저축할 수 있는 금액이 훨씬 적을 것이다. 하지만 매달 수입에서 갚아야 하는 빚이 있는 경우 등을 제외하고, 어떤 가정이든 총수입의 적어도 5%를 저축할 수 있다.

　오늘날 가정에서는 자동차를 할부로 구입하는 것이 일반적인 관행인데 그 지출이 수입에 비해 과다한 경우가 많다. 보급형 포드 자동차를 살 정도의 수입이 있는 사람은 고급 스튜드베이커Studebaker 자동차를 살 일이 없다. 욕망을 억제하고 포드 자동차에 만족해야 한다. 많은 독신자가 수입에 어울리지 않는 자동차 유지비로 수입 전부를 소비하고 종종 빚까지 지게 된다. 이런 일반적인 관행은 성공에 치명적이다. 수많은 사례에서 경제적 독립이 성공의 한 요소로 여겨지기 때문이다.

　할부 구매가 워낙 보편화되어 원하는 것은 무엇이든 쉽게 구매할 수 있어 소득보다 과도하게 지출하는 경향이 급증하고 있다. 경제적 독립을 이루기로 결심한 사람은 이런 경향을 억제해야 한다. 의지만 있으면 누구나 할 수 있다.

　미국과 같이 자본주의가 극도로 발달한 사회의 장점이자 단점은 돈을 쉽게 벌 수 있지만 주의하지 않으면 더 쉽게 탕진한다는 사실이다. 제1차 세계대전 발발 이래로 미국산 제품에 대한 수요가 꾸준하게 늘었고, 이렇게 번영하는 상황에서 사람들은 경솔하고 무분별한 소비에 빠져들었다.

'이웃이 정한 속도를 따라가는 것'이 저축하는 습관을 희생하는 것을 의미한다면 이는 미덕이 아니다. 장기적으로 볼 때 다소 유행에 뒤떨어지는 것이 젊을 때 체계적인 저축 습관을 들이지 못하고 중년과 노년에 이르는 것보다 훨씬 낫다. 저축하는 습관을 기르지 않은 사람은 일반적으로 노년을 궁핍하게 지내는 경우가 많은데 그보다는 젊을 때 소비 욕구를 억제하고 노후를 대비해서 저축하는 것이 더 낫다. 일을 해서 벌 능력도 없고 생존을 위해 친척이나 자선 기관에 의지해야 하는 노년의 가난처럼 엄청난 고통과 굴욕감을 주는 것은 없다.

기혼자든 미혼자든 모든 사람이 예산을 미리 짜서 계획적으로 소비해야 한다. 하지만 예산을 짜는 사람이 취미활동이나 접대 같은 항목의 지출을 줄일 용기가 없다면 소용이 없다. 만약 여러분이 의지력이 너무 약해서 좋지 않은 사람들과 어울리고, 수입이 여러분보다 많거나 돈을 헤프게 쓰는 '이웃집 부부를 따라가야 한다'라고 생각한다면 예산을 짜봐야 전혀 도움이 안 된다.

저축 습관을 형성한다는 것은 적어도 여러분이 공들여 접대하지 않아도 여러분과 잘 어울리는 친구들을 제외한 모든 사람과 어느 정도 거리를 둬야 함을 뜻한다.

> 나는 내 앞길을 가로막았던 역경들을 고맙게 생각한다.
> 이런 역경들이 내가 결코 알지 못했을 관용과 공감,
> 자제력, 인내심 등 소중한 덕목을 가르쳐주었기 때문이다.

적은 액수라도 저축하기 위해 지출을 줄일 용기가 부족하다는 것은 성공으로 이끌어갈 인성이 부족하다는 것과 같다. 저축 습관을 들인 사람들은 항상 책임 있는 자리에 우선권을 부여받는다는 사실은 더 말할 필요도 없이 여러 번 증명되었다. 따라서 저축 습관은 좋은 일자리를 얻거나 은행의 예금 잔고가 늘어나는 이점을 더할 뿐만 아니라 실제 수입 능력도 높여준다. 사업가라면 누구나 정기적으로 돈을 저축하는 사람을 고용하기를 선호할 것이다. 이는 단순히 돈을 저축한다는 사실 때문이 아니라 이런 사람들이 더 유능한 인성을 지녔기 때문이다. 많은 회사가 저축하지 않는 사람을 선호하지 않을 것이다. 나는 모든 사업장에서 직원들이 저축하도록 요구하는 것이 일반적인 관행이 되어야 한다고 생각한다. 이는 저축 습관을 형성할 의지가 없는 수많은 사람에게 축복이 될 것이다. 헨리 포드는 오랫동안 직원들이 저축하는 것뿐만 아니라 돈을 쓸 때도 현명하게 사용하고, 건전하고 경제적으로 살도록 유도해 왔다. 직원들이 저축하는 습관을 기르도록 장려하는 사람이 진정한 자선가다.

저축하는 사람에게 찾아오는 기회

몇 년 전 한 젊은이가 펜실베이니아주 농촌 지역에서 필라델피아로 와서 인쇄 공장에서 일하게 되었다. 그의 동료 노동자 중 한 명은 주택금융조합의 지분을 가지고 있었고, 이 조합을 통해 매주 5달러를 저축하는 습관을 길렀다. 이 젊은이는 동료 노동자의 영향을 받아 주택금융조합에 계좌를 개설하고 3년 만에 900달러를 저축했다. 그가 일하던 인쇄 공장이 자금난에 빠져 곧 망할 지경이 되자 그는 저축해서 모은 900달러로 회사를 구하고 그 대가로 이 회사 이윤의 절반을 받았다. 그는 철저한 절약 체제를 구축함으로써 회사가 빚을 갚을 수 있게 도왔고, 오늘날 그는 매년 회사 이윤의 절반에 해당하는 2만 5000달러 이상을 받고 있다. 그가 저축하는 습관을 들이지 않았다면 이런 기회는 절대 오지 않았을 것이며, 만약 기회가 왔더라도 받아들일 자세가 되지 않았을 것이다.

포드 자동차가 완성되었을 때 헨리 포드는 제조와 판촉을 위한 자본이 필요했다. 그는 수천 달러를 모아둔 몇 명의 친구들에게로 도움을 청했는데 그중 한 사람이 쿠즌스 상원의원이었다. 친구들은 그에게 몇 천 달러를 투자했고 나중에 수백만 달러의 이익을 얻었다.

울워스가 처음 파이브앤텐센트스토어 계획을 시작했을 때 그는 자본이 없었다. 그는 극도로 아끼고 즐거움을 희생하면서 수천 달러를 저축한 몇몇 친구들에게 의지했다. 이 친구들은 그에게 돈을 투자했고 나중에 수십만 달러의 이익을 돌려받았다.

풀기가 적고 감이 부드러운 소프트칼라soft collar로 유명한 반호이젠Van Heusen은 남성용 반소프트칼라semi-soft collar를 만드는 아이디어를 구상했다. 아이디어는 좋았지만 이를 홍보할 돈이 없었다. 그는 단지 수백 달러밖에 없는 몇몇 친구들의 도움으로 이 사업을 시작할 수 있었고, 이 칼라가 이들을 모두 부자로 만들었다.

엘 프로덕토 시가El Producto Cigar 사업을 시작한 사람들은 자본이 거의 없었다. 이들이 가진 것은 시가 제작으로 얻은 돈이 전부였다. 좋은 아이디어가 있었고 좋은 시가를 만드는 방법을 알았어도 돈을 모으지 않았다면 이 아이디어는 사장되고 말았을 것이다. 이들은 얼마 안 되는 투자금으로 시가를 출시했고 몇 년 후 자신들의 사업을 미국 담배 회사에 800만 달러로 매각했다. 엄청난 부의 이면을 살펴보면 거의 모두가 저축하는 좋은 습관에서 시작되었음을 알 수 있다.

존 록펠러는 평범한 회계장부 담당자였다. 그는 당시에 사업으로도 여기지 않았던 석유 사업을 개발할 생각을 했다. 그는 필요한 자본을 빌리는 데 어려움이 없었다. 저축하는 습관 덕분에 그가 다른 사람들의 자금을 아껴 쓸 것이라는 믿음을 줬기 때문이다. 록펠러 재산의 진정한 기반은 록펠러가 40달러의 월급으로 회계장부 담당자로 일하면서 기른 저축 습관에 있다고 말할 수 있다.

제임스 힐은 30달러의 월급을 받으며 전신 기사로 일하는 가난한 청년이었다. 그는 미국 서북단과 인접한 캐나다령을 잇는 대륙 횡단 철도인 그레이트노던철도시스템Great Northern Railway System 아이디어를 생각해 냈지만 이 아이디어는 그의 자금 조달 능력으로는 어림도 없었다. 하지만 그는 저축하는 습관을 형성했고 30달러의 적은 월급을 모은 돈으로 시카고에 가서 자신의 아이디어에 자금을 댈 자본가들의 관심을 끌 수 있었다. 적은 월급을 저축했다는 사실은 다른 사람의 돈을 믿고 맡길 수 있는 안전한 사람임을 보여주는 좋은 증거로 여겨졌다. 대부분 사업가는 먼저 자기 돈을 잘 관리하고 현명하게 사용하는 능력을 보여주지 않는 한 그 사람에게 돈을 맡기지 않을 것이다. 이는 저축 습관을 형성하지 않은 사람들에게는 당혹스럽겠지만 매우 실용적인 시험이다.

시카고의 한 인쇄 공장에서 일하던 젊은이는 작은 인쇄소를 열고 자기 사업을 하고 싶었다. 그는 인쇄 장비 공급 회사 경영자에게 가서 자기가 원하는 것이 무엇인지 밝히고 인쇄기와 다른 작은 장비들을 외상으로 줄 수 있는지 물었다. 이 젊은이의 말에 그 경영자가 던진 첫 번째 질문은 "돈을 저축한 적이 있습니까?"였다.

그는 저축하고 있었다. 거의 4년 동안 주급 30달러 중에서 15달러씩 매주 저축했다. 덕분에 원하는 기계를 신용 거래로 얻을 수 있었다. 나중에 그는 더 많은 신용을 얻었고 오늘날 시카고에서 가장 성공적인 인쇄 공장을 지었다. 그의 이름은 조지 윌리엄스George Williams다.

나는 이 일이 있고 여러 해가 지나서 윌리엄스를 알게 되었고 전쟁이 끝나갈 무렵인 1918년 윌리엄스에게 가서 《골든룰Golden Rule》 잡지를 발행할 수천 달러에 달하는 자금을 빌려달라고 부탁했다. 이에 그의 첫 번째 질문은 "당신은 저축하는 습관을 길렀습니까?"였다. 내가 모아둔 돈은 전쟁 통에 모두 없어졌지만 내가 저축 습관을 들였다는 사실 하나가 3만 달러 이상의 신용을 얻을 수 있는 실질적인 기반이 되었다.

도처에 기회가 있다. 하지만 이런 기회는 오직 돈이 준비된 사람들, 혹은 저축 습관을 만들었고, 저축 습관의 형성과 잘 어울리는 '인성'을 잘 발달시킨 사람들만을 위해 존재한다.

JP 모건J. P Morgan은 생전에 "인성이 모자라는 낭비벽이 있는 사람에게 1000달러를 빌려주느니 저축하는 습관이 있는 건전한 인성을 지닌 사람에게 100만 달러를 빌려주겠다"라고 말한 적이 있다. 이는 저축하는 사람들에 대한 세상의 태도다. 흔히 200~300달러 이하의 적

은 저축액이라도 경제적 자립을 위한 고속도로를 달리는 출발점으로
충분하다.

몇 년 전에 한 젊은 발명가가 독특하고 실용적인 생활용품을 발명
했다. 하지만 그는 발명가들이 흔히 그렇듯이 이를 상품화할 돈이 없
었다. 게다가 저축 습관을 들이지 않은 그는 은행에서 돈을 빌리기가
불가능했다.

그의 룸메이트는 200달러를 저축한 젊은 기계 기술자였다. 그는 이
적은 돈으로 발명가를 도왔고 시작하기에 충분한 물품을 제작했다. 이
들은 나가서 집집을 다니면서 첫 번째로 만든 제품을 팔았다. 그러고
나서는 다시 제품을 준비해서 파는 일을 계속했다. 마침내 이들은 (룸
메이트의 절약과 저축 능력 덕분에) 1000달러의 자본을 축적했다. 이 자본과
이들이 확보한 약간의 신용을 더해 자신들의 제품을 제조하기 위한 도
구들을 샀다.

이 젊은 기계 기술자는 6년 후 이 사업에 대한 절반의 지분을 25만
달러에 팔았다. 만약 그가 발명가 친구를 도울 수 있었던 저축하는 습
관을 들이지 않았다면 그는 평생 이렇게 많은 돈을 만져볼 수 없었을
것이다. 이 사례는 미국에서 형성되었거나 현재 형성되고 있는 부가
초기에 어떻게 시작했는지 상세하게 묘사하고 있다. 세부 사항에서는
약간의 차이가 있지만 이런 사례는 수없이 많다.

슬프고 잔인하게 보일 수도 있지만 **만약 여러분이 돈이 없고 저축
하는 습관을 기르지 않았다면 여러분이 돈을 벌 기회는 앞으로도 없
다.** 크든 작든 거의 모든 부는 저축하는 습관을 형성하는 데서 출발
한다는 사실은 아무리 반복해서 강조해도 지나치지 않을 것이다. 이

기본 원칙을 여러분의 마음속에 확고히 세우면 여러분은 경제적인 독립을 향한 길로 순조롭게 나아갈 수 있을 것이다. 저축 습관을 들이는 데 소홀해 스스로 평생 힘든 노동의 굴레를 쓴 사람을 보는 것은 슬픈 일이다. 하지만 오늘날 미국만 해도 그런 사람이 수백만 명이 넘는다.

인생에서 가장 위대한 것은 자유다. 하지만 경제적 독립 없이는 진정한 자유가 있을 수 없다. 매주 근무일마다 특정한 시간 동안 특정 장소에서 특정 일(아마도 좋아하지 않는 일)을 평생 해야 하는 것은 끔찍하다. 어떤 면에서 이는 감옥에 있는 것과 진배없다. 행동의 선택지가 항상 제한되기 때문이다. 이런 생활은 '모범수'의 특전을 가지고 감옥에 있는 것보다 나을 것이 없고 어떤 면에서는 더 나쁘다. 감옥에 갇힌 사람은 의식주를 해결해야 하는 책임에서 벗어났기 때문이다.

자유를 억압하는 이 평생의 고역에서 벗어나는 유일한 희망은 저축하는 습관을 들이고 아무리 큰 희생이 따르더라도 이 습관을 지키는 것이다. 다른 방법은 없다. 여러분이 드문 예외에 속하는 한 명이 아니라면 이 장과 이 모든 사실은 여러분을 위한 것이며 여러분에게 해당한다.

돈은 빌리지도 빌려주지도 말아라.
돈을 빌려주면 종종 돈과 친구를 모두 잃게 되고,
돈을 빌리면 절약하는 습관이 무디어지기 때문이다.
무엇보다도 자신에게 진실해라.
그리고 이는 밤낮이 이어지듯 계속 이어져야 한다.

그러면 그대를 아무도 배반할 수 없으리다.

—셰익스피어

인간은 살과 뼈, 혈액, 머리카락, 뇌세포로 이루어진다.
이것들은 우리가 습관의 법칙을 통해
자기 개성을 형성하는 건축 재료다.

THE LAW OF
SUCCESS

주도성과 리더십

INITIATIVE AND LEADERSHIP

" 할 수 있다고 믿으면 **"**
할 수 있다

추종자가 따르는 성품을 만들어라

이 장을 마스터하기 전에 이 책 전체에 걸쳐 완벽한 생각의 조율이 이루어지고 있다는 사실에 주목하기를 바란다. 여러분은 15개 장 전체가 서로 조화를 이루고 어우러져 '체계적인 노력'을 통해 힘을 기르는 데 들어가는 요소들이 하나하나 연결된 완벽한 사슬을 형성한다는 사실을 보게 될 것이다. 여러분은 또한 응용심리학의 기본 원칙들이 이 15개 장의 기초를 형성하며, 다만 각 장에서 그 적용을 달리할 뿐이라는 사실도 알게 될 것이다.

'주도성'과 '리더십'에 관한 이 장은 순서상으로는 「자기 확신」에 관한 장의 뒤를 잇는다. **자신에 대한 믿음 없이는 누구도 유능한 리더가 되거나 어떤 훌륭한 과업에서도 주도권을 잡을 수 없기 때문이다.**

'주도성'과 '리더십'은 이 장에서 서로 긴밀한 연관어로 사용된다.

리더십은 성공을 달성하는 데 필수 요소이며, 주도성은 이 필수적인 자질인 리더십이 구축되는 바로 그 토대이기 때문이다. 마차 바퀴에서 중심축이 필수인 것처럼 주도성은 성공에 필수적인 요소다.

그렇다면 '주도성'이란 뭘까? 이는 '시키지 않아도' 해야 할 일을 스스로 하도록 자극하는 극히 드문 자질이다. 엘버트 허버드는 '주도성'에 대해 이렇게 표현한다.

"세상에는 돈과 명예라는 큰 상을 한꺼번에 받는 사람이 있는데 바로 주도적인 사람이다.

주도성이란 무엇인가? 이는 시키지 않아도 옳은 일을 하는 것이다. 시키지 않아도 옳은 일을 하는 것 다음으로는 한 번 말을 듣고 즉시 하는 것이다. 가르시아의 밀사처럼 '가르시아 장군에게 밀서를 전달하라'라는 지시를 받고 바로 그 행동을 하는 것이다. 메시지를 전달할 수 있는 사람은 높은 영예를 얻지만 항상 상응하는 보수를 받는 것은 아니다.

필요할 때만 옳은 일을 하는 사람이 있다. 이런 사람은 명예가 아니라 아무런 관심도 끌지 못하고 보수도 보잘것없다. 이런 부류는 벤치에 앉아 불행한 이야기로 대부분 시간을 보낸다.

이보다 더 낮은 부류의 사람들이 있다. 누군가가 가서 시범을 보여주고 지켜보고 있어도 옳은 일을 하지 않는 사람이다. 이런 사람은 늘 실직 상태이고 경멸을 받는다. 부자 부모가 없는 한 이런 사람에게는 운명이 언제든 철퇴를 가할 준비를 하고 기다린다.

당신은 어느 부류에 속하는가?"

이 질문에 답을 하기 위해서는 자신을 상세히 분석하고 성공의 법칙 15가지 요소 중 어떤 것이 가장 필요한지 스스로 판단해야 한다. 이 책을 읽은 후 엘버트 허버드의 '당신은 어느 부류에 속하는가?'라는 질문에 답함으로써 자신을 분석하는 것이 좋을 것이다.

주도적인 습관이 몸에 배지 않은 사람들에게서는 리더십을 찾아볼 수 없다. 리더십은 스스로 기르는 것이지 누가 강요할 수 없는 것이다. 우리가 아는 모든 리더를 주의 깊게 분석해 보면 이들이 주도권을 행사했을 뿐만 아니라 분명한 목적을 염두에 두고 일했음을 알 수 있을 것이다. 또한 '자기 확신'이라는 자질을 갖추고 있음을 알 수 있다.

이런 사실을 이 장에서 언급하는 이유는 성공한 사람들이 성공의 법칙 15개 요소를 어떻게 활용하는지 관찰하는 것이 여러분에게 이득이 된다고 생각하기 때문이다. 그리고 더 중요한 이유는 여러분의 마음속에 확립하고자 하는 체계적인 노력의 원칙을 완전히 이해하는 것이 여러분에게 도움이 되리라는 것이다.

이 기회에 이 책의 취지는 성공을 위한 지름길이나 노력하지 않고 괄목할만한 성과를 얻는 데 사용할 수 있는 기계적인 공식을 제공하는 것이 아님을 밝혀둔다. 이 책의 진정한 가치는 법칙 자체가 아니라 이를 사용하는 방법에 있다. 이 책의 주요 목적은 여기서 다루는 15가지 자질을 여러분 스스로 개발할 수 있도록 돕는 것이며 이런 자질 중 매우 중요한 것 중 하나가 이 장의 주제인 '주도성'이다.

이제 이 원칙이 어떻게 대부분 사람이 어렵다고 말하는 사업 거래를 성공적으로 마무리하는 데 도움이 되었는지를 상세히 설명함으로써 이 장의 기초가 되는 원칙을 적용해 볼 것이다.

1916년에 나는 한 교육 기관을 설립하기 위해 2만 5000달러가 필요했다. 하지만 나는 돈도 없었고 은행에서 대출받으려면 필요한 담보물도 없었다. 이런 상황에서 내가 내 운명을 한탄만 하고 있었을까? 아니면 어떤 부자 친척이나 친절한 사람이 내게 필요한 자본을 빌려주기만을 바랐을까?

나는 그러지 않았다. 나는 이 책을 통해 여러분에게 권하는 방법대로 했다. 첫째, 자본을 확보하는 것을 내 분명한 핵심 목표로 삼았다. 둘째, 목표를 현실로 바꾸기 위한 완벽한 계획을 세웠다. 굳건한 자기확신과 주도성에 힘입어 계획을 실행에 옮겼다. 하지만 계획을 실행하기 전에 6주 이상의 지속적이고 끈질긴 연구와 노력, 숙고 과정을 거쳤다. 건전한 계획을 세우려면 재료를 신중하게 골라야 한다.

여러분은 여기서 체계적인 노력의 원칙을 적용하는 모습을 보게 될 것이다. 체계적인 노력의 원칙을 잘 운용하면 여러 이해관계자를 서로 연결해서 각 이해관계자의 이익을 크게 강화하고 각 이해관계자가 다른 모든 이해관계자를 지원하게 할 수 있다. 이는 마치 사슬의 한 연결고리가 다른 모든 연결고리를 지원하는 것과 같다.

나는 광고와 판매 기술을 가르치는 학교를 만들기 위해 2만 5000달러라는 자본금이 필요했다. 학교를 설립하기 위해서는 두 가지가 필요했다. 하나는 내가 가지고 있지 않은 2만 5000달러의 자본이었고, 다른 하나는 내가 가지고 있는 적절한 교육 과정이었다. 문제는 2만 5000달러를 대줄 사람들과 동맹을 맺는 것이었다. 그리고 이런 동맹을 모든 이해관계자에게 이익이 되는 계획을 통해 만들어야 했다.

계획이 완성되었을 때 나는 이 계획이 공정하고 타당하다고 생각하여 흡족했다. 그래서 이 계획을 평판이 좋은 유명 경영대학 소유주에게 보냈다. 당시 이 대학은 매우 치열한 경쟁 상황에 놓여 있었고, 이에 대응하기 위한 계획이 절실히 필요했다.

이 계획에서 내가 제시한 내용은 다음과 같았다.

1. 당신은 이 도시에서 가장 평판 좋은 경영대학을 소유하고 있다.
2. 당신은 치열한 경쟁에 대응할 계획이 필요하다.
3. 당신은 좋은 평판으로 필요한 만큼 신용을 얻을 수 있고,
4. 나는 당신이 성공적으로 경쟁력을 갖추게 할 계획이 있다.

그런 다음 계속해서 내 계획을 밝혔다.

"따라서 당신은 당신이 필요한 것을 얻을 수 있고, 우리는 우리가 원하는 것을 얻을 수 있는 계획을 통해 연합하기를 제안합니다.

저는 광고와 판매 기술에 관한 매우 실용적인 강좌를 만들었습니다. 판매원을 교육하고 지도한 저의 실제 경험과 다수의 성공적인 광고 캠페인을 기획하고 총괄한 경험을 바탕으로 이 강좌를 구축했기 때문에 이 강좌가 견실하다는 많은 증거가 있습니다.

만약 당신의 신용을 사용해서 이 강좌의 마케팅을 도와주신다면 저는 이 강좌를 당신의 경영대학 커리큘럼의 정규 학과 중 하나로 개설하고 신설되는 이 학과 전체를 책임지겠습니다. 이 도시의 다른 어떤 경영대학도 귀하의 경쟁자가 될 수 없을 겁니다. 다른 어떤 대학에도 이와 같은 강좌는 없기 때문입니다. 이 강좌를 마케팅하기 위한 광고는 또한 귀하의 다른 정규 비즈니스 코스에 대한 수요를 자극하는 데 도움이 될 겁니다. 이 광고를 위해 지출하는 모든 금액은 저희 학과에

청구할 수 있습니다. 광고비는 저희 학과에서 지불할 것이므로 당신은 추가 비용 부담이 없으며 이 광고가 귀하의 다른 학과 홍보에도 도움이 될 겁니다.

이 거래를 통해 제가 어디서 이익을 얻는지 알고 싶으실 테니 말씀드리겠습니다. 저는 당신이 저와 계약을 체결하기를 원합니다. 계약조건은 제 학과에서 받는 현금이 당신이 광고를 위해 지출하는 금액이나 계약 금액과 같아질 때, 제 학과와 광고 및 판매 기술 강좌가 제 소유가 되고 이 학과를 귀하의 학교와 분리해 제 명의로 운영할 수 있는 특권을 가지는 겁니다.”

> 무엇을 ‘얻기’ 위한 가장 확실한 방법은
> 먼저 쓸모 있는 서비스를 통해 ‘주는’ 것임을 터득한 사람은
> 운 좋은 사람이다.

상대방이 이 계획을 받아들여서 계약이 성사되었다(내 분명한 목표는 아무런 담보 제공 없이 사용할 수 있는 2만 5000달러를 확보하는 것이었음을 기억해 주기를 바란다).

1년도 채 지나지 않아 이 경영대학은 내 강좌의 광고와 마케팅, 그리고 학과 운영 경비로 2만 5000달러 이상을 지출했다. 나는 이 학과에서 학비를 걷어서 대학이 지출한 금액과 맞먹는 금액을 돌려주었다. 그리고 계약 조건에 따라 이 학과를 독자적인 사업으로 인수했다. 이 신설 학과는 대학의 다른 학과 학생들을 유치하는 데 도움이 되었을 뿐만 아니라, 내 자립의 발판을 마련해 주었다. 신설 학과의 등록금으

로 첫해가 끝나기 전에 이룬 성과였다.

여기서 여러분은 이 경영대학에서 실제 자본은 한 푼도 빌려주지 않았지만 신용을 제공함으로써 정확히 같은 목적을 달성할 수 있었다는 것을 알 수 있다. 나는 내 계획이 형평성에 기초하고 있고, 모든 관련 당사자의 이익을 고려한다고 말했다. 나는 이 계획을 통해 2만 5000달러를 사용해서 첫해에 독자적인 사업을 할 수 있게 되었다. 대학 측은 내 학과 광고에 쓴 돈의 효과로 정규 상업 및 비즈니스 과정의 학생을 확보할 수 있었다. 오늘날 이 경영대학은 같은 부류의 학교 중 가장 성공적인 학교로, 연합한 노력의 가치를 증명하는 기념비적인 존재가 되었다.

이 사례를 여기서 든 것은 이 사례가 주도성과 리더십의 가치를 보여줄 뿐만이 아니라 다음 장에서 다루는 주제인 '상상력'으로 이어지기 때문이다.

일반적으로 원하는 목표를 달성할 수 있는 계획은 많으며 흔히 사용하는 일반적인 방법이 최선이 아닌 경우도 많다. 앞서 언급한 사례를 일반적인 방법으로 접근했다면 은행에서 돈을 빌렸을 것이다. 하지만 나는 사용할 수 있는 담보가 없었기에 이 방법이 불가능했다.

한 위대한 철학자는 이렇게 말했다.

"주도성은 기회의 문을 여는 마스터키다."

이 철학자가 누구였는지 기억나지 않지만, 그의 말의 타당성 때문에 그가 위대했다는 것을 안다.

이제 주도적이고 리더십 있는 사람이 되기 위해서는 반드시 따라야 할 정확한 절차에 대해 간략히 설명하려고 한다.

1. 미루는 습관을 당장 없애라

첫째, 여러분의 기질에서 미루는 습관을 없애야 한다. 지난주, 작년, 또는 수십 년 전에 해야 했던 일을 내일로 미루는 습관은 여러분의 생명력을 갉아먹고 있으며 이 습관을 버릴 때까지 아무것도 이룰 수 없다. 미루는 버릇을 없애는 방법은 앞서 언급한 '자기암시'라는 잘 알려지고 과학적으로 검증된 심리학 원리에 바탕을 두고 있다.

다음 문구를 복사해서 눈에 잘 띄는 곳에 붙여 놓고 밤에 잠자리에 들기 전이나 아침에 일어났을 때 읽어보도록 하라.

인생의 중요한 목표를 정한 나는 이제 이 목표를 현실로 바꾸는 것이 내 의무라는 것을 이해하게 되었다. 그러므로 나는 매일 확실한 행동을 취하는 습관을 길러서 내 분명한 핵심 목표 달성에 한 걸음 더 다가갈 것이다.

나는 미루는 것이 어떤 일에서든 리더가 되고 싶은 모든 사람의 치명적인 적이라는 사실을 잘 알고 있으며 나는 다음 사항을 실천함으로써 내 기질에서 이 습관을 없앨 것이다.

1. 누가 시키지 않아도 매일 한 가지씩 확실히 해야 할 일을 찾아서 한다.
2. 아무런 보상도 기대하지 않고 내가 매일 할 수 있는 일이면서 내가 그동안 습관을 들이지 않았던 일, 그리고 다른 사람들에게 가치 있는 일을 한 가지 이상 찾을 때까지 주위를 둘

러본다.

3. 누가 시키지 않아도 해야 할 일을 스스로 하는 습관을 들이
   는 것이 얼마나 가치 있는 일인지를 매일 적어도 한 사람에
   게 말해준다.

몸의 근육을 사용하면 할수록 강해지는 것과 마찬가지로 주도
적인 습관도 실천할수록 몸에 잘 배는 것으로 안다. 나는 내 일
상 업무와 관련된 작고 평범한 일들에서 시작해서 주도적인 습
관을 길러야 한다는 것을 깨달았다. 그래서 나는 매일 이런 주
도적인 습관을 기르기 위해 일할 것이다.

나는 내 일상 업무와 관련해서 이런 주도적인 습관을 실천함으
로써 이 습관을 기르게 될 뿐만 아니라, 그 결과로 내 서비스에
더 큰 가치를 두는 사람들의 관심을 끌게 되리라는 것을 안다.

지금 하는 일이 무슨 일이든지 간에 여러분은 매일 일상적인 임무
외에 다른 사람들에게 가치 있는 일을 할 수 있는 기회를 마주하게 된
다. 물론 금전적 보수를 받을 목적으로 하는 것이 아니다. 이런 일이
여러분이 선택한 분야에서 뛰어난 인물이 되기 위해 지녀야 할 주도적
정신을 고취하고 강화하는 수단과 방법을 제공하기 때문이다.

오로지 돈 때문에 일하고, 일에 대한 보수로 돈만 받는 사람들은 얼
마를 받든 간에 항상 하는 일에 비해 제대로 보수를 못 받는다. 돈은
필요하지만 인생의 소중한 가치를 돈으로만 평가할 수는 없다. 아무리
많은 돈도 자기가 맡은 일을 더 훌륭하게 해내는 사람들의 행복과 기

뿜과 자부심을 대신할 수 없다. 사람들은 누구나 평균보다 더 나은 무언가를 만들기를 좋아한다. 예술 작품을 만드는 기쁨은 돈이나 다른 물질적 소유물로 대체할 수 없는 기쁨이다.

나와 일하기 시작한 지 3년이 넘은 직원이 있었다. 내 개인 우편물을 열어보고, 분류하고, 답장하는 일을 했다. 필요할 때 내가 말하는 것을 받아 적는 일도 했다. 월급은 같은 일을 하는 다른 사람들이 받는 것과 거의 비슷했다. 어느 날 나는 그녀에게 다음과 같은 좌우명을 타이프로 받아쓰게 했다.

"당신의 유일한 한계는 당신이 마음속에 설정한 한계라는 것을 기억하라."

그녀는 타이프로 친 종이를 내게 건네주면서 말했다.

"당신의 좌우명이 당신과 저 모두에게 가치 있는 아이디어를 주었습니다."

나는 그녀에게 도움이 되어 기쁘다고 말했다. 이 일은 내 마음에 특별한 인상을 남기지 않았다. 하지만 그녀에게는 바로 그날부터 엄청난 영향을 미친 것이 분명했다. 그녀는 저녁 식사 후에 사무실로 돌아와서 시키지 않은 일을 보수 없이 하기 시작했다. 아무도 시키지 않았지만 그녀는 나를 위해 답장이 필요한 편지들을 내 책상에 가져오기 시작했다. 내 문체를 연구해서 이 편지들을 내가 한 것처럼 잘 처리했고 어떤 때는 나보다 훨씬 더 잘 처리했다. 그녀는 내 개인 비서가 그만둘 때까지 이 습관을 이어갔다. 비서를 대신할 사람을 물색할 때 나는 자연스럽게 이 젊은 여성에게 일을 맡기게 되었다. 내가 그녀에게 비서 자리를 맡기기도 전에 이미 솔선해서 비서 일을 하고 있기 때문이었다. 퇴근 후에 추가 급여도 받지 않고 자기 시간을 들여서 직원 중 최고의 자리에 오를 준비를 해온 것이다.

하지만 여기서 그치지 않았다. 이 젊은 여성은 매우 유능해져서 다른 사람들로부터 매력적인 자리를 제안받기 시작했다. 나는 그녀의 월급을 여러 번 올렸고, 그녀는 이제 평범한 속기사로 처음 일했을 때 받았던 금액의 4배 이상의 월급을 받고 있다. 이제는 그녀가 없으면 일이 안 될 만큼 소중한 직원이 되었음을 인정하지 않을 수 없다.

여러분은 이 사례에서 주도성을 쉽게 이해할 수 있을 것이다. 만약 이 젊은 여성이 주도성을 발휘해서 얻은 것이 많이 오른 월급뿐이라고 생각한다면 내 설명이 부족한 탓이다. 주도성이 그녀의 마음속에 유쾌한 정신을 고취했고 대부분의 속기사가 절대 알지 못하는 행복을 느꼈다. 그녀에게 일은 이제 단순한 일이 아닌 아주 재미있는 게임이다. 비록 그녀가 여느 속기사들보다 먼저 출근하고 다른 직원들이 퇴근 시간을 알리는 시계를 바라보다 정시에 퇴근한 후에도 사무실에 남아 있지만 그녀의 시간은 다른 직원들보다 훨씬 더 짧다. 자기 일에 만족하는 사람들에게 일하는 시간은 지루하지 않기 때문이다.

이제 주도성과 리더십을 개발하기 위해 여러분이 반드시 따라야 할 정확한 절차의 두 번째 단계로 넘어간다.

보수 이상의 일을 하라.
그러면 곧 더 많은 보상을 받게 될 것이다.
이른바 '수확 체증(Increasing Returns)'의 법칙이 적용되기 때문이다.

2. 다른 사람을 행복하게 하라

둘째, 여러분은 행복을 얻는 유일한 방법이 다른 사람을 행복하게 하는 것임을 알아야 한다. 주도성의 계발에도 같은 사항이 적용된다. 여러분은 주변 사람들의 참여를 유도함으로써 이 필수적인 자질을 가장 잘 개발할 수 있다. 다른 사람을 가르치려고 노력할 때 스스로가 가장 잘 배운다는 것은 잘 알려진 사실이다. 어떤 신조나 종교적인 믿음을 받아들인 사람은 제일 먼저 나가서 이를 다른 사람들에게 전도하려고 노력한다. 그리고 그가 다른 사람들에게 깊은 인상을 줄수록 그 자신도 깊은 인상을 받게 된다.

'어떤 세일즈맨도 자기를 먼저 설득하지 못하면 다른 사람에게 팔지 못한다'라는 말은 판매 기술 분야에서 잘 알려진 사실이다. 달리 말하면 어떤 세일즈맨도 다른 사람들에게 팔려고 하는 것의 장점을 이해하지 못하면 다른 사람들에게 파는 일에 최선을 다할 수 없다는 말과 같다. 다른 사람이 믿게 할 목적으로 어떤 말을 반복하다 보면 그 말을 하는 사람도 자기 말을 믿게 된다. 심지어 그 말이 거짓일 경우에도 마찬가지다.

이제 여러분은 주도성을 말하고, 밥을 먹을 때나 잠을 잘 때도 주도성을 생각하고, 주도성을 실천하는 이유를 알게 된다. 이렇게 함으로써 여러분은 주도적이고 리더십 있는 사람이 되는 것이다. 사람들은 자기가 주도적인 사람이라는 것을 행동으로 보여주는 사람을 기꺼이, 그리고 자발적으로 따른다.

여러분은 직장이나 지역사회에서 다른 사람들과 만난다. 여러분의 이야기를 들어줄 모든 사람이 주도성 계발에 관심을 가지도록 하라. 여러분이 이렇게 하는 이유를 말하거나 하고 있다는 사실을 알릴 필요도 없다. 그냥 그렇게 하라. 물론 여러분은 마음속으로 이 연습이 여러분에게 도움이 되고 연습으로 영향을 미치는 사람들에게 최소한 해를 끼치지는 않을 것이라는 것을 알 것이다.

만약 여러분이 흥미롭고 유익한 실험을 해보고 싶다면 여러분이 아는 사람 가운데 꼭 해야 할 일 외에는 절대 하지 않는 사람을 골라서 주도성에 관한 생각을 갖도록 그를 설득해 보라. 한 번 토론하는 것으로 그치지 말고 기회가 있을 때마다 계속 이야기하라. 매번 다른 각도에서 피험자에게 접근하라. 여러분이 이 실험을 요령 있게 하면 여러분은 곧 피험자에게서 어떤 변화가 일어나는 것을 보게 될 것이다. 그리고 더 중요한 다른 것을 보게 될 것이다. 여러분은 스스로에게 일어나는 변화도 보게 될 것이다. 이 실험을 꼭 시도해 보기를 권한다.

다른 사람에게 주도성을 이야기하려면 스스로 주도성을 실천하려는 의지를 길러야 한다. 자기암시 원칙이 작용해 다른 사람에게 하는 모든 말은 자신의 잠재의식에도 각인된다. 그리고 이는 여러분의 말이 거짓일 때도 마찬가지다.

'칼로 일어선 자는 칼로 망한다'라는 말을 들어 본 적이 있을 것이다. 단순히 해석하면 우리가 다른 사람들에게 영향을 미쳐 그들의 마음속에 생성되게 하는 그 자질은 끊임없이 우리 자신을 끌어당겨 자신의 성격과 개성에 짜넣는다는 것을 의미한다. 만약 우리가 다른 사람들이 주도적인 습관을 기르도록 돕는다면 결과적으로 우리도 같은 습관을 기르게 된다. 만약 다른 사람들에게 혐오와 질투와 좌절의 씨앗을 뿌린다면 결국 자신 안에 이런 자질을 기르는 꼴이 된다. '사람의 본성은 자신이 가장 존경하는 사람들을 닮게 된다'라는 이 원칙은 미국 소설가 너새니얼 호손Nathaniel Hawthorne의 단편 소설 『큰 바위 얼굴Great Stone Face』에서 잘 드러난다. 이 이야기는 모든 부모가 자식들에게 읽도록 권유해야 한다.

이제 주도성과 리더십을 개발하기 위해 따라야 하는 정확한 절차에 대한 설명의 세 번째 단계로 넘어간다.

3. 리더십의 의미를 제대로 알자

셋째, 진도를 더 나가기 전에 성공의 법칙에서 사용하는 '리더십'이라는 용어가 무엇을 의미하는지 알아보자. '리더십'에는 두 가지 유형이 있다. 하나는 치명적이고 파괴적이며, 다른 하나는 도움이 되고 건설적이다. '성공'이 아니라 '완전한 실패'로 이어지는 치명적인 리더십은 싫어하는 추종자들에게 자기 리더십을 강요하는 사이비 리더들이 채택하는 유형이다. 여기서 이 리더십 유형을 설명하거나 이 리더십이 횡행하는 분야들을 모두 지적할 필요는 없다. 다만 나폴레옹이라는 한 가지 주목할 만한 사례를 소개하려 한다.

나폴레옹은 리더였다. 이것은 의심할 여지가 없다. 하지만 그는 자기 추종자들과 자신을 파멸로 이끌었다. 자세한 내용은 프랑스와 프랑스인들의 역사에 기록되어 있으니 참조하기를 바란다.

나폴레옹의 리더십은 이 책에서 추천하는 리더십 유형이 아니다.

나폴레옹이 위대한 리더십에 필요한 모든 기본을 갖췄다는 것은 인정하지만 한 가지 다른 사람들에게 도움이 되는 정신이 부족했기 때문이다. 리더십을 통해 얻어지는 권력에 대한 그의 욕망은 오로지 자기 확대에만 기반을 두고 있었다. 그의 리더십에 대한 열망은 개인적인 야망 위에 세워졌으며 프랑스 국민을 국제 문제에서 더 높고 고귀한 지위로 끌어올리려는 바람 위에 세워지지 않았다.

이 장에서 추천하는 리더십 유형은 자기 결정과 자유, 자기 계발, 계몽, 정의로 이어지는 리더십이다. 이것이 오래가는 강한 리더십이다. 예컨대 자기를 유명하게 만든 나폴레옹의 리더십 유형과 대조되는 미국 서민인 링컨의 리더십을 생각해 보라. 링컨 리더십의 목적은 미국 국민에게 진실과 정의와 이해를 가져다주는 것이었다. 비록 그는 이런 리더십 유형에 대한 믿음의 순교자가 되었지만 그의 이름은 세상에 오로지 선함만 가져다주는 다정하고 친절한 사람으로 전 세계인의 가슴에 새겨졌다.

링컨과 나폴레옹은 둘 다 전쟁에서 군대를 이끌었지만 리더십의 목적은 낮과 밤처럼 판이했다. 여러분이 이 장의 기초가 되는 원칙을 더 잘 이해할 수 있다면 나폴레옹이 채택한 리더십 유형과 링컨이 자기 과업의 기반으로 삼은 리더십 유형을 모두 닮은 오늘날 지도자의 예를 쉽게 댈 수 있을 것이다. 하지만 이는 필수적인 것은 아니다. 여러분의 능력으로 모든 분야에서 주도적인 역할을 하는 사람들을 둘러보고 분석해 보면 나폴레옹과 링컨 리더십 유형을 충분히 구별해낼 수 있다. 어떤 유형을 모방할 것인지 결정하는 데는 여러분의 판단력이 도움이 될 것이다.

이제 여러분은 이 장에서 권장하는 리더십 유형이 어떤 것인지 분명히 알 것이고, 여기서 설명한 리더십 유형 중 어떤 유형을 채택할 것인지에 대해서도 의문이 없을 것이다. 하지만 우리는 이 주제와 관련해서 어떤 권고도 하지 않는다. 이 책은 도덕적인 행동에 관한 설교가 아니라 힘이 생기는 기본 원칙을 학생들에게 제시하는 수단으로 마련되었기 때문이다. 우리는 책에서 설명하는 모든 원칙의 건설적인 가능성과 파괴적인 가능성을 모두 제시한다. 하지만 이 원칙들을 선택하고 적용하는 것은 전적으로 여러분의 재량에 맡긴다. 여러분의 지성이 현명한 선택을 하도록 인도해 주리라 믿는다.

리더가 감내해야 하는 불이익

인간 활동의 모든 분야에서 리더는 끊임없이 세간의 주목을 받으며 살아야 한다. 리더의 위치에 있는 사람이나 선도적인 제품은 항상 경쟁과 질투의 대상이 된다. 예술이나 문학, 음악, 산업을 막론하고 보상과 불이익은 항상 같이 다닌다. 보상은 널리 인정받는 것이고, 불이익은 격렬한 부정과 비난이다.

한 사람의 업적이 전 세계의 표준이 되면 이를 부러워하는 소수의 표적이 되기도 한다. 업적이 그저 평범한 사람은 다른 사람의 관심밖에 홀로 남겨지고 걸작을 이룬 사람은 수많은 사람의 입에 오르내리게 된다. 평범한 그림을 그리는 화가는 질투의 대상이 되지 않는다. 여러분이 무엇을 쓰고 그리든, 무엇을 연주하고 노래를 부르든, 무엇을 만들든 여러분의 작품이 천재성을 인정받지 않는다면 아무도 여러분을 능가하거나 비방하려고 애쓰지 않을 것이다. 위대한 작품이나 좋은 작품은 나온 지 오랜 뒤에도 비판받고 이를 부러워하는 사람으로부터 '이런 작품은 불가능해'라는 말을 듣는다.

이 책 초고의 잉크도 마르기 전에 나에 대한 인색한 목소리가 나왔다. 그리고 초판이 인쇄되는 순간 나와 성공 철학에 반대하는 비평 글이 쏟아졌다. 대다수가 미국의 화가 제임스 휘슬러James Whistler의 위대한 예술적 천재성을 칭송한 지 오래되었는데도 미술계 일각에서는 그를 사기꾼으로 몰아세우는 악의에 찬 작은 목소리들이 제기되었다.

바그너의 음악을 흠모하는 많은 군중이 매년 독일 바이에른주 북부의 소도시 바이로이트에서 열리는 음악 축제에 몰려들었지만 바그너에게 밀려난 일부 음악가는 바그너는 음악가도 아니라고 화난 목소리로 주장했다.

우물 안 개구리들은 풀턴이 기선을 절대 만들 수 없다는 시위를 계속했지만, 많은 사람이 풀턴이 만든 기선이 증기를 내뿜으며 지나가는 모습을 보기 위해 강둑으로 몰려들었다.

편협한 소수의 목소리는 헨리 포드가 앞으로 1년을 더 버티지 못할 것이라고 외쳤지만 이들이 유치하게 떠들어대는 소리에도 불구하고 포드는 묵묵히 자기 일에 몰두해서 지구상에서 가장 부유하고 영향력 있는 사람이 되었다.

리더는 리더이기 때문에 공격받는다. 그에 필적하려는 노력은 그의 리더십을 증명하는 또 다른 증거일 뿐이다. 리더에 필적하거나 뛰어넘는 데 실패한 자들은 자신들이 대체하려던 리더의 우월성을 깎아내리거나 말살하려고 하지만 그 우수성을 재확인할 뿐이다. 이는 변함없는 진리다. 이는 이 세상이 생긴 이래로 줄곧 있어왔던 질투와 두려움, 탐욕, 야망, 그리고 능가하고 싶은 욕망 등 인간의 다양한 욕정만큼 오래되었다. 이 모든 것은 부질없다.

리더가 진정으로 이끌면 그는 리더로 남을 것이다. 위대한 시인이나 화가, 장인은 공격받지만 대대로 영예를 안는다. 아무리 부정하는 소리가 클지라도 선한 것과 위대한 업적은 저절로 알려지게 마련이다. 진정한 리더는 질투하는 사람들이 거짓말로 비방하거나 명예를 훼손할 수 없다. 이런 모든 시도는 진정한 리더의 능력을 더욱더 부각할 뿐이고 진정한 능력자에게는 항상 많은 사람이 따른다. 진정한 리더십을 말살하려는 시도는 헛수고다. 살 자격이 있는 사람은 살아남는다.

협력이 무너지면 생기는 일들

이제 여러분이 주도성과 리더십 개발을 위해 따라야 할 절차의 세 번째 단계의 논의로 다시 돌아왔다. 세 번째 단계에서는 이전에 설명한 체계적 노력의 원칙에 대한 검토로 돌아간다.

여러분은 이미 다른 사람의 도움과 협력 없이는 어떤 사람도 오래도록 지대한 영향을 가져올 성과를 달성할 수 없다는 것을 배웠다. 여러분은 이미 두 명 이상이 조화와 이해의 정신으로 어떤 일에서든 서로 협력할 때 각자의 성취력이 배가된다는 것도 배웠다. 이 원칙은 고용주와 고용인 사이에서 완벽한 팀워크가 이루어지는 산업이나 기업에서 가장 잘 증명된다. 이런 팀워크가 잘 이루어지는 곳에서는 노사가 모두 번영하고 호혜적인 관계를 유지하게 된다.

협력을 뜻하는 'cooperation'은 영어에서 가장 중요한 단어라고 한다. 협력은 가정의 일, 남편과 아내, 그리고 부모와 자식 관계에서 중요한 역할을 한다. 이는 또 국정에서도 중요한 역할을 한다. 이런 협력의 원칙은 매우 중요하기 때문에 이를 이해하고 자기 지도력에 적용하지 못하는 리더는 강력한 리더가 될 수 없고 리더의 자리에도 오래 머무를 수 없다.

다른 원인을 모두 합친 것보다 협력 부족으로 쓰러진 기업이 훨씬 더 많았다. 25년 동안 활발한 사업 경험과 관찰을 통해 협력 원칙의 적용 부족으로 무너지는 많은 사업체를 봤다. 변호사 일을 하면서는 부부간에 협력의 결여로 인한 가정 파탄이나 이혼 사건을 끝없이 지켜보았다. 여러 국가의 역사를 봐도 시대 여하를 막론하고 협력 노력의 부족이 인류에게는 저주였다는 사실이 놀라울 정도로 명백하다. 이런 역사를 다시 한번 읽어보고 공부하면 마음에 새겨져서 지워지지 않을 협력의 교훈을 얻을 수 있다.

여러분은 지금 세계에서 가장 비싸고 파괴적인 전쟁의 대가를 치르고 있으며 여러분의 자녀와 자녀의 자녀들도 계속 치르게 될 것이다. 세계의 일부가 고통받으면 전 세계에 피해가 가고 고통받게 된다는 사실을 아직 국가들이 배우지 못했기 때문이다.

이 같은 규칙은 현대 비즈니스와 산업에도 유효하다. 어떤 기업이 파업이나 다른 의견 충돌로 분열되면 노사 모두 회복할 수 없는 손실을 보게 된다. 하지만 피해는 여기서 그치지 않는다. 이런 손실로 인해 가격이 올라가고 생활필수품이 부족하게 되어 일반 대중들에게 큰 부담이 된다.

예컨대 집을 세놓는 사람들은 도급업자와 건설업자, 노동자들 사이의 협력 부족에 대한 부담을 느낀다. 도급업자들과 그들의 종업원들

관계가 불안하면 노동 쟁의가 발생할 때를 대비해서 임의의 금액을 추가하지 않고는 건설업자들이 공사를 인수하지 않을 것이다. 이런 추가 비용으로 인해 임대료가 올라가 수많은 사람에게 불필요한 부담을 준다. 이 경우 몇몇 사람 간의 협력 부족이 수많은 사람에게 무겁고 감당할 수 없는 부담을 주게 된다.

미국 철도 운영에도 같은 폐해가 존재한다. 철도 경영진과 노동자들 사이의 조화와 협력 부족이 철도 운임 인상으로 이어지고, 이는 결국 생활필수품 비용을 견딜 수 없는 수준으로 올렸다. 여기서도 몇몇 사람의 협력 부족이 수많은 사람을 힘들게 한다.

이런 사실들은 협력의 부족에 대한 책임을 묻기 위한 것이 아니라 여러분이 사실에 접근할 수 있도록 돕기 위해 예로 들었다.

오늘날의 치솟는 생활비는 협력적인 리더십의 원칙이 적용되지 않은 데서 비롯되었다고 할 수 있다. 현재 정부와 산업 경영 체제를 비난하려는 사람들이 그렇게 말할 수 있다. 최종 분석에서 정부와 산업의 폐해가 협력 부족에서 나온다는 것은 진실을 추구하지 않는 사람들을 제외한 모든 사람에게 명백하다.

또한 세상의 모든 악폐가 국가와 산업 문제에만 국한된다고 말할 수도 없다. 교회 역시 협력 부재로 인한 폐해를 볼 수 있다. 특정 교회를 거론하지는 않겠다. 협력이 부족한 교회를 들여다보면 교회가 교회 본연의 역할을 다하지 않고 붕괴되는 조짐이 보인다. 특히 인구에 비해 교회 수가 훨씬 많아서 교회 사이에 경쟁심이 싹트고 있는 보통 규모의 도시나 작은 도시를 보면 무슨 일이 일어나고 있는지 알 수 있다.

조화로운 노력과 협력을 통해 세계의 교회들은 전쟁이 일어나지 않게 영향력을 행사할 수 있었다. 이런 협력적 노력의 원칙을 통해 교회와 기업 및 산업의 리더들이 나쁜 관행을 없앨 수 있었고 이 모든 것이 신속하게 이루어질 수 있었다.

이런 가능성은 교회를 비판하기 위해서가 아니라 협력의 힘을 보여주고 세계 교회의 잠재력에 대한 나의 믿음을 강조하는 수단으로 이야기한다. 그러므로 여기서 교회에 관해 한 내 말뜻을 곡해할 일은 없을 것이다. 내가 개인적으로 자주 했던 말을 다시 강조한다. 교회의 영향이 없었다면 아무도 안전하게 길을 걸어갈 수 없었을 것이다. 사람들은 늑대처럼 서로의 목을 조르고 있고 문명은 아직도 선사시대에 머물러 있었을 것이다. 내 불만은 교회가 한 일이 아니라, 인류 문명을 오늘날보다 적어도 천년은 더 앞서게 했을 공동 협력의 원칙에 기초한 리더십을 통해 할 수 있었던 일에 관한 것이다. 아직 이런 리더십을 발휘하기 늦지 않았다.

협력적인 노력의 기본 원리를 더 잘 이해하려면 도서관에 가서 영국의 사회학자 벤저민 키드Benjamin Kidd가 쓴 『힘의 과학The Science of Power』을 읽기 권한다. 지난 15년 동안 읽었던 세계에서 가장 건전한 사상가들의 책 중에서 이만큼 협력적인 노력의 가능성을 완전히 이해한 책은 없었다. 여러분에게 이 책을 권하는 것은 내가 이 책을 완전히 지지하기 때문은 아니다. 이 책에서는 내가 동의하지 않는 몇 가지 이론을 제시하고 있다. 이 책을 읽는다면 열린 마음으로 여러분의 '분명한 핵심 목표'를 달성하는 데 유리하게 사용할 수 있다고 느끼는 것만 선택적으로 취하기를 바란다. 이 책은 사고를 자극할 것이다. 사실 이 책의 주요 목표는 의도적으로 사고를 자극하는 데 있다. 여기서 말하는 사고는 특히 편견과 편향에서 벗어나 언제, 어디서, 어떻게든 진리를 추구하는 유형의 사고이다.

세계대전 중에 나는 운 좋게도 리더가 되는 방법에 관한 한 훌륭한 군인의 연설을 들을 수 있었다. 이 연설은 과묵하고 겸손한 성격의 교관인 바흐 소령이 포트 셰리든에 있는 제2훈련소 사관후보생들을 대상으로 한 것이었다. 나는 이 연설이 지금까지 리더십에 관한 기록 중 가장 훌륭한 교훈이라고 믿기 때문에 이 연설 사본을 보관하고 있다.

바흐 소령의 연설에 담긴 지혜는 리더십을 열망하는 사업가나 부서장, 속기사, 매장 관리자 혹은 기업체 사장 등에게 매우 중요하기 때문에 소개한다. 리더십에 관한 이 주목할 만한 연설이 모든 고용주와 노동자, 그리고 어떤 일을 하든 리더십을 열망하는 모든 야심 찬 사람에게 도움이 되기를 간절히 바란다. 이 연설의 기초가 되는 원칙은 전쟁을 승리로 이끄는 것과 마찬가지로 비즈니스와 산업, 금융에서의 리더십에도 적용된다.

바흐 소령의 연설

여러분은 이제 곧 사병들의 생사를 지배하게 된다. 충직하지만 훈련받지 않은 시민들을 책임지게 되며 이들은 여러분의 지도와 지시를 기대할 것이다. 여러분의 말이 곧 이들의 법이 될 것이다. 여러분이 무심코 뱉은 말까지도 이들은 기억할 것이다. 이들은 여러분의 타성에 젖은 모습도 흉내 낼 것이다. 여러분의 복장, 여러분의 행동거지, 여러분의 어휘, 여러분의 명령 방식을 모방할 것이다.

각자 부대에 배치되면 거기서 여러분은 여러분에게서 자신들의 존경과 충성과 복종을 끌어낼 자질만을 요구하는 의욕적인 사람들을 발견하게 될 것이다.

이들은 여러분이 이런 자질을 지녔음을 설득할 수 있는 한 여러분을 따를 만반의 준비가 되어 있고 기꺼이 따를 것이다. **하지만 이들이 여러분에게 이런 자질이 없다고 생각하기 시작한다면 여러분은 작별을 고하는 것이 좋다. 그 조직에서 쓸모가 다했다는 뜻이기 때문이다.**

리더와 추종자의 관계

사회적 관점에서 볼 때 세상은 리더와 추종자로 나눌 수 있다. 업계에도 리더가 있고, 금융계에도 리더가 있다. 이런 모든 리더십에 없어서는 안 될 순수한 리더십 요소와 개인적 이득이나 개인에게 유리한 이기적인 요소를 분리하기는 어렵다.

사람들이 신념을 위해 자신들의 목숨을 아낌없이 바치고, 옳은 일을 위해, 그리고 그릇된 일을 저지하기 위해 기꺼이 고통받고 죽음을 불사하는 곳은 오로지 군대밖에 없다. 따라서 가장 숭고하고 사심 없는 의미에서 리더십이 실현되기를 바랄 수 있는 곳도 군대뿐이다. 그러므로 내가 리더십이라고 말할 때는 '군사적' 리더십을 뜻한다.

며칠 후면 제군들 대부분이 장교로 임관하게 된다. 이런 임관으로 여러분이 리더가 되는 것은 아니다. 단지 장교가 될 뿐이다. 여러분에게 리더가 될 적절한 자질이 있다면 리더가 될 수 있는 위치에 배치될 것이다. 여러분은 상관들보다 부하들과 더 잘 지내야 한다.

병사들은 리더가 아닌 전투 장교들도 따라야 하고 따를 것이다. 하지만 이때 이들을 움직이는 원동력은 열정이 아니라 규율일 뿐이다. 이들은 의구심과 두려움에 떨면서 나아가고, 마음속에서는 '그가 다음에 무엇을 할까?'라는 의문이 생긴다. 이런 사람은 명령에 복종하지만, 그 이상은 아니다. 이들에게서는 지휘관에 대한 헌신이나 개인적인 위험을 무릅쓰는 숭고한 열정, 지휘관의 안전을 위해 자기를 희생하는 일 등은 기대할 수 없다. 이들의 다리는 머리가 시키는 대로 훈련받은 대로 앞으로 나갈 뿐이다. 이들의 정신은 이를 받아들이지 않는다.

냉담하고 수동적이며 반응이 없는 병사들로는 큰 성과를 얻을 수 없다. 이들은 멀리 가지 않고 가능하면 빨리 멈춘다. 진정한 리더십은 다른 사람들의 자발적이고 주저하지 않는 복종과 충성을 요구할 뿐만 아니라 추종자들은 기꺼이 이에 따른다. 그리고 때가 되면 리더를 따라 지옥에도 갔다 오는 헌신을 보인다.

그렇다면 리더십의 요소는 무엇일까? 리더가 되려면 어떻게 해야 할까? 리더십의 특징은 무엇이며, 어떻게 하면 리더십을 기를 수 있을까?

리더십은 여러 자질의 복합체다. 그중에서도 **자기 확신, 도덕적 우위, 자기 희생, 온정주의, 공정성, 주도성, 결단력, 품위, 용기**를 이야기하고 싶다.

리더십의 요소 - 자기 확신

자기 확신은 첫째, 정확한 지식에서 비롯되며, 둘째, 지식을 전달하는 능력, 셋째, 자신을 따르는 다른 사람들에 대한 우월감에서 나온다.

이 모든 것이 장교의 품위를 가져다준다. 리더가 되려면 알아야 한다. 가끔은 부하들에게 허세를 부릴 수도 있다. 하지만 항상 그럴 수는 없다. 부하들은 자기 임무를 모르는 장교를 신뢰하지 않는다. 그러므로 여러분은 기초부터 끝까지 모든 것을 철저히 알아야 한다.

장교는 선임 부사관과 행정병을 합친 것보다 행정 업무에 관해 더 많이 알아야 한다. 장교는 급식 담당 부사관보다 급식에 관해 더 많이 알아야 하고, 부대 편자병보다 말의 질병에 관해 더 많이 알아야 한다. 장교는 자신이 이끄는 부하들보다 사격술이 능하거나 적어도 동등한 수준은 되어야 한다. 장교가 알지 못하고, 알지 못하는 사실을 드러내 보인다면 부하들은 속으로 '멍청하게 장교가 나보다 모르잖아'라고 생각하며 지시해도 못 들은 척 무시하게 된다.

정확한 지식을 대체할 수 있는 것은 없다. 부하들이 여러분을 찾아와서 물어보고, 동료 장교들이 서로 "그에게 물어봐. 그가 잘 알 거야"라고 여러분을 지목하도록 박식해야 한다. 그리고 모든 장교는 자기 계급의 임무를 철저히 알아야 할 뿐만 아니라 상위 두 계급의 임무도 공부해야 한다. 여기에는 두 가지 이점이 있다. 첫째, 전투 중에 언제든지 자기에게 떨어질 수 있는 임무에 대비할 수 있다. 둘째, 넓은 시야를 확보해서 명령 발동의 필요성을 제대로 인식함으로써 더 현명하게 명령을 내릴 수 있게 된다.

장교는 아는 것뿐만 아니라 아는 것을 문법에 맞게 흥미롭고 힘 있는 말로 표현할 수 있어야 하며 당황하지 않고 말하는 법을 배워야 한다. 나는 영국 훈련소에서 사관후보생들은 자기가 선택한 어떤 주제에 대해 10분 동안 연설해야 한다고 들었다. 이는 훌륭한 훈련 방법이다.

분명하게 말하기 위해서는 분명하게 사고해야 하며 명확하고 논리적인 사고는 확실하고 긍정적인 명령으로 나타나기 때문이다.

리더십의 요소 - 도덕적 우위

자기 확신은 부하들보다 더 많이 아는 데서 비롯되지만 도덕적 우위는 여러분이 더 나은 사람이라는 믿음에 기반을 둔다. 도덕적 우위를 얻고 유지하기 위해서는 자제력과 체력, 인내력, 도덕적 힘이 있어야 한다. 여러분은 자신을 잘 다스려서 전쟁터에서 겁이 나더라도 절대 두려움을 보여서는 안 된다. 허둥지둥하거나, 손을 떨거나, 표정을 바꾸거나, 성급하게 명령을 내렸다가 취소하는 등 불안한 정신 상태를 보이면 부하들에게 훨씬 더 크게 영향을 미치게 되기 때문이다.

주둔지나 야영지에서 여러분의 성미를 건드리고 다정한 성품을 유지하기 힘들게 하는 경우가 많이 생길 것이다. 만약 그럴 때마다 여러분이 버럭 화를 낸다면, 부하들을 통솔할 자격이 없다. 화가 난 사람들은 거의 틀림없이 나중에 후회할 말과 행동을 하기 때문이다.

장교는 부하들에게 절대 사과해서는 안 된다. 또한 장교는 양심상 부하들에게 사과해야 하는 행위를 절대 하면 안 된다. 도덕적 우위를 이루는 또 다른 요소는 여러분과 부하들이 마주하는 고난을 견뎌낼 수 있는 체력과 인내력, 그리고 이런 고난을 유쾌하게 받아들일 뿐만 아니라 그 정도를 최소화할 수 있는 불굴의 정신이다. 여러분의 골칫거리를 가볍게 여기고 시련을 대수롭지 않게 생각하라. 그러면 스트레스가 심한 시절에 여러분 조직 내에 이를 극복하는 소중한 정신을 구축하는 데 큰 도움이 될 것이다.

도덕적 힘은 도덕적 우위에 서기 위한 세 번째 요소다. 도덕적 힘을 발휘하기 위해서는 청렴하게 살아야 한다. 옳은 일을 파악하는 지적 능력과 옳은 일을 할 의지가 있어야 한다.

여러분은 부하들의 모범이 되어야 한다. 장교는 좋은 영향을 줄 수도 있고 나쁜 영향을 줄 수도 있다. 부하들에게 설교하려 들지 마라. 설교는 소용이 없을 뿐만 아니라 역효과를 낼 수 있다. 여러분이 부하들을 이끌고 싶은 그런 삶을 살아라. 그러면 많은 부하가 여러분을 닮으려고 노력하는 모습에 여러분 자신도 놀랄 것이다.

자기 모습이 어떻게 비치는지 개의치 않고 상스러운 말을 해대는 불경스러운 장교는 자신을 닮은 부하를 거느리게 된다. 내가 하는 말을 기억하라. 여러분의 부하들은 여러분의 모습을 투영할 것이다. 여러분의 부하가 형편없다면 이는 여러분이 형편없는 장교이기 때문이다.

리더십의 요소 - 자기 희생

자기 희생은 리더십에 없어서는 안 될 요소다. 여러분은 베풀고 또 베풀고, 항상 베풀게 될 것이다. 육체적으로 여러분은 가장 긴 시간 동안 가장 힘든 일에 여러분 자신을 바치게 될 것이고 가장 큰 책임은 리더의 몫이다. 리더는 아침에 제일 먼저 일어나고 밤에 제일 마지막으로 잠자리에 든다. 리더는 다른 사람들이 자는 동안에도 일한다.

정신적으로는 부하들의 수고를 알아주고 감사하는 데 여러분을 바치게 될 것이다. 어머니가 돌아가신 부하도 있고 은행 파산으로 저축한 돈을 모두 잃은 부하도 있을 것이다. 이들은 도움을 바랄 수도 있겠지만 무엇보다도 자신들의 고통을 알아주고 공감해 주기를 바랄 것이다. 이럴 때 여러분 자신도 이미 골칫거리가 많다는 말로 사람들을 거절하는 실수를 범하지 마라. 이런 실수는 집 짓는 벽돌을 한 장씩 빼내는 것과 같기 때문이다.

여러분의 부하들은 여러분의 토대다. 그 토대가 흔들리면 그 토대 위에 세워진 여러분의 리더십도 흔들리게 된다. 마지막으로 여러분은 부하들의 건강과 안녕을 지키거나 이들이 어려움에 부닥쳤을 때 돕기 위해 자주 자기 돈을 쓸 것이다. 일반적으로 여러분은 돈을 돌려받겠지만, 때로는 결손 처리해야 할 때도 있을 것이다. 그렇더라도 이는 그 비용을 들일 가치가 있다.

리더십의 요소 - 온정주의

온정주의가 리더십에 필수 요소라고 말할 때 나는 이 용어를 더 좋은 의미로 사용한다. 여기서 말하는 온정주의는 사람들의 주도성과 자립, 자존감을 빼앗는 그런 온정주의가 아니다. 나는 여러분이 책임을 맡은 사람들의 안녕과 복지를 세심하게 보살피는 데서 나타나는 그런 온정주의를 말한다.

병사들은 아이들과 같다. 여러분은 병사들에게 여러분이 할 수 있는 최선의 의식주를 제공해야 한다. 여러분은 자기 음식을 챙기기 전에 이들이 먹을 음식이 있는지 챙겨야 한다. 여러분은 자기 잠자리를 정하기 전에 이들이 모두 좋은 잠자리를 마련했는지부터 살펴야 한다. 여러분은 자신보다 이들이 안락하게 지낼 수 있도록 훨씬 더 세심하게 배려해야 한다. 여러분은 이들의 건강을 돌봐야 한다. 불필요한 노력이나 쓸데없는 노동을 요구하지 않음으로써 이들의 힘을 아껴야 한다.

이 모든 것을 실천함으로써 여러분은 단지 기계에 불과할 수도 있는 조직에 생명을 불어넣을 수 있다. 여러분은 병사들이 마치 한 몸이 된 것처럼 일사불란하게 여러분에게 반응하도록 하는 마음을 조직 내에 창조하고 있다. 그리고 이것이 바로 정신esprit이다.

여러분의 조직에 이런 '정신'이 깃들면 여러분이 어느 날 아침 일어났을 때 상황이 역전되어 있을 것이다. 아무런 암시를 주지 않았는데도 여러분이 끊임없이 부하들을 돌보는 대신에 부하들이 여러분을 돌보게 된다. 항상 여러분의 막사는 제일 먼저 설치되고 제일 깨끗한 침구가 여러분의 막사에 마련된다. 여러분의 저녁 식사에는 어디서 구했는지 알 수 없지만 다른 사람에게는 없는 달걀 두 알이 더 추가된다. 여러분의 말을 멋지게 단장하는 병사들이 더 많아진다. 여러분이 바라는 것을 부하들이 앞질러 생각한다. 모든 병사가 '기다렸다는 듯이 뭐라도 하려는 사람'이 된다. 이렇게 되면 여러분은 성공한 것이다.

리더십의 요소 - 공정성

모든 부하를 천편일률적으로 대해서는 안 된다. 한 병사가 어깨를 으쓱하며 가볍게 떨쳐버리는 처벌도 다른 병사에게는 참을 수 없는 정신적 고통일 수 있다. 특정한 위반 행위에 대해 표준 처벌 규칙을 모든 병사에게 적용하는 지휘관은 너무 어리석거나 게을러서 부하들의 성격을 연구하지 않는 것이다.

외과 전문의가 어려운 환자의 임상 사례를 연구하듯이 부하들을 주의 깊게 살펴라. 그리고 진단에 확신이 설 때 치료법을 적용하라. 그리고 이 치료법은 환자가 몸부림치는 것을 보기 위해서가 아니라 치료하기 위해서 적용한다는 사실을 명심해야 한다. 때로는 깊이 파고들 필요가 있을 수도 있지만 환자에 대해 잘못된 연민으로 여러분의 목적에서 벗어나서는 안 된다.

처벌에 공정해야 하듯이 보상에도 공정해야 한다. 누구나 남의 공을 가로채는 사람을 싫어한다. 부하 중 한 명이 특별히 훌륭한 일을 해내면 적절하게 보상해라. **천지개벽하는 일이 있어도 보상해라.** 부하의 공을 가로채서 자기 공으로 내세우려 하지 마라. 여러분이 부하의 공을 가로채고 빠져나갈 수 있을지는 모르지만 부하들의 존경과 충성심을 잃게 된다. 조만간 이 소식을 들은 동료 장교들이 여러분을 나병환자처럼 피하게 될 것이다. 전시에는 모든 사람에게 돌아갈 충분한 영광이 있다. 부하에게 마땅한 보상을 해라. 항상 받기만 하고 주지 않는 자는 리더가 아니다. 그는 기생충이다.

장교가 자기 계급의 특권을 남용하지 못하게 막아주는 또 다른 유형의 공정성이 있다. 부하들에게 존경받을 때는 반드시 이들을 동등하게 존중해야 한다. 이들의 인격과 자존심을 세워주고 이들을 끌어내리려고 하지 마라.

장교가 사병들을 고압적이고 모욕적으로 대하는 것은 겁쟁이의 행동이다. 부하를 규율이라는 밧줄로 나무에 묶은 다음, 반격할 수 없다는 것을 잘 알고 그의 얼굴을 때리는 것과 같기 때문이다.

리더십의 요소 - 결단력

장교가 병사들을 배려하고 예의를 갖추고 존중하는 것은 규율과 양립할 수 없는 것이 아니다. 이는 우리 규율의 일부이다. 솔선수범하는 태도와 결단력 없이는 누구도 리더가 될 수 없다.

흔히 볼 수 있는 기동훈련에서 비상사태가 발생했을 때 어떤 사람들은 침착하게 즉각 명령을 내린다. 나중에 분석해 보면 100% 옳은 결정은 아니더라도 거의 옳은 결정이었음이 밝혀진다. 이와는 달리 비상사태가 발생했을 때 심하게 당황하는 사람을 보게 된다. 이들은 머리가 안 돌아가거나 성급하게 명령을 내렸다가 취소하고 다른 명령을 내렸다가 다시 취소하는 불안한 모습을 보인다. 간단히 말해서 겁쟁이의 모든 징후를 보여준다.

첫 번째 사람에 대해 여러분은 이렇게 말할지도 모른다. "생각할 겨를도 없었는데 이렇게 빠르게 대처하다니 이 사람은 천재가 분명해. 그는 직관에 따라 행동하는 거야." 하지만 이는 잘못된 생각이다. 천재성이란 무한한 고통을 감내하고 노력하는 능력일 뿐이기 때문이다. 준비된 사람은 스스로 준비한 사람이다. 그는 발생할 수 있는 상황을 미리 연구하고 이런 상황에 대처하는 잠정적인 계획을 세운다. 그는 위급한 상황에 직면할 때 그것에 대처할 준비가 되어 있다. 그는 당면한 문제를 이해할 수 있는 정신력과 이미 수립해 놓은 계획에 어떤 변화가 필요한지 판단하는 빠른 추리력이 있다. 그는 또한 실행을 명령하고 그 명령을 고수하는 결단력이 있다.

비상시에는 합리적인 명령이라면 어떤 명령이라도 내리는 것이 명령을 내리지 않는 것보다 낫다. 상황이 발생하면 대처해야 한다. 머뭇

거리고 옳은 일을 찾느라 헤매다가 아무것도 하지 않는 것보다는 결과적으로 잘못된 대응일 수 있더라도 뭔가 조처를 하는 것이 낫다. 그리고 일단 행동 방침을 정하면 그것을 고수하라. 주저하지 마라. 사람들은 자기 마음도 모르는 장교를 신뢰하지 않는다.

때때로 합리적인 인간이라도 예측할 수 없는 상황에 대처해야 할 때도 있을 것이다. 여러분이 예상할 수 있는 다른 비상사태에 대한 준비 태세가 되어 있으면 거기서 훈련한 경험으로 신속하고 침착하게 대처할 수 있을 것이다.

여러분은 상부 명령 없이 행동할 수 있어야 한다. 상부 명령을 기다릴 시간이 없을 때가 많기 때문이다. 여기서 다시 여러분보다 상위 계급 장교들의 직무를 연구해야 하는 중요성을 알 수 있다. 전반적인 상황을 정확하게 파악하고 상사의 일반적인 계획을 생각할 수 있다면 책임이 자신에게 있다고 결단을 내리며 필요한 명령을 지체 없이 내릴 수 있을 것이다.

리더십의 요소 - 품위

군의 리더십에서 개인의 품위도 중요한 요소다. 부하들과 친구가 되는 것은 좋지만 너무 허물없이 지내지는 말고 적당한 거리를 둬야 한다. 부하들은 여러분에게 경외심을 가져야 한다. 부하들이 친해졌다고 생각한다면 여러분 잘못이지 그들의 잘못이 아니다. 여러분의 행동이 그들이 그렇게 생각하도록 했기 때문이다. 그리고 무엇보다도 그들의 우정을 얻으려고 하거나 그들의 환심을 사기 위해 자신을 깎아내리지 마라. 그렇게 하면 이들은 여러분을 경멸할 것이다. 여러분이 이들의 충성과 존경과 헌신을 받을 자격이 있으면 이들은 이 모든 것을 요구하지 않아도 줄 것이다. 그렇지 않다면 여러분이 어떤 일을 해도 이들의 존경을 받을 수 없을 것이다.

더럽고 얼룩진 제복을 입고 여러 날 면도를 하지 않아 수염이 덥수룩한 얼굴로 품위를 갖추기는 매우 어려운 일이다. 이런 사람에게서는 자존심이라고 찾아볼 수 없는데 자존심은 품위의 필수 요소이다. 여러분이 하는 일에 따라 더러운 옷을 입고 면도를 못 하는 경우가 있을 수 있다. 지저분한 외모에 충분한 이유가 있으면 너무 깨끗해 보이는 것이 오히려 잘못일 수 있다. 부하들은 여러분이 자기 몫을 다하고 있지 않다고 생각할 것이다. 하지만 이런 특별한 경우가 지나자마자 여러분은 깔끔함의 본보기를 보여야 한다.

리더십의 요소 - 용기

다음으로 나는 용기에 대해 말하고자 한다. 여러분에게는 정신적 용기뿐만 아니라 도덕적 용기가 필요하다. 이런 도덕적 용기는 여러분이 원하는 결과를 확보하는 데 가장 적합하다고 판단한 행동 방침을 흔들리지 않고 확고하게 고수할 수 있게 해준다.

여러분은 어떤 일을 실행하라고 명령한 후에 특히 실행 단계에서 불안감과 의혹에 시달리는 경험을 여러 번 하게 될 것이다. 여러분이 추구하는 목표를 성취하는 다른 더 나은 방법을 보게 될 것이다. 이런 경우 명령을 변경하고 싶은 유혹을 강하게 느낄 것이다. 하지만 여러분의 처음 명령이 근본적으로 잘못되었다는 것이 명백해질 때까지 명령을 변경하지 마라. 섣불리 변경하면 여러분은 두 번째 명령의 효능에 대해서도 또다시 의심하게 될 것이기 때문이다.

명백한 이유 없이 명령을 변경할 때마다 여러분의 권위는 약해지고 부하들의 신뢰를 잃어버리게 된다. 명령을 고수하고 끝까지 관철할 도덕적 용기를 가져라.

도덕적 용기는 나아가서 여러분의 자기 행동에 책임을 요구한다. 만약 부하들이 여러분의 명령을 충실히 이행했음에도 여러분이 지시한 어떤 일이 실패로 돌아갔다면 그 실패 책임은 부하들이 아니라 여러분의 것이다. 반대로 그 일이 성공했다면 그 영광은 여러분의 것이 되었을 것이다. 그 일이 실패로 돌아감에 따라 손실이 발생하면 여러분이 그 책임을 져야 한다. 부하에게 떠넘기려고 하거나 부하를 희생양으로 만들지 마라. 그것은 비겁한 행동이다. 더욱이 부하들의 운명을 결정하는 일을 하기 위해서는 도덕적 용기가 필요할 것이다. 여러분은 직속 부하인 장교와 부사관의 승진 또는 강등 권고 요청을 자주받을 것이다.

개인의 성실성과 국가에 대한 의무를 분명히 명심하라. 사사로운 친분이나 감정에 사로잡혀 엄격한 정의감에서 벗어나서는 안 된다. 예컨대 여러분의 부관이 동생이어도 여러분이 판단하기에 그가 그 임무에 부적합하다면 교체하라. 그렇지 않으면 여러분의 도덕적 용기 부족으로 귀중한 생명을 잃게 될 수도 있다.

이와는 반대로 만약 여러분이 개인적인 이유로 아주 싫어하는 사람의 추천을 요청받는다면 그를 공정하게 대하는 것을 잊어서는 안 된다. 여러분의 목표는 개인적 원한을 푸는 것이 아니라 공익을 추구하는 데 있다는 사실을 기억하라.

여러분에게 육체적 용기가 있는 것은 당연하다고 생각한다. 그것이 얼마나 필요한지 굳이 설명할 필요는 없을 것이다. 용기는 용감함 이상을 뜻한다. 용감하다는 것은 단지 두려움이 없는 것이다. 아주 어리석은 사람도 용감할 수는 있다. 자신의 위험을 인식할 정신력이 없기 때문이다. 그는 위험을 모르기 때문에 두려워하지 않을 뿐이다.

하지만 용기는 관련된 위험을 완전히 인식하면서도 과업을 계속하는 굳건한 정신이며 도덕적 근간이다. 용감함이 육체적이라면 용기는 정신적, 도덕적이다. 여러분은 온몸이 얼어붙고 사지가 떨릴지도 모른다. 이것이 두려움이다. 육체적인 결함에도 불구하고 여러분의 부하들을 이끌고 적과 맞서 싸운다면 여러분은 용기가 있다. 곧 두려움의 신체적 징후도 사라질 것이다. 이런 경험은 처음이자 마지막이 될지도 모른다. 이는 사냥감이 가까이 왔을 때 사냥 초심자가 느끼는 흥분과 같은 것이다. 여러분은 이 순간을 극복해야 한다.

몇 년 전 폭파 과정을 수강할 때 내가 속해 있던 반에서는 다이너마이트를 다루고 있었다. 교관은 조작법을 설명하면서 이렇게 말했다. "폭발물을 사용할 때 조심하라. 제군들이 경험할 수 있는 사고는 단 한 번뿐이다." 그래서 나는 여러분에게 경고하고 싶다. 만약 여러분이 첫 번째 행동에서 여러분을 괴롭히는 두려움에 굴복한다면, 비겁하게 군다면, 폭발로 생긴 구덩이에 몸을 숨기면서 부하들을 전진하게 한다면, 다시는 이 병사들을 이끌 기회가 없을 것이다.

부하들에게 육체적 용기 혹은 용감성을 보이라고 요구할 때는 잘 판단해서 하라. 여러분이 가고 싶지 않은 곳에 부하들을 가라고 하지 마라. 여러분이 생각하기에 모험하기에 너무 위험한 곳은 부하들에게도 위험하다. 여러분에게 자기 목숨이 소중한 만큼 부하들에게 자신들의 목숨이 소중하다는 걸 잘 알지 않은가.

때로는 부하 중 일부가 위험에 노출되어야 하고 여러분이 그 위험한 일을 같이할 수 없을 때가 있다. 예를 들어 화재가 휩쓸고 간 지역을 가로질러 메시지를 전달해야 하는 임무가 있다고 하자. 여러분은 지원자가 필요하다. 만약 부하들이 여러분을 알고 이 일이 '옳다'는 것을 안다면 지원자가 부족하지 않을 것이다. 이들은 여러분의 마음이 임무에 있고 나라를 위해 최선을 다하고 있으며 할 수 있다면 기꺼이 스스로 그 메시지를 전달하리라는 것을 알기 때문이다. 여러분의 본보기와 열정이 그들에게 영감을 줄 것이다.

리더십의 요소 - 마음 분석

마지막으로 여러분이 리더십을 갖추고자 한다면 부하들을 연구하라고 권한다. 그들의 속내를 들여다보고 그들이 무슨 생각을 하는지 알아보라. 어떤 사람들은 겉보기와는 상당히 다르다. 그들의 마음이 어떻게 작용하는지 파악하라.

남북전쟁 당시 남부군 총사령관이었던 로버트 리_{Robert Lee} 장군이 리더로서 성공한 것은 심리학자로서의 능력 덕분이라고 할 수 있다. 그는 웨스트포인트 시절부터 대부분의 적을 알고, 이들의 마음이 어떻게 움직이는지 파악하고 있었으며, 이들이 특정 상황에서 특정한 일을 할 것이라고 믿었다. 거의 모든 경우에 그는 이들의 움직임을 예상할 수 있었으므로 이들의 행동을 저지할 수 있었다.

이 전쟁에서 여러분이 이와 같은 방식으로 상대를 파악할 수는 없다. 하지만 부하들은 알 수 있다. 여러분은 각자를 연구해서 부하의 강점과 약점을 파악할 수 있다. 어떤 사람이 마지막 순간까지 의지할 수 있고 어떤 사람이 의지할 수 없는지 알 수 있다. **여러분은 부하를 알고, 임무를 알고, 자신을 알아야 한다.**

리더십에 관해서는 바흐 소령의 연설보다 더 훌륭한 묘사를 찾을 수 없을 것이다. 이것을 여러분 자신, 여러분의 사업, 여러분의 직업, 혹은 여러분이 고용된 곳에 적용하면 이것이 얼마나 훌륭한 지침인지 알게 될 것이다.

이것은 고등학교를 졸업한 모든 학생에게 충분히 전달될 수 있는 연설이다. 또 모든 대학 졸업생들에게 전달해도 좋을 것이다. 모든 직업과 분야에서 다른 사람들을 이끄는 리더의 위치에 있는 사람들에게도 지침서가 될 수 있다.

> 봉사와 희생, 자기 통제는 성공하는 사람이 잘 알아야 할 단어다.

운명을 바꾸고 싶다면 결단하라

1장에서 여러분은 분명한 핵심 목표의 가치를 배웠다. 여기서 여러분의 목표는 수동적이 아니라 능동적이어야 한다는 것을 다시 한번 강조한다. 분명한 목표는 여러분이 주도적인 사람이 되어 목표를 성취할 때까지 공격적으로 끈질기게 그 목표를 추구하지 않는 한 단순한 소원에 지나지 않을 것이다. 끈기 없이는 아무것도 얻을 수 없다는 사실은 아무리 강조해도 지나치지 않다. 끈기가 있는 것과 없는 것의 차이는 무언가를 단순히 바라는 것과 그것을 얻기 위해 분명하게 결심하는 것의 차이와 같다.

주도적인 사람이 되기 위해서는 1년이 걸리든 20년이 걸리든 분명한 핵심 목표를 달성할 때까지 공격적이고 끈질기게 추구하는 습관을 길러야 한다. 목표를 세우더라도 목표를 달성하기 위해 지속해서 노력하지 않으면 목표가 없는 것과 같다.

만약 여러분이 분명한 핵심 목표 실현을 앞당기기 위해 어떤 조처도 하지 않는다면 여러분은 이 책을 최대한 활용하지 못할 것이다. 기다리기만 하면 여러분의 분명한 핵심 목표가 실현될 거라고 자신을 속이지 마라. 여러분의 목표는 신중하게 세운 계획과 그 계획을 실행에 옮기려는 주도적인 노력, 그리고 결단을 통해서만 이루어질 것이다. 그렇지 않으면 절대 이루어지지 않을 것이다.

리더십의 주요 요건 중 하나는 빠르고 확고한 결단력의 힘이다. 1만 6000명 이상을 분석한 결과 리더는 사소한 일에도 항상 결단력이 있는 사람이고, 추종자는 절대 빠른 결단을 하는 사람이 아니라는 사실이 드러났다. 이는 기억할 만한 사실이다.

어느 분야에서나 추종자는 자신이 무엇을 원하는지 거의 알지 못한다. 추종자는 리더가 시키지 않으면 아주 사소한 사항도 망설이고, 미루고, 결정을 회피한다. 대다수 사람이 결정을 빨리 내릴 수 없고 내리려고 하지 않는다는 사실을 아는 것은 자신이 무엇을 원하는지 알고 원하는 것을 얻을 계획을 세우는 리더에게 큰 도움이 된다. 여기서

1장과 이 장에서 다루는 두 법칙이 얼마나 서로 밀접하게 연결되는지 알게 될 것이다. 리더는 분명한 목표를 세우고 일할 뿐만 아니라 그 목표를 달성하기 위한 매우 확실한 계획이 있다. 또한 자기 확신의 법칙이 리더에게 중요한 요소라는 사실도 알게 될 것이다.

추종자가 결정을 내리지 못하는 주된 이유는 자기 확신이 없기 때문이다. 모든 리더는 분명한 핵심 목표의 법칙, 자기 확신의 법칙, 주도성과 리더십의 법칙을 사용한다. 또한 뛰어난 리더는 상상력과 열정, 자제력, 호감을 주는 인성, 정확한 사고력, 집중력, 관용의 법칙을 이용한다. 이 모든 법칙을 함께 사용하지 않고는 누구도 진정으로 위대한 지도자가 될 수 없다. 이 법칙 중 하나라도 빠지면 리더의 힘은 그만큼 감소한다.

시카고라살르대사회교육원LaSalle Extension University의 한 세일즈맨이 '판매 기술과 기업 경영' 강좌를 소개하기 위해 미국 서부 소도시의 한 부동산중개업소를 방문했다. 이 세일즈맨이 예비 학생 사무실에 도착했을 때 그는 구식 타자기 앞에서 독수리 타법으로 타자를 치고 있었다. 세일즈맨은 먼저 자기소개를 마치고 방문 목적인 강좌를 소개하기 시작했다.

부동산중개업자는 관심을 두고 귀를 기울이는 것으로 보였다. 영업 상담이 끝난 후 세일즈맨은 잠재 고객의 결정을 기다리며 머뭇거렸다. 영업 상담이 제대로 이루어지지 않았다고 생각한 그는 자신이 소개한 강좌의 장점을 다시 한번 간략하게 설명했다. 예비 학생은 여전히 아무런 응답이 없었다. 이번에는 세일즈맨이 단도직입적으로 물었다.

"당신은 이 강좌를 원하십니까? 아니면 원하지 않으십니까?"

그러자 부동산중개업자는 느릿느릿한 어조로 이렇게 대답했다.

"글쎄요. 제가 원하는지 않는지 잘 모르겠어요."

분명 그는 진실을 말하고 있었다. 그는 결정 내리기를 어려워하는 수많은 사람 중 한 사람이었기 때문이다.

> 어떤 사람도 단순한 가십과 사실에 기반을 둔 정보를
> 구별하는 법을 배우기 전에는 정확한 사고를 할 수 없다.

이런 인간 본성을 잘 아는 세일즈맨은 일어나서 모자를 쓰고 소개 자료를 서류 가방에 다시 넣고 떠날 채비를 했다. 그는 다소 과감한 전술을 동원하여 다음과 같은 말로 부동산 업자를 놀라게 했다.

"당신이 좋아하지 않으시겠지만 도움이 될 것 같아서 말씀드리겠습니다. 당신이 일하는 이 사무실을 보세요. 바닥은 더럽고 벽은 먼지투성이입니다. 당신이 사용하는 타자기는 마치 노아가 대홍수 때 방주에서 사용하던 것처럼 오래돼 보입니다. 당신 바지는 무릎이 튀어나왔고 옷깃은 더럽죠. 면도도 안 한 당신의 눈빛은 당신이 패배자라는 것을 보여주는군요.

제발 화를 내세요. 제가 원하는 게 바로 그겁니다. 그래야 당신이 충격을 받아 자신과 당신에게 의지하는 다른 사람들에게 도움이 되는 뭔가를 생각하게 될 테니까요.

안 봐도 당신 가정의 모습이 눈에 선하네요. 아이들은 옷도 제대로

차려입지 못하고 좋은 음식도 잘 먹지 못하겠죠. 아이들 어머니는 유행에 뒤떨어진 옷을 걸치고 있고 당신처럼 패배자의 눈빛을 하고 있네요. 당신과 결혼한 가여운 여성은 당신 곁을 지켰지만 처음 결혼할 때 그녀가 바랐던 행복한 삶은 살지 못하고 있군요.

제가 지금 수강을 권유하기 위해 이야기하는 것이 아니라는 것을 기억하세요. 저는 당신이 수강료를 현금으로 미리 내겠다고 해도 지금 당신에게 이 강좌를 수강하게 할 생각이 없습니다. 당신은 이 강좌를 마칠 의지가 없어 보이고 우리는 학생이 낙제하는 것을 바라지 않으니까요.

지금 제가 당신에게 하는 이야기는 아마도 제가 당신에게 어떤 걸 파는 데는 전혀 도움이 안 될 겁니다. 하지만 제 이야기를 당신이 골똘히 생각한다면 이것이 자극제가 되어 전에 없었던 어떤 변화가 일어날 겁니다.

자, 이제 저는 당신이 왜 패배자인지, 왜 당신이 작은 마을의 지저분한 사무실에서 낡은 타자기로 타자를 하고 있는지 그 정확한 이유를 말해줄 겁니다. **당신은 결단력이 없습니다.** 당신은 평생 결정을 내리는 책임을 회피하는 습관을 길러 왔습니다. 그래서 지금은 아예 결정을 내리지 못하는 지경에 이르고 만 겁니다.

당신이 이 강좌를 원한다거나 원하지 않는다고 말했다면 저는 당신에게 공감할 수 있었을 겁니다. 당신이 망설이는 이유가 자금이 부족해서일 것이라고 짐작했을 것이기 때문입니다. 하지만 당신은 뭐라고 말했습니까? 당신이 원하는지 아닌지 모른다는 사실을 인정했습니다. 제가 말한 것을 생각해 보신다면 당신에게 영향을 미치는 거의 모든 문제에 대해 명확한 결정을 내리는 책임을 회피하는 것이 습관이 되었다는 것을 당신도 인정하시리라 확신합니다."

부동산중개업자는 놀란 나머지 떡 벌어진 입과 휘둥그레진 눈으로 의자에 붙어버린 듯 앉아 있었다. 가슴을 후벼 파는 듯한 그의 말에 대꾸할 엄두도 내지 못했다. 세일즈맨은 작별 인사를 하고 현관문 쪽으로 향했다. 그는 나갔다가 다시 들어와 얼굴에 미소를 띠고 아직도 어안이 벙벙한 부동산 업자 앞에 앉아 방금 자기 행동을 설명했다.

"당신이 제 말에 상처받았다고 해도 저는 당신을 탓하지 않습니다. 사실 저는 당신이 기분 상했기를 바랍니다. 하지만 이제 인간 대 인간으로 이 말을 하고 싶습니다. 저는 당신이 총명하고 능력도 있다고 확신합니다. 다만 당신은 지금 습관에 빠져 헤어나지 못하고 있을 뿐입니다. 아직 희망이 있습니다. 당신은 잠시 넘어졌지만 다시 일어날 수 있습니다. 그리고 제가 한 말에 대한 사과를 받아주신다면 제가 당신 손을 잡고 일으켜 드릴 수 있습니다.

이 마을은 당신에게 적합하지 않습니다. 설령 당신이 업계에서 최고 리더라 하더라도 이렇게 작은 마을에서 부동산업을 해서는 굶어 죽기 십상입니다. 돈이 없으면 빌려서라도 새 옷을 한 벌 사 입으세요. 그런 다음 저와 함께 세인트루이스로 가세요. 그러면 당신에게 돈을 벌 기회를 주고 당신이 나중에 이용할 수 있는 부동산업에 관한 몇 가지 중요한 노하우를 가르쳐 줄 부동산 업자를 소개해 드리겠습니다.

만약 당신이 옷을 구하는 데 필요한 신용이 부족하다면 제가 외상 거래를 하는 세인트루이스의 상점에서 옷을 살 수 있도록 도와드리겠습니다. 당신을 돕겠다는 제 제안은 진심이며 최고의 동기에서 나온 겁니다. 저는 제 분야에서 성공했지만 항상 그랬던 것은 아닙니다. 저도 당신이 지금 겪고 있는 일을 겪었지만 중요한 건 **제가 그 고난을 극복했다는 겁니다. 당신도 제 충고를 따른다면 극복할 수 있습니다.**

저와 함께 세인트루이스로 가시겠습니까?"

부동산중개업자는 일어서려고 했지만 다리가 휘청거려 다시 의자에 주저앉고 말았다. 그는 덩치가 크고 건장한 남자였지만 북받쳐 오르는 감정을 주체하지 못해 눈물을 흘리고 말았다. 그는 다시 일어나서 세일즈맨과 악수하고 친절에 감사하며 충고를 따르겠지만, 자기 방식대로 하겠다고 말했다.

그는 '판매 기술과 기업 경영' 강좌 지원서에 서명하고 첫 번째 수강료로 약간의 돈을 냈으며 세일즈맨에게 다시 연락하겠다고 말했다.

3년 후 이 부동산중개업자는 60명의 판매원을 거느린 세인트루이스에서 가장 성공적인 부동산 기업의 사장이 되었다. 이 일이 있을 당시 라살르대 광고 매니저였던 나는 실제로 이 부동산중개업자의 사무실에 여러 번 갔었고 15년 이상 그를 관찰했다. 그는 15년 전 라살르대 세일즈맨이 인터뷰했던 사람과는 완전히 다른 사람이 되었다. 그를 변하게 한 것은 곧 여러분을 변하게 만들어줄 것과 같다. 그것은 바로 리더십의 매우 중요한 요소인 **결단력의 힘**이다.

이 부동산중개업자는 현재 부동산 분야의 리더다. 그는 다른 세일즈맨을 지도하고 더 효율적으로 일할 수 있도록 돕고 있다. 그의 철학에서 이 한 가지 변화는 일시적인 실패를 성공으로 바꾸어 놓았다. 이 부동산중개업자는 새로운 세일즈맨을 고용하기 전에 그를 개인 사무실로 따로 불러낸다. 그리고 초라한 작은 부동산 사무실에서 라살르대 세일즈맨을 만나 변화한 이야기를 그대로 정확하게 들려준다.

또 다른 이야기들

약 18년 전 나는 웨스트버지니아주 해리슨 카운티의 작은 마을 럼버포트를 처음 방문했다. 그 당시 가장 가까운 중심지인 클라크스버그에서 럼버포트까지 이어지는 유일한 교통수단은 볼티모어&오하이오 철도와 마을에서 4.8킬로미터 떨어진 곳까지 가는 도시 간 전차였다. 원한다면 4.8킬로미터는 걸을 수도 있었다.

클라크스버그에 도착했을 때 나는 오전에 럼버포트로 가는 유일한 기차가 이미 떠났다는 것을 알았다. 그리고 늦은 오후 기차를 기다리기 싫어서 4.8킬로미터를 걸을 생각으로 전차를 타고 여행했다. 도중에 비가 쏟아지기 시작해 나머지 4.8킬로미터는 푹푹 패는 진흙탕 길을 걸어야 했다. 럼버포트에 도착했을 때 내 신발과 바지는 진흙투성이였다. 내가 이 마을에서 처음 만난 사람은 당시 럼버포트 은행에서 일하던 호너 씨였다. 나는 그에게 다소 큰 소리로 물었다.

"전차 노선을 나들목에서 럼버포트까지 연장하면 진흙탕에 빠지지 않고 마을을 드나들 수 있을 텐데 왜 안 하는 거죠?"

"들어올 때 마을 가장자리에 높다란 제방이 있는 강을 보셨습니까? 그것이 우리가 시내로 연결되는 시내 전차가 없는 이유입니다. 다리를 설치하려면 비용이 약 10만 달러는 드는데 이를 전차 회사가 부담하기에는 너무 큰 금액이거든요. 우리는 10년 동안 그들이 전차 선로를 마을까지 연장하도록 노력해 왔어요."

"노력했다고요?" 나는 이 대목에서 폭발하고 말았다. "얼마나 열심히 노력했나요?"

"우리는 그들에게 우리가 할 수 있는 모든 유인책을 제안했어요. 나들목에서 마을로 들어오는 사유지 통행권을 무료로 제공하기로 했지만 여전히 그 다리가 걸림돌입니다. 그들은 전차 선로를 4.8킬로미터를 연장함으로써 얻을 수 있는 적은 수입으로는 교량 공사에 드는 막대한 비용을 감당할 수 없다고 주장합니다."

여기서 성공의 법칙이 나의 구세주가 되어 주었다. 나는 호너 씨에게 그렇게 많은 불편을 초래하는 지점을 둘러보기 위해 나와 동행할 수 있는지 물었다. 그는 기꺼이 그렇게 하겠다고 말했다.

우리가 강에 도착했을 때 나는 눈에 보이는 모든 것을 상세히 조사하기 시작했다. 내가 관찰한 바로는 강 양쪽 강둑에는 볼티모어&오하이오 철도의 선로가 놓여 있었고, 지방도로가 곧 무너질 듯한 나무 교량 위로 강을 가로지르고, 교량 양쪽 접근로에는 철도 회사의 조차장 switching yard이 있어 여러 가닥의 선로가 복잡하게 얽혀 있었다. 우리가 그곳에 서 있는 동안 화물열차가 건널목을 가로막았고 마차와 사람들이 통과할 기회를 기다리며 열차 양쪽에 멈춰 있었다. 그 기차는 약 25분 동안 도로를 봉쇄했다. 이런 상황을 염두에 두자 적어도 서로 다른 세 이해관계자가 시내 전차의 무게를 견디는 다리 건설에 관심이 있을 수 있다는 생각에 이르는 데까지 많은 상상력이 필요하지 않았다.

볼티모어&오하이오 철도가 다리 건설에 관심을 보일 것은 분명했다. 그들의 조차장 선로를 가로지르는 지방도로를 다른 곳으로 옮김으로써 마차와 사람들의 통행을 위해 열차를 멈추는 데 드는 시간과 비용을 절약할 수 있는 것은 말할 것도 없고, 건널목에서 일어날 수 있는 사고를 막을 수 있기 때문이다.

또한 카운티 위원회에서 이 다리 건설에 관심을 보일 것도 분명했다. 이 다리가 건설되면 지방도로를 더 나은 수준으로 끌어올리고 주민들에게 더 나은 서비스를 제공할 수 있기 때문이다. 그리고 물론 시내 전차 회사는 다리 건설에 드는 모든 비용을 대기를 원하지는 않았지만 다리 건설에 관심이 있었다. 이 모든 사실은 내가 그곳에 서서 사람들과 마차의 통행을 위해 화물열차가 멈추는 것을 보고 있을 때 내 머릿속을 스쳐 지나갔다.

분명한 핵심 목표가 내 마음속에 자리 잡았다. 또한 그 목표를 달성하기 위한 확실한 계획도 수립되었다. 다음 날 나는 시장, 시의원, 그리고 몇몇 주요 시민들로 구성된 주민 위원회를 소집해서 그래프턴에 있는 볼티모어&오하이오 철도 회사 부서장을 방문했다. 우리는 회사 철도에서 지방도로를 분리하는 것이 다리 비용의 3분의 1의 가치가 있다고 설득했다. 다음으로 우리는 카운티 위원회 위원들에게 갔다. 그리고 이들이 단지 3분의 1의 비용만으로 새 다리를 얻을 가능성에 대해 상당히 열광하고 있다는 것을 알게 되었다. 이들은 우리가 나머지 3분의 2를 마련할 수 있다면 3분의 1을 대겠다고 약속했다.

그리고 나서 우리는 페어몬트에 있는 시내 전차 운영 회사인 트랙션컴퍼니Traction Company 사장을 찾아가서 그가 즉시 마을로 들어오는 선로를 건설하기 시작하면 모든 통행권을 기부하고 다리 비용의 3분의 2를 대겠다는 제안을 했다. 그도 우리 제안을 받아들였다.

3주 후 볼티모어&오하이오 철도 회사, 머논가힐라밸리트랙션컴퍼니Monongahela Valley Traction Company, 해리슨카운티Harrison County의 위원회 사이에 각자가 교량 건설비 3분의 1을 부담하는 교량 건설 계약이 체결되었다. 2개월 후 도로 통행권이 부여되고 다리 건설 공사가 진행되었고, 그로부터 3개월 후 럼버포트로 들어오는 시내 전차가 정기 운행을 개시했다.

이 일은 럼버포트 마을에 큰 의미가 있었다. 사람들이 힘들이지 않고 마을을 드나들 수 있는 교통수단이 생겼기 때문이다. 이 일은 내게도 큰 의미가 있었다. 이 일을 계기로 나는 '일을 해낸' 사람으로 알려졌기 때문이다. 이 거래로 인해 내게는 두 가지 확실한 이점이 생겼다. 트랙션컴퍼니의 수석 고문변호사는 내게 그의 조수 자리를 주었고, 나중에 이것이 내가 라살르대 사회교육원의 광고 관리자로 임명되는 계기가 되었다.

웨스트버지니아주의 럼버포트는 지금도 그렇지만 당시에도 작은 마을이었고 대도시인 시카고와는 거리상으로도 멀리 떨어져 있었지만 주도성과 리더십에 관한 소식이 날개를 달고 시카고까지 전해졌다.

15가지 성공 법칙 중 4가지가 이 거래에서 사용되었다. **분명한 핵심 목표, 자기 확신, 상상력, 주도성과 리더십**이다. **보수보다 더 많은 일을 한다**는 법칙도 어느 정도 이 거래에 적용되었다. 나는 아무것도 제안받지 않았고 실제로 내가 한 일에 대한 보수를 기대하지 않았다.

솔직히 말해서 나는 이 일에서 돈을 받는다는 기대보다 이 다리를 건설할 수 없다고 말하는 사람들에 대한 일종의 도전으로 이 일을 했다. 이런 내 태도가 호너 씨에게 내가 그 일을 해낼 수 있으리라는 암시를 줬고 그는 기회를 놓치지 않고 재빨리 나를 시험했다.

여기서 이 거래에서 상상력이 한몫한 것에 주목해 보자. 10년 동안 럼버포트 마을 사람들은 시내에 전차 노선을 건설하려고 노력해 왔다. 이 마을에 유능한 인재가 없다고 단정해서는 안 된다. 이는 정확한 사실이 아니기 때문이다. 사실 이 마을에는 유능한 사람들이 많았다. 하지만 이들은 우리 모두가 흔히 저지르는 실수를 저지르고 있었다. 이들은 단 하나의 원천을 통해 자신들의 문제를 해결하려고 했다. 하지만 실제로 이들이 이용할 수 있는 해결책의 원천은 세 가지가 있었다.

교량 건설에 드는 비용 10만 달러는 한 회사가 부담하기에는 너무 많았다. 하지만 세 이해관계자가 비용을 나누게 되니 각자가 부담해야 할 금액이 더 적정해졌다. 그렇다면 이런 의문이 들 수 있다. "왜 이 마을 주민들은 3자 해결책을 생각하지 못했을까?"

우선 이들은 자신들의 문제에 너무 가까이 있었기 때문에 해결책을 제시할 수 있는 폭넓은 관점을 취하지 못했다. 이것은 또한 우리가 흔히 저지르는 실수이며 위대한 리더들은 항상 경계하는 실수이다. 두 번째로 이 마을 사람들은 이전에 이들의 노력을 조정하거나 마을에 시내 전차 노선을 건설하는 방법을 찾는 유일한 목적을 가지고 조직적으로 일한 적이 없었다. 이것 또한 흔히 하는 실수로 각계각층의 사람들이 철저한 협력 정신으로 일치단결해서 일하지 못하는 것이다.

외부인인 나는 이들보다 협력적인 행동을 얻는 데 어려움이 적었다. 작은 공동체에는 흔히 이기주의 정신이 존재하기 때문에 각 개인은 자기 생각이 우선해야 한다고 생각하게 된다. 사람들이 자기 생각과 이익보다 전체의 이익을 중시하도록 유도하는 것이 리더의 중요한 책임이며, 이는 시민의 문제, 기업, 사회, 정치, 금융 또는 산업 등 모든 분야의 문제에 적용된다.

성공의 개념은 사람마다 다를 수 있지만 성공은 거의 항상 사람들이 자기 개성을 고집하지 않고 리더를 따르도록 하는 능력의 문제다. 추종자들이 자기 계획을 받아들이고 충실히 수행하도록 유도하는 성품과 상상력을 지닌 리더는 항상 유능한 리더다.

> 당신이 원한다면 다른 사람들의 단점을 핑계로 삼아라.
> 하지만 당신이 어떤 일에서든 리더십을 얻고 싶다면
> 엄격한 책임을 져야 한다.

다음 장에 소개될 상상력은 재치 있는 리더십의 예술을 더 깊이 이해할 수 있게 도와줄 것이다. 사실 리더십과 상상력은 매우 밀접하게 연관되어 있고 성공을 위해 매우 필수적이기 때문에 어느 쪽이든 다른 요소 없이는 성공적으로 적용될 수 없다. 주도성은 리더를 앞장서게 하는 원동력이지만 상상력은 리더가 가야 할 길을 인도하는 정신이다.

나는 상상력을 통해 럼버포트 다리 문제를 분석하고 이를 세 가지 구성 요소로 나누고 다시 종합해서 실제 작업 계획을 만들었다. 대부분 문제는 여러 부분으로 분해할 수 있고, 이렇게 분해했을 때 더 관리하기 쉽다. 상상력의 가장 중요한 장점 중 하나는 모든 문제를 구성 요소로 분해하고 더 유리한 조합으로 재조립할 수 있다는 것이다.

전쟁에서 모든 전투의 최전선이 아니라 후방에서 그 전투 계획을 세우는 장군들이 사용하는 전략에 따라 판가름 난다고 한다.

전쟁에 적용되는 진리는 평생 우리가 직면하는 대부분 문제에서도 마찬가지로 적용된다. 우리의 성공과 실패는 우리가 세우고 실행하는 계획에 따라 판가름 난다. 이는 주도성과 리더십, 상상력, 자기 확신, 분명한 핵심 목표의 가치를 강조하는 사실이다. 이 네 가지 법칙을 현명하게 사용하면 어떤 목적을 위한 계획도 세울 수 있다. 그리고 이렇게 세운 계획은 이 법칙을 채택하거나 이해하지 못하는 어떤 사람도 이길 수 없다. 여기서 말하는 진리에는 예외가 있을 수 없다. 이 네 가지 법칙이 하나로 어우러져 리더에게 힘이 된다. 이런 요소의 도움 없이는 효과적인 리더십이 불가능하다.

이제 여러분은 상상력의 원칙으로 넘어갈 준비가 되었다. 여기에 언급된 모든 것을 염두에 두고 다음 장을 읽으면 더 깊은 의미를 알게 될 것이다.

> 작은 반대를 두려워하지 마라.
> 성공의 '연'은 순풍을 타고 올라가는 것이 아니라
> 역경의 바람을 거슬러 올라간다는 것을 기억하라.

THE LAW OF
SUCCESS

상상력

IMAGINATION

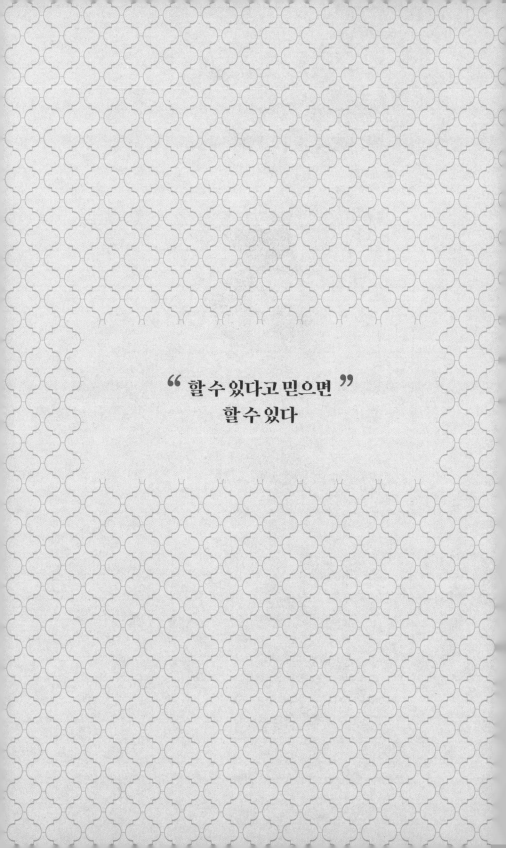

❝ 할수있다고 믿으면 ❞
할수있다

상상력이 전부다

상상력은 낡은 생각과 기정사실을 새로운 조합으로 재조립하고 새로운 용도로 사용하는 인간 정신 작용이다. 현대 사전은 '상상력'을 다음과 같이 정의한다.

• 지식이나 생각의 재료를 새롭고 독창적이며 합리적인 체계로 분류하는 건설적인 지성의 작용. 건설적이거나 창조적인 능력. 시적, 예술적, 철학적, 과학적, 윤리적 상상력을 포함한다.

• 실제로 경험하지 않은 현상이나 사물을 마음속으로 그려보는 심적 능력. 정신적 이미지, 그림의 형성. 사물이나 아이디어, 특히 감각적 인식과 수학적 추론 대상의 정신적 표현. 기억 속의 이미지나 생각 혹은 기억나는 경험적 사실을 다소 비논리적이거나 비정상적인 수정을

가해 재생산하거나 재결합하는 정신 작용이다.

상상력을 흔히 인간 정신의 창조력이라고 한다. 하지만 이는 이 책을 물질적 또는 금전적 이점을 얻기 위한 수단으로 활용하려고 하는 독자들의 관점에서는 다소 추상적이고 필요 이상으로 심오한 정의다.

이전 장의 내용을 완전히 이해하고 숙달했다면 '분명한 핵심 목표'를 세우는 데 사용한 재료들을 상상 속에서 조합하고 결합했다는 사실을 알 것이다. 또한 '자기 확신'과 '주도성과 리더십'이 실현되기 전에 여러분의 상상력으로 만들어진다는 사실도 알 것이다. 이런 필수적인 자질을 창조하는 데 자기암시의 원칙을 이용하는 것이 바로 상상력의 작용이다.

상상력은 성공의 법칙의 '중심'이다. 이 책의 모든 장은 이 장으로 이어지며 이 장의 원리가 모든 장의 기초가 되기 때문이다. 이는 모든 전화선이 교환국으로 연결되는 것과 같다. 먼저 성공을 위한 자질들을 상상 속에서 창조하지 않는 한 여러분은 절대 인생에서 분명한 목표를 세우지 못할 것이고, 자기를 확신하지 못할 것이며, 주도성과 리더십을 얻을 수 없을 것이다.

떡갈나무가 도토리 속의 싹에서 자라나고, 새가 알 속의 배아에서 자라듯이 물질적 성취도 여러분이 상상 속에서 만들어내는 체계적인 계획에서 비롯된다. 먼저 생각이 떠오르고, 그다음 그 생각을 아이디어와 계획으로 체계화하고, 그 계획을 현실로 바꾼다. 시작은 언제나 여러분의 상상 속에 있다.

상상력은 해석적이면서 창조적이다. 상상력은 사실과 개념, 생각을 검토해서 새로운 조합과 계획을 만들 수 있다. 상상력에는 일반적으로 상상력에서 비롯되지 않고 해석 과정에서 생기는 능력이 있다. 이는 라디오 수신 장치가 소리의 진동을 포착하는 것처럼 외부 소스에서 오는 떨림과 심파를 기록하는 힘이다. 상상력의 해석적 능력이 작용하는 이런 원리를 텔레파시라고 하며, 이는 물리적인 또는 기계적인 장치의 도움 없이 한 마음에서 다른 마음으로 생각이 전달되는 현상을 말한다.

텔레파시는 상상력을 효과적으로 사용하려는 사람들에게는 중요한 요소다. 이런 텔레파시 능력이 심파와 모든 표현의 진동을 끊임없이 포착하기 때문이다. 논리적이거나 이성적이지 않은 의견을 형성하거나 행동 방침을 정하도록 부추기는 이른바 '성급한 판단'과 '예감'은 대개 상상 속에 기록된 빗나간 심파의 결과다.

최근 개발된 전파 장치 덕분에 우리는 에테르의 원소들이 매우 민감하고 활력이 넘쳐서 온갖 종류의 음파가 전광석화처럼 빠르게 여기저기 날아다닌다는 사실을 알게 되었다. 텔레파시 원리를 이해하기 위해서는 현대 전파 장치만 이해하면 된다. 텔레파시 원리는 심리학 연구를 통해 아주 잘 확립되었다. 서로 잘 조율되고 조화를 이루는 두 마음이 어떤 기계 장치의 도움 없이도 먼 거리에서 생각을 주고받을 수 있다는 많은 증거가 있다. 두 마음이 이처럼 잘 조화되어 사고의 사슬이 끊임없이 전달되는 경우는 드물지만, 체계화된 사고의 일부가 전달된 사실을 보여주는 증거는 충분하다.

예컨대 자기 확신과 상품에 대한 확신이 없는 세일즈맨이 잠재 고객을 방문했을 때 어떤 일이 벌어지는지 생각해 보면 이 책의 기초가 되는 15가지 요소가 서로 얼마나 밀접하게 연관되어 있는지 알 것이다. 잠재 고객의 인식 여부와 관계없이 그 세일즈맨의 상상력이 그의 마음에 자기 확신이 부족하다는 사실을 즉시 '감지'한다. 세일즈맨의 생각이 실제로 그의 노력을 저해하는 셈이다. 이는 다른 각도로 성공을 위한 노력에서 자기 확신이 가장 중요한 요소 중 하나임을 설명해 준다.

텔레파시의 원리는 비슷한 사람들끼리 끌린다는 끌어당김의 법칙과 더불어 많은 실패 원인을 설명해 준다. 마음이 에테르에서 특정한 마음의 지배적 생각과 조화를 이루는 생각의 진동을 끌어당기는 경향이 있다면 실패를 곱씹고 자기 확신이 부족한 부정적인 마음이 성공에 관한 생각이 지배하는 긍정적인 마음을 끌어당기지 않는 이유를 쉽게 알 수 있다.

이런 설명은 정신이 작용하는 과정을 특별히 연구해 본 적 없는 일반인에게는 다소 추상적으로 들릴 수 있다. 하지만 이 장의 주제를 이해하고 실제 사용할 수 있게 하려면 이런 설명이 필요해 보인다. 상상력을 흔히 단지 허구만을 창조하는 불명확하고, 추적하거나 설명할 수 없는 뭔가로 여기는 경우가 많다.

다소 추상적이지만 이 책의 가장 중요한 주제인 상상력에 대해 언급할 필요가 있는 것은 상상력의 힘을 무시하는 이런 일반적인 경향 때문이다. 상상력이라는 주제는 이 책에서 중요한 요소이자 분명한 핵심 목표 달성을 위해 하는 모든 일에 어떤 영향을 미치는지를 확인할 수 있는 가장 흥미로운 주제다.

세상에서 유일하게 절대적인 통제력을 가진 것이 상상력이라는 사실을 알면 상상력이 얼마나 중요한지 알게 될 것이다. 다른 사람들이 여러분의 물질적 부를 빼앗을 수 있지만 누구도 여러분의 상상력을 빼앗을 수는 없다. 사람들이 여러분을 불공평하게 대할 수도 있고, 자유를 빼앗을 수도 있지만, 마음대로 상상력을 발휘하는 특권을 빼앗을 수는 없다.

모든 문학에서 가장 영감을 주는 것은 영국 낭만주의 시인 리 헌트 Leigh Hunt의 시다. 그는 진보적인 정치 성향 때문에 억울하게 옥살이를 한 가난한 죄수였다. 이 시의 제목은 「아부 벤 아뎀Abou Ben Adhem」이다. 사람이 상상 속에서 할 수 있는 가장 위대한 일 중 하나는 자신을 부당하게 대했던 사람들을 용서하는 것이라는 사실을 일깨우기 위해 이 시를 소개한다.

아부 벤 아뎀이(그의 부족이 번성하기를!)
어느 날 밤 평화로운 깊은 잠에서 깨어나
활짝 핀 백합처럼 방을 아름답게 비추는 달빛 속에서
황금으로 만든 책에 글을 쓰는 한 천사를 보았다.
그지없는 평화로움에 용기를 얻은 벤 아뎀이
방에 있는 존재에게 물었다.
"무엇을 쓰고 계시나요?" 천사가 고개를 들었다.
그리고 사랑스러운 미소를 지으며 말했다.
"주님을 사랑하는 사람들의 이름이에요."
"제 이름도 있나요?" 아부가 물었다. "아니, 없어요."
천사가 대답했다. 아부가 더 작은 목소리로,

하지만 여전히 기쁜 마음으로 말했다.

"그럼, 부디 저를 다른 사람들을 사랑한 사람으로 적어주세요."

천사는 뭔가를 적고 사라졌다. 다음 날 밤

눈부시게 밝은 빛과 함께 천사가 다시 왔다.

그리고 주님의 사랑이 축복하는 이름을 보여줬다.

오, 벤 아뎀의 이름이 맨 위에 있었다.

문명은 풍부한 상상력으로 인간관계를 더 숭고하고 더 고결한 기준으로 그려낸 리 헌트와 같은 사람 덕분에 존재한다. 자신의 상상 속에서 건설적인 이상에 대한 희망을 그려낸 「아부 벤 아뎀」은 불멸의 시다.

오늘날 이 세상의 가장 큰 문제는 상상력의 힘에 대한 이해가 부족하다는 데 있다. 우리가 이 위대한 힘을 이해하게 되면 우리는 이를 무기로 삼아 한 세대 내에 가난과 불행, 불공평과 박해를 없앨 수 있다. 이것은 다소 광범위한 말이며, 이런 말의 기초가 되는 원칙을 가장 실용적이고 일상적인 용어로 설명하지 않으면 얼마나 쓸모없는 것인지 나는 누구보다도 더 잘 안다. 그러므로 이제 이것이 어떤 의미인지 알아보자.

이런 설명을 쉽게 이해하기 위해서 우리는 우리가 내보내는 모든 생각이 텔레파시를 통해 다른 사람들의 마음속에 기록된다는 텔레파시의 원리를 현실로 받아들여야 한다. 우리는 텔레파시가 현실이라는 것을 증명하는 데 시간을 들일 필요가 없다. 텔레파시를 이해하고 이를 확립된 원리로 받아들일 만한 지식이 없는 사람들에게는 상상력에 관한 이 장이 아무 가치가 없기 때문이다. 우리는 여러분이 당연히 이 원칙을 받아들이고 이해하는 것으로 여길 것이다.

여러분은 '군중심리'에 대해 들어본 적이 있을 것이다. 이는 한 명 이상의 마음에서 만들어지고 텔레파시의 원리를 통해 다른 사람들의 마음속에 기록된 어떤 강하고 지배적인 아이디어다. 군중심리의 영향력은 매우 커서 구경꾼들이 길거리에서 싸우는 두 사람이 무엇 때문에 싸우는지, 누구와 싸우는지조차 모른 채 난투극에 가담하기도 한다.

1918년 제1차 세계대전 정전 협정이 맺어지던 날, 텔레파시 원리의 실체를 증명할 수 있는 풍부한 증거가 쏟아져 나왔다. 나는 그 파란만장한 날의 느낌을 뚜렷이 기억한다. 이 느낌이 너무 강해서 나는 새벽 3시에 잠이 깼다. 마치 누군가가 물리적인 힘으로 나를 깨우는 것 같았다. 침대에서 일어나 앉았을 때 나는 뭔가 특이한 일이 일어났다는 것을 느꼈다. 그리고 이 경험이 너무나 이상해서 옷을 입고 시카고 거리로 나갔다. 그곳에서 나는 같은 영향을 느꼈던 수많은 사람과 만났다. 모두가 "무슨 일이 일어났나요?"라고 물었다. 다음은 그날 일어난 일이다.

수백만 명이 싸움을 멈추라는 지시를 받았고, 이들의 기쁨이 모여 전 세계를 휩쓴 심파가 되고, 이 심파를 받아들일 수 있는 모든 사람의 마음이 이 심파를 느꼈던 것이다. 아마도 세계 역사상 수백만 명이 같은 시간에 같은 방식으로 같은 생각을 한 적은 없었을 것이다. 세계 역사상 단 한 번 모든 이가 같은 마음을 느꼈고, 이 조화로운 사고의 결과가 우리가 정전일에 목격한 전 세계적인 '군중심리'였다. 서론에서 두 명 이상 생각의 조화를 통해 마스터 마인드를 형성하는 방법에 대해 말했던 것을 떠올리면 도움이 될 것이다.

나는 이 원칙을 어떻게 적용하느냐에 따라 기업이나 산업의 근로 환경이 조화롭게 조성될 수도, 깨질 수도 있다는 사실을 보여주면서 여러분이 이 원칙의 중요성을 좀 더 잘 느끼게 할 것이다. 여러분은 아마도 정전일에 조화를 이룬 수백만 군인의 생각이 전 세계 사람의 마음에 전달되어 곳곳에서 '군중심리' 현상을 일으켰다는 사실을 받아들이지 않을 수도 있다. 하지만 불만을 품은 사람이 만나는 모든 사람을 방해한다는 증거는 따로 필요치 않다. 불만이 많은 한 사람이 조직 전체를 어지럽힌다는 사실은 이미 잘 알려져 있다. 직장 내에 불평분자가 있으면 그의 정신 상태가 머지않아 주위 사람들의 마음에 전달되어 불신과 의심, 부조화를 초래하기에 노사 모두 이들을 용납하지 않을 때가 올 것이다. 같은 노동자라도 전형적인 불평분자를 독사보다 더 혐오할 때가 다가왔다.

이번에는 이 원칙을 다른 방식으로 적용해 보자. 이를테면 노동자들 속에 성격이 긍정적이며 낙천적이고 주위에 조화의 씨앗을 뿌리는 사람이 있으면 그의 영향력은 그와 함께 일하는 모든 사람에게 반향을 일으킬 것이다. 에머슨의 표현대로 모든 기업이 '한 사람의 확장된 그림자'라면 자신감과 명랑한 기분, 낙관주의, 조화의 그림자를 반영한 한 사람의 자질이 결국 해당 기업과 그와 연결된 모든 사람에게 좋은 영향을 미치게 된다.

다음 단계로 넘어가면서 상상력을 이용해서 물질적인 부를 축적하고 세계적으로 선도적인 발명을 완성한 가장 최근의 성공 사례들을 살펴볼 것이다.

상상력을 이용한 실제 성공 사례들

여기에서 명심해야 할 것은 '태양 아래 완전히 새로운 것은 없다'라는 사실이다. 지구상의 삶은 수많은 장면과 사실, 재료의 변화가 일어나는 거대한 만화경과 같으며 우리가 할 수 있는 일은 이런 사실과 재료들을 선택해서 새로운 조합으로 다시 배열하는 것뿐이다. 이런 작업이 이루어지는 과정을 '상상력'이라고 한다.

우리는 상상력의 본질이 해석적이면서도 창조적이라고 말했다. 상상력은 어떤 느낌이나 아이디어를 받아 새로운 조합을 만드는 것이다. 현대적 사업 성취에서 상상력의 힘을 보여주는 첫 번째 사례로 슈퍼마켓의 원조 격인 피글리-위글리Piggly-Wiggly를 만든 클래런스 손더스Clarence Saunders를 들 수 있다.

손더스는 미국 남부의 작은 소매상점에서 식료품과 잡화를 담당하는 점원이었다. 어느 날 그는 구내식당에서 양철 쟁반을 손에 들고 줄을 서서 차례를 기다리고 있었다. 그때까지 그는 주급 20달러 이상을 번 적이 없었고, 아무도 그에게서 특이한 능력을 나타내는 어떤 것도 알아채지 못했다. 하지만 줄을 서서 기다리는 동안 상상력을 발휘하게 하는 무언가가 그의 마음속에 일어났다. 상상력의 도움으로 그는 구내식당에서 '셀프서비스' 아이디어를 발견했고 이를 식료품점에 적용했다(새로운 것을 창조한 것이 아니라 단지 낡은 아이디어를 새로운 용도로 바꾼 것이다). 순식간에 피글리-위글리 식료품 및 잡화 프랜차이즈 계획이 만들어졌고 주급 20달러 식료품점 점원 클래런스 손더스는 순식간에 미국의 백만장자 식료품 및 잡화 프랜차이즈의 주인이 되었다.

이 과정에서 여러분이 따라 할 수 없는 것이 조금이라도 있는가? 앞장의 내용을 상기해 보면 클래런스 손더스가 매우 분명한 목표를 세웠음을 알 수 있다. 그는 이 목표를 자기 확신으로 뒷받침하고 주도적으로 실현에 옮겼다. 그리고 이런 세 가지 요소(분명한 목표, 자기 확신, 그리고 주도성)를 한데 모아 피글리-위글리 계획 수립의 첫걸음을 내디딜 수 있게 된 것은 바로 그의 상상력 덕분이었다. 이렇게 위대한 생각이 현실로 바뀌었다.

토머스 에디슨은 단지 오래되고 잘 알려진 두 가지 원리를 한데 모아 새로운 조합으로 연결하며 백열전구를 발명했다. 에디슨은 물론 전기를 잘 아는 사람들은 모두 작은 전선을 전기로 가열하면 빛을 생산할 수 있다는 것을 알고 있었다. 하지만 어려운 문제는 전선이 타서 끊어지지 않게 하는 것이었다. 실험 연구에서 에디슨은 빛을 내기 위해 발생하는 엄청난 열을 견딜 수 있는 물질을 찾으려고 생각할 수 있는 모든 종류의 철사를 시험했다.

그의 발명은 절반이 완성되었지만, 나머지 절반의 해결책을 찾을 때까지 아무 쓸모가 없었다. 수많은 실험을 거치고 상상 속에서 오래된 생각들을 수없이 결합한 후 에디슨은 마침내 정답으로 이어지는 연결고리를 찾았다. 그는 산소가 없으면 연소가 일어날 수 없다는 사실을 배웠다(물리학을 공부하는 다른 학생들도 함께 배운 사실이다). 그는 열을 조절하는 방법이 없는 것이 전선이 빛을 내는 데 가장 큰 어려움이라는 사실을 알고 있었다. 산소가 없는 곳에서는 연소가 일어날 수 없다는 생각이 떠오른 그는 작은 전선을 유리 전구에 넣고 모든 산소를 차단했다. 이렇게 백열등은 현실이 되었다.

해가 지면 여러분은 벽의 스위치를 눌러 다시 대낮같이 환하게 만들 수 있다. 몇 세대 전 사람들을 어리둥절하게 했을 일이다. 하지만 이제 여러분의 이런 행동은 놀랍지 않다. 에디슨이 발휘한 상상력 덕분에 여러분은 태초부터 존재해 온 두 가지 자연법칙(빛과 어둠)을 한데 모이게 할 수 있다.

앤드루 카네기를 잘 아는 사람은 단 한 가지만 빼고 그가 특별한 능력이나 천재적 재능을 지녔다고 생각하지 않았다. 그 한 가지는 그가 일을 할 때 조화의 정신으로 협력할 능력과 의지가 있는 사람을 선택하는 능력이다. 그가 수백만 달러를 모으는 데 무슨 능력이 더 필요했겠는가? 카네기처럼 체계적인 노력의 원리를 이해하고 사람을 잘 알아서 특정 과업을 수행하는 데 필요한 사람을 선택할 수 있는 사람이라면 카네기가 이룬 모든 것을 그대로 이룰 수 있다.

카네기는 상상력이 풍부한 사람이었다. 그는 먼저 분명한 목표를 세우고, 그 목표를 현실로 바꾸는 데 필요한 훈련을 받고 비전과 능력을 갖춘 사람들을 주위에 두었다. 카네기는 항상 자신의 분명한 목표를 달성하기 위한 계획을 스스로 세우지 않았다. 그는 자기가 원하는 것이 무엇인지 아는 것을 자기 일로 삼았고, 이 목표를 달성할 계획을 세울 사람들을 찾았다. 그것은 상상력일 뿐만 아니라 최고 수준의 특별한 재능이었다. 하지만 카네기와 같은 유형의 사람만이 상상력을 유익하게 사용할 수 있는 유일한 사람이 아니라는 것을 분명히 해둔다. 이 위대한 힘은 '경지에 도달한' 사람이 아닌 비즈니스 초보자도 이용할 수 있다.

초보자도 발휘할 수 있는 상상력의 힘

어느 날 아침 찰스 슈와브의 자가용이 그의 베들레헴 철강 공장 앞에 멈춰 섰다. 그가 차에서 내리자 한 젊은 속기사가 다가와서 슈와브가 쓰고 싶은 편지나 전보가 있으면 자신이 즉시 정확하게 써주겠다고 했다. 아무도 이 젊은이에게 여기 있으라고 하지 않았다. 하지만 그는 그곳에 있으면 자기 출세에 나쁘지 않은 기회가 생길 거라는 상상력이 있었다. 그날부터 이 젊은이는 승진 대상자로 지목되었다. 슈와브가 그를 승진 대상자로 지목한 것은 베들레헴 철강에 근무하는 다른 십여 명의 속기사들이 해야 했으나 하지 않은 일을 그가 했기 때문이다. 훗날 이 사람은 세계 굴지의 제약 회사 사장이 되었으며 그에게 필요한 것을 다 가지고도 남을 부를 축적했다.

나는 몇 년 전 경영대학을 갓 졸업하고 내 사무실에서 일자리를 얻고 싶어 하는 한 청년의 편지를 받았다. 그는 편지와 함께 한 번도 접은 적이 없는 빳빳한 10달러짜리 지폐를 보냈다. 편지 내용은 다음과 같다.

"저는 명문 경영대학에서 경영학 과정을 막 마쳤습니다. 귀사에서 일하고 싶습니다. 막 직장 생활을 시작하는 저 같은 젊은이가 당신 같은 분의 지도 아래에 일하는 특권을 누리는 것이 얼마나 가치 있는 일인지 알기 때문입니다.

10달러를 동봉하오니 제 근무 첫 주에 지시를 내리는 데 할애하실 시간에 대한 대가로 받아주시기를 바랍니다. 첫 달에는 무급으로 일하겠지만 그다음 달부터는 제가 증명해 보이는 가치대로 임금을 책정해 주시기 바랍니다.

저는 제 평생 원했던 그 어떤 것보다도 이 직업을 원하고 이 일을 얻기 위해 어떤 희생도 기꺼이 감내할 각오입니다. 감사합니다."

나는 이 젊은이를 채용했다. 그는 자기 상상력으로 원했던 기회를 얻었다. 이 이야기를 들은 한 생명보험회사 사장이 이 젊은이에게 상당한 봉급으로 개인 비서직을 제안했다. 첫 달이 채 끝나기도 전이었다. 그는 오늘날 세계 최대 생명보험회사의 임원이 되었다.

몇 년 전 한 젊은이가 에디슨에게 일자리를 구하려고 편지를 썼다. 어떤 이유에선지 에디슨은 답장하지 않았다. 하지만 이 젊은이는 이에 낙담하지 않고 에디슨에게서 답장을 받아낼 뿐만 아니라 자기가 원하는 일자리를 얻고 말겠다고 마음먹었다. 그는 에디슨 산업이 있는 뉴저지주 웨스트오렌지와는 먼 거리에 살았으며 기차 삯을 낼 돈이 없었다. 하지만 그에게는 상상력이 있었다. 그는 화물차를 타고 웨스트오렌지에 가서 면접을 보고, 직접 자기 이야기를 들려주었다. 그리고 결국 그가 원하는 일자리를 얻었다. 오늘날 이 사람은 플로리다주 브레든타운에 살고 있다. 그는 필요한 돈을 다 벌고 활동적인 일에서 은퇴했다. 내 말을 확인하고 싶다면 에드윈 반스Edwin Barnes를 찾아보라.

반스는 상상력을 발휘해서 에디슨 같은 사람과 밀접한 관계를 맺으면 얻게 되는 이점을 보았다. 그는 이런 관계를 맺으면 에디슨을 연구할 기회가 생기고, 동시에 세계에서 가장 영향력 있는 사람들인 에디슨의 친구들과도 만날 수 있다고 생각한 것이다.

시어도어 루스벨트는 미국 대통령 재임 기간 단 한 번의 행동으로 역사에 그의 이름을 남겼다. 그가 대통령으로서 했던 모든 일이 잊혀지더라도 이 한 번의 업적으로 그는 역사에 뛰어난 상상력을 가진 사람으로 기록될 것이다. 그는 파나마 운하 건설을 시작했다. 워싱턴에서 루스벨트까지 모든 대통령이 운하 건설을 시작했다면 운하가 이미 완공되었을 수도 있다. 하지만 그것은 상상력뿐만 아니라 대담한 용기가 필요한 거대한 사업이었다. 루스벨트는 상상력과 용기 둘 다 가지고 있었고, 그 덕분에 미국 사람들은 파나마 운하를 가지게 되었다.

> 대부분 사람이 당신의 고민을 듣기 좋아하지 않는 이유는
> 자신들도 많은 고민이 있기 때문이다.

새로운 것을 시작하기에 자신들이 너무 늦었다고 생각하기 시작하는 40세에 풍부한 부를 축적한 사례도 있다. 제임스 힐은 월급 30달러를 받으며 전신기 앞에 앉아 있었다. 그는 자본도 없었고 자본을 가진 영향력 있는 친구도 없었다. 하지만 그에겐 강력한 상상력이 있었다. 그는 마음의 눈으로 미국 북서부의 미개발 지역을 관통해서 대서양과

태평양을 하나로 묶을 거대한 철도 시스템을 보았다. 그의 상상력은 너무나 생생해서 다른 사람들에게도 이런 철도 시스템이 가져다줄 이점을 이야기했다. 이후 이야기는 너무나 우리에게 친숙한 이야기다.

다만 나는 이 이야기에서 대부분 사람이 언급하지 않는 부분을 강조하고 싶다. 힐의 그레이트노던철도시스템이 그의 상상 속에서 먼저 현실이 되었다는 점이다. 그레이트노던철도시스템은 다른 철도와 마찬가지로 철제 레일과 나무 침목으로 지어졌고 건설 자금 동원 방법도 같았다. 하지만 제임스 힐의 진정한 성공 스토리를 원한다면 힐이 월급으로 30달러를 받으며 일했던 그 작은 시골 철도역으로 돌아가서 그가 상상력을 발휘해서 눈에 보이지 않는 생각이라는 재료를 엮어 장대한 그레이트노던철도시스템을 만들어낸 실마리를 찾아야 한다.

상상력의 힘은 얼마나 위대한가. 상상 속에서 생각을 엮어 철도와 고층 빌딩과 공장과 모든 물질적 부를 창조하다니 말이다.

나는 생각이 곧 사물이라는 것을 믿는다.

생각은 몸이 있고 숨을 쉬며 날개가 달려 있다.

그리고 우리가 내보내는 생각이

세상을 선한 결과로도 나쁜 결과로도 채울 수 있다.

우리가 비밀스러운 생각이라고 부르는 것이

이 땅의 가장 먼 외딴곳까지 달려가며

축복 혹은 고민을 흔적처럼 남긴다.

우리의 생각이 모여 우리의 미래가 된다.

좋을지 나쁠지 아직은 모르지만,

어쨌든 만물은 그렇게 탄생한다.

생각은 운명의 다른 이름이다.

너의 운명을 선택하고 기다려라.

사랑은 사랑을 낳고, 증오는 증오를 낳을 테니까.

쓸모없다고 생각하는 것에 상상력을 부어라

상상력이 영혼의 거울이라면 여러분은 그 거울 앞에 서서 여러분이 되기를 원하는 자신을 볼 수 있는 완벽한 권리가 있다. 여러분은 가지고 싶은 저택, 경영하고 싶은 공장, 총재가 되고 싶은 은행, 소유하고 싶은 기차역을 이 마법의 거울에 비춰볼 권리가 있다. 여러분의 상상력은 여러분 것이니 마음껏 발휘하라. 상상력은 쓰면 쓸수록 더 효율적으로 쓸 수 있다.

뉴욕시의 거대한 브루클린 다리 건설현장 동쪽 끝에서 한 노인이 구둣방을 운영하고 있었다. 기술자들이 거대한 철골 구조물의 토대가 들어설 장소를 표시하기 위해 말뚝을 박을 때 노인은 고개를 설레설레 흔들며 "불가능한 일이야"라고 중얼거렸다. 시간이 흘러 이제 이 노인은 지저분하고 좁은 구둣방에서 다리를 보며 '도대체 어떻게 할 수 있었지?'라고 머리를 흔들며 자문한다.

노인은 바로 자기 눈앞에서 다리가 세워지는 것을 보면서도 자기가 본 것을 분석할 상상력이 부족했다. 다리 건설을 계획한 기술자는 주춧돌을 놓기 위해 첫 삽을 뜨기 훨씬 전부터 이 다리가 실현될 것을 알

왔다. 그의 상상 속에서 다리는 현실이 되었다. 낡은 생각에서 새로운 조합을 짜내는 상상력 훈련을 했기 때문이다.

미국의 한 대학 전기학과 실험에서 전기로 만든 인공 햇빛으로 꽃을 재우고 다시 깨우는 방법을 발견했다. 이 발견으로 햇빛의 도움 없이 채소와 꽃의 생장이 가능하게 되었다. 몇 년 후면 이 도시 주민들은 베란다 뒤에서 흙 몇 상자와 전등 몇 개로 일 년 내내 새로운 채소 작물을 키우게 될 것이다.

이 새로운 발견에 약간의 상상력과 루서 버뱅크의 원예학적 발견을 더하면 이 도시 거주자는 일 년 내내 베란다 뒤에서 채소를 기를 뿐만 아니라, 현대 정원사가 햇빛으로 키우는 것보다 더 큰 채소를 기를 수 있다.

캘리포니아 해안의 한 도시에서 건축 용지로 적합한 땅은 이미 모두 개발되고 없었다. 도시의 한쪽은 가파른 언덕이어서 건축 용지로 부적합하고, 다른 한쪽은 땅이 너무 낮아 하루에 한 번씩 물에 잠겨서 건물을 짓기에 적합하지 않았다.

한 상상력이 풍부한 사람이 이 도시에 왔다. 상상력이 풍부한 사람들은 대개 예리한 두뇌를 가졌는데 이 사람도 예외는 아니었다. 도착한 첫날 그는 이곳의 부동산으로 돈을 버는 가능성을 보았다. 그는 가팔라서 사용하기 부적합한 언덕배기 땅과 매일 물에 잠겨서 사용하기 부적합한 땅을 모두 사들였다. 이 땅들은 쓸모없는 것으로 여겨졌기 때문에 매우 저렴한 가격에 살 수 있었다.

그는 폭발물을 사용해서 가파른 언덕을 부드러운 흙으로 만들었다. 그는 트랙터와 땅 고르는 기계를 동원해서 가파른 언덕이었던 땅을 평평하게 하고, 노새와 수레를 이용해 남은 흙으로 낮은 땅을 메워서 훌륭한 건축 용지로 바꾸었다. 그 과정에서 그는 상당한 돈을 벌었다.

비결은 필요 없는 곳의 흙을 파서 필요한 곳에 옮기는 것이었다. 쓸모없는 흙에 상상력을 더한 것이다. 이 작은 도시의 사람들은 이 사람이 천재라고 생각했다. 하지만 누구라도 상상력을 발휘했더라면 이 사람처럼 될 수 있었다.

화학 분야에서는 두 가지 이상의 화학 성분을 단순히 특정 비율로 혼합하는 것만으로 각각의 성분이 가지고 있지 않은 엄청난 에너지를 얻을 수 있다. 또한 수소 두 분자와 산소 한 분자를 혼합하면 물이 되는 것처럼, 화학 성분을 특정 비율로 혼합해서 전혀 다른 성질을 띠는 물질을 만들어낼 수도 있다.

다양한 물리적 재료가 결합해서 각 요소가 더 큰 가치를 지니거나 각각의 구성요소와는 성질이 완전히 다른 산물이 되는 분야는 화학만이 아니다. 쓸모없는 흙과 돌로 된 언덕을 날려버리고 남은 흙과 돌을 필요 없는 곳에서 필요한 저지대로 옮긴 사람은 그 흙과 돌에 전에 없던 가치를 부여했다.

선철銑鐵은 부러지기 쉬워 거의 가치가 없다. 하지만 여기에 탄소, 규소, 망간, 유황, 인을 적당한 비율로 섞으면 가치가 훨씬 높은 강철이 된다. 여기에 다시 숙련된 노동력을 포함한 다른 물질들을 적절한 비율로 더하면 상당한 재산 가치가 있는 시계 스프링으로 변모한다. 이 과정에서 가장 가치 있는 한 가지 요소는 바로 눈에 보이지 않는 상상력이다.

여기 벽돌과 목재, 못과 유리가 아무렇게나 쌓여 있다. 현재 이것들은 무용지물일 뿐만 아니라 환경 공해다. 하지만 여기에 건축가의 상상력과 숙련된 노동력을 더하면 왕의 몸값만큼 가치 있는 아름다운 저택이 된다.

뉴욕과 필라델피아를 잇는 큰 고속도로 주변에 금방이라도 쓰러질 것 같은 오래된 낡은 헛간이 서 있었다. 약간의 목재와 시멘트와 상상력의 도움으로 이 오래된 헛간은 아름다운 자동차용품점으로 바뀌었고 상상력을 발휘한 사람은 상당한 돈을 벌었다.

내 사무실 건너편에 작은 인쇄소가 하나 있는데 이 인쇄소 수입은 인쇄소 주인과 그의 일을 돕는 직원의 생계비 정도다. 여기서 열두 블록도 채 안 되는 거리에 아주 현대적인 인쇄소가 있는데 이 인쇄소 주인은 대부분 시간을 여행하며 보내도 쓰고 남을 만큼 재산이 많다. 22년 전에 이 두 인쇄업자는 함께 사업을 시작했다.

큰 인쇄소를 운영하는 사람은 상상력을 가미한 사람과 일을 제휴하는 좋은 판단력이 있었다. 이 상상력이 풍부한 사람은 광고 작가로 고객의 사업을 분석해서 매력적인 광고 특징을 만들고, 이런 특징이 잘 드러나는 데 필요한 인쇄물을 공급함으로써 그와 제휴한 인쇄소에 일감이 넘치게 했다. 인쇄비도 최고로 받았다. 상상력을 가미해서 대부분 인쇄소가 공급할 수 없는 제품을 생산하기 때문이다.

시카고 시에서 한 도로가 높아져서 대로변의 아름다운 주택들의 경관을 망쳤다. 인도가 2층 창문 높이까지 높아졌기 때문이다. 집주인들이 불운을 한탄하고 있을 때 상상력이 풍부한 사람이 와서 이 부동산들을 헐값에 샀다. 그리고 2층을 사업용 부동산으로 개조해 임대료로 상당한 수입을 올렸다.

이 글을 읽을 때 이 장의 서두에서 언급했던 내용을 기억하기 바란다. 특히 상상력으로 할 수 있는 가장 위대하고 가장 유익한 일은 오래된 생각을 재배치해서 새로운 조합을 만드는 것이라는 사실을 명심하기 바란다.

실패와 실수도 자산이 되는 상상력의 마법

상상력을 적절하게 사용하면 실패와 실수도 가치 있는 자산으로 바꿀 수 있다. 상상력은 이를 활용하는 사람들에게만 알려진 진실을 발견할 수 있게 해준다. 그리고 종종 절호의 기회로 향하는 문을 열어준다.

미국에서 가장 뛰어난 판화가 중 한 사람은 이전에 우체부였다. 어느 날 그는 시내 전차를 탔다가 사고를 당해 한쪽 다리를 절단해야 했고 보상비로 5000달러를 받았다. 그는 이 돈으로 학교를 졸업하고 판화가로 등단했다. 그의 손과 상상력이 빚어낸 작품은 우체부일 때 두 다리로 얻을 수 있는 것보다 훨씬 더 가치가 있었다. 그는 전차 사고로 그의 진로를 다시 정해야 했을 때 자기에게 상상력이 있음을 알았다.

자기 노력과 상상력을 결합하는 방법을 배우기 전에는 자신이 어떤 성취 능력을 지녔는지 알 수 없을 것이다. 상상력이 빠진 여러분 손이 빚어내는 산물은 여러분에게 작은 보답을 안겨줄 뿐이다. 하지만 똑같은 손이라도 상상력의 도움을 받으면 여러분이 쓸 수 있는 모든 물질적인 부를 얻게 해줄 수 있다.

상상력을 통해 이익을 얻는 방법에는 두 가지가 있다. 자기 마음속에서 직접 상상력을 개발할 수도 있고, 이미 상상력을 개발한 사람들과 제휴할 수도 있다. 앤드루 카네기는 두 가지 방법을 다 사용했다. 그는 자신의 풍부한 상상력을 이용하면서 자기 주변에 이런 자질을 갖춘 사람들을 모았다. 분명한 목표를 달성하기 위해서는 상상력이 다양한 방향으로 흐르는 전문가들이 필요했기 때문이다. 카네기의 '마스터 마인드'를 형성하는 집단에는 상상력이 화학 분야에 국한된 사람들도 있었고, 재무에만 국한된 사람들도 있었다. 개중에는 상상력이 판매 기술에 국한된 사람들도 있었는데 그중 한 사람이 찰스 슈와브였다. 그는 카네기 직원 중 가장 유능한 세일즈맨이었다.

상상력이 부족하다고 느낀다면 부족한 점을 채워줄 상상력이 발달한 누군가와 제휴해야 한다. 여기에는 다양한 제휴 형태가 있다. 사업 제휴, 노사 협력, 혼인에 의한 결연, 우정 등이다. 모든 사람이 고용주로서 자신의 이익을 위해 일할 능력이 있는 것은 아니기에 상상력이 풍부한 사람들과 제휴함으로써 이익을 얻을 수도 있다.

카네기는 철강 업계에서 다른 어떤 고용주보다 더 많은 직원을 백만장자로 만들었다고 한다. 이 중에는 찰스 슈와브가 있었다. 그는 훌륭한 판단력으로 가장 견실한 상상력의 증거를 보여주었다. 고용인으로 일하는 것은 불명예스러운 일이 아니다. 오히려 제휴의 가장 유익한 면으로 밝혀지기도 한다. 모든 사람이 다른 사람들을 지휘하는 책임을 맡기에 적합한 것은 아니기 때문이다.

판매 기술만큼 상상력이 중요한 역할을 하는 분야는 없을 것이다. 노련한 세일즈맨은 자신이 판매하는 상품이나 자신이 제공하는 서비스의 장점을 상상으로 바라본다. 그럴 수 없으면 판매에 성공할 수 없다.

몇 년 전 역사상 가장 파급효과가 크고 중요한 거래가 이루어졌다. 거래 대상은 상품이 아니라 오하이오 주립 교도소에 수감된 남성의 자유와 법망에 걸린 불행한 사람들을 다루는 방법의 전면적인 변화를 약속하는 교도소 개혁 시스템이었다. 상상력이 판매 기술에서 얼마나 중요한 역할을 하는지 여러분에게 보여주기 위해 이 거래를 분석하려 한다. 이 실례의 가치를 생생하게 보여주기 위해 사용된 개인적인 언급에 대해 미리 양해를 구한다.

나는 몇 년 전 오하이오 교도소 수감자들을 대상으로 한 강연에 초대받았다. 연단에 올라갔을 때 청중들 속에서 10여 년 전 성공한 사업가였던 한 남자를 발견했다. 결론부터 말하자면 나는 그 남자의 사면을 도와줬고 그의 석방 소식은 미국의 거의 모든 신문 1면을 장식했었기에 아마 미국인이라면 이 사건을 기억할 것이다. 이 남자를 B라고 칭하고 사면 과정을 상세히 풀어보겠다.

강연을 마치고 B와의 인터뷰에서 그가 위조죄로 20년형을 선고받은 사실을 알게 되었다. 그의 이야기를 들은 후 나는 이렇게 말했다.

"60일 이내에 당신을 여기서 내보내 주겠습니다."

그러자 억지 미소를 지으며 그가 대답했다.

"당신의 마음은 고맙지만, 당신의 판단은 의문입니다. 왜냐고요? 이미 20명도 넘는 영향력 있는 사람들이 절 풀어주려고 온갖 방법을 다 써봤지만 성공하지 못했거든요. 불가능한 일입니다."

'불가능한 일입니다'라는 그의 말이 나를 도발했고 나는 그에게 가능한 일임을 보여주겠다고 마음먹었다. 뉴욕으로 돌아와 아내에게 트렁크를 챙기고 오하이오 주립 교도소가 있는 콜럼버스 시티에 무기한 체류할 준비를 하라고 당부했다.

내 마음속에 분명한 목표가 생겼다. 그 목표는 오하이오 주립 교도소에서 B를 빼내는 것이었다. 나는 그의 석방을 확신하고 있었을 뿐만 아니라, 그의 가슴에서 '죄인'이라는 주홍글씨를 지우고 동시에 그의 석방을 끌어내는 데 도움을 준 모든 사람에게 공로를 돌리며 그가 석방되도록 노력할 작정이었다.

나는 한 번도 그의 석방을 끌어내지 못한다고 의심한 적이 없다. 팔수 없을 것 같다며 의심하면 어떤 세일즈맨도 팔 수 없다. 아내와 나는 콜럼버스 시티로 돌아와 상설 본부를 차렸다. 이튿날 나는 오하이오 주지사를 찾아가 방문 목적을 밝혔다.

"주지사님, 오하이오 주립 교도소에 수감된 B를 풀어달라고 청원하러 왔습니다. 그의 석방을 요청하는 타당한 이유가 있습니다. 저는 얼마나 오래 걸리든 그가 석방될 때까지 여기 머물 준비를 했습니다.

주지사님도 아시다시피 B는 수감 기간 동안 오하이오 주립 교도소에 통신 교육 시스템을 개설했고 오하이오 주립 교도소 수감자 2518명 중 1729명이 이 교육 과정을 수강하도록 만들었습니다. 그는 교재와 학습 자료를 구하는 데 성공했고 오하이오주 비용을 한 푼도 들이지 않고 이 일을 해냈습니다. 교도소장과 교도소 목사는 그가 교도소 규칙을 잘 지켰다고 합니다. 1729명에게 자신의 노력을 자기 개선 쪽으로 돌리도록 영향을 줄 수 있는 사람은 몹시 나쁜 부류의 사람이 될 수 없는 것이 분명합니다.

저는 당신께 B를 석방해 달라고 청원하러 왔습니다. 저는 그를 교도소 수감자를 위한 교육 기관의 교장으로 임명해 미 전역에 수감된 16만 명의 죄수들에게 교육받을 기회를 주고 싶습니다. 저는 그가 석방된 후에 그의 모든 행동에 대해 책임질 준비가 되어 있습니다.

그리고 주지사님이 제게 답변하기 전에 알아두셔야 할 것이 있습니다. 저는 그를 석방하면 정적들이 주지사님을 비난할 것이라는 사실을 모르는 것이 아닙니다. 사실 당신이 그를 석방한다면 당신이 다시 공직에 출마할 때 많은 표를 잃게 될 겁니다."

주지사 빅 도나헤이Vic Donahey는 주먹을 불끈 쥐고 단호하게 말했다.

"당신이 B에게 원하는 것이 그것이라면 설령 그 대가로 내가 5000표를 잃는다고 해도 나는 그를 석방할 겁니다. 하지만 제가 서명하기 전에 사면위원회를 만나 사면에 찬성하는 추천을 받아주셨으면 합니다. 그리고 오하이오 주립 교도소 소장과 목사의 찬성 추천도 받아주시기를 바랍니다. 아시다시피 주지사는 여론 재판소에 따라야 하고, 이분들이 바로 그 재판소의 대표자들입니다."

거래가 성사되었다. 이 모든 거래에 5분도 채 걸리지 않았다.

다음날 나는 오하이오 주립 교도소 목사와 함께 다시 주지사 집무실을 찾아가서 주지사에게 사면위원회, 교도소 소장, 교도소 목사가 모두 석방을 권고하는 데 동참했다고 알렸다. 3일 후 사면이 서명되었고 B는 거대한 교도소 철문을 나와 자유의 몸이 되었다.

이렇게 세세한 내용까지 이야기하는 것은 이 거래에 어떤 어려움도 없었다는 것을 보여주기 위해서다. 내가 현장에 도착하기 전에 석방을 위한 준비 작업은 모두 되어 있었다. B는 좋은 품행을 유지하는 것은 물론 1729명의 죄수에 대한 봉사로 이 일을 해냈다. 그가 세계 최초로 교도소 통신 교육 시스템을 만들었을 때 그는 감옥 문을 여는 열쇠를 만들었다. 그렇다면 왜 B의 석방을 요청한 다른 사람들은 성공하지 못했을까?

그들은 상상력을 사용하지 않았기 때문에 실패했다. 아마도 그들은 B의 부모가 저명한 사람이라는 이유로, 혹은 그가 대학 졸업자이고 나쁜 사람이 아니라는 이유로 주지사에게 B의 석방을 요청했을 것이다. **그들은 주지사가 사면을 허락하는 자신을 정당화할 충분한 동기를 제공하지 못했다.**

주지사를 만나러 가기 전에 나는 모든 사실을 검토했다. 내가 주지사를 대신하는 상상을 해봤다. 만약 내가 실제로 주지사 자리에 있다면 어떤 말이 내게 가장 강하게 꽂힐 것인지 생각했다.

B의 석방을 청원할 때 나는 그가 만든 통신 교육 시스템의 혜택을 누릴 미국 감옥의 16만 수감자들의 이름을 사용했다. 저명한 부모에 대해서는 아무 말도 하지 않았다. 지난 몇 년 동안 그와의 우정에 대해서도 아무 말 하지 않았다. 그가 자격이 있는 사람이라는 것에 대해 아무 말도 하지 않았다. 이 모든 사정이 그의 석방을 위한 타당한 이유로 작용했을 수도 있지만, B의 석방이 그가 만든 통신 교육 시스템은 16만 수감자들에게 도움이 되리라는 더 크고 더 건전한 이유와 비교하면 대수롭지 않아 보였다.

주지사가 결정을 내렸을 때 나는 그의 결정에 B라는 인물의 중요성이 부차적이라는 것을 의심하지 않았다. 주지사는 틀림없이 석방된 B

의 영향력이 필요한 16만 명의 이익을 보았다. **그것은 상상력이었다.** 또한 판매 기술이기도 했다. 그 후 이 일을 이야기하면서 1년 넘게 B의 석방을 위해 부지런히 일했던 사람 중 한 명이 이렇게 물었다.

"어떻게 하신 거예요?"

내가 대답했다.

"제가 해본 일 중 가장 쉬운 일이었습니다. 이 일을 맡았을 때는 일의 대부분이 준비되어 있었기 때문입니다. 사실 제가 한 게 아닙니다. B가 직접 한 겁니다."

그는 어리둥절해서 나를 쳐다보았다. 그는 내가 말하려는 것을 보지 못했다. **실제로 모든 어려운 일은 올바른 각도에서 접근하면 쉽게 할 수 있다는 것이다.** B의 석방에는 두 가지 중요한 요인이 있었다. 첫 번째는 내가 담당하기 전에 그가 좋은 결말을 위한 실마리를 제공했다는 사실이었고, 두 번째는 주지사를 방문하기 전에 B의 석방을 요청할 권리가 있다는 것을 완전히 확신했기 때문에 내가 맡은 일을 효과적으로 설명하는 데 어려움이 없었다.

시작 부분에서 언급했던 텔레파시 주제를 이 사례에 적용해 보자. 주지사는 내가 방문 목적을 말하기 훨씬 전에 내가 좋은 사례를 들고 왔다는 것을 알 수 있었다. 내 눈에 나타난 자기 확신과 긍정적인 어조에서 내가 내 주장을 믿는다는 것을 분명히 느낄 수 있었을 것이기 때문이다.

이 사례에서 내가 맡은 작은 역할에 대한 모든 공로를 부인한다. 나는 상상력을 거래가 성사되게 한 요소들을 조합하는 조립실로 사용하는 것 외에는 아무것도 하지 않았기 때문이다. 상상력이 풍부한 세일즈맨이라면 누구나 할 수 있는 일 이외에는 아무것도 하지 않았다. B의 사례는 판매 기술의 한 요소로서 상상력의 힘을 완전히 증명해 주는 긴 증거 사슬 중 하나에 불과하다.

모든 문제에는 수많은 접근법이 있지만 최선의 접근법은 오직 하나뿐이다. 최고의 방법 하나를 찾으면 문제가 쉽게 해결된다. 여러분의 상품에 엄청나 많은 장점이 있더라도 그것들을 제안하는 수많은 잘못된 방법이 있다는 것을 유의하라. 여러분의 상상력이 올바른 방법을 찾도록 도와줄 것이다.

상품이나 서비스를 제안하는 올바른 방법을 찾을 때는 인간의 독특한 특성을 기억하기를 바란다. **사람들은 당신을 위해 호의를 베풀어 달라고 부탁할 때보다 다른 사람을 위해 호의를 베풀어 달라고 부탁할 때 더 잘 들어준다.**

이 말을 내가 주지사에게 B의 석방을 부탁한 사실과 비교해 보라. 그것은 나를 위한 호의도 아니고, B를 위한 호의도 아니고, 미국 감옥의 불행한 16만 수감자들의 이익을 위해서였다. 상상력이 풍부한 세일즈맨은 항상 잠재 구매자들이 그 상품의 이점을 명확하게 이해할 수 있는 용어로 상품을 제안한다. 어떤 사람이든 단지 세일즈맨의 말을 받아들여 상품을 구매하거나 다른 사람에게 호의를 베푸는 일은 드물다. 자기 이익에 부합하는 일을 하는 것이 인간 본성의 두드러진 특성이다. 이상주의자들의 반대 주장에도 불구하고 논쟁의 여지가 없는 사실이다.

솔직히 말해서 **인간은 이기적이다.** 이런 진실을 이해한다는 것은 여러분이 감옥에서 한 남자를 석방하라고 요구하든 어떤 상품을 팔려고 제안하든 여러분의 경우를 어떻게 설명해야 하는지 이해하는 것이다. 상상력을 발휘해서 구매자가 가장 강력하고 설득력 있는 이점을 분명하게 알 수 있도록 여러분의 사례를 발표할 계획을 세워라. **이것이 바로 상상력의 힘이다.**

"아무도 당신에게 기회를 주지 않았다고요?
당신은 스스로 기회를 만들겠다고 생각해 본 적이 있나요?"

상상력을 팔아라

한 농부가 잘 훈련된 양치기 개를 데리고 도시로 이사했다. 농부는 곧 개가 도시에 어울리지 않는다는 것을 알게 되었고, 그래서 '개를 없애기로' 했다(작은따옴표 속 말에 주목하라). 그는 개를 데리고 시골로 가서 한 농가의 문을 두드렸다. 한 남자가 목발을 짚고 절뚝거리며 나왔다. 개를 데리고 간 남자는 그 집 남자에게 인사하고 이렇게 말했다.

"제가 없애고 싶은 훌륭한 양치기 개가 있는데 사고 싶지 않으세요?"

목발을 짚은 남자는 "안 사요"라고 대답하고 문을 닫았다. 개를 데리고 간 남자는 다른 농장에도 몇 군데 가서 같은 질문을 했지만 돌아오는 대답은 모두 같았다. 그는 아무도 개를 원하지 않는다고 생각하고 도시로 돌아왔다. 그날 저녁 그는 상상력이 풍부한 사람에게 자신이 겪은 일을 털어놓았다. 이 남자는 개 주인이 어떻게 '개를 없애버리려고' 노력했는지 듣고는 이렇게 말했다.

"내가 당신을 위해 개를 처분해 드리겠습니다."

개 주인은 기꺼이 그러라고 했다. 다음 날 아침 상상력이 풍부한 남자는 개를 시골로 데리고 가서 개 주인이 전날 방문했던 첫 번째 농장에 들렀다. 문 두드리는 소리에 노인이 목발을 짚고 절뚝거리며 나왔다. 상상력이 풍부한 남자는 이렇게 말했다.

"류머티즘으로 다리를 심하게 저는군요. 당신에게 필요한 것은 당신을 위해 심부름해 줄 훌륭한 개입니다. 제 개는 소를 집으로 데려오고, 야생동물을 쫓아내고, 양 떼를 모으고, 다른 유용한 일을 하도록 훈련받았습니다. 백 달러면 이 개를 가질 수 있습니다."

"좋소." 다리를 저는 남자가 말했다. "내가 개를 사겠소."

이것도 상상력이었다. 다른 사람이 '없애버리고' 싶어 하는 개를 원하는 사람은 아무도 없었지만 대부분 사람은 양을 모으고, 소를 집으로 데려오는 등 다른 유용한 일을 하는 개를 갖고 싶어 했다. 전날 거절했던 바로 그 개였지만 개를 판 사람은 '개를 없애려고' 했던 사람이 아니었다. 상상력을 사용한다면 다른 사람이 '없애려고' 노력하는 것은 아무도 원하지 않는다는 사실을 알게 될 것이다. **'유유상종'이라는 속담에서도 나타나는 끌어당김의 법칙을 기억하라. 실패한 부분만 보고 행동하면 실패만 거듭할 뿐이다.** 여러분의 필생의 일이 무엇이든 간에 모든 일은 상상력을 요구한다.

나이아가라 폭포도 상상력이 풍부한 사람이 그것을 이용하고 낭비되는 에너지를 현재 산업의 바퀴를 돌리는 전기로 바꾸기 전까지는 포효하는 거대한 물 덩어리일 뿐이었다. 수많은 사람이 굉음을 내며 떨어지는 이 폭포를 다녀갔지만 이를 활용하려는 상상력이 없었던 것이다.

세계 최초의 '로터리 클럽'은 폴 해리스Paul Harris의 풍부한 상상 속에서 탄생했다. 법조계의 윤리는 통상적인 방식의 광고를 금지하고 있지만 폴 해리스의 상상력은 광고하지 않고도 자기 변호사 업무를 확장할 수 있는 방법을 찾았다. 그는 장래의 의뢰인과 관계를 구축함으로써 변호사 업무를 확장하는 효과적인 수단을 보았다. 행운의 바람이 불리하게 불어 닥치더라도 상상력을 발휘하면 바람을 잘 이용해서 여러분이 세운 분명한 목표를 향해 여러분을 실어 나르게 할 수 있다는 것을 기억하라. 연은 바람과 함께 올라가는 것이 아니라 바람을 받아 올라간다.

프랭크 크레인Frank Crane 박사는 굶어 죽기 좋을 성직자 월급으로 고군분투하는 삼류 전도사였다. 상상력을 발휘한 그는 에세이를 쓰기 시작했고 하루에 한 시간씩 일하면서 연간 10만 달러 이상을 벌었다.

버드 피셔Bud Fisher는 한때 적은 돈을 받고 일했지만 신문 연재만화 「무트와 제프Mutt and Jeff」로 사람들을 웃기면서 연간 7만 5000달러를 벌었다. 그의 그림에는 어떤 기교도 들어가지 않는다. 그는 자기 상상력을 팔고 있음이 분명했다.

여러분은 이 사례들을 분석함으로써 인간 본성에 관한 면밀한 연구가 성공에 중요한 역할을 했음을 알게 될 것이다. **상상력을 유익하게 활용하기 위해서는 사람들이 특정 행동을 하거나 하지 못하게 하는 동기에 대한 예리한 통찰력을 가져야 한다.** 만약 사람들이 자신들의 이익에 호소하는 여러분의 요청을 얼마나 잘 들어주는지 알게 된다면 실제로 여러분이 추구하는 모든 것을 가질 수 있다.

얼마 전 나는 아내가 우리 아기를 아주 교묘하게 다루는 것을 보았다. 아기가 숟가락으로 서재의 마호가니 책상을 두드리고 있었다. 아내가 숟가락에 손을 뻗자 아기는 숟가락을 포기하지 않았다. 상상력이 풍부한 아내는 아기에게 빨간 막대 사탕을 주었다. 그는 즉시 숟가락을 떨어뜨리고 더 매력적인 물체에 주의를 집중했다. 상상력이면서 판매 기술이었다. 아내는 물리적인 힘을 사용하지 않고 자신이 원하는 바를 얻었다.

친구와 함께 자동차를 타고 가고 있었는데 이 친구가 제한속도를 초과해서 달렸다. 그러자 오토바이를 탄 경찰관이 달려와서 속도위반으로 단속한다고 했다. 그 친구는 경찰관에게 기분 좋게 웃으며 말했다. "이렇게 비가 많이 오는데 수고를 끼쳐 미안합니다. 제 친구와 함께 10시 기차를 타고 싶어서 시속 35마일로 달리고 말았습니다."

"아닙니다. 시속 28마일밖에 가지 않으셨는데요." 경찰관이 대답했다. "앞으로 조심하신다면 이번에는 그냥 보내 드리겠습니다."

이것 역시 상상력이었다. 교통경찰도 올바른 자세로 접근하면 이유를 들어주려고 할 것이다. 하지만 속도측정기가 고장이라고 우기는 운전자는 인정사정 봐주지 않을 것이다.

여러분이 주의해야 할 상상력도 있다. 공짜로 무언가를 얻을 수 있다거나 다른 사람들의 권리를 지키지 않고 자기 마음대로 세상을 살아갈 수 있다는 상상이다. 미국 교도소에는 16만 명 이상의 죄수들이 있는데 사실상 그들 모두가 수감된 이유는 다른 사람들의 권리를 지키지 않아도 살아갈 수 있다고 상상했기 때문이다.

잘못된 상상의 또 다른 예는 부모보다 삶에 대해 더 잘 안다고 생각하는 어린 소년, 소녀의 생각이다. 하지만 이런 유형은 시간이 지남에 따라 저절로 개선될 수 있다. 내 아들들은 내가 그들 나이였을 때 내 아버지가 내게 가르치려다 헛수고만 했던 많은 일을 떠올리게 했다.

상상력은 우리에게 많은 것을 가르쳐주지만 무엇보다 더 중요한 것은 다음과 같은 사실이다. 모든 사람은 여러 면에서 많이 닮았다.

> 우리는 모두 칭찬을 좋아하기에 많은 사람이 아첨을 좋아한다.
> 이런 성향에 빠져드는 것이 인격과 힘과 개성을 기르는 데
> 도움이 되는지에 대해서는 논란의 여지가 있다.

나를 탐구하면 '사람'이 보인다

고객이 어떤 생각을 하는지 알고 싶다면 여러분 자신을 연구하라. 그리고 여러분이 고객이라면 어떤 생각을 할 것인지 상상해 보라. 어떤 행동을 할 때 어떤 동기들이 여러분을 자극하고 다른 행동을 자제하게 하는지 알아보라. 그러면 상상력을 훨씬 더 정확하게 사용할 수 있게 된다.

수사관의 가장 큰 자산은 상상력이다. 범죄를 해결하기 위해 그가 하는 첫 번째 질문은 '동기가 무엇일까?'다. 동기를 알아낼 수 있다면 보통 범인을 찾을 수 있기 때문이다.

말을 잃어버린 한 남자가 5달러의 현상금을 내걸었다. 며칠 후 '지적장애아'로 여겨지던 한 소년이 말을 집으로 끌고 와서 현상금을 달라고 했다. 말 주인은 그 소년이 어떻게 그 말을 찾았는지 궁금했다. 그래서 "말을 어디서 찾아야 할지 어떻게 생각했니?"라고 물었다. 그러자 소년이 대답했다. "내가 말이라면 어디로 갔을까 하고 생각했을 뿐인데 정말 말이 거기 있었어요."

지적장애가 없는 보통 사람들도 이 소년만한 상상력을 보이지 않고 평생을 살아간다. 다른 사람이 무엇을 할지 알고 싶다면 상상력을 사용하고, 그 사람의 처지가 되어 무엇을 했을지 생각해 보라. 그것이 상상력이다.

우리는 모두 어느 정도 몽상가여야 한다. 모든 사업에는 꿈꾸는 사람이 필요하다. 모든 산업과 모든 직업에는 그런 사람이 필요하다. 하지만 꿈을 꾸는 사람은 반드시 실천가여야 한다. 그렇지 않으면 꿈을 현실로 바꿀 수 있고 실제로 실현하는 사람과 제휴해야 한다. 지구상에서 가장 위대한 국가는 꿈을 행동으로 옮긴 사람들을 품고 있다. 그들의 마음속 상상력으로 잉태되고, 태어나고, 성장했다.

여러분의 마음은 오래된 생각들을 재료로 많은 새롭고 유용한 조합을 만들어낼 수 있다. 하지만 그중 가장 중요한 것은 여러분이 가장 원하는 것을 가져다줄 분명한 핵심 목표다.

여러분이 상상의 요람에서 만든 분명한 핵심 목표는 빠르게 현실로 바뀔 수 있다. 여러분이 1장 「분명한 핵심 목표」에서 정한 지침을 충실히 따랐다면 성공을 향한 길을 잘 가고 있는 것이다. 자기가 원하는 것이 무엇인지 알고, 자기가 원하는 것을 얻기 위한 계획이 있기 때문이다. 원하는 것을 분명하게 알 때의 싸움은 반은 이긴 것과 마찬가지다. 어떤 대가를 치르더라도 그것을 얻기로 마음먹었다면 이미 싸움은 끝났다. 승리를 외칠 일만 남았다.

분명한 핵심 목표를 선택할 때는 상상력과 결단력을 모두 사용해야 한다. 결단력은 사용할수록 강해진다. 신속한 결단력은 문제를 헤치고 결정에 도달하는 능력을 더 강화한다.

역경과 일시적인 패배는 전화위복이 될 수 있다. 이때는 상상력과 결단력을 모두 사용하게 되기 때문이다. 이것이 배수진을 치고 더는 후퇴할 곳이 없음을 알 때 더 잘 싸우게 되는 이유다. 궁지에 몰리면 도망가는 대신 싸우기로 결심하는 법이다. 빠르고 확실한 결단력과 실천력을 요구하는 긴급 상황에 직면했을 때보다 상상력이 활성화되는 때는 없다. 이런 긴급 상황에서 사람들은 결단력을 발휘하고, 계획을 세우고, 천재라고 불릴 정도의 상상력을 발휘한다. 천재성은 신속한 사고와 결단을 요구하는 어떤 쓰라린 경험의 결과로서 비상하게 상상력을 자극할 필요가 있을 때 나타난다.

과잉보호를 받고 자란 아이들을 쓸모 있는 사람이 되게 하는 방법은 자급자족하게 만드는 방법밖에 없다. 필요하지 않아서 사용하지 않던 상상력과 결단력을 모두 발휘해야 하기 때문이다.

웰시머 목사는 오하이오주 캔턴에 있는 한 교회에서 거의 25년 동안 목사 일을 하고 있다. 통상적으로 목사가 특정 교구에 머무를 수 있는 기간은 3년이다. 보통 목회자들은 한 교회에 그렇게 오래 머무르지 않는데, 웰시머 목사도 목회자의 직무에 상상력을 가미하지 않았다면 이 규칙의 예외가 아니었을 것이다.

웰시머 목사가 지도자로 있는 교회의 주일학교에는 5000명 이상의 교인이 참여하는데 이는 미국 내 어느 교회보다 많은 숫자였다. 어떤 목사도 주도성과 리더십, 분명한 핵심 목표, 자기 확신, 상상력의 법칙을 채택하지 않고서는 신도들의 전폭적인 동의를 얻어 25년 동안 한 교회의 리더로 머물며 이만한 규모의 주일학교를 세울 수 없었을 것이다. 나는 웰시머 목사가 채용한 방법을 연구했고 이 방법을 여기에서 소개하려 한다.

교회 파벌 싸움, 질투 등이 종종 의견 충돌로 이어지기 때문에 리더를 바꿔야 한다는 것은 잘 알려진 사실이다. 웰시머 목사는 상상력의 법칙을 독특하게 적용함으로써 이 공통의 장애물을 피했다.

새로 신자가 들어오면 즉시 그 신자에게 각자의 기질, 교육과 경력에 적합한, 그리고 분명한 임무를 부여한다. 웰시머 목사의 말에 따르면 '교인들이 교회를 위해 일하느라 바빠서 다른 교인들과 다툴 새가 없게' 했다. 이는 비즈니스 분야나 다른 분야에 적용해도 나쁘지 않은 정책이다. '손이 한가한 자는 악마의 가장 좋은 도구'라는 옛 속담은 단순한 언어 유희가 아니라 사실이다.

누구든지 좋아하는 일을 하게 하고 그 일을 하느라 바쁘게 하면 질서를 문란하게 만드는 세력으로 전락하지 않을 것이다. 예를 들면 모든 교인이 해야 하는 '위원회' 업무가 있는데 이들은 두 번 연속 결석하는 사람이 생길 경우 불출석 사유를 파악하기 위해 전화한다. 이런 식으로 웰시머 목사는 신도들에게 스스로 태만한 교인들을 찾아내고 교회 일에 계속 관심을 두도록 책임을 위임했다. 최고의 조직자로 알려진 그는 전국적으로 사업가들의 관심을 끌었고, 다 언급하기에는 너무나 많은 은행, 제철소, 기업 등이 그의 진정한 리더십을 발견하고 고액 연봉의 직책을 제안해 왔다.

웰시머 목사는 교회 지하에서 최고 수준의 인쇄소를 운영한다. 여기서는 매주 모든 신도에게 배포되는 매우 신뢰할 수 있는 교회 신문을 발행한다. 신문의 제작과 배포는 교인들이 나쁜 짓을 하지 않게 하는 또 다른 일거리의 원천이다. 사실상 모든 교인이 이 신문에 적극적인 관심을 보이기 때문이다. 이 신문은 교회 전체와 교인 개개인의 일만 다룬다. 뉴스란에는 각 교인의 이름이 언급될 가능성이 항상 있기에 모든 교인이 이 신문을 한줄 한줄 꼼꼼하게 읽는다.

이 교회에는 몇몇 대극장에서도 초청할 만큼 잘 훈련된 합창단과 오케스트라도 있다. 웰시머 목사는 오락거리를 제공하는 동시에 다소 '괴팍한' 예술가 교인들을 고용해서 나쁜 짓을 하지 않도록 하는 이중 목적을 꾀했다. 부수적으로 이들이 가장 좋아하는 일을 할 기회도 준다.

시카고대학 총장을 지낸 하퍼 박사는 당대에 가장 유능한 대학 총장 중 한 명이었다. 하퍼 박사의 기술을 연구하는 것이 이 책을 읽는 독자들에게 도움이 될 수 있다. 그는 최고 수준의 리더였기 때문이다. 게다가 나는 그의 리더십이 결코 운이나 우연의 문제가 아니라 항상 치밀하게 계획된 절차의 결과라는 그의 말을 믿는다. 그는 거액의 자금을 모으기를 좋아했다. 존 록펠러를 설득해서 시카고대학을 지원하는 데 수백만 달러를 기부하도록 한 것도 바로 그였다. 다음 사건은 하퍼 박사가 상상력을 사용해서 거액의 자금을 모으는 방법을 보여준다.

새 건물을 짓는 데 수백만 달러가 더 필요했다. 그는 이런 거금의 기부를 부탁할 만한 시카고의 부자들을 조사해 보고 최종적으로 두 사람을 정했다. 그런데 백만장자인 이 두 사람은 서로 앙숙이었다.

그중 한 명은 당시 시카고 시내 전차 시스템 사장이었다. 하퍼 박사는 사무실 직원들과 비서가 자리를 비우기 쉬운 점심시간을 택해서 태연하게 사무실 안으로 걸어 들어갔다. 그리고 바깥문에서 아무도 지키고 있지 않은 것을 발견하고는 '제물'로 삼은 그의 사무실로 걸어 들어갔다. 그는 하퍼 박사의 예고 없는 방문에 놀랐다.

"제 이름은 하퍼입니다. 저는 시카고대학 총장입니다."

박사는 자기소개를 마친 뒤 방문 목적을 설명했다.

"방해해서 죄송합니다만 바깥에 아무도 없어서 실례를 무릅쓰고 들어왔습니다. 저는 당신과 당신의 시내 전차 시스템을 여러 번 생각했습니다. 당신은 훌륭한 시스템을 구축했고, 저는 당신이 그 노력으로 많은 돈을 벌었을 것으로 압니다. 하지만 언젠가 돌아가시고 나면 당신 이름을 기념할 만한 것이 아무것도 남지 않으리라는 생각이 들었습니다. 다른 사람들이 당신의 돈을 물려받을 것이고, 주인이 바뀜과 동시에 옛 주인은 빠르게 잊어버리는 것이 돈의 속성이라는 걸 잘 알기 때문입니다.

그래서 저는 당신의 이름을 길이 남길 방법을 제안해야겠다고 생각했습니다. 대학 부지에 당신 이름을 딴 새 회관을 짓는 겁니다. 사실 이사회 구성원 중 한 사람이 X씨(백만장자이자 시카고 시내 전차 시스템 사장의 앙숙)에게 이 기회를 주고 싶어 하지만 않았어도 오래전에 이 기회를 당신께 드렸을 겁니다. 하지만 저는 항상 당신을 좋아했고, 지금도 여전히 당신을 좋아합니다. 만약 허락하신다면 저는 반대 의견이 당신

쪽으로 바뀌도록 노력할 겁니다.

오늘 결정을 요청하러 온 것은 아닙니다. 마침 지나가던 길이어서 당신을 만나 이야기하기에 좋은 때라고 생각했을 뿐입니다. 이 문제를 잘 생각해 보시고 다시 저와 이야기하고 싶으시면 언제든지 전화해 주시길 바랍니다. 그럼 좋은 하루 보내시길 바랍니다. 당신을 만나게 되어 매우 기쁩니다."

말을 마친 그는 시내 전차 회사 대표에게 가타부타 말할 기회도 주지 않고 물러났다. 사실 전차 사장은 말할 기회가 거의 없었다. 하퍼 박사가 일방적으로 이야기했기 때문이다. 그가 미리 계획한 대로였다. 그는 단지 씨앗을 심기 위해 사무실로 들어갔고, 이렇게 심은 씨앗이 적절한 시기에 발아해서 싹이 움틀 것으로 믿었다.

그의 믿음은 근거 없는 것이 아니었다. 그가 대학 사무실로 돌아오자마자 전화벨이 울렸다. 시내 전차 사장이었다. 두 사람은 약속을 잡고 다음 날 아침 하퍼 박사의 사무실에서 만났다. 그리고 한 시간 뒤 100만 달러 수표가 하퍼 박사 손에 들어왔다.

하퍼 박사는 체구가 작고 다소 보잘것없어 보였지만 그에 대한 사람들의 평가는 '자신이 추구하는 모든 것을 얻는 방법을 아는 사람'이었다. 그 '방법'은 무엇일까? 바로 그가 알고 있었던 상상력의 힘이었다. 하퍼 박사가 사장실로 찾아가서 면담 약속을 잡아달라고 했다고 가정해 보자. 그가 실제로 사장을 만날 때까지는 충분한 시간이 흘렀을 것이고 그동안 전차 사장은 박사의 방문 이유를 예상하고 그의 요청을 거절할 논리적인 평계를 생각해냈을 수 있다. 다시 그가 전차 사장과의 면담을 다음과 같은 말로 시작했다고 가정해 보자.

"지금 우리 대학은 자금이 절실히 필요해서 당신의 도움을 요청하기 위해 찾아왔습니다. 당신은 많은 돈을 벌었고, 당신이 돈을 벌 수 있게 해준 지역사회에 빚진 것도 있다고 생각합니다. 만약 당신이 우리에게 100만 달러를 기부하신다면 우리가 짓고자 하는 새로운 건물에 당신의 이름을 붙여드리겠습니다."

결과는 어땠을까? 먼저, 전차 사장의 마음을 흔들 만큼 호소력 있는 동기가 제시되지 않았을 것이다. '자기 재산을 모은 지역사회에 뭔가를 빚졌다'는 말은 사실일 수 있지만 그는 아마 이 사실을 인정하지 않았을 것이다. 또한 박사의 제안에 호의를 보이는 대신 이를 불쾌하게 여겼을 것이다.

하지만 하퍼 박사는 상상력을 빈틈없이 사용하고 자기 생각을 요령 있게 전달함으로써 이런 우발적인 상황에 대비했다. 하퍼 박사가 돈을 기부받고 전차 사장의 이름을 따서 건물 이름을 짓는 것에 대해 이사회의 승인을 받을 수 있을지 확실하지 않다고 알려줌으로써 시내 전차 사장을 수세로 몰았다. 그리고 이 기회를 놓치면 그의 적과 경쟁자가 명예를 얻을지도 모른다고 생각하게 함으로써 그 건물에 자기 이름을 붙이고 싶어 하는 전차 사장의 욕구를 강화했다. 게다가 하퍼 박사는 전차 사장에게 자기 이름이 영구히 남을 방법을 보여줌으로써 인간의 본성에 강력하게 호소했다.

이 모든 것은 실제로 상상력의 법칙을 적용해야만 가능한 일이었다. 하퍼 박사는 노련한 세일즈맨이었다. 사람들에게 기부를 요청할 때 그는 항상 돈을 기부해야 하는 타당한 이유와 기부했을 때 기부자에게 생기는 이점을 마음속에 심어줌으로써 성공의 길을 닦았다. 비즈니스상의 이점 또는 자기 이름이 길이 남기를 바라는 인간 본성에 대한 호소의 성격을 띠기도 한다. 그렇게 기부를 부탁할 때는 상상력을 사용해서 신중하게 고안하고 매끄럽게 다듬은 계획에 따랐다.

상상력의 적용

성공의 법칙 철학을 체계적으로 정리해서 책으로 만들기 훨씬 전의 일이다. 나는 일리노이주의 어느 작은 마을에서 이 철학을 강의하고 있었다.

청중 중에 최근에 일을 시작한 젊은 생명보험 판매원이 있었다. '상상력'이라는 주제에 관한 내 강연을 들은 후 그는 자신이 들은 것을 생명보험 판매에 적용하기 시작했다. 강연 중에 각자가 다른 사람의 이익을 '증강'하는 업무 협정을 통해 사람들이 협력함으로써 더 큰 성공을 누릴 수 있는 연합된 노력의 가치에 관한 이야기가 나왔다. 이 이야기를 계기로 이 젊은이는 즉시 어떤 계획을 수립해서 보험업과 아무 관련이 없는 사업가 그룹의 협력을 얻어냈다.

그는 마을에서 가장 장사가 잘되는 식료품점에 가서 매달 50달러 상당의 식료품을 사는 모든 고객에게 100달러짜리 보험을 들어주기로 합의했다. 이 계획을 사람들에게 알려서 많은 신규 고객을 유치했다. 식료품점 주인은 깔끔하게 적은 대형 플래카드를 가게에 걸어두고 고객들에게 무료 보험 제안을 알리고, 젊은이는 자신의 모든 고객이 식료품을 그의 가게에서 구매하도록 유도했다.

그런 다음 이 젊은 생명보험 판매원은 마을 주유소 주인에게 가서 휘발유, 엔진 오일 등 기타 자동차용품을 구입한 모든 고객에게 보험을 들어주기로 합의했다. 그다음에 그는 마을에서 으뜸가는 레스토랑에 가서 주인과 비슷한 약속을 했다. 우연하게도 이 제휴는 레스토랑 주인에게 꽤 이득이 되는 것으로 판명되었다. 그는 자기 레스토랑 음식이 위생적이고 건강에 좋아서 레스토랑을 정기적으로 이용하는 모든 고객이 훨씬 더 오래 살 수 있다는 점을 어필하면 신선함과 건강함을 드러내는 좋은 마케팅 수단이 될 거라고 생각했다. 그렇게 단골손님들에게 1000달러짜리 생명보험을 들어주겠다는 광고 캠페인을 시작했다.

생명보험 판매원은 여기서 멈추지 않았다. 지역 건설 부동산 업자와 그에게 부동산을 구입하는 모든 사람에게 생명보험을 들어주고, 구매자가 대금을 완납하기 전에 사망하면 미납 부동산 금액을 보전하기에 충분한 금액을 지급하는 계약을 체결했다.

이 젊은이는 현재 오하이오주에서 가장 큰 도시에 본사를 두고 있는 미국에서 가장 큰 생명보험회사의 총대리인이며 평균 연봉은 2만 5000달러를 훨씬 넘는다. 그에게 인생의 전환점은 그가 상상력의 법칙을 실제로 사용하는 방법을 발견했을 때였다.

그의 계획은 특허 등록이 되어 있지 않다. 따라서 상상력의 가치를 아는 다른 생명보험회사들이 얼마든지 따라 할 수 있다. 내가 생명보험 판매원이라면 이 계획을 잘 활용해서 여러 도시의 자동차 대리점과 제휴를 통해 이들이 더 많은 자동차를 판매할 수 있게 하고, 동시에 이들의 노력으로 생명보험 판매 실적도 올릴 것이다.

창의적인 상상력을 실용적으로 활용하는 법을 알면 금전적인 성공은 어렵지 않다. 창의적인 사고를 하는 누군가는 철도 건널목 자동차 사고를 줄일 수 있는 철도 건널목 자동제어장치를 만들어서 돈도 벌고 동시에 매년 수천 명의 생명을 구할 것이다. 이 시스템이 완성되면 대략 다음과 같은 방식으로 작동할 것이다. 철도 건널목에 도달하기 100미터 전에 자동차는 무거운 물건의 무게를 재는 데 사용하는 대형 저울과 같은 플랫폼을 지나게 된다. 그리고 자동차의 무게를 감지해서 건널목 차단기를 내리고 경보를 울린다. 이는 자동차의 속도를 늦추도록 할 것이다. 1분이 지나면 차단기가 다시 올라가고 자동차는 계속 가던 길을 갈 수 있다. 그동안 열차가 접근하지 않는지 확인하기 위해 양쪽 선로를 관찰할 시간은 충분할 것이다.

상상력에 약간의 기계 기술을 추가하면 이처럼 자동차 운전자들에게 필요한 안전장치를 제공할 수 있고, 이런 시스템을 만드는 사람은 상당한 부를 축적할 수 있다. 상상력의 가치를 이해하고 전파 원리에 관한 실용적인 지식을 갖춘 발명가라면 경찰 본부에 신호를 보냄과 동시에 철도 현장의 전등을 켜고 경보를 울리는 도난경보 시스템을 완성함으로써 부를 축적할 수 있다.

계획을 세울 정도의 상상력이 있는 농부라면 그가 사는 주에서 발급한 자동차 면허 목록을 사용해서 농장에 와서 직접 키우는 채소와 닭을 사갈 고객 명단을 만들 수 있고, 이를 이용해서 그는 생산물을 도시로 운반하는 비용을 절약할 수 있다. 농부는 각 자동차 운전자와 공급 계약을 맺음으로써 그가 제공해야 할 생산량을 정확하게 추정할 수 있다. 이 계약에 따라 자동차 운전자가 얻는 이익은 가게에서 살 수 있는 것보다 저렴한 가격으로 현지 농산물을 직접 살 수 있다는 것이다.

도로변 주유소 주인은 주유소 옆에 도시락 판매대를 두고, 도로를 따라 바비큐, 가정식 샌드위치 등 운전자들의 눈길을 끄는 매력적인 광고를 함으로써 상상력을 효과적으로 활용할 수 있다. 도시락 판매대는 운전자들을 멈추게 할 것이고, 그들 중 많은 사람이 다시 길을 떠나기 전에 주유도 하게 될 것이다.

수백만 달러를 벌어들이는 피글리-위글리의 셀프서비스는 누구나 채택할 수 있는 매우 간단한 아이디어였다. 하지만 그 아이디어를 실제로 적용하는 데는 상당한 상상력이 필요했다.

이런 아이디어는 구현하는 데 특별히 복잡한 문제가 따르지 않는 간단한 것들이다. 하지만 금전적인 성공을 가져오기 위해서는 상상력을 발휘해야 한다. 어떤 필요를 쉽게 채울 수 있는 간단한 아이디어일수록 그 가치는 더 커진다. 너무 상세하거나 복잡한 아이디어를 찾는 사람은 없기 때문이다.

찰리 채플린은 우스꽝스러운 걸음걸이와 헐렁한 바지 한 벌로 1년에 100만 달러를 번다. 그가 '뭔가 색다른 것'을 하기 때문이다. 여기서 힌트를 얻어서 독특한 아이디어로 자신만의 '개성'을 개발하라.

판매에 성공하는 아주 단순한 방법

세계에서 가장 유명하고 높은 보수를 받는 작가 중 한 사람은 '사람들이 이미 알고 익숙한 것에 대해 글을 쓰는 것이 상업성이 있다'는 발견만으로 명성과 부를 쌓았다. 같은 규칙이 상품 판매에도 적용될 수 있다.

상상력은 판매 기술에 들어가는 가장 중요한 요소다. 노련한 세일즈맨은 항상 상상력을 체계적으로 활용하는 사람이다. 이들의 훌륭한 사업 아이디어는 상상력에서 나온다. 상상력은 넥타이, 셔츠, 양말 등과 같은 아주 작은 물품 판매에도 효과적으로 사용될 수 있다.

어느 날 나는 셔츠와 넥타이를 사려고 필라델피아에서 가장 잘 알려진 남성복 매장 중 하나에 들어갔다. 내가 넥타이 진열대 쪽으로 다가가자 한 젊은 남자가 앞으로 나서며 물었다.

"어떤 걸 찾으세요?"

만약 내가 그 점원이었더라면 이런 질문을 하지 않았을 것이다. 그는 내가 넥타이 진열대 쪽으로 다가갔을 때 내가 넥타이를 보고 싶어 한다는 것쯤은 알아차렸어야 했다. 나는 진열대에서 넥타이를 두세 개 집어 들고 잠깐 살펴본 후 마음에 드는 밝은 파란색 넥타이를 제외하고 모두 내려놓았다가 나중에는 파란색도 내려놓고 다른 넥타이를 살펴보기 시작했다.

점원은 좋은 생각이 난 듯 웃으면서 화려해 보이는 노란색 넥타이를 집어 들고 손가락에 감았다.

"정말 멋지지 않나요?"

내가 노란색 넥타이를 싫어하는 것도 모르는 이 점원은 눈치 없이 화려한 노란색 넥타이가 멋있다고 제안했다. 만약 내가 그였다면 나는 확실하게 선호도를 보인 파란색 넥타이를 집어 들고 맸을 때 어떻게 보일지 보여주기 위해 손가락에 감았을 것이다. 나라면 내 고객이 어떤 넥타이를 살펴보는지 눈여겨보고 무엇을 원하는지 알았을 것이다. 고객이 가장 좋아하는 넥타이는 손에 들고 있던 시간을 보고 눈치챘을 것이다. 자기가 좋아하지 않는 물건을 만지작거리는 사람은 아무도 없을 것이기 때문이다. 눈치 빠른 점원이라면 고객이 주는 이런 힌트를 파악해 어떤 상품을 중점적으로 추천할지 알아차린다.

나는 셔츠 진열대로 발길을 옮겼다. 이번에는 약간 늙수그레한 남성이 나를 맞이하며 이렇게 물었다.

"오늘 뭐 도와드릴 일이 있을까요?"

나는 속으로 '글쎄. 만약 당신이 나를 위해 뭔가를 해준다면 오늘이어야 할 거요. 이 가게에 다시는 오지 않을지도 모르니까'라고 생각했다. 나는 그에게 셔츠를 보고 싶다며 원하는 셔츠 스타일과 색상을 설명했다. 그의 대답에 나는 매우 놀라지 않을 수 없었다.

"죄송하지만 손님께서 원하시는 스타일은 철이 지난 것이라서 우리 가게에서는 보여드리고 있지 않습니다."

나는 내가 원하는 스타일이 요즘 유행하는 것이 아니라는 사실을 알고 있으며 무엇보다도 바로 그 이유로 재고가 있으면 입으려고 했다고 말했다. 매장에 들어서자마자 자기가 원하는 것을 정확히 알고 설명하는 사람을 화나게 하는 말이 있다면 '그건 철이 지나서 요즘 사람들은 입지 않아요'라는 말일 것이다.

이런 말은 대부분 판매에 치명적이다. 만약 내가 물건을 판다면 고객의 취향에 맞출지언정 대놓고 고객이 유행을 잘 모른다는 식으로 말할 정도로 기지와 사교술이 부족하지는 않을 것이다. 나라면 고객이 원하는 물건의 재고가 없으면 내가 생각하기에 그가 말한 상품보다 더 적절한 상품을 그에게 보여주기 위해 재치 있게 행동할 것이다.

그는 이제 셔츠 박스 몇 개를 내려놓고 내가 요구했던 셔츠와 비슷하지도 않은 셔츠를 늘어놓기 시작했다. 내게는 이 옷들이 하나도 안 어울린다고 말하고 나가려고 하자 이번에는 멋진 멜빵을 좀 보지 않겠냐고 물었다. 나는 멜빵을 하지 않았고 내 행동 어디에도 멜빵을 보고 싶다는 것을 나타내는 것은 없었다. 판매원이라면 고객이 묻지 않은 상품에 관심을 보이게 노력하는 정도는 괜찮다. 하지만 고객이 원한다고 생각할 만한 이유가 있는 제품을 권하기 위해 주의를 기울여야 한다.

결국 셔츠도 넥타이도 사지 않고 가게를 나왔다. 그리고 판매원들이 색깔과 스타일에 대한 내 취향을 너무 심하게 잘못 판단한 데 다소 분노를 느꼈다. 길을 조금 더 가서 셔츠와 넥타이가 진열된 작은 상점으로 들어갔다.

여기서는 대우가 달랐다. 이 가게 판매원은 불필요하거나 틀에 박힌 질문을 하지 않았다. 내가 들어서자 그는 나를 한 번 힐끗 쳐다보고는 아주 정확하고 기분 좋게 "안녕하십니까?" 하고 인사했다. 그런 다음 물었다.

"셔츠와 넥타이 중 어느 것을 먼저 보여드릴까요?"

나는 셔츠를 먼저 보겠다고 했다. 그러자 그는 내가 입은 셔츠의 스타일을 힐끗 보고 내 사이즈를 묻고, 내가 아무 말도 하지 않았는데도 내가 찾던 바로 그런 종류와 색깔의 셔츠를 늘어놓기 시작했다. 여섯 가지 다른 스타일을 배치하고는 내가 어떤 스타일을 먼저 고를지 지켜보았다. 나는 모든 셔츠를 차례로 살펴보고 그것들을 모두 진열대에 다시 놓았다. 하지만 그는 내가 다른 셔츠들보다 조금 더 자세히 살펴보고 조금 더 오래 들고 있었던 셔츠를 알아챘다. 내가 그 셔츠를 내려놓자마자 판매원은 다시 그 셔츠를 집어 들고 어떻게 만들어졌는지 설명하기 시작했다. 그리고 나서 넥타이 진열대로 가더니 내가 찾던 바로 그 타입의 아주 아름다운 파란색 넥타이 세 개를 들고 왔다. 넥타이를 묶어서 셔츠 위에 대고는 이것들이 어떻게 완벽하게 조화를 이루는지 보여주었다.

가게에 들어온 지 5분도 지나기 전에 나는 셔츠 세 벌과 넥타이 세 개를 샀으며, 이를 안고 나오면서도 셔츠와 넥타이가 더 필요할 때 이 가게를 다시 찾아야겠다고 생각했다. 나중에 이 작은 가게를 소유한 상인이 셔츠와 넥타이만 팔아서 매달 500달러의 임대료를 내고도 상당한 수입을 올린다는 사실을 알게 되었다. 만약 그가 인간 본성을 파악하지 못했다면 가게에 오는 손님들에게 이렇게 높은 성공률로 판매할 수 없었을 것이므로 장사를 접어야 했을 것이다.

나는 종종 여성들이 모자를 써볼 때 이들을 유심히 관찰하면서 왜 점원들이 잠재 구매자들의 마음을 읽지 못하는지 궁금했다. 한 여성이 상점에 들어가 모자를 보여 달라고 한다. 점원이 모자를 꺼내 오면 잠재 구매자는 모자를 써보기 시작한다. 만약 조금이라도 모자가 자기에게 잘 어울린다면 여성은 몇 초 혹은 몇 분 동안 모자를 쓰고 있을 것이다. 반대로 마음에 들지 않는다면 점원이 모자에서 손을 떼는 순간 바로 모자를 벗어버릴 것이다.

마침내 마음에 드는 모자를 보여주면 고객은 마음에 든다는 사실을 어떻게든 알리기 시작한다. 노련한 판매원이라면 놓칠 수 없는 방식으로 마음을 보여준다. 머리카락을 가지런히 정리하거나 가장 마음에 드는 각도로 모자를 눌러써 보기도 하고, 손거울을 이용해서 모자 쓴 뒷모습을 바라보기도 한다. 이런 감탄의 표시는 틀림이 없다. 고객이 모자를 벗어서 자세히 살펴보다가 그 모자를 옆으로 치워 놓고 다른 모자를 써볼 수 있다. 현명한 판매원이라면 방금 벗은 모자를 옆으로 치워뒀다가 적절할 때 다시 가져와 고객에게 써보라고 권한다.

영리한 판매원은 고객의 호불호를 주의 깊게 관찰함으로써 한 번에 서너 개의 모자를 팔 수 있다. 다른 상품에도 같은 규칙이 적용된다. 주의 깊게 관찰하면 고객이 원하는 것이 무엇인지 명확하게 알 수 있고 그 실마리를 쫓아가면 고객이 안 사고 가는 경우는 거의 없다. 나는 물건을 사지 않고 나가는 비구매 고객의 75%가 판매원이 상품을 재치 있게 보여주지 못한 결과라는 통계도 보수적인 수치라고 생각한다.

내가 시카고의 거리를 걷고 있을 때 남성복 가게 쇼윈도에 걸린 아름다운 회색 양복이 내 눈길을 끌었다. 양복을 살 생각이 전혀 없었지만 가격이 궁금해서 가게에 들어가지도 않고 문만 열어서 머리를 안으로 밀어 넣었다. 그리고 제일 먼저 마주친 사람에게 쇼윈도에 있는 양복이 얼마냐고 물었다.

그러자 내가 지금까지 관찰한 것 중 가장 영리한 판매 전략이 펼쳐졌다. 이 판매원은 내가 가게에 들어오지 않으면 양복을 팔 수 없다는 것을 알고 "제가 양복 가격을 알아보는 동안 잠시 안으로 들어오시지 않으시겠어요?"라고 말했다.

물론 그는 가격을 알고 있었다. 그것은 그가 내게 양복을 팔려고 한다는 생각에서 나를 무장해제하려는 방식이었다. 그 판매원처럼 예의를 갖춰야 했기 때문에 나는 "그러지요"라고 말하고 안으로 들어갔다. "이쪽으로 오시면 제가 가격 정보를 가져다드리겠습니다." 2분도 채 되지 않아 나는 입고 있던 코트를 벗고 내가 창문에서 봤던 그 코트를 입어볼 준비를 하고 있었다. 입어보니 내 몸에 꼭 맞았다(이건 판매원의 정확한 눈썰미 덕분이었다). 이제 내 관심은 코트의 기분 좋게 매끄러운 촉감에 쏠렸다. 나는 판매원이 소재를 설명하는 동안 팔뚝을 위아래로 문질렀다. 아주 훌륭한 소재였다. 이때쯤 나는 다시 가격을 물었고, 그 양복이 겨우 50달러라는 말을 들었을 때 나는 매우 놀랐다. 가격이 훨씬 더 비쌀 거라고 믿었기 때문이다.

신기하게도 처음 쇼윈도에서 그 양복을 봤을 때 예상했던 가격은 35달러였다. 그 양복을 가장 돋보이게 보여주는 방법을 아는 사람이 아니었다면 50달러라는 돈을 내고 샀을지 의문이다. 또 처음 입어본 코트가 너무 크거나 작았다면 사지 않았을 것이다.

나는 심리학자들이 말하는 이른바 '충동구매'로 그 코트를 샀다. 그리고 이런 충동구매로 물건을 사는 사람은 나뿐만이 아니다. 그 판매원이 단 한 번이라도 실수했다면 그는 그 양복을 팔지 못했을 것이다. 내가 가격을 물었을 때 그가 바로 "50달러"라고 대답했다면 나는 "고맙습니다"라고 말하고 내 갈 길을 갔을 것이다.

계절이 바뀌기 전에 나는 같은 판매원에게서 양복을 두 벌 더 샀다. 내가 지금 시카고에 산다면 그에게서 다른 양복을 살 가능성이 크다. 그는 항상 내 취향에 맞는 양복을 보여주었기 때문이다.

작은 것도 상상하라

시카고에 있는 마셜필드 매장은 동종 업계 다른 상점보다도 더 비싸게 물건을 판다. 사람들은 비싼 줄 알면서도 다른 가게에서 저렴하게 샀을 때보다 이 가게에서 물건을 샀을 때 만족감을 느낀다.

많은 이유가 있겠지만 그중에서 돋보이는 것은 마셜필드 매장에서 파는 모든 상품에는 묵시적 보증이 적용된다는 점이다. 마셜필드 매장에서 구매한 상품은 만족스럽지 못하면 다른 상품으로 교환하거나 환불받을 수 있다.

사람들이 마셜필드에서 더 많은 돈을 내는 또 다른 이유는 탁월한 상품 진열 방법에 있다. 마셜필드의 쇼윈도 상품 진열은 단순히 상품을 팔기 위한 것이 아니라 예술만을 위해 만든 것과 다름없는 진정한 예술 작품이다. 매장에 진열된 상품도 마찬가지다. 시설 전반에 걸쳐 상품 분류가 조화롭고 적절하게 이루어지며, 이는 신비로운 분위기를 자아낸다.

마셜필드 매장이 다른 대부분의 상점보다 더 비싼 가격에 상품을 판매하는 또 다른 이유는 판매원들을 세심하게 선택하고 감독하기 때문이다. 사람들이 이웃으로 받아들이려 하지 않는 사람을 고용하는 일

은 거의 없다. 마셜 필드에서 알게 된 마셜필드 판매원이 훗날 아내가
된 남성도 적지 않다.

매장에서 판매하는 상품은 다른 상점에서 흔히 볼 수 있는 것보다
더 예술적으로 포장한다. 사람들이 일부러 더 비싼 가격을 내고 마셜
필드에서 물건을 사는 또 다른 이유다.

상품을 예술적으로 포장하는 이야기가 나온 김에 내 친구의 경험을
소개한다. 이 이야기는 상품 포장에서도 상상력이 사용될 수 있다는
사실을 보여주기 때문에 판매에 종사하는 사람들에게 매우 명확한 의
미를 전달할 것이다.

이 친구에게는 몇 년 동안 가지고 다녔던 아주 훌륭한 은색 담배 케
이스가 있었다. 아내가 준 선물이었기 때문에 그는 이 담배 케이스를
매우 자랑스러워했다. 그러나 오랫동안 계속 사용한 바람에 케이스가
상당히 심하게 망가져 있었다. 그래서 필라델피아에 있는 보석상 콜드
웰에게 가져가서 수리를 맡기고는 수리가 끝나면 자기 사무실로 보내
달라고 부탁했다.

약 2주 후 콜드웰이라는 이름이 새겨진 화려한 새 배달 마차가 그
의 사무실 앞에 섰고 깔끔한 제복을 입은 멋진 젊은 남자가 리본 테이
프 끈으로 예술적으로 포장된 꾸러미를 들고 내렸다. 그 소포는 우연
히 내 친구 생일에 배달되었다. 담배 케이스 수리를 맡긴 사실을 까맣
게 잊고 있던 그는 아름다운 소포를 보고 누군가가 그에게 생일 선물
을 보냈다고 생각했다.

그의 비서와 사무실의 다른 직원들은 그가 '선물'을 개봉하는 것을
보기 위해 책상 주위에 모였다. 그는 리본을 자르고 겉 포장을 벗겼다.

그 속에는 콜드웰의 이니셜과 상표가 새겨진 아름다운 금색 봉인으로 고정된 티슈페이퍼가 덮여 있었다. 속포장지를 제거하자 아름답고 고급스러운 상자가 그의 눈에 들어왔다. 상자를 열자 담배 케이스가 나타났다. 꼼꼼히 살펴본 후에야 자기가 수리를 맡긴 담배 케이스임을 알았지만 콜드웰의 상상력 덕분에 같은 담배 케이스로 보이지 않았다. 움푹 패인 자국은 모두 세심하게 펴졌고 구부러졌던 경첩도 바르게 수리됐다. 깨끗하게 청소하고 광택을 낸 담배 케이스는 처음 샀을 때처럼 반짝였다. 담배 케이스 주인과 구경꾼들의 입에서 일제히 '와!'하는 감탄사가 길게 이어졌다.

물론 청구서 금액은 높았지만 수리비 자체는 그렇게 비싸 보이지 않았다. 사실 고급 티슈페이퍼, 황금 봉인, 리본 테이프 끈을 사용한 예술적인 포장, 깔끔하게 제복을 차려입은 젊은이가 화려한 배달 마차로 배달하는 것 등 이 거래에 들어간 모든 것은 치밀하게 계산된 심리학을 바탕으로 한 것이었고, 이것이 비싼 수리비의 근거였다. 사람들은 일반적으로 가격이 비싸더라도 그에 걸맞은 고급스러운 상품 포장이나 서비스를 제공받으면 불평하지 않는다. 사람들이 불평하는 것은 가격은 비싸고 서비스는 '엉성할' 경우다.

나는 이 사례에서 큰 교훈을 얻었다. 그리고 어떤 상품이든 판매 사업을 하는 사람이라면 여기에서 배울 점이 있다고 생각한다. 여러분이 파는 상품이 실제로 고객에게 요구하는 가격만큼의 가치가 있을 수 있다. 하지만 효과적인 진열 방법과 예술적인 포장 기술을 세심하게 연구하지 않으면 가격이 비싸다는 불평을 듣게 될 수 있다.

필라델피아 브로드 스트리트에 있는 한 과일가게 문 앞에는 제복을 입고 가게를 찾는 손님들에게 문을 열어주는 사람이 있다. 그가 하는 일은 문을 열어주는 단순한 일이다. (물론 세심하게 연구하고 연습한 미소일지라도) 웃으면서 손님을 맞이하는 덕에 손님은 가게 안으로 들어가기도 전에 환영받는다는 느낌을 받는다. 이 과일가게는 특별히 준비된 과일 바구니가 주력 상품이다. 이 가게 바로 바깥에는 뉴욕을 떠나는 다양한 원양 여객선의 출항 날짜가 적힌 커다란 칠판이 있다. 가게 주인은 승객들이 타고 갈 배에 과일 바구니를 배달한다. 배를 타고 떠나는 연인이나 아내, 혹은 아주 소중한 친구에게 과일 바구니를 선물한다면 그 사람은 당연히 선물할 과일 바구니를 예쁘게 장식하고 싶어할 것이다. 그리고 싼 과일만을 찾지는 않을 것이다.

과일가게 주인은 이 모든 것을 잘 활용해서 돈을 번다. 그는 과일 한 바구니를 10달러에서 25달러까지 받는데, 한 블록 떨어진 곳에서는 3달러에서 7달러 50센트로 살 수 있다. 다만 후자는 전자에 포함된 75센트 상당의 장식 서비스를 제공하지 않는다.

이 가게는 보통 과일가게보다 크지 않은 작은 가게다. 하지만 단지 물건 진열 방법과 사람들의 허영심에 호소하는 배달 방법을 알기 때문에 1년에 1만 5000달러의 임대료를 내고도 일반 과일가게 50개를 합친 것 이상의 돈을 번다. 이것은 상상력의 가치를 보여주는 또 하나의 증거일 뿐이다.

비단 부자들뿐만 아니라 모든 미국 국민은 지구상에서 가장 사치스러운 소비자들이다. 게다가 이들은 자신들이 사는 상품에 실질적인 가치를 더하지 않는 포장이나 배달, 장식품과 같은 외양에 '품격'을 고집한다. 이런 경향을 이해하고 상상력과 상품을 혼합하는 방법을 배운 상인은 그 지식의 대가로 풍성한 성과를 거둘 수 있다. 실제로 많은 상인이 그렇게 하고 있다.

상품의 적절한 진열과 포장, 배달에 관한 인간 심리를 이해하고 고객의 기분과 특성에 맞게 상품을 보여줄 줄 아는 판매원은 평범한 상품을 비싸게 팔 수 있다. 더 중요한 것은 '세심하게 계획된' 매력, 예술적인 포장과 배송 서비스 덕분에 고객의 성원을 더 쉽게 유지할 수 있다는 것이다.

커피를 무겁고 둔탁한 컵에 담아 주고 은식기류는 변색되거나 지저분한 싸구려 식당에서 파는 햄샌드위치는 단지 햄샌드위치일 뿐이며 15센트를 받으면 잘 받는 편이다. 하지만 바로 길 건너편 레스토랑에서는 훨씬 더 작은 햄샌드위치를 25센트 더 받고, 웨이트리스는 별도로 팁도 받는다. 깔끔하게 차려입은 젊은 여성들이 앙증맞은 얇은 잔에 커피를 담아 깔끔한 테이블보로 덮인 테이블에 가져다주기 때문이다. 두 가게에서 파는 햄샌드위치의 유일한 차이점은 단지 겉모습이다. 두 가게에서 사용하는 햄과 빵도 같은 정육점과 빵집에서 나온 것이다. 가격 차이는 매우 크지만 상품의 품질이나 양에서 차이가 나는 것은 아니며 분위기나 겉모습에서 차이가 나는 것이다.

사람들은 겉모양이나 분위기를 즐겨 산다. 이는 미국 하원의원까지 지냈던 희대의 사기꾼 바넘Barnum이 "일 분마다 호구가 한 명씩 태어난다"라고 했던 말을 좀 더 세련되게 표현한 것일 뿐이다.

판매 심리학의 대가가 약간의 추가 비용을 들이면 재고품 가치가 5만 달러 정도인 가게를 7만 5000달러까지 끌어올릴 수 있다고 해도 과언이 아니다. 아마도 그가 하는 일이라고는 판매원들에게 상품을 더 적절한 포장지나 박스로 포장해서 보다 있어 보이게 진열하는 방법을 지도하는 것이 전부일 것이다.

장식용 리본과 종이로 감싸서 박스에 포장한 남성용 셔츠는 이런 예술적인 포장을 하지 않은 같은 셔츠보다 1달러 50센트는 더 받을 수 있다. 나는 이것이 사실이라는 것을 안다. 적절한 진열의 효과를 연구하지 않은 상인을 설득하기 위해 이를 셀 수 없이 증명했다. 반대로 최고의 셔츠를 상자에서 꺼내서 허름해 보이는 셔츠와 함께 할인 매대에 진열하면 그 가치의 절반 가격으로 팔 수밖에 없다는 사실도 여러 번 증명했다. 이 두 가지 사례는 사람들이 상품을 분석하기보다 외관으로 판단한다는 사실을 보여준다.

이는 자동차 구매에서 두드러진다. 미국 사람들은 자동차의 외관을 중시한다. 이들은 후드 아래나 뒤 차축에 무엇이 있는지 알지 못하며 외관만 그럴싸하면 정말로 신경 쓰지 않는다. 탁월한 분석력을 지닌 헨리 포드도 방금 한 말이 진실이라는 사실을 아는 데 거의 20년이 걸렸다. 만약 사람들이 자동차를 살 때 '실속'보다는 '외관'을 더 중시한다는 것이 사실이 아니었다면 포드는 절대 새 모델을 만들지 않았을 것이다.

> 스태틀러는 손님들이 낸 것보다 더 많은 서비스와 더 나은
> 서비스를 제공함으로써 호텔 경영의 아버지이자
> 근대 호텔 경영의 왕으로 불리며
> 세계에서 가장 성공적인 호텔 경영자가 되었다.

THE LAW OF
SUCCESS

열정

ENTHUSIASM

" 할 수 있다고 믿으면 "
할 수 있다

열정은 누구에게나 공평하다

열정은 사람이 당면한 일을 하도록 격려하고 분발하게 하는 정신 상태다. 열정은 전염성이 있어서 열정이 있는 사람들뿐만 아니라 만나는 모든 사람에게 크게 영향을 미친다. 열정과 인간의 관계는 증기와 증기기관차의 관계와 같다. 열정은 행동을 일으키는 중요한 원동력이다. 인류의 위대한 리더들은 추종자들에게 열정을 불어넣는 방법을 아는 사람들이다. 열정은 판매 기술의 가장 중요한 요소이며 대중 연설에서도 단연코 가장 필수적인 요소다.

열정적인 사람과 그렇지 않은 사람의 차이를 알고 싶다면 1980년대 초 미국 내셔널리그 외야수였으며 20세기 초 미국에서 가장 영향력 있는 복음전도사였던 빌리 선데이Billy Sunday를 그와 같은 일을 하는 다른 사람들과 비교해 보라. 아무리 훌륭한 설교라도 연설자의 열정으로 뒷받침되지 않는다면 다른 사람들의 귀에 들리지 않을 것이다.

일에 열정을 가지면 힘들거나 지루하지 않을 것이다. 열정은 온몸에 활력을 불어넣어 평소 수면 시간의 절반이 안 되게 자고도 지낼 수 있으며, 일정 기간 동안에는 평소 하는 일의 2~3배 정도까지도 피로감 없이 할 수 있게 해준다.

나는 여러 해 동안 밤에 글을 썼다. 어느 날 밤 타자기 앞에서 글쓰기에 열중하다가 서재 창밖으로 특이한 것을 보았다. 광장 건너편에 있는 뉴욕 메트로폴리탄 타워에 비친 달이었는데 전에 본 적이 없는 은회색 색조였다. 그런데 자세히 살펴보니 달이 아니라 이른 아침 해였다. 대낮이었던 것이다. 꼬박 밤새웠지만 일에 몰두하느라 시간이 가는 줄 몰랐다. 그날도 약간의 가벼운 식사를 하는 시간을 제외하고는 쉬지 않고 일했다. 이틀 밤낮을 잠도 자지 않고 음식도 거의 먹지 않고 일하면서도 피로를 느끼지 않았다. 일에 대한 열정으로 내 몸을 활기차게 유지하지 않았다면 불가능했을 일이다.

열정은 단순한 수사적 표현이 아니다. 열정은 여러분이 유익하게 활용할 수 있는 중요한 힘이다. 열정이 없으면 여러분은 전기 없는 전기 배터리와 비슷할 것이다. 열정은 우리 몸을 재충전하고 역동적인 성격을 만들어주는 활력이다. 어떤 사람들은 타고난 열정이 있지만, 어떤 사람들은 열정을 습득해야 한다. 열정을 개발하는 방법은 간단하다. 여러분이 가장 좋아하는 일을 하는 것으로 시작한다. 자신이 가장 좋아하는 일을 할 수 없는 처지라면 미래에 자신이 좋아하는 일에 참여하는 것을 분명한 목표로 세우고 다른 일을 할 수 있다.

돈이 모자라거나 여러분이 즉시 통제할 수 없는 많은 다른 상황 때문에 일시적으로 좋아하지 않는 일을 해야 할 때도 있다. 하지만 아무도 여러분 마음속에서 인생의 목표를 정하는 것을 막거나 이 목표를 현실로 바꾸는 방법과 수단을 계획하는 것을 막을 수 없고, 여러분의 계획에 열정을 쏟는 것을 막을 수 없다.

사람들이 노력하는 궁극적인 이유는 행복하기 위해서다. 행복은 미래에 뭔가를 성취할 수 있다는 희망이 있을 때만 유지되는 마음 상태다. 행복은 항상 과거가 아니라 미래에 있다. 행복한 사람은 아직 달성하지 못한 높은 성취를 꿈꾸는 사람이다. 살고 싶은 집, 벌고 싶은 돈, 하고 싶은 여행, 얻고 싶은 사회적 지위, 그리고 준비하는 과정 그 자체 등이 우리를 행복하게 한다. 이것은 또 여러분의 분명한 핵심 목표를 형성하는 재료들이다. 지금 인생에서 어떤 위치에 있든지 간에 여러분은 열정을 쏟을 수 있다.

20여 년 전에 나는 어떤 생각에 빠지게 되었다. 처음 이 생각이 떠올랐을 때 나는 이것을 현실로 바꾸기 위한 첫걸음조차 내디딜 준비가 되어 있지 않았다. 하지만 나는 이 생각을 마음속에 간직했다. 상상 속에서 미래를 내다보며 이 생각을 현실로 만들 준비가 됐을 때를 생각하며 열정을 품었다. 그 생각은 바로 사람들이 용기를 잃지 않고 서로 정직하게 대할 수 있도록 영감을 주는, 황금률에 기초한 잡지의 편집자가 되고 싶다는 것이었다.

마침내 기회가 왔다. 1918년 제1차 세계대전 정전일에 나는 거의 수십 년 동안 마음속에 잠들어 있던 희망을 실현하기 위해 첫 번째 사설을 썼다. 그 사설에 20년 이상 내 마음속에서 전개해 온 감정을 쏟아부었다. 열정을 다하자 내 꿈이 실현되었다. 전국에 발행되는 잡지의 편집장직은 이제 꿈이 아니라 현실이 되었다.

말했듯이 나는 이 사설을 열정적으로 썼다. 글을 쓰면서 열정과 믿음을 담았다. 그리고 지인에게 가져가서 열정을 다해 읽어주었다. "드디어 20년 동안 품고 있던 내 숙원이 이루어지려 한다. 전국 잡지는 발행하는 데 많은 돈이 든다. 이 돈을 어디서 얻을지 전혀 알지 못하지만 걱정되지 않는다. 나는 이 돈을 어딘가에서 얻을 수 있으리라는 걸 알기 때문이다." 사설은 이렇게 끝을 맺었다.

내가 이 사설을 읽어 준 사람, 그러니까 처음이자 마지막으로 내 글을 본 그는 내가 글을 다 읽자마자 이렇게 말했다.

"나는 자네가 어디서 돈을 구할 수 있을지 안다네. 내가 자네한테 투자하겠네." 그리고 그는 실제로 내게 투자했다.

그렇다. 열정은 활력이다. 너무나 중요하기 때문에 이런 열정을 고도로 키우지 않은 사람은 성공 근처까지 갈 시도조차 할 수 없다. 다음 단계로 넘어가기 전에 거듭 강조하고 싶은 것은 여러분이 현재 인생의 목표를 달성할 수 있는 위치에 있든 없든 간에 그 목표에 대한 열정을 키울 수 있다는 것이다. 여러분의 분명한 핵심 목표를 실현하려면 아직 멀었을지 모른다. 하지만 여러분이 가슴속에 열정의 불을 붙이고 계속 불태운다면, 머지않아 목표 달성을 가로막고 있던 장애물이 마치 마법의 힘이 작용한 것처럼 녹아버릴 것이며 여러분은 자신이 가진 줄도 몰랐던 힘을 가졌다는 것을 알게 될 것이다.

> 모든 사람이 배울 수 있는 가장 가치 있는 것 중 하나는
> 다른 사람의 지식과 경험을 이용하는 기술이다.

열정과 암시

2장에서 여러분은 자기암시가 얼마나 중요한 역할을 하는지 봤다. 이제 우리는 중요한 주제 중 하나인 '암시'에 관한 논의를 시작한다.

암시는 여러분의 말과 행동, 그리고 여러분의 정신 상태가 다른 사람들에게 영향을 미치는 원리다. 암시의 지대한 영향력을 이해하려면 서론에서 말한 텔레파시의 원리를 기억하라. 만약 여러분이 텔레파시 원리를 현실로 이해하고 받아들인다면 열정이 전염되는 이유와 주위 사람들에게 영향을 미치는 이유도 이해할 수 있다.

여러분 자신의 마음이 열정의 자극을 받아서 고속으로 진동하면 이 진동이 주위의 모든 사람, 특히 여러분과 가까운 사람들의 마음속에 기록된다. 대중 연설가가 청중이 자신과 '라포'를 이룬다고 느낀다면 이는 그의 열정이 청중의 마음에 영향을 미쳐 청중의 마음이 그의 마음과 조화롭게 공진하고 있다는 뜻이다. 예컨대 구매자가 구매를 결정할 심리적 시간이 다가왔음을 판매자가 감지한다는 것은 판매자 자신의 열정이 잠재 구매자의 마음에 영향을 미쳐 서로의 마음이 조화를 이루는 현상을 느낀다는 것이다.

이처럼 암시는 이 장과 성공의 법칙에서 매우 중요한 부분이다. 지

금부터 암시를 전달하는 세 가지 매개체인 말과 행동, 생각에 관해 설명하겠다.

암시를 전달하는 말, 행동, 생각

여러분이 파는 상품이나 제공하는 서비스, 혹은 전하는 연설에 열정을 쏟을 때 여러분의 마음 상태는 목소리 톤을 통해 말을 듣는 모든 사람에게 명확하게 전달된다. 이런 식으로 생각해 본 적이 있든 없든 **확신을 주거나 설득하지 못하는 것은 말 자체가 아니라 말하는 어조에 달렸다.** 어떤 단순한 단어의 조합도 불타는 열정으로 표현되는 말이 주는 깊은 신뢰를 대신할 수 없다. 열정에서 나오는 감동이 없는 말은 단지 생명력 없는 소리일 뿐이다.

이런 점에서 나는 인쇄된 글에 한계를 느낀다. 아무런 감정 없이 입술에서 나오는 말과 열망으로 가슴에서 터져 나오는 말의 차이를 표현할 길이 없기 때문이다. 하지만 거기에는 분명히 차이가 있다.

말하는 것과 말하는 방식이 정반대라면 실제 의도와는 다른 의미를 전달하게 된다. 이것이 많은 세일즈맨이 실패하는 이유다. 아주 논리적으로 보이는 말로 주장하지만 자신이 팔려고 하는 상품에 대한 진심과 믿음에서 나오는 열정이 부족한 경우, 그의 목소리 톤이 그가 한 말과는 완전히 다른 것을 암시하기 때문에 판매가 이루어지지 않는다.

여러분이 하는 말은 암시의 원리가 작동하는 데 중요한 요소다. 그러나 여러분의 행동만큼은 중요하지 않다. 여러분의 행동은 말보다 더 중요하고, 말과 행동이 일치하지 않으면 좋은 결과를 기대할 수 없다.

어떤 사람이 인간의 기본적인 행동 규범으로 황금률을 설파하면서 자신이 설파하는 것을 실천하지 않는다면 사람들은 그의 말을 들으려 하지 않을 것이다. 황금률의 건전성에 대한 가장 효과적인 설교는 그가 다른 사람들과의 관계에서 이 규칙을 적용하는 것이다. 예컨대 포드 자동차 판매원이 GM이나 다른 메이커 자동차를 타고 고객 앞에 나타난다면 그가 아무리 포드 자동차의 장점을 설명해도 효과가 없을 것이다.

일전에 녹음기를 보러 딕터폰Dictaphone 매장에 갔었다. 담당 판매원이 기계의 장점을 논리적으로 주장하는 동안 그의 옆에서 속기사가 속기 노트에 적힌 편지를 옮겨 적고 있었다. 속기사에게 받아쓰게 하는 오래된 방법보다 녹음기가 좋다는 판매원의 주장은 내게 깊은 인상을 주지 못했다. 그의 말과 행동이 일치하지 않았기 때문이다.

또 여러분의 생각은 여러분이 암시의 원리를 적용하는 세 가지 방법 중 가장 중요하다. 생각은 말의 어조와 행동을 어느 정도 통제하기 때문이다. 만약 여러분의 행동과 말, 그리고 생각이 조화를 이룬다면 여러분은 여러분이 만나는 사람들에게 조금이나마 영향을 미치게 될 것이다.

> 성공하고자 하는 사람에게 진정으로 필요한 자본은
> 건전한 정신과 건강한 신체, 그리고 가능한 한
> 많은 사람에게 도움이 되려는 진정한 욕망이다.

암시가 작동하는 원리
이제 우리는 암시를 분석하고 여러분에게 암시가 작동하는 정확한 원리를 보여줄 것이다. 이미 살펴본 바와 같이 암시는 오직 한 가지 면에서 자기암시와 다르다. 우리는 의식적이든 무의식적이든 다른 사람에게 영향을 줄 때 암시를 사용하며 자기암시는 우리 자신에게 영향을 미치는 수단으로 사용한다.

여러분이 암시를 통해 다른 사람에게 영향을 미치려면 그 전에 그 사람의 마음이 중립 상태가 되어 열린 마음으로 여러분의 암시를 받아들일 태세가 준비되어야 한다. 여기서 세일즈맨 대부분이 실패한다. 잠재 구매자의 마음이 받아들일 준비를 하기도 전에 판매를 시도하기 때문이다. 이는 매우 중요한 부분이기 때문에 여러분이 내가 설명하는 원리를 확실히 이해할 때까지 계속 강조할 생각이다.

판매원이 판매를 시도하기 전에 잠재 구매자의 마음을 중립 상태로 만들어야 한다는 것은 잠재 구매자의 마음을 활짝 열어 잘 믿도록 만들어야 한다는 뜻이다. 신뢰 관계를 구축하라는 것인데 신뢰를 쌓거나 마음을 열게 하는 정해진 규칙은 없다. 세일즈맨은 독창적인 기지를 발휘해서 규칙으로 규정할 수 없는 문제를 해결해야 한다.

지인 중에 10만 달러 이상의 고액 보험만 취급하는 생명보험 판매원이 있다. 그는 잠재 고객과 보험 이야기를 하기 전에 잠재 고객의 전반적인 이력, 예컨대 학력, 재무 상태, 종교적 선호, 기이한 행동 등 열거할 수 없을 정도로 많은 자료를 숙지한다. 정보로 무장한 그는 잠재 고객의 사업적인 면뿐만 아니라 사회적인 면도 잘 알 수 있는 상태에서 잠재 고객을 만난다. 그는 첫 방문 때도, 두 번째 방문 때도 생명보험에 관해서는 일언반구도 하지 않는다. 때로는 잠재 고객과 아주 친밀해질 때까지 보험 이야기를 꺼내지 않는다. 그렇다고 그가 헛된 노력을 하는 것이 아니다. 그는 이런 친선 방문을 잠재 고객의 마음을 중립 상태로 만드는 데 이용하고 있다. 생명보험을 이야기할 때까지 고객이 기꺼이 귀를 기울이게 될 신뢰 관계를 구축하는 것이다.

몇 년 전 나는 『서비스 판매 기술How to Sell Your Services』이라는 책을 썼다. 원고를 출판사로 넘기기 전에 미국의 유명 인사들에게 이 책에 실을 추천서를 써달라고 부탁해야겠다는 생각이 들었다. 인쇄업자가 원고를 기다리고 있었기 때문에 서둘러 열 명 정도의 사람에게 편지를 보냈다. 편지에는 내가 원하는 바를 간략하게 설명했다. 그러나 답장이 없었다. 성공을 위한 두 가지 중요한 전제 조건을 지키지 못했기 때문이다. 첫째, 너무 급하게 쓰느라 편지에 열정을 담는 데 실패했고 둘째, 편지를 받는 사람들의 마음을 중립 상태로 만드는 데 소홀히 했다. 암시라는 준비 작업을 하지 않은 것이다.

내가 저지른 실수를 발견하고 암시의 원칙을 엄격하게 적용한 편지를 써서 보냈다. 그랬더니 편지를 받은 사람들에게서 답장이 왔고, 그 답장들은 내 기대를 훨씬 뛰어넘는 걸작들이었다. 책에 가치를 더해주는 소중한 추천사였다. 편지를 쓸 때 암시의 원칙을 어떻게 적용할 수 있는지, 그리고 글에 생명력을 불어넣는 데 열정이 어떤 중요한 역할을 하는지 보여주기 위해 내가 보낸 두 가지 편지를 소개한다. 실패한 편지가 어떤 것인지 굳이 표시할 필요는 없을 것이다. 매우 명확하게 나타나기 때문이다.

친애하는 포드 씨,
저는 『서비스 판매 기술』이라는 책의 원고 집필을 지금 막 끝냈습니다. 수십만 권은 팔릴 것으로 기대하며 이 책을 사는 독자들도 최상의 서비스 판매 기술에 대한 귀하의 메시지를 전해 들을 기회를 반길 것으로 믿습니다.

귀하의 귀중한 시간을 할애하셔서 제 책에 실릴 간단한 추천사를 써서 보내주실 수 있겠습니까? 귀하의 추천사는 저에게도 큰 도움이 될 것이고, 이 책의 독자들도 귀하의 메시지를 전해 들을 기회를 반길 것으로 믿습니다.

귀하께서 보여주실 배려에 미리 감사드립니다.

안녕히 계십시오.

토머스 마셜

미합중국 부통령

워싱턴 D. C.

존경하는 마셜 부통령 각하,

각하처럼 성공적으로 세상에 이름을 날리지 못한 수많은 동포에게 격려의 메시지와 조언 한마디를 전할 기회를 원하십니까?

저는 『서비스 판매 기술』이라는 책의 원고 집필을 지금 막 끝냈습니다. 이 책의 요점은 월급 봉투는 당신이 제공한 서비스의 결과이며 금액은 제공한 서비스의 효율성에 비례한다는 겁니다.

이 책은 각하처럼 바닥에서 시작해 세계가 부러워하는 지위로 올라선 사람들의 조언이 있어야 완성될 겁니다. 그러므로 각하께서 서비스를 제공하는 사람들이 명심해야 할 가장 중요한 사항들에 관한 고견을 제게 보내주시면 제 책을 통해 전하겠습니다. 각하의 고견은 세상에서 자신들의 자리를 찾으려고 애쓰는 성실한 사람들에게 큰 힘이 될 겁니다.

부통령 각하, 바쁘시겠지만 비서를 불러서 간단한 내용을 받아 적게만 하면 수많은 사람에게 중요한 메시지를 보낼 수 있음을 기억해 주시길 바랍니다. 돈으로 따지면 편지에 붙일 2센트짜리 우표 정도의 가치뿐이겠지만 운이 없는 다른 사람에게 주는 도움이라는 관점에서 볼 때 각하의 메시지를 읽고, 그것을 믿고, 지침으로 삼을 수많은 훌륭한 사람들에게는 성패를 가를 정도로 가치가 있습니다.

감사합니다.

한 편지는 임무를 완수하는 데 실패하고 다른 편지는 성공한 원인은 무엇일까? 이 분석은 판매 기술의 중요한 요소 중 하나인 '동기'에서 시작해야 한다. 첫 번째 편지의 동기는 작성자의 사리사욕이라는 것이 명백하다. 편지에는 원하는 것이 정확히 적혀 있지만 이런 요청을 왜 하는지, 누구에게 이익을 줄 것인지에 대해서는 의문을 남긴다.

이 편지의 두 번째 단락에서 '저에게도 큰 도움이 될 것이고'로 시작하는 문장을 살펴보자. 언뜻 생각하면 이것이 인간 고유의 본성처럼 보일지도 모른다. 그러나 사실 대부분의 사람은 단지 다른 사람들을 기쁘게 만들기 위해 호의를 베풀지 않는다. 만약 내가 여러분에게 그에 상응하는 이익을 제공하지 않으면서 일방적으로 내게 도움이 될 만한 서비스를 제공해 달라고 부탁한다면 여러분은 그 호의를 제공하는 데 별로 열의를 보이지 않을 것이고, 거절할 만한 그럴듯한 이유가 있으면 완전히 거절할 수도 있다.

하지만 내가 여러분에게 제3자에게 이익이 되는 서비스를 제공해 달라고 부탁한다면 비록 그 서비스가 나를 통해 제공되어야 하더라도 그 서비스가 명예가 되는 것이라면 기꺼이 응할 것이다. 길거리 거지에게 10센트짜리 동전을 던져주는 것은 거부하지만, 다른 사람들을 위해 모금하는 자선사업가에게 100달러나 1000달러를 기꺼이 건네는 사람들에게서 이런 심리를 발견할 수 있다.

최악의 암시는 첫 번째 편지의 마지막 단락 '귀하께서 보여주실 배려에 미리 감사드립니다'에 들어 있다. 이 문장은 편지 작성자가 자기 요청이 거절될 것으로 예상한다는 것을 강력하게 암시한다. 이는 분명히 편지 작성자의 열정 부족을 나타낸다. 오히려 편지를 받는 사람이 요청을 거절할 수 있는 길을 열어주었다. 첫 번째 편지에는 편지를 받은 사람이 그 요청을 들어주어야 하는 만족스러운 이유를 설명하는 말은 단 한마디도 없다.

반면에 편지의 목적이 책을 파는 데 도움이 될 추천서를 확보하는 데 있음을 분명히 알 수 있다. 이런 요청의 경우 가장 중요한, 그리고 사실상 유일한 설득 논거는 이런 요청을 하게 된 실제 동기인데 이 편지에서는 제시되지 않았다. 이런 논거는 '이 책의 독자들도 귀하의 메시지를 전해 들을 기회를 반길 것으로 믿습니다'라는 문장에서 희미하게 언급했을 뿐이다.

이 편지의 첫 번째 단락은 판매 기술의 중요한 기본 원칙을 위반하고 있다. 편지의 목적이 편지의 작성자가 어떤 이점을 얻기 위한 것임을 분명히 나타내긴 하지만 편지를 받는 사람에게 생길 수 있는 이점에 대해서는 암시조차 하지 않기 때문이다. 편지를 받는 사람의 마음을 중립 상태로 만들어야 하는데 정반대의 결과를 가져온다. 편지를 받는 사람이 이어지는 모든 주장에 대해 마음을 닫아버리고 거절하기 쉽게 만들어버린다.

마음을 닫는 대화 vs. 마음을 여는 대화

이와 관련해서 한 세일즈맨, 아니 세일즈맨이 되고 싶었던 사람이 생각난다. 그는 《새터데이이브닝포스트Saturday Evening Post》 구독을 권할 목적으로 내게 접근했다. 그는 내 앞에 잡지를 들고 와서 내가 해야 할 대답을 암시하는 질문을 했다.

"이 잡지를 구독해 주시면 제게 큰 도움이 되겠지만 구독하고 싶지 않으시겠죠?"

물론 나는 거절했다. 그는 내가 거절하기 쉽게 해주었다. 그의 말에는 열정이 없었고 침울했으며 얼굴에는 수심이 가득했다. 그에게는 내가 구독하면 받을 수수료가 필요했다. 이는 분명했지만 내 이익에 호소할 만한 어떤 것도 제시하지 못했기 때문에 판매를 놓쳤다. 하지만 문제는 이 한 번의 판매 실패가 그의 불행의 전부가 아니라는 데 있다. 이 젊은이의 불행은 이런 태도로 인해 그가 접근 방식을 바꿨으면 성공했을 수도 있는 다른 모든 판매를 실패하게 된다는 데 있다.

몇 주 후 다른 판매원이 잡지 구독을 권유하기 위해 찾아왔다. 그녀는 《새터데이이브닝포스트》를 포함해서 여섯 종의 잡지를 묶어서 팔고 있었는데 그녀의 접근 방식은 무척 달랐다. 그녀는 잡지 몇 권이 놓여 있던 내 서재 테이블을 힐끗 쳐다보고 내 서가를 바라보더니 열정적으로 외쳤다.

"오! 선생님은 책과 잡지를 정말 좋아하시는군요."

나는 그녀의 말을 자랑스럽게 인정했다. 여기서 '자랑스럽게'라는 단어에 주목하라. 이 사건에서 중요한 관련이 있기 때문이다. 나는 이 여성 판매원이 들어왔을 때 읽고 있던 원고를 내려놓았다. 그녀가 지적인 여성이라는 것을 알 수 있었기 때문이다. 내가 이 사실을 어떻게 알게 되었는지는 여러분의 상상에 맡기겠다. 중요한 것은 내가 원고를 내려놓고 실제로 그녀가 무슨 말을 하는지 궁금해했다는 사실이다.

몇 마디 말과 유쾌한 미소, 그리고 진정한 열정이 담긴 어조로 그녀는 내가 그녀의 말을 듣고 싶어 하도록 내 마음을 중립 상태로 만들었다. 그녀는 몇 마디 말로 가장 어려운 임무를 완수했다. 왜냐하면 그녀가 와서 그 말을 큰 소리로 외치기 전만 해도 나는 원고를 손에 들고 할 수 있는 한 정중하게 내가 바쁘고 방해받고 싶지 않다는 사실을 그녀의 마음에 전하기로 마음먹었었기 때문이다.

그래서 그녀의 다음 행동을 주의 깊게 지켜봤다. 그녀는 잡지 꾸러미를 겨드랑이에 끼고 있었는데 나는 그녀가 그것을 펼쳐놓고 내게 구독을 권유하기 시작할 것으로 예상했다. 하지만 그녀는 그러지 않았다. 여러분은 그녀가 단지 잡지 한 권을 팔려고 하는 것이 아니라 여섯 개의 잡지를 묶어서 팔고 있다고 말했던 것을 기억할 것이다.

그녀는 내 책꽂이로 가서 에머슨의 『수상록』을 들고 왔다. 그 후 10분 동안 에머슨에 관한 이야기를 너무 흥미진진하게 해서 나는 그녀가 들고 있던 잡지 꾸러미를 까맣게 잊어버렸다. 그렇게 그녀는 내 마음을 조금 더 중립 상태로 만들고 있었다. 그녀는 에머슨의 작품에 관해 훌륭한 사설 재료가 될 수 있는 신선한 아이디어를 제공했다.

그녀는 내게 어떤 잡지를 정기 구독하느냐고 물었고 내가 대답하자 잡지 꾸러미를 풀어 앞에 놓인 테이블에 놓으면서 미소를 지었다. 그녀는 잡지를 일일이 설명하고 내가 그 잡지들을 구독해야 하는 이유를 설명했다. 《새터데이이브닝포스트》는 순수한 소설이 실려 있고, 《리터럴다이제스트Literal Digest》는 세계 뉴스를 요약해서 제공하므로 나처럼 바쁜 사람들이 주로 찾으며, 《아메리칸매거진》은 사업과 산업계를 주도하는 사람들의 최신 전기를 알려줄 것이라고 했다.

하지만 나는 그녀가 생각했던 것만큼 호락호락 그녀의 주장에 반응을 보이지 않았다. 그러자 그녀는 넌지시 내게 다음과 같은 암시를 주었다.

"선생님 지위에 있는 분이라면 틀림없이 다양한 방면에 박식하실 거예요. 그렇지 않다면 작품에 바로 나타날 거거든요."

그녀의 말은 진실이었다. 그녀의 말은 칭찬이자 부드러운 질책이었다. 그녀가 판매하는 주요 잡지 6종은 내 구독 목록에 없었기 때문에 조금 멋쩍은 기분이 들었다. 나는 어색한 분위기에서 빠져나가기 위해 여섯 종의 잡지 구독료가 얼마인지 물었다. 그녀는 재치 있는 답변으로 잘 준비된 판매 교섭을 마무리했다.

"구독료요? 다 합쳐도 제가 들어왔을 때 손에 들고 계시던 원고 한 장의 원고료보다 적어요."

다시 한번 그녀는 진실을 말했다. 그렇다면 그녀는 어떻게 내 원고료를 추측해냈을까? 사실 그녀는 추측한 것이 아니라 알고 있었다. 그녀는 재치 있게 나 스스로 내 일의 본질에 대해 말하게 했다(나는 이런 그녀의 행동에 전혀 화가 나지 않았다). 그녀는 내가 내려놓은 원고에 깊은 관심을 보이면서 실제로 내가 그것에 대해 이야기하도록 유도했다(물론 나는 여기에 대단한 기술이나 구슬리기가 필요하다고 말하는 것은 아니다. 내가 내 원고를 보는 중이었다고 말했기 때문이다). 그리고 원고에 대해 말하면서 15쪽 분량의 원고료로 250달러를 받았다는 사실을 시인했던 것 같다. 그렇다. 나는 경솔하게도 내 작품에 대해 많은 보수를 받고 있다는 사실을 인정했던 것이 틀림없었다.

아마도 내가 그 사실을 인정하도록 그녀가 유도했을 것이다. 어쨌든 이 정보는 그녀에게 유용했고 그녀는 판매를 매듭짓는 절호의 순간에 그것을 효과적으로 이용했다. 내 약점과 관심사를 알아낼 목적으로 보고 들은 것을 모두 주의 깊게 관찰하는 것이 그녀 계획의 일부였다. 판매원 중에는 시간을 들여서 이런 일을 하는 사람도 있고 하지 않는 사람도 있는데 그녀는 그렇게 하는 사람이었다.

그녀는 내게서 잡지 구독 신청을 받아내는 데 성공하고 구독료 12달러도 받아 갔다. 하지만 그녀가 재치 있는 암시와 열정으로 얻은 이득은 이것이 전부가 아니었다. 그녀는 내게서 내 사무실 직원들에게 구독 권유를 해도 된다는 동의를 얻어냈고 떠나기 전에 내 직원들로부터 다섯 건의 구독 신청을 추가로 받았다.

사무실에 머무는 동안에 그녀는 내가 그녀의 잡지를 구독함으로써 호의를 베풀고 있다는 인상을 남기지 않았다. **반대로 그녀가 내게 호의를 베풀고 있다는 것을 분명히 느끼게 했다. 재치 있는 암시였다.**

이 사례에 대한 설명을 마치기 전에 그녀가 나를 열정적으로 대화에 참여하게 했다는 사실을 고백하고 싶다. 여기에는 두 가지 이유가 있다. 하나는 자신감에 가득찬 그녀 자신이었고, 다른 하나는 그녀가 내 일에 관해 이야기하도록 나를 설득했다는 사실이었다. 물론 여러분이 이 글을 읽으면서 단지 내 부주의함에 미소를 지으라고 하는 이야기가 아니다. 또는 이 사례에서 이 재치 있는 여성이 실제로 내 마음을 중립 상태로 만들 목적으로 내 일에 관해 이야기하도록 유도하고, 내 말을 끈기 있게 들어줌으로써 잡지 구독을 권유하는 그녀의 말에 귀를 기울이게 했다는 사실을 알리려는 것도 아니다. 영민한 여러분은 그녀의 방법에서 어떤 교훈을 얻을 수 있었을 것이다.

이미 말했듯이 나는 열정을 가지고 대화에 참여했다. 아마도 이 영리한 여성이 내 서재로 들어오면서 첫마디를 했을 때 나는 그녀에게서 열정의 정신을 느꼈을 것이다. 그렇다. 나는 그녀의 열정에 끌렸고, 그녀의 열정은 우연한 것이 아니라고 확신한다. 그녀는 스스로 잠재 고객의 사무실, 그의 일, 또는 그의 대화에서 그녀가 열정을 표현할 수 있는 무언가를 찾는 훈련을 해왔음이 분명하다. 명심하라. **암시와 열정은 함께 한다.**

암시의 효력

나는 세일즈맨을 열망했던 한 젊은이가 《새터데이이브닝포스트》를 내 앞에 들이밀며 했던 말에 느꼈던 감정을 어제 일처럼 생생하게 기억할 수 있다.

"이 잡지를 구독해 주시면 제게 큰 도움이 되겠지만 구독하고 싶지 않으시겠죠?"

그의 말은 냉랭하고, 생기가 없고, 열정이 부족했으며, 내 마음에 차가운 인상만을 남겼다. 나는 그 젊은이가 들어온 문으로 도로 나가는 것을 보고 싶었다. 내가 원래 동정심이 없는 사람이 아니다. 그러나 그의 목소리 톤과 표정, 그리고 전반적인 태도는 그가 부탁하러 온 것이지 뭔가를 제안하기 위해 온 것이 아니라는 것을 암시했다.

암시는 미묘하면서도 강력한 심리학 원리 중 하나다. 여러분은 이미 모든 행동과 말과 생각에서 암시를 사용하고 있다. 하지만 부정적인 암시와 긍정적인 암시의 차이를 이해하지 못한다면 암시를 성공이 아니라 패배를 안겨주는 방식으로 사용하고 있을지도 모른다.

암시를 부정적으로 사용하면 생명을 앗아갈 수도 있다는 사실이 과학적으로 밝혀졌다. 몇 년 전 프랑스에서는 한 범죄자가 사형선고를 받았다. 사형 집행 전에 그를 대상으로한 실험에서 암시를 통해 사람을 죽일 수 있다는 것이 증명되었다. 사형수의 눈을 가린 후 단두대로 끌고 가서 무겁고 날카로운 널빤지를 그의 목에 떨어뜨려 날카로운 칼과 비슷한 충격을 주었다. 그리고 나서 그의 목에 따뜻한 물을 부어 마치 따뜻한 피가 흘러내리는 것처럼 천천히 그의 척추 아래로 흘러내리게 했다. 7분 후 의사들은 그 사형수가 사망했다고 발표했다. 그의 상상력이 암시의 원리를 통해 실제로 날카로운 판자를 단두대의 칼날로 바꾸어 그의 심장을 멎게 했다.

내가 자란 작은 마을에는 암으로 죽을까 봐 두렵다고 끊임없이 불평하는 할머니가 살고 있었다. 어린 시절 그녀는 암에 걸린 한 여성을 보았고 그 광경이 그녀의 마음에 너무 깊은 인상을 준 것이다. 그녀는 자기 몸에서 암 증상을 찾기 시작했다. 그녀는 조금만 통증을 느껴도 암 증상이 시작된 것으로 확신했다. 나는 그녀가 가슴에 손을 얹고 외치는 소리를 들었다. "여기서 암이 자라고 있는 게 분명해. 난 느낄 수 있어." 이 상상 속의 병을 호소할 때 그녀는 항상 암이 그녀를 공격하고 있다고 믿는 왼쪽 가슴에 손을 얹었다. 20년 넘게 그녀는 이런 상상을 계속했다.

몇 주 전 그녀는 왼쪽 가슴의 암으로 세상을 떠났다. 암시가 널빤지를 단두대 칼날로 바꾸고 건강한 세포를 암세포로 바꾸는 것이 가능하다면 거꾸로 암시를 적절하게 사용해 우리의 상상으로 질병을 일으키는 세균을 파괴할 수는 없을까? 정신 치유자들은 암시의 원리를 이용해 기적으로 보이는 일을 한다. 나는 개인적으로 사마귀라고 알려진 피부병이 암시를 통해 48시간 이내에 없어지는 것을 목격했다.

여러분도 암시를 통해 2시간 이내에 최악의 상상병으로 병원 신세를 질 수 있다. 길을 걷다가 만난 사람 서너 명이 여러분이 아파 보인다고 하면 여러분은 의사를 찾게 될 것이다. 얘기를 하다 보니 내가 한때 생명보험 판매원과 함께했던 경험이 떠오른다.

나는 보험 계약을 신청했는데 1만 달러짜리로 할지 2만 달러짜리로 할지 아직 정하지 못했다. 그러던 중 보험 판매원이 나를 생명보험 회사의 의사에게 검사를 받게 했다. 다음 날 나는 또 다른 검사를 받기 위해 불려갔다. 두 번째는 더 정밀한 검사였는데 의사는 걱정스러운 표정을 지었다. 3일째 되던 날 나는 다시 불려갔고 이번에는 두 명의 상담 의사가 나를 보러 왔다. 그날은 내가 받아보거나 들어본 적이 없는 가장 철저한 검사를 받았다.

다음 날 보험 판매원이 나를 찾아와 다음과 같이 말했다.

"당신을 놀라게 하고 싶지는 않습니다. 하지만 검진 결과에 대한 의사들의 소견이 엇갈리고 있습니다. 아직 1만 달러짜리 보험을 들지 2만 달러짜리 보험을 들지 정하지 못한 당신에게 건강검진 결과 보고서를 보여주는 것은 공평하지 않다고 생각합니다. 내가 당신에게 더 많은 보험을 들라고 재촉하는 것으로 느낄 것이기 때문입니다."

나는 큰 소리로 말했다. "나는 이미 2만 달러짜리로 하기로 했습니다." 실제로 나는 2만 달러 전액 보험을 들기로 결심했었다. **보험 판매원이 내게 보험을 들기 어려운 어떤 체질적 약점이 있다는 암시를 심어놓는 순간 결정했던 것이다.**

"좋습니다." 보험 판매원이 말했다. "당신이 결정을 내렸으니 진단 결과를 말씀드리는 게 제 의무라고 생각합니다. 의사 두 분은 당신이 결핵균에 감염되었다는 소견을 냈지만 다른 두 분은 이 소견에 동의하지 않는다고 하셨어요." 속임수가 드러났다. 영리한 보험 판매원은 암시를 통해 내가 우유부단한 결정의 울타리를 넘어서게 했으며 결과적으로도 모두가 만족할 수 있었다.

어디에서 열정이 생기는지 궁금한가? 이미 열정이 생겼으니 신경 쓰지 말라고 하고 싶지만 누가 열정을 가져왔는지 알고 싶다면 보험 판매원과 공범인 네 명의 의사에게 물어봐야 할 것이다. 이들은 틀림없이 내가 비싼 보험을 드는 걸 보고 크게 웃었을 것이다. 하지만 그 속임수는 괜찮았다. 어쨌든 난 보험이 필요했다. 물론 여러분이 생명보험 판매원이라면 이런 아이디어를 이용해서 보험 가입 결정을 망설이는 예비 고객들이 결정을 빨리 내리도록 하지는 않을 것이다. 여러분은 그래서는 안 된다.

몇 달 전 나는 효과적인 광고 문구를 받아보았다. 영리한 자동차 보험 판매원이 전국 각지에서 모은 보도자료를 엮어 만든 깔끔한 소책자였는데 그 안에 하루 동안 65대의 자동차가 도난당했다는 뉴스가 들어있었다. 책의 뒷면에는 매우 암시적인 문구가 적혀 있었다.

"다음 차례는 당신 차가 될지도 모릅니다. 보험에 들었나요?"

광고면 아래쪽에 판매원의 이름과 주소, 전화번호가 있었다. 책 두 쪽을 다 읽기도 전에 전화를 걸어 보험료를 물었다. 그는 바로 나를 찾아왔고 그다음은 굳이 말하지 않아도 짐작할 것이다.

> 열정은 영혼의 태엽과 같은 것이다.
> 이 태엽을 계속 감아두면
> 힘이 없어서 필요한 것을 얻지 못할 일은 절대 없을 것이다.

암시로 설득에 성공한 편지

앞에 소개했던 편지 사례로 돌아가서 편지를 보낸 모든 사람에게서 바람직한 답장을 받았던 두 번째 편지를 분석해 보자. 주의 깊게 살펴보면 이 편지의 첫 번째 단락에서 한 가지 방법으로밖에 대답할 수 없는 질문을 했음을 알게 될 것이다. 이를 첫 번째 편지와 비교해 보고 둘 중 어떤 것이 여러분에게 더 좋은 인상을 주는지 자문해 보라. 이 단락은 두 가지 목적으로 작성되었다.

첫째, 읽는 사람이 편지의 나머지 부분을 열린 마음으로 읽을 수 있도록 읽는 사람의 마음을 중립 상태로 만든다. 둘째, 읽는 사람이 편지의 다음 단락에서 제공 요청을 받는 서비스의 성격과 일치하는 관점을 밝히도록 유도하기 위해 오직 한 가지 방법으로밖에 대답할 수 없는 질문을 한다.

2장 「자기 확신」에서 여러분은 내가 앤드루 카네기에게 그의 성공 요인을 물었을 때를 기억할 것이다. 그는 내 질문에 대한 대답을 보류하고 내게 성공이라는 단어를 정의해 달라고 부탁했다. 오해의 소지를 없애기 위해서 였다. 우리가 분석하고 있는 두 번째 편지의 첫 번째 단락은 편지의 목적을 명시적으로 밝히는 동시에 읽는 사람이 그 목적을 건전하고 타당한 것으로 받아들이지 않을 수 없게 한다.

각하처럼 성공적으로 세상에 이름을 날리지 못한 수많은 동포에게 격려의 메시지와 조언 한마디를 전할 기회를 원하십니까?

이 질문에 부정적으로 대답하는 사람은 자신이 이기적인 사람임을 인정하는 꼴이 되고, 이런 일로 양심의 가책을 느끼고 싶은 사람은 없다. 농부가 확실한 수확을 위해 먼저 땅을 갈고, 비료를 주고, 써레로 땅을 골라서 씨앗을 받아들일 상태가 되게 하는 것처럼 이 단락도 읽는 사람의 마음을 느긋하게 하고, 그 단락에 담긴 미묘한 암시를 통해 읽는 사람이 씨앗을 받아들일 수 있도록 한다.

두 번째 단락을 주의 깊게 살펴보면 읽는 사람이 이의를 제기하거나 부인할 수 없는 사실을 담고 있음을 알게 될 것이다. 이 단락은 타당한 기본 원칙에 기반을 두고 있어 논쟁의 여지를 주지 않는다. 이 단락은 읽는 사람을 편지의 세 번째 단락에서 조심스럽게 가려진 요청을 따르도록 곧장 이끄는 심리적 여정의 두 번째 단계로 데려간다.

저는 『서비스 판매 기술』이라는 책의 원고 집필을 지금 막 끝냈습니다. 이 책의 요점은 월급 봉투는 당신이 제공한 서비스의 결과이며 금액은 제공한 서비스의 효율성에 비례한다는 겁니다.

그리고 여러분은 세 번째 단락이 읽는 사람이 부정적인 생각을 하지 않도록 멋진 작은 칭찬으로 시작한다는 것도 알게 될 것이다. '그러므로 각하께서……' 이 문장의 표현과 그 맥락을 함께 살펴보면 이것이 거의 요청으로 보이지 않는다는 것을 알 수 있다. 그리고 편지 작성자가 개인적인 이익을 위해 부탁하고 있음을 암시하는 것은 아무것도 없다. 기껏해야 타인에 대한 부탁으로밖에 해석되지 않는다.

이 책은 각하처럼 바닥에서 시작해 세계가 부러워하는 지위로 올라선 사람들의 조언이 있어야 완성될 겁니다. 그러므로 각하께서 서비스를 제공하는 사람들이 명심해야 할 가장 중요한 사항들에 관한 고견을 제게 보내주시면 제 책을 통해 전하겠습니다. 각하의 고견은 세상에서 자신들의 자리를 찾으려고 애쓰는 성실한 사람들에게 큰 힘이 될 겁니다.

이제 마지막 단락을 살펴보고 여기에 얼마나 교묘한 암시가 숨어 있는지 보라. 만약 읽는 사람이 이 요청을 거절한다면 그는 자신보다 운이 좋지 않은 사람들을 위해 2센트짜리 우표와 몇 분을 할애하지도 않을 만큼 이들을 신경 쓰지 않는 인색한 사람이 되는 난처한 입장에 놓이게 된다.

부통령 각하, 바쁘시겠지만 비서를 불러서 간단한 내용을 받아 적게만 하면 수많은 사람에게 중요한 메시지를 보낼 수 있음을 기억해 주시길 바랍니다. 돈으로 따지면 편지에 붙일 2센트짜리 우표 정도의 가치뿐이겠지만 운이 없는 다른 사람에게 주는 도움이라는 관점에서 볼 때 각하의 메시지를 읽고, 그것을 믿고, 지침으로 삼을 수많은 훌륭한 사람들에게는 성패를 가를 정도로 가치가 있습니다.

처음부터 끝까지 이 편지는 단순한 암시를 통해 가장 강한 인상을 전달하지만, 이 암시는 매우 조심스럽게 은폐되어 있어서 편지 전체를 주의 깊게 분석해야만 분명히 알 수 있다. 이 편지는 읽는 사람이 그 요청을 따르지 않으면 양심의 가책을 느끼게끔 구성되어 있다. 이 효과는 특히 마지막 단락의 마지막 문장 '각하의 메시지를 읽고, 그것을 믿고, 지침으로 삼을'이라는 부분에서 극대화된다.

이 편지는 재치 있게 읽는 사람의 양심에 호소해서 쓴 사람의 동지로 만들고, 마치 사냥꾼이 세심하게 준비한 그물망으로 토끼를 몰아넣는 것처럼 그를 코너로 몰아 빠져나가지 못하게 한다.

이 분석이 타당하다는 가장 좋은 증거는 이 편지를 받은 사람들이 모두 너무 바빠서 이런 편지에 답장할 수 없는 사람이었지만 모두 답장했다는 사실이다. 원하는 답장을 했을 뿐만 아니라 비서를 통해 답장을 보낸 시어도어 루스벨트 대통령을 제외하고 모두 직접 답장을 보냈다.

> 자만심은 자신의 본성을 가려서 볼 수 없게 하는 안개와 같다.
> 자만심은 사람의 타고난 능력을 약화하고 자기모순을 강화한다.

존 워너메이커John Wanamaker와 프랭크 밴더립Frank Vanderlip의 답장은 내가 받은 편지 중 가장 훌륭한 편지였다. 내가 편지에서 요청한 책보다 더 품위 있는 책을 장식할만한 걸작이었다. 앤드루 카네기 또한 서비스를 제공하는 모든 사람이 고려할 가치가 있는 편지를 썼다. 윌리엄 브라이언William Bryan과 노스클리프 경Lord Northcliffe도 마찬가지로 훌륭한 편지를 썼다. 이들 중 누구도 나를 기쁘게 해주려고 편지를 쓰지 않았다.

단 네 사람을 제외하고 나는 그들 모두에게 알려지지 않았기 때문이다. 그들은 나를 기쁘게 하려고 편지를 쓴 것이 아니라 자기만족과 가치 있는 봉사를 위해 편지를 썼다. 아마도 내가 보낸 편지의 표현이 이와 관련이 있겠지만 내가 말한 이 사람들, 그리고 이들과 비슷한 부류의 사람들은 적절하게 접근하기만 하면 일반적으로 다른 사람들을 위해 가장 기꺼이 봉사하는 사람들이다.

나는 이 기회를 빌려서 내가 알게 된 정말로 큰 인물인 이들 모두가 다른 사람들에게 도움이 되는 서비스를 제공할 때 가장 의욕적이고 친절한 사람들이었다고 말하고 싶다. 아마도 이것이 이들이 정말 위대한 사람인 이유였을 것이다.

잠재의식에 암시를 심는 법

인간의 마음은 경이로운 시스템이다. 눈에 띄는 특징 중 하나는 외부암시나 자기암시를 통해 마음이 받은 인상은 모두 성격상 일치하는 것끼리 저장된다는 것이다. 즉, 부정적인 인상은 모두 뇌의 한 부분에 저장되고 긍정적인 인상은 뇌의 다른 부분에 저장된다. 이런 인상(혹은 과거의 경험) 중 하나가 기억의 원리를 통해 의식 세계로 들어오면 사슬을 구성하게 된다. 한 고리를 들어 올리면 연결된 다른 고리들이 따라 올라오듯이 그와 유사한 성질의 다른 모든 것이 함께 떠오르는 경향이 있다. 예컨대 우리 마음속에 의심하는 감정이 생기면 지금까지 우리가 의심했던 모든 경험이 덩달아 떠오른다. 낯선 사람이 수표를 현금으로 바꿔 달라고 하면 우리는 즉시 과거 부도 수표나 위조 수표를 현금으로 바꿔 줬다가 낭패를 본 자신이나 다른 사람의 경험을 떠올리게 된다. 이처럼 우리 마음에 도달하는 비슷한 감정이나 경험, 감각적 인상은 모두 함께 정리된다. 그래서 한 기억이 비슷한 다른 기억을 모두 떠올려 낸다.

한 사람의 마음에 불신감을 불러일으키면 그 사람이 의심했던 모든 경험이 표면화된다. 이런 이유로 성공적인 세일즈맨들은 과거 경험 때문에 구매자의 마음에 저장된 '의구심의 고리'를 자극할 수 있는 주제를 멀리하려고 노력한다. 성공적인 세일즈맨은 경쟁자나 경쟁 기사를 '부당하게 비판'하면 구매자의 마음에 이전 경험에서 형성된 부정적인 감정을 불러올 수 있고, 이렇게 되면 구매자의 마음을 중립 상태로 만드는 것이 불가능할 수 있다는 사실을 빠르게 터득하게 된다.

이 원리는 인간의 마음에 자리 잡은 모든 감각적 인상에 적용된다. 두려움의 감정을 예로 들어보자. 우리 마음에 두려움과 관련된 감정이 조금이라도 생기면 그와 관련된 모든 불쾌한 기억이 되살아나게 된다. 두려움의 감정이 우리 의식을 지배하는 한 용기는 생길 수 없다. 두 감정은 양립할 수 없다. 이 두 감정은 서로 조화를 이루지 못하기 때문에 마음의 공간을 공유할 수 없다. 유유상종. 의식 속의 모든 생각은 비슷한 성질의 다른 생각을 끌어당긴다. 과거의 경험에서 자라나는 느낌이나 생각, 감정이 지배적인 이유는 이런 비슷한 성격의 지원군이 뒷받침하기 때문이다.

자기암시의 원리를 이용해서 여러분의 마음속에 분명한 핵심 목표를 성취하려는 야망을 의도적으로 품고, 여러분의 잠재 능력이 얼마나 빨리 자극되고 활성화되는지 주목하라. 암시의 원리를 이용해서 성공적인 변호사나, 의사, 엔지니어, 사업가 또는 금융가가 되려는 야망을 어린이의 마음속에 심어주고, 강력한 암시를 반복해서 주면 어린이는 그 야망을 성취하는 방향으로 움직이기 시작할 것이다. 강력한 암시를 주고 싶다면 암시에 열정을 아낌없이 쏟아부어라. 열정은 암시의 효과가 빨리 나타나고 지속하게 하는 비료와 같기 때문이다.

예전에 한 인정 많은 노신사가 내 마음속에 내가 '똑똑한 아이'이고 노력하면 세상에 이름을 날릴 수 있다는 암시를 심어주었다. 내 마음에 그렇게 깊고 오래가는 인상을 심어 준 것은 그가 한 말보다 그 말을 하던 방식이었다. 내 잠재의식 깊숙이 암시를 심어 준 것은 내 어깨를 잡아주던 손과 신뢰 가득한 눈으로 나를 바라보던 그의 모습이었다. 이는 내가 동원할 수 있는 모든 힘을 다해서 강조하고 싶은 대목이다. **오래가는 인상을 남기는 것은 말이 아니라 말하는 어조와 태도다.** 따라서 호의적인 인상을 오래 남기려면 목적의 진정성, 정직, 그리고 진심으로 하는 말을 뒷받침해야 한다.

'나'를 먼저 갖추어라

여러분이 다른 사람들을 설득하기 위해서는 먼저 자기를 설득할 수 있어야 한다.

얼마 전 멕시코 정부의 한 요원이 내게 찾아와 당시 멕시코 정부를 위한 선전 기사를 써달라고 부탁했다. 그가 내게 보낸 편지 내용의 일부를 소개한다.

"선생님께서는 황금률 철학의 옹호자로 명성이 자자합니다. 그리고 미국에서 어떤 정치적 파벌에도 소속되지 않은 것으로 알려져 있습니다. 따라서 멕시코에 오셔서 멕시코의 정치, 경제를 연구하신 후 미국으로 돌아가셔서 미국 정부가 멕시코 정부를 즉각 인정해야 한다고 미국인들에게 추천하는 신문 연재 기사를 써주시기를 바랍니다."

이 일에 대한 대가로 나는 평생 내가 가질 수 있는 것보다 더 많은 돈을 제안받았다. 하지만 나는 이 의뢰를 거절했다. 다른 사람들에게 영향을 미치는 사람은 자기 양심을 지켜야 한다는 원칙 때문이었다. 나는 멕시코의 대의명분을 믿지 않기 때문에 설득력 있는 글을 쓸 수 없었다. 진흙탕인 줄 알면서 돈벌이를 위해 내 재능을 팔고 효과적인 글을 쓰기 위해 필요한 열정을 담을 수는 없었다.

나는 이 사건에 대한 나의 철학을 더 이상 설명하려고 애쓰고 싶지 않다. 자기암시 연구를 충분히 한 사람들은 더는 설명이 필요 없을 것이고, 그렇지 못한 사람들은 어차피 이해하지 못할 것이기 때문이다. **어떤 사람도 자기 신념과 일치하지 않는 말을 하거나 행동해서는 안되며, 만약 그렇게 한다면 다른 사람에게 영향을 주는 능력을 잃는 대가를 치러야 한다.**

이 문장을 크게 소리 내어 읽기 바란다. 이 원칙을 지키지 않아서 많은 이들의 분명한 목표가 암초에 부딪혀 산산조각이 나기 때문이다.

나는 내가 누군가를 속일 수 있다고 생각하지도 않고 더군다나 **나 자신을 속일 수 없다는 것을 안다.** 그렇게 하는 순간 내 펜은 무력해지고 내 말은 소용이 없어질 것이다. 가슴속에 타오르는 열정의 불길을 안고 글을 쓸 때 비로소 내 글이 남들에게 호감을 주고, 내 메시지에 대한 믿음으로 터질 듯한 가슴을 움켜 쥐고 말할 때 비로소 청중들에게 감동을 줄 수 있다.

> 어떤 신문에도 에디슨, 포드, 록펠러 등 거물급 인사가 연루된
> '광란의 술자리'나 다른 비슷한 스캔들 기사가 나지 않았다는
> 사실은 생각할 거리가 아닌가?

꼭 기억하길 바란다. 여러분 필생의 일에서 영향력 있는 사람이 되기 위해서 꼭 기억해야 할 이 불변의 법칙을 써서 매일 보고 상기할 수 있는 곳에 붙여 두길 바란다.

이 원칙을 고수하면 끼니를 걱정해야 할지도 모른다는 생각이 들 때도 많았다. 내 가장 친한 친구들과 사업상 조언자들이 필요한 이익을 얻기 위해 내 철학을 잠시 접어 두라고 강하게 촉구한 적도 여러 번 있었다. 하지만 나는 어떻게든 이 원칙을 고수할 수 있었다. 나는 억지로 내 양심과 타협해서 얻을 수 있는 물질적인 이익보다 마음속 평화와 조화를 더 선호했기 때문이다.

이상하게 들릴지 모르지만 내 양심을 저버리기를 거부하는 결정은 '정직'이라는 것에 기반을 둔 적이 거의 없다. 내가 믿지 않는 것을 글로 쓰거나 말하는 것을 삼가는 문제에서 내가 한 일은 오로지 양심과 나 자신 사이의 명예에 관한 문제였다. 나는 말에 '생명력'을 불어넣는 것을 목표로 했기 때문에 내 마음의 지시에 따라 표현하려고 노력했다. 내 동기는 타인에게 공정해지려는 욕구보다는 사리사욕에 더 기반

을 두고 있었다고 할 수 있다. 하지만 나 자신을 분석해 볼 때 나는 절대 다른 사람들을 불공정하게 대한 적이 없다.

거짓과 타협하는 사람은 뛰어난 세일즈맨이 될 수 없다. 나쁜 짓은 결국 탄로 나는 법이다. 목격자가 없다고 거짓말을 둘러대도 소용없을 것이다. **마음에서 우러나오지 않으면, 그리고 진심 어린 순수한 열정이 담기지 않으면 그 말에 '생명력'을 불어넣을 수 없기 때문이다.**

나는 또한 여러분이 위의 문장도 소리 내어 읽기를 바란다. 어떤 분야에서 영향력 있는 사람이 되기 위해서 이해하고 적용해야만 하는 위대한 법칙이 들어있기 때문이다.

강조하기 위해서 계속 이런 요청을 하는 것이지 여러분의 자유를 지나치게 구속하려는 것이 아니다. 나는 여러분이 성숙하고 지적인 사람이라는 사실을 전적으로 인정한다. 하지만 여러분이 이 중요한 법칙들을 깊이 생각하지 않고 일상의 일부로 만들지 않은 채 지나칠 수 있음을 알고 있다. **나는 나 자신의 약점을 알기 때문에 여러분의 약점도 안다.** 이런 기본적인 진실이 내게 영향을 미치기까지는 25년이라는 부침의 세월이 필요했다. 나는 진실과 거짓을 모두 경험했다. 그러므로 단순히 이런 진실의 타당함을 믿는 사람이 아니라 터득한 사람으로서 말할 수 있다.

여기서 내가 말하는 '진실'은 무슨 뜻일까? 내 뜻을 오해할 소지를 없애고 경고의 말이 추상적으로 전달되는 것을 막기 위해 '진실'은 다음과 같은 뜻임을 밝혀둔다. **우리는 우리가 믿지 않는 것을 다른 사람에게 말이나 행동으로 제안할 수 없다.** 이는 확실히 자명한 사실이다. 그리고 우리가 그렇게 할 수 없는 이유는 다음과 같다.

만약 여러분이 자기 양심과 타협한다면 곧 양심이 없어지게 될 것이다. 양심이 여러분을 올바른 길로 인도하지 못하게 되기 때문이다. 이는 알람 소리에 귀 기울이지 않으면 알람이 여러분을 깨우지 못하는 것과 마찬가지다. 이것 또한 자명하다.

그러면 여러분은 내가 어떻게 이 중요한 주제에 대한 권위자일 수 있느냐고 물을 것이다. 나는 그 원리를 직접 실험해 보고 그 작동원리를 알기 때문에 권위자라고 자부할 수 있다. "그런데 당신이 진실을 말하고 있다는 것을 어떻게 알죠?"라고 다시 물을지도 모른다.

이것은 스스로 이 원리를 실험하고 이 원리를 충실히 적용하는 사람과 적용하지 않는 사람을 비교 관찰해야만 알 수 있다. 내 말의 논거가 불충분하다고 느낀다면 이 원칙을 지키지 않고 '그럭저럭 살아가는' 사람과 이야기해 보라. 만약 그가 진실을 알려주지 않거나 알려 줄 수 없더라도 그 사람을 분석해 보면 알 수 있다.

이 세상에서 인간에게 오래가는 진정한 힘을 주는 것은 오직 하나뿐이다. 바로 인격이다. 평판은 인격이 아니라는 것을 명심하라. 평판은 사람들이 어떤 사람이 그럴 것이라고 믿는 것이고, 인격은 그 사람의 실제 됨됨이를 말한다. 만약 여러분이 큰 영향력을 지닌 사람이 되고 싶다면 진정한 인격을 지닌 사람이 되어야 한다.

인격은 값싼 돌을 순금으로 바꿔준다는 '철학자의 돌Philosopher's lodestone'과 같은 것이다. 사람에게 인격이 없으면 남는 게 없고 아무것도 아니다. 별 값어치도 없는 살과 뼈와 머리카락에 불과하다. 인격은 구걸하거나 훔치거나 살 수 없는 것이다. 인격은 닦고 기르는 것이다. 다른 방법은 없다.

자기암시의 원리를 이용하면 누구든 과거와 상관없이 건전한 인격을 기를 수 있다. 이 장에 어울리는 결론으로 '인격을 지닌 사람들은 인격을 지닌 다른 사람들을 끌어당기는 열정과 성품이 있다'는 사실을 강조하고 싶다.

여러분에게 아직 열정이 없다면 지금부터 이 드문 자질을 개발하는 방법을 알려줄 것이다. 방법은 간단하다. 하지만 그렇다고 해서 그 가치를 경시한다면 여러분에게 불행한 일이 될 것이다.

첫째, 이 책의 나머지 장을 끝마쳐라. 이 장에서 다루는 지침과 함께 적용해야 할 다른 중요한 지침을 이어지는 장들에서 확인할 수 있기 때문이다.

둘째, 아직 하지 않았다면 간단명료한 언어로 여러분의 분명한 핵심 목표와 이 목표를 현실로 바꾸는 계획을 적어라.

셋째, 매일 밤 자기 전에 여러분의 분명한 핵심 목표를 읽으면서 이 목표를 달성한 자기 모습을 상상해 보라. 이때 여러분의 분명한 목표를 현실로 바꾸는 자기 능력을 완전히 믿으면서 상상해야 한다. 열정을 다해 단어 하나하나 힘주어 큰 소리로 읽어라. 여러분 안의 작고 고요한 목소리가 여러분의 목표가 실현될 것이라고 말해줄 때까지 읽기를 반복하라. 처음 읽을 때부터 이런 목소리가 들릴 때도 있지만, 때로는 수십 번을 읽어야 할 수도 있다. 다만 이 목소리를 느낄 때까지 멈추지 말아야 한다. 원한다면 분명한 핵심 목표를 기도하듯이 읽어도 된다.

이 장의 나머지 부분은 믿음의 힘을 아직 배우지 못했고 자기암시의 원리에 대해 거의 알지 못하는 사람들을 위한 것이다. 이 책을 읽는 모든 사람에게 성경 마태복음 7장 7절과 8절, 그리고 17장 20절을 꼭 읽어보기를 권한다.

만약 당신의 인생이 고달프다고 생각한다면,
부커 워싱턴(Booker Washington)의『노예의 굴레를 벗고(Up from Slavery)』
를 읽어보라. 그러면 당신이 얼마나 운이 좋은지
알 수 있을 것이다.

믿음

이 세상에서 가장 위대하고 영원한 힘은 믿음이다. 이 놀라운 힘에서 가장 믿기 어려운 기적이 나올 수 있다. 믿음은 믿는 자에게 지상의 평화를 준다.

믿음은 그 효과가 너무나 커서 아무도 그 한계가 무엇인지, 또는 한계가 있는지 말할 수 없는 원칙이다. 여러분의 목표를 달성하기 위해 계발하고자 하는 자질과 얻으려고 하는 사회적 지위를 적고 매일 밤 읽으면서 이 목표를 현실로 바꿀 수 있다는 믿음을 가져라. 그러면 여러분은 이 장에서 말하는 암시를 놓칠 수 없다.

성공하려면 행동가가 되어야 한다. 단지 아는 것만으로는 부족하다. 아는 것을 행동으로 옮겨야 한다. 열정은 지식을 행동으로 옮기도록 강력히 촉구하는 마음의 주요 원천이다.

빌리 선데이는 미국에서 가장 성공한 설교자로 알려져 있다. 나는 그의 기법을 연구하고 심리학적 방법을 파악하기 위해 선데이 목사의 세 번의 캠페인을 살펴보았다. 그의 성공은 주로 '열정'이라는 한 단어에 바탕을 두고 있었다. 빌리 선데이는 암시의 법칙을 효과적으로 사용해서 추종자들의 마음에 자신의 열정을 전달하고 이들에게 영향을 미친다. 그는 설교에서 노련한 세일즈맨이 사용하는 것과 정확히 같은 전략을 구사한다.

성공적인 세일즈 매니저들은 열정의 심리를 이해하고 다양한 방법으로 이를 부하 직원들이 더 많은 매출을 창출하도록 돕는 실용적인 수단으로 활용한다. 대부분의 영업 조직은 군중심리를 이용해서 영업 사원 모두의 마음에 새로운 활력을 불어넣고 열정의 정신을 주입하기 위해 정기적으로 모인다. 이런 영업 회의는 일종의 '부흥회'라고 부를 수 있다. 흥미를 되살리고 열정을 불러일으켜 새로운 야망과 에너지를 가지고 싸움을 시작할 수 있도록 하는 것이 목적이기 때문이다.

나중에 자동차 업계의 유명 인사가 된 휴 차머스 Hugh Chalmers가 금전 등록기 제조 회사인 내셔널캐시레지스터컴퍼니 National Cash Register Company의 판매 관리자로 있는 동안 자기를 비롯한 산하 판매원 수천 명의 일자리가 날아갈 난처한 상황에 직면했다.

회사는 재정난에 처해 있었다. 이 사실이 현장 판매원들에게 알려지자 판매원들이 열정을 잃어버리게 되었다. 판매가 줄어들기 시작하더니 마침내 상황이 너무 심각해져서 오하이오주 데이턴에 있는 이 회사 공장에서 판매 조직 전체 회의가 열렸다. 미국 전역에서 판매원들이 모였다.

차머스가 회의를 주재했다. 그는 먼저 가장 유능한 판매원 몇 명에게 무엇이 잘못돼서 매출이 줄어드는지 말해보라고 했다. 이들은 호명되는 대로 한 사람씩 일어나서 가장 절망적인 고충을 털어놓았다. 사업 여건이 좋지 않고, 자금이 부족하고, 사람들이 대통령 선거 이후로 구매를 미루고 있다는 등의 분석이 이어졌다. 다섯 번째 직원이 판매 할당량을 맞추지 못하는 어려움을 열거하기 시작하자 차머스는 테이블 위로 뛰어 올라가 두 손을 들어 그의 입을 막고 말했다.

"그만! 내가 구두를 닦는 10분 동안 이 회의를 일시 중지합니다."

그는 탁자 위에 선 채로 옆에 앉아 있던 소년에게 구두닦이 도구를 가져와서 자기 구두를 닦으라고 했다. 이 광경을 보고 있던 판매원들은 깜짝 놀랐다. 사람들은 차머스가 갑자기 정신을 잃었다고 생각했다. 그리고 자기들끼리 속삭이기 시작했다. 그러는 동안 소년은 오랜 시간을 들여 정성껏 구두를 닦았다. 구두를 다 닦고 나자 차머스는 소년에게 10센트짜리 동전을 건네고 연설을 시작했다.

"여러분, 이 흑인 소년을 잘 보십시오. 이 소년은 우리 공장과 사무실 전체 직원의 구두를 닦을 수 있는 허락을 받았습니다. 이 흑인 소년의 전임자는 상당히 나이가 많은 백인 소년이었는데 회사에서 그에게 주당 5달러의 보조금을 지급했음에도 수천 명이 일하는 이 공장에서 생계를 유지할 수 없었습니다.

하지만 이 작은 소년은 회사로부터 어떤 보조금도 받지 않고 있죠. 같은 공장에서 같은 사람들을 위해 같은 조건에서 일하면서 생계를 잘 꾸려갈 뿐만 아니라 매주 저축도 하고 있습니다.

이제 여러분에게 한 가지 묻겠습니다. 백인 소년이 지금 이 소년보다 더 많은 일거리를 얻지 못한 것은 누구의 잘못이었나요? 그의 잘못이었나요, 아니면 구매자들의 잘못이었나요?"

군중들의 거센 함성 속에서 대답이 돌아왔다.

"물론 소년의 잘못이었어요!"

"그렇습니다." 차머스가 대답했다. "그렇다면 저는 여러분이 1년 전과 정확히 같은 사업 조건인 같은 지역에서 같은 사람들에게 금전등록기를 팔고 있다는 사실을 말씀드리고 싶습니다. 하지만 여러분은 그때와 같은 실적을 올리지 못하고 있습니다. 이것은 누구 잘못입니까? 여러분 잘못입니까, 아니면 구매자 잘못입니까?"

그리고 다시 함성과 함께 대답이 돌아왔다.

"물론 우리 잘못입니다!"

"여러분의 잘못을 솔직하게 인정해 주셔서 기쁩니다." 차머스는 말을 이어갔다. "그리고 이제 여러분의 문제가 무엇인지 말씀드리고 싶습니다. 여러분은 이 회사가 재정적으로 어려움에 부닥쳤다는 소문을 들었고, 그로 인해 여러분의 열정이 식어서 이전에 했던 노력을 하지 않게 되었다는 겁니다. 만약 여러분이 앞으로 30일 동안 다섯 개씩 주문을 받겠다는 확실한 각오를 다지고 각자의 지역으로 돌아간다면 이회사는 더는 재정난을 겪지 않을 겁니다. 할 수 있겠습니까?"

그들은 모두 할 수 있다고 했고 실제로 해냈다.

이 사례는 '휴 차머스의 백만 달러짜리 구두닦이'라는 이름으로 회사의 역사에 기록되어 있다. 이것이 회사 사정에 변화를 가져오는 계기가 되었고, 수백만 달러의 가치가 있었기 때문이라고 한다.

열정은 패배를 모른다. 열정적인 판매사원들을 보낼 줄 아는 판매관리자는 자기 서비스의 가치를 스스로 정할 수 있다. 그보다 더 중요한 것은 그가 지휘하는 모든 사람의 수입 능력을 증가시킬 수 있다는 사실이다. 따라서 그의 열정은 자기뿐만 아니라 수많은 다른 사람에게도 이익이 된다.

열정은 절대 우연히 생기는 것이 아니다. 열정을 일으키는 특정한 자극이 있는데 그중 가장 중요한 것은 다음과 같다.

1. 자신이 가장 좋아하는 직업
2. 열정적이고 낙천적인 사람들과 일하는 환경
3. 재무적 성과
4. 15가지 성공의 법칙을 숙달하고 이를 일상 업무에 적용하는 것
5. 건강
6. 자신이 다른 사람에게 도움이 되는 일을 했다는 인식
7. 자기 직업의 필요에 맞는 좋은 옷

이 일곱 가지 자극의 원천은 마지막 것을 제외하고는 모두 자명해서 따로 설명이 필요 없다. 옷의 심리학은 아는 사람이 드물기에 여기서 자세히 설명한다. 옷은 모든 사람이 자립심과 희망, 열정을 느끼기 위해 가져야 하는 가장 중요한 장신구다.

좋은 옷의 심리학

1918년 11월 11일 종전 소식이 전해졌을 때 나는 내가 세상에 처

음 태어날 때보다 조금 나을 정도로 빈털터리였다. 전쟁으로 사업이 망해서 새로 시작해야 했다. 내 옷장에는 낡은 비즈니스 정장 세 벌과 이제 필요 없는 제복 두 벌 뿐이었다. 세상 사람들이 사람의 옷차림으로 가장 오래가는 첫인상을 형성한다는 사실을 너무나 잘 알고 있었던 나는 지체하지 않고 재단사를 찾아갔다.

다행히 내 단골 재단사는 나와 여러 해 동안 알고 지냈기 때문에 내가 입은 옷으로 나를 판단하지는 않았다. 만약 그가 그랬다면 나는 무시 당했을 것이다. 주머니에 든 돈은 1달러도 없었지만 나는 지금까지 내가 가졌던 것 중 가장 비싼 양복 세 벌의 천을 골라서 한꺼번에 만들어 달라고 주문했다. 한 벌은 아름다운 농회색이었고, 한 벌은 짙은 파란색, 그리고 다른 한 벌은 가는 세로줄 무늬가 들어간 연한 파란색이었다. 양복 세 벌의 가격은 375달러나 했다.

재단사가 내 치수를 재면서 한 말을 절대 잊을 수 없다. 내가 고른 비싼 옷감을 먼저 힐끗 본 다음 그가 내게 물었다.

"원 달러 맨Dollar-a-year man(거의 무보수로 연방정부에서 일하는 민간인 - 옮긴이) 이잖아요?"

"연봉 1달러라도 받았다면 지금 이 양복 값을 내고도 남았겠죠."

재단사가 놀란 눈으로 나를 쳐다봤다. 그는 내 농담을 이해하지 못한 것 같았다.

나와 잘 알고 지내던 터라 재단사는 내가 언제 그 비싼 양복 값을 낼 건지 묻지 않았지만 나는 내가 제때 돈을 낼 거라는 것을 알고 있었다. 하지만 상대가 그것을 납득하게 할 수 있었을까? 이런 생각이 내 머릿속을 맴돌고 있었고 그 질문이 제기되지 않으리라는 희망과 그 반대의 생각으로 가득 차 있었다.

그러고 나서 남성복점에 가서 아까보다는 덜 비싼 양복 세 벌과 최고급 셔츠와 컬러, 넥타이, 양말, 속옷들을 샀다. 여기서 계산한 금액은 300달러를 조금 넘었다. 나는 득의만면해서 태연하게 계산서에 서명하고 판매원에게 다음 날 아침 물건을 배달해 달라고 했다. 새로 산 옷을 입기도 전에 새로운 자립심과 성공 예감이 밀려오기 시작했다. 그렇게 전쟁에서 벗어난 지 24시간도 채 안 되어 675달러의 빚을 졌다.

다음 날 남성복점에서 주문한 세 벌 중 첫 번째 양복이 배달되었다. 나는 즉시 그 옷을 입었다. 양복 바깥 주머니에 새 실크 손수건을 꽂고, 반지를 맡기고 빌린 50달러를 바지 주머니에 넣고, 마치 록펠러 같은 부자가 된 기분으로 시카고의 미시간 대로를 걸어갔다. 속옷부터 겉옷까지 내가 입은 옷들은 모두 최고급이었다. 외상이라는 것은 나와 재단사, 그리고 남성복점 이외에 누구도 상관할 일이 아니었다.

매일 아침 나는 완전히 새로운 옷을 입고 정확히 같은 시간에 같은 거리를 걸어갔다. 그리고 '우연히' 어느 부유한 출판인이 점심 먹으러 가는 길에 같은 길을 걷게 되었다. 나는 매일 그와 간단한 인사말을 나눴고 가끔은 잠시 멈춰 서서 그와 이야기를 나누곤 했다. 이렇게 매일 그를 만난 지 일주일 정도 지난 어느 날 나는 이 출판인이 나에게 말을 걸지 않고 지나치는지 시험해 보기로 했다.

나는 그를 못 본 척 똑바로 앞만 바라보면서 지나치려고 했다. 그때 그가 나를 불러 세우더니 길가로 오라고 손짓했다. 그는 내 어깨에 손을 얹고 나를 머리부터 발끝까지 훑어보더니 말했다.

"막 제복을 벗은 사람치고는 아주 부유해 보이는데 어디서 옷을 맞추셨나요?"

"아, 이 옷은 월키&셀러리에서 특별히 맞춘 옷입니다."

그리고 나서 그는 내가 어떤 일을 하는지 물었다. 내가 매일 갈아입는 양복에서 풍기는 부유한 분위기가 그의 호기심을 자아냈다(물론 나는 그렇게 되기를 바랐다). 나는 아바나산 시가의 재를 털며 말했다.

"아, 저는 새 잡지 출판 준비를 하고 있습니다."

"새 잡지라고요?" 그가 물었다. "잡지 이름은 뭐로 정했나요?"

"《힐의 황금률Hill's Golden Rule》이라고 할 겁니다."

"잊지 마세요." 내 출판인 친구가 말했다. "저도 잡지를 인쇄하고 배급하는 일을 하고 있습니다. 어쩌면 제가 당신을 도울 일이 있을지도 모를 테니까요."

내가 기다리던 바로 그 순간이었다. 나는 새 양복을 맞출 때 이미 이런 상황을 염두에 두고 있었다. 만약 이 출판인이 내가 매일 그 거리를 지나가는 것을 봤더라도 내가 '매 맞은 개'의 표정을 하고, 꼬깃꼬깃한 옷을 입고, 가난에 찌든 눈을 하고 있었다면 그 대화는 절대로 이루어지지 않았을 것을 새삼 여러분에게 일깨워줄 필요가 있을까?

부유한 외모는 어떤 예외도 없이 항상 사람들의 관심을 끈다. 게다가 부유한 외모는 호감을 불러일으킨다. 모든 인간의 마음에서 지배적인 욕망은 부자가 되는 것이기 때문이다.

출판인 친구는 나를 점심 식사에 초대했다. 커피와 시가가 나오기 전에 그는 내 잡지를 인쇄하고 배포하는 계약을 하자고 나를 설득했다. 나는 심지어 그가 무이자로 자본을 대는 것을 허락하는 데 '동의'했다.

출판업이 생소한 사람들을 위해 새로운 전국 잡지를 창간하는 데는 막대한 자금이 필요하다는 사실을 밝혀둔다. 이렇게 막대한 자금은 담보가 충분해도 얻기 어려운 경우가 많다. 여러분이 읽었을지도 모르는 《힐의 황금률》 잡지를 창간하는 데 든 돈은 3만 달러를 훨씬 넘었고, 이 돈의 대부분은 내 옷이 연출한 '외모' 덕분에 모을 수 있었다. 그 옷 뒤에 다른 능력이 뒷받침되었던 것이 사실이다. 하지만 능력밖에 가진 것이 없는 수많은 사람이 자신들이 살고 있는 제한된 지역 바깥으로는 이름이 알려지지 않는 경우가 허다하다. 다소 슬픈 진실이다.

어떤 이들에게는 빈털터리였던 사람이 675달러 상당의 옷을 외상으로 산 것이 용납할 수 없는 사치처럼 보일 수도 있다. 하지만 그 투자 뒤의 심리는 이를 정당화하고도 남는다. 부유한 외모는 내가 호의를 구해야 하는 사람들에게 좋은 인상을 주었다. 무엇보다 중요한 것은 적절한 복장이 나 자신에게 주는 효과였다. 나는 적절한 옷차림이 다른 사람들에게 좋은 인상을 심어준다는 것을 알았고, 좋은 옷이 내 자존감을 되찾게 해줄 것이며, 이런 자존감 없이는 잃어버린 재산을 되찾을 수 없으리라는 것도 알고 있었다.

좋은 옷의 심리학을 처음 알게 된 것은 친구 에드윈 반스를 통해서였다. 그는 토머스 에디슨의 가까운 사업 동료이기도 하다. 약 20여 년 전 반스는 기차표를 살 돈이 없어서 화물 열차를 타고 뉴저지주 웨스트 오렌지에 있는 에디슨 사무실을 찾아가서 에디슨과 동업하러 왔다고 해서 에디슨 직원들에게 상당한 웃음을 선사했다. 당시 에디슨을 제외하고 주위에 있던 거의 모든 사람이 반스를 비웃었다. 비록 그가 지구상에서 가장 위대한 발명가의 미래의 파트너라기보다는 부랑자처럼 보였지만 젊은 반스의 단호한 얼굴에서 에디슨은 다른 사람들이 보지 못한 것을 보았다.

반스는 에디슨의 사무실에서 바닥 청소하는 일부터 시작했다. 에디슨 조직에서 성공하기 위한 발판을 마련할 기회가 그가 원하는 전부였다. 거기서부터 그는 세상에서 자기 자리를 찾고 싶어 하는 젊은이들이 본받을 가치 있는 역사를 만들었다. 반스는 비교적 젊은 나이에 현역에서 은퇴하고 대부분 시간을 플로리다주 브레이든타운과 메인주 다마리스코타에 있는 두 아름다운 저택에서 보냈다. 그는 행복한 백만장자다.

내가 반스를 처음 알게 된 것은 그가 아직 성공하기 전 에디슨 사무실에서 막 일을 시작한 초창기 시절이었다. 당시 그는 내가 보고 들은 것 중 가장 많고 비싼 옷들을 소장하고 있었다. 옷장에는 하루 한 벌씩 한 달을 입을 수 있는 31벌의 양복이 있었다. 반스는 이틀 연속 같은 옷을 입지 않았다.

그의 양복은 모두 가장 비싼 종류였다(공교롭게도 그의 옷을 만든 재단사는 내 양복 세 벌을 만든 재단사와 같다). 그는 한 켤레에 6달러 하는 양말을 신었다. 셔츠와 다른 옷들도 마찬가지였다. 그의 크라바트_{cravat}(넥타이처럼 매는 남성용 스카프 - 옮긴이)는 개당 5~7.5달러로 특별히 제작한 것이었다.

어느 날 나는 장난삼아 그에게 필요 없는 낡은 옷이 있으면 몇 벌 달라고 했다. 그는 필요하지 않은 옷은 하나도 없다고 내게 말했다. 그러고 나서 내게 옷의 심리에 관한 교훈을 가르쳐줬다.

"내가 31벌의 옷을 입는 것은 다른 사람들에게 주는 인상 때문이 아닙니다. 이 옷들이 내게 주는 인상 때문에 입는 겁니다."

반스는 에디슨 공장에 취직하기 위해 찾아갔던 날을 이야기해 주었다. 그는 사무실 문을 들어설 용기가 나지 않아 공장 주위를 열 바퀴도 더 맴돌았다고 말했다. 자신이 바람직한 직원보다는 부랑자 같다는 것을 알았기 때문이다.

반스는 웨스트 오렌지의 위대한 발명가와 관련된 가장 유능한 세일즈맨이라고 알려져 있다. 그는 세일즈맨으로서 그의 능력을 발휘해서 전 재산을 모았다. 옷의 심리를 이해하지 못했다면 이런 부와 명성을 얻을 수 없었을 것이라고 말했다.

> 첫인상은 정말 중요하다.
> 인생의 무대에서 여러분이 연기하고자 하는 역할에 맞게 잘 차려
> 입어라. 하지만 너무 무리하지는 않도록 주의하라.

살면서 나는 많은 세일즈맨을 만났다. 지난 10년 동안 남녀노소를 불문하고 3000명 이상의 판매원을 직접 훈련하고 감독하면서 뛰어난 판매원은 단 한 명의 예외도 없이 모두 옷의 심리를 이해하고 잘 활용하는 사람들이라는 것을 알게 되었다.

옷차림이 좋은데 판매원으로서는 눈에 띄는 실적을 올리지 못 한 사람들은 몇 명 본 적이 있지만, 옷차림이 변변찮으면서 판매 분야에서 두각을 나타낸 사람은 아직 본 적이 없다. 나는 오랫동안 옷의 심리를 연구해 왔고, 옷이 다양한 계층의 사람들에게 미치는 영향을 지켜봤기 때문에 옷과 성공 사이에는 밀접한 상관관계가 있다고 확신한다.

개인적으로 31벌의 옷이 필요하다고 생각하지 않는다. 그러나 품위 유지를 위해 이 정도 크기의 옷장이 필요하다면 아무리 돈이 들더라도 어떻게든 살 것이다. 옷을 잘 입으려면 적어도 열 벌은 있어야 한다. 주 단위로 매일 다른 옷을 입어야 하고, 격식을 차린 저녁 행사에는 야회복과 턱시도를 입어야 하며, 공식 오후 행사에는 정장을 입어야 한다. 여름옷으로 적당한 가벼운 정장을 적어도 네 벌은 가지고 있어야 하며 비공식 오후 및 저녁 행사에는 파란색 코트와 플란넬 바지를 입어야 한다. 골프를 친다면 골프복이 최소 한 벌은 있어야 한다. 물론, 이는 '보통'보다 높은 수준이다. 평범한 것에 만족하는 사람은 옷이 이렇게 많이 필요하지 않을 것이다.

'옷이 사람을 만드는 것은 아니다'라는 유명한 시인의 말이 사실일 수도 있지만 좋은 옷이 유리한 출발을 만든다는 사실은 누구도 부인할 수 없다. 일반적으로 은행은 부유한 사람에게는 돈이 필요하지 않아도 원하는 만큼 돈을 빌려준다. 하지만 돈을 빌리러 은행에 갈 때는 허름한 옷을 입고 가면 안 된다. 문전박대를 당할 수 있기 때문이다.

성공은 성공을 부른다. 이 위대한 보편적 법칙에서 벗어날 수는 없다. 그러므로 성공하고 싶으면 여러분의 직업이 일용직 노동자든 대상인이든 간에 성공한 사람처럼 보여야 한다.

이 책을 읽는 사람 중에는 성공을 성취하기 위한 수단으로 이런 '연기'나 '속임수'에 의지하는 것을 반대할 수도 있다. 이런 품위 있는 독자들을 위해서 이 세상에서 성공한 사람은 거의 모두 자기 나름의 자극제를 발견해서 더 큰 노력을 할 수 있었음을 밝혀둔다.

성공한 사람들은 늘 자신을 자극한다

주류판매반대연맹 회원들에게는 충격적일 수 있지만, 미국 시인 제임스 휘트컴 라일리(James Whitcomb Riley)는 술에 취했을 때 최고의 시를 썼다고 한다. 그의 자극제는 술이었다(여기서 나는 어떤 목적으로라도 술이나 마약을 자극제로 사용하는 것을 권장하지 않음을 명확히 해둔다. 어떤 목적이든 술이나 마약은 결국 이를 사용하는 모든 사람의 심신을 파괴하기 때문이다). 그의 친한 친구들에 따르면 라일리는 취하면 상상력이 풍부하고 열정적이며 완전히 다른 사람이 되었다고 한다. 에드윈 반스는 좋은 옷의 도움으로 필요한 행동에 박차를 가해 뛰어난 성과를 이뤘다.

노상강도, 절도 등의 위험한 범죄를 업으로 삼는 암흑가의 인물들은 일반적으로 범행을 위해 코카인, 모르핀 등 마약을 투여한다. 심지어 이런 사례에서도 거의 모든 사람이 보통의 삶을 추구할 때 하는 것보다 더 큰 노력을 끌어내기 위해서는 일시적으로 인위적인 자극이 필요하다는 것을 보여준다.

성공한 사람들은 자기 필요에 가장 적합하다고 믿는 방법과 수단을 찾아내서 보통 이상의 노력을 하도록 자신을 자극한다.

세계에서 가장 성공한 작가 중 한 사람은 아름답게 차려입은 젊은 여성들로 구성된 오케스트라를 고용해서 그가 글을 쓰는 동안 연주하게 한다. 자기 취향에 맞게 예술적으로 꾸민 방에 앉아 다채롭고 부드러운 조명 아래 멋진 이브닝 가운을 입은 아름다운 아가씨들이 자기가 좋아하는 음악을 연주한다. 그는 이렇게 말했다.

"이런 환경의 영향을 받아 열정에 취하게 되죠. 다른 때 내가 전혀 알지 못하거나 느끼지 못하는 감정이 절정에 도달합니다. 그때가 바로 내가 일할 때입니다. 마치 보이지 않는, 알 수 없는 힘이 시키는 것처럼 머릿속에 생각이 쏟아집니다."

이 작가는 음악과 미술에서 많은 영감을 얻는다. 일주일에 한 번 미술관에서 적어도 한 시간을 보내면서 거장들의 작품을 감상한다. "미술관에서 한 시간을 보내면 이틀 동안 쏟을 수 있는 열정을 얻습니다." 그의 말이다.

에드거 앨런 포Edgar Allan Poe는 그의 시집 『까마귀The Raven』를 쓸 때 반 이상은 술에 취해 있었다고 한다. 오스카 와일드Oscar Wilde는 이 책에서 언급하기 적절하지 않은 자극(동성애)에 영향을 받아 그의 시를 썼다.

헨리 포드는 매력적인 인생의 동반자를 사랑한 결과로 진정한 출발을 했다. 그에게 영감을 주고, 자기 확신을 가지게 하고, 수많은 사람이 좌절했을 역경 앞에서도 계속하도록 그를 격려한 것은 바로 그의 아내였다(이는 순전히 나의 의견임을 밝혀둔다).

이 사례들은 뛰어난 업적을 달성한 사람들이 우연이든 의도적이든 자신들을 자극해서 열정을 최고조로 높일 수 있는 수단과 방법을 찾았다는 증거다.

여기서 말한 것을 '마스터 마인드' 법칙과 연관 지으면 여러분은 이 법칙을 적용할 수 있는 방식에 대해 완전히 새로운 개념을 갖게 될 것이다. 여러분은 또한 마스터 마인드의 법칙을 사용하는 방법으로 가장 잘 알려진 '완벽한 조화의 정신으로 연합된 노력'의 진정한 목적을 다소 다르게 이해하게 될 것이다.

이즈음에서 이 책의 전 과정이 서로 융합되는 방식에 대해 여러분의 주의를 환기하는 것이 좋을 것 같다. 여러분은 각 장에서 다루기로 되어 있는 주제를 다루면서 여기에 더해서 다른 장의 내용을 더 잘 이해할 수 있도록 중첩해서 설명한다는 것을 알게 될 것이다. 예컨대 여러분은 이 장에서 열정에 관한 설명을 통해 서론에서 말한 마스터 마인드 법칙의 진정한 목적이 마스터 마인드를 구성하는 모든 사람의 마음을 자극하는 것이라는 사실을 더 잘 이해하게 된다.

나는 만면에 수심이 가득하고 걱정스러운 기색이 역력하던 사람들이 내 강의를 듣고 어깨를 펴고 턱을 높이 들고 자신감 있는 미소를 머금고 패배를 모르는 '열정'으로 업무에 착수하는 모습을 수없이 보아왔다. 이런 변화는 목표가 조화를 이루는 순간에 일어났다.

만일 어떤 사람이 매일같이 평범하고 나태한 정신으로 열정 없이 일한다면 그는 실패할 수밖에 없다. 그가 태도를 바꾸고 심신을 자유자재로 자극해서 열정이 최고조에 달하게 하는 방법을 배우기 전에는 그 어떤 것도 그를 구할 수 없다.

나는 이 장을 마치기 전에 여러분이 원리를 이해하고 높이 평가할 수 있도록 다양한 방식으로 설명했다. 이 책의 독자들은 기질과 경험, 지적 능력 면에서 서로 다르다. 따라서 수없이 반복 설명하는 것이 꼭 필요하다. 다시 한번 기억하라. 여러분이 해야 할 일은 성공을 달성하는 일이라는 것을.

여러분이 성공의 법칙을 공부하면서 경험할 자극과 얻을 아이디어, 그리고 여러분의 뛰어난 자질을 정확하게 알려줄 나의 개인적인 협력을 통해 여러분은 높은 목표에 도달하게 해줄 분명한 계획을 세울 수 있을 것이다. 하지만 열정을 불러일으켜 일상적인 일에 쏟는 노력보다 더 큰 노력을 기울이게 하는 어떤 영향력의 도움 없이는 이런 바람직한 결과를 낼 수 있는 계획은 없다.

이제 여러분은 자제력에 관한 다음 장으로 넘어갈 준비가 되었다. 다음 장을 읽으면서 6장의 '열정'과 7장의 '자제력'이 중요한 관련이 있음을 알게 될 것이다. 이는 이 장의 '열정'이 이전에 설명한 '분명한 핵심 목표', '자기 확신', '주도성과 리더십' 그리고 '상상력'과 직접적인 관련이 있는 것과 같다.

다음 장에서는 성공의 법칙을 이루는 전체 철학의 평형 바퀴 역할을 하는 법칙을 설명한다.

> 우리를 둘러싼 모든 미스터리 중에서,
> 모든 것이 진행되는 무한하고 영원한 에너지의 존재에
> 우리가 있다는 것만큼 확실한 것은 없다.

THE LAW OF
SUCCESS

7

자제력

SELF-CONTROL

" 할 수 있다고 믿으면 **"**
할 수 있다

원하는 것만 가슴에 새겨라

앞장에서 여러분은 열정의 가치를 배웠다. 또한 암시의 원리를 통해 열정을 불러일으키고 다른 사람들에게 전달하는 방법을 배웠다. 이제 여러분은 열정을 건설적인 목표로 인도하는 '자제력'에 관한 연구를 하게 된다. 자제력이 없으면 열정은 동력이 아닌 생명과 재산을 파괴할 수 있는 번개와도 같다. 열정은 행동을 불러일으키는 필수적인 자질이지만 자제력은 이런 행동을 올바른 방향으로 인도하는 평형 바퀴다.

균형이 잘 잡힌 사람이 되려면 열정과 자제력을 고루 갖춘 사람이 되어야 한다. 미국 교도소 성인 수감자 16만 명을 대상으로 조사한 결과, 이 불행한 사람들 중 92%가 자신들의 에너지를 건설적인 방향으로 인도하는 자제력이 부족했기 때문에 감옥에 있다는 놀라운 사실이 밝혀졌다.

사실 사람들의 불행은 대부분 자제력 부족에서 비롯된다. 성경은 자제력에 관한 설교로 가득 차 있다. 성경은 심지어 우리에게 적을 사랑하고 우리를 해치는 사람들을 용서하라고 한다. 무저항주의가 금과 옥조처럼 성경 곳곳에 흐르고 있다.

세상 사람들이 위대하다고 하는 사람들의 기록을 살펴보면 모두 이런 자제력을 갖추고 있음을 알 수 있다. 불멸의 인물 링컨의 특징을 살펴보자. 그는 가장 힘든 시기에 인내심과 침착성, 자제력을 발휘했다. 이것이 그를 위인으로 만든 몇 가지 자질이다. 링컨은 내각 구성원 중 자신에게 불충한 사람들이 있다는 사실을 알았다. 하지만 이런 불충이 자기를 향한 것이고 그들에게서 나라에 가치 있는 자질을 발견했기 때문에 그는 자제력을 발휘해서 이런 불쾌한 자질을 못 본 체했다. 이 정도 자제력 있는 사람이 몇이나 될까?

빌리 선데이 목사는 연단에서 강한 어조로 이렇게 외쳤다. "항상 다른 사람들을 무안하게 하는 사람들에게서는 지옥처럼 썩은 냄새가 진동합니다." 그가 이 말을 했을 때 악마가 "아멘, 형제여!"라고 소리치지 않았을까?

자제력이 성공의 법칙에서 중요한 요소인 이유는 자제력이 없어 곤란을 겪기 때문이라기보다는 자제력을 발휘하지 않는 사람들이 자신들의 분명한 목표를 달성하는 데 필요한 힘을 잃기 때문이다. 자제력을 발휘하는 것을 게을리하면 다른 사람들을 다치게 할 뿐만 아니라 자신도 반드시 다치게 된다.

공직 생활 초기에 나는 자제력 부족이 삶에 커다란 재앙을 초래할 수 있다는 사실을 발견했다. 이 발견은 아주 흔한 사건을 통해 일어났다(나는 우리 삶의 위대한 진리가 일상생활의 평범한 사건들 속에 숨어 있다고 믿는다). 이 사건을 통해 나는 중요한 교훈을 하나 얻었다. 이 사건은 이렇게 시작되었다.

어느 날 나는 내 사무실이 있는 건물 관리인과 오해가 생겼다. 이 일로 우리는 서로 극심하게 혐오하는 사이가 되었다. 관리인은 내가 서재에서 혼자 일하는 것을 알면서도 건물의 전등을 꺼버리곤 했다. 이런 일이 여러 번 있어서 결국 나는 반격하기로 마음먹었다. 어느 일요일에 드디어 기회가 왔다. 다음 날에 있을 강연을 준비하기 위해 서재에 왔을 때였다. 내가 책상에 앉자마자 불이 꺼졌다. 나는 벌떡 일어나 관리인이 있을 것 같은 건물 지하실로 달려갔다. 내가 도착했을 때 관리인은 삽으로 난로에 석탄을 퍼 넣으며 별일 없었다는 듯이 휘파람을 불었다.

나는 예의를 차릴 새도 없이 그에게 열을 올리기 시작했고, 그가 석탄을 퍼넣고 있던 난로보다 더 뜨거운 욕설을 5분 동안 퍼부었다. 마침내 나는 할 말이 없어 흥분을 가라앉혀야만 했다. 그제야 그는 허리를 펴고 어깨 너머로 나를 돌아보았다. 만면에 미소를 띤 그는 침착함과 자제력으로 가득 찬 차분하고 부드러운 어조로 이렇게 말했다.

"무엇 때문인지 몰라도 오늘 아침엔 다들 좀 흥분하셨네요. 안 그래요?"

그 말이 마치 예리한 칼날처럼 내 가슴에 와서 꽂혔다. 그때 내 심정이 어땠을지 상상해 보라. 글을 읽을 줄도 쓸 줄도 모르는 문맹자라는 불리한 조건에도 불구하고 내가 선택한 장소에서 내가 선택한 무기

로 싸운 결투에서 나를 이겼다. 나는 양심의 가책을 받았다. 나는 내가
패배했을 뿐만 아니라 내가 먼저 공격했다는 것과 내가 잘못했다는 것
을 깨달았다. 이 때문에 더 심한 굴욕감을 느꼈다.

내 양심은 나를 비난할 뿐만 아니라 내 마음속에 매우 부끄러운 생
각이 들게 했다. 그 생각이 나를 조롱하고 괴롭혔다. 그날 그 자리에
서 있던 나는 고급 심리학을 전공한 자랑스러운 학생이자 황금률 철학
의 주창자였으며 적어도 셰익스피어, 소크라테스, 플라톤, 에머슨의 작
품과 성경을 꽤 알고 있었다. 나와 마주 보고 서 있던 사람은 문학이나
철학은 전혀 알지 못했으나 말싸움에서 나를 이겼다.

나는 몸을 돌려 가능한 한 빨리 사무실로 돌아갔다. 그 사람에게 사
과해야 마음속의 평화를 찾을 수 있음을 알고 있었고 잘못을 바로잡기
위해 반드시 해야 한다는 것을 알면서도 그 일을 하기 꺼렸다. 마침내
나는 지하실로 내려가서 내가 겪어야 할 굴욕을 참기로 마음먹었다.
이 결심은 쉽지 않았고 꽤 오래 걸렸다.

계단을 내려가기 시작했지만 처음 내려갔을 때보다 훨씬 느릿느릿
걸었다. 굴욕을 덜 겪기 위해 어떻게 할 것인가를 생각하고 있었다. 드
디어 지하실에 도착했고 관리인을 문으로 불렀다. 그는 차분하고 친절
한 어조로 이렇게 물었다.

"이번엔 또 뭘 바라세요?"

나는 그가 허락한다면 내가 한 잘못에 대해 사과하기 위해 다시 왔
다고 말했다. 그는 다시 만면에 미소를 지으며 말했다.

"사과하실 필요 없습니다. 이 벽들과 당신과 나 말고는 아무도 당신
말을 듣지 못했습니다. 나는 이 일을 아무에게도 발설하지 않을 것이

고 당신도 그러리라는 것을 압니다. 그러니 잊어버리세요."

> 인생에서 자기가 원하는 것을 정말로 아는 사람은
> 이미 그것을 성취하는 데 가까이 갔다.

이 말은 그가 처음 한 말보다 더 아팠다. 그는 나를 용서하겠다는 뜻을 말했을 뿐만 아니라, 이 일이 알려져서 내가 마음의 상처를 입지 않도록 이 사건을 덮는 것을 돕겠다는 의사를 나타냈기 때문이다. 나는 그에게 다가가서 손을 잡았다. 손이 아니라 마음으로 악수했다. 사무실로 돌아오면서는 내가 저지른 잘못을 바로잡을 용기를 냈다는 사실에 기분이 좋았다.

이 이야기는 여기서 끝이 아니다. 시작에 불과하다. 이 사건을 계기로 나는 상대방이 무식한 사람이든 똑똑한 사람이든 내가 자제력을 잃어서 굴욕감을 느끼게 되는 일이 없도록 하겠다고 다짐했다. 이렇게 다짐하자 내 안에 놀라운 변화가 일어나기 시작했다. 내 펜은 더 큰 힘을 발휘하기 시작했고, 내 말에는 더 큰 무게가 실리기 시작했다. 친구는 많아지고 적은 줄어들었다. 이 사건은 내 인생의 중요한 전환점 중 하나였다. 이 일은 내가 먼저 자제력을 발휘하지 않으면 다른 사람을 통제할 수 없다는 것을 깨닫게 했다. 또한 내가 '신들은 패배를 안겨줄 자들을 먼저 분노로 이성을 잃게 만든다'라는 말의 이면에 있는 철학을 명확하게 이해할 수 있게 했다. 또한 무저항주의의 명확한 개념을 알게 해주었고, 전에는 해석하지 못했던 무저항주의에 관한 성경 구절을 해석할 수 있게 해주었다. 이 사건은 내가 하는 모든 일에 도움이 되고, 나중에 적들이 나를 파괴하려고 할 때 내가 한 번도 패배하지 않게 강력한 방어 무기가 되어주었다.

자제력이 성과를 만든다

자제력 부족은 평범한 판매원들의 가장 치명적인 약점이다. 잠재 구매자가 판매원이 듣기 싫은 말을 할 때 자제력이 없는 판매원은 판매에 치명적인 반박으로 '반격'하게 된다.

시카고의 한 대형 백화점에서 나는 자제력의 중요성을 보여주는 사건을 목격했다. 고객 불만 접수대 앞에 길게 늘어선 여성들이 젊은 여성 직원에게 자신들의 불만과 가게의 잘못을 털어놓고 있었다. 이들 중에는 화를 내거나 억지를 부리는 사람도 있었고 심지어 욕설을 퍼붓는 사람도 있었다. 하지만 불만 접수대의 젊은 여성은 이들의 말에 조금도 원망하는 기색 없이 이들을 맞았다. 그녀는 미소를 지으며 너무나 매력적인 우아함과 침착함으로 이 여성들을 적절한 부서로 안내했고 나는 그녀의 자제력에 감탄했다.

여성 고객들이 불만을 털어놓고 있는 동안 그녀 바로 뒤에 서 있는 또 다른 젊은 여직원이 종이쪽지에 고객의 불만을 메모해서 앞에 있는 여직원에게 건네고 있었다. 이 종이쪽지에는 줄지어 서 있는 여성들이 말하는 원색적인 독설과 분노를 뺀 불만의 골자만 담겨 있었다. 웃는 얼굴로 고객들의 불평을 '듣고' 있는 데스크의 젊은 여성은 실은 전혀 듣지 못하는 청각장애인이었다. 그녀의 보조원이 종이쪽지를 통해 그녀에게 필요한 사실을 모두 알려줬다.

나는 이 방식이 너무 인상적이어서 이 백화점 매니저를 찾아가서 그를 인터뷰했다. 그는 고객 불만 접수대는 가장 힘들고 중요한 자리인데 그 자리를 채울만한 자제력이 있는 사람을 찾지 못해서 청각장애를 가진 여성을 선택했다고 알려주었다.

화난 여자들이 줄지어 선 모습을 지켜보면서 데스크에 앉은 젊은 여성의 미소가 이들에게 얼마나 즐거운 영향을 끼쳤는지 알 수 있었다. 이들은 늑대처럼 으르렁거리며 그녀 앞에 왔다가 양처럼 온순하고 조용하게 떠났다. 사실 이들 중 일부는 떠날 때 멋쩍어하는 표정을 지었는데 이 젊은 여성의 자제력이 이들을 부끄럽게 했기 때문이다.

이 장면을 목격한 이후로 나는 내가 좋아하지 않는 말에 짜증이 날 때마다 데스크에 앉아 있는 젊은 여성의 침착함과 자제력을 생각했다. 그리고 종종 사람들이 듣기 싫은 말을 귓전으로 흘려버릴 수 있는 '마음의 귀마개'를 가져야 한다고 생각했다. 개인적으로는 사람들의 쓸데없는 잡담에 귀를 닫는 습관을 길렀다. 인생은 너무 짧고, 듣고 싶지 않은 말을 하는 사람들에게 일일이 반격하기에는 우리가 해야 할 건설적인 일이 너무 많다.

나는 법정 변호사들이 "기억이 나지 않는다"라거나 "모른다"라는 말로 질문을 피해 가려는 적대적 증인에게서 진술을 얻어내고 싶을 때 사용하는 매우 교묘한 수법을 보았다. 다른 심문 방법이 모두 효과가 없을 때 이들은 최후의 수단으로 증인을 화나게 한다. 화가 나면 자제력을 잃고, '냉정한' 두뇌를 유지했더라면 하지 않았을 진술을 하도록 만든다.

여행 중에 나는 우연히 기차 특실 남자들의 대화를 들은 적이 있다. 그리고 열에 아홉이 거의 모든 대화에 낄 정도로 자제력이 거의 없다는 사실을 관찰했다. 기차 흡연실에 앉아 있는데도 대화에 끼어들지 않고 다른 사람들이 하는 이야기를 듣는 데 만족하는 사람은 거의 없었다.

한번은 올버니에서 뉴욕으로 여행한 적이 있는데 돌아오는 기차에서 사람들이 리처드 크로커Richard Croker에 관한 대화를 시작했다. 당시 그는 태머니 홀Tammany Hall(1780년대에 설립해서 1960년대까지 뉴욕시를 기반으로 활동했던 미국 민주당의 정치 결사 - 옮긴이)의 대추장(조직의 우두머리를 이렇게 불렀다)이었다. 토론은 이내 시끄럽고 격렬해졌다. 모두가 화를 냈지만 한 노신사만은 조용하게 이 논쟁을 은근히 부추기며 적극적인 관심을 보이고 있었다. 그는 침착함을 유지했고 다른 사람들이 태머니 홀의 '호랑이'에 관해 하는 모든 인색한 말을 즐기는 것처럼 보였다. 물론 나는 그가 태머니 홀 대추장의 적이라고 생각했지만, 그렇지 않았다. 그는 바로 리처드 크로커 본인이었다. 이는 사람들이 자기를 어떻게 생각하는지, 자기 적들의 계획이 무엇인지 알아내는 그의 교묘한 수법 중 하나였다.

리처드 크로커가 어떤 사람이었든 간에 그는 자제력이 있는 사람이었다. 아마도 이것이 그가 그렇게 오랫동안 모두가 인정하는 태머니 홀의 보스로 남아 있는 이유일 것이다. **자기를 제어할 수 있는 사람들은 보통 어떤 일을 하든 그 일을 쥐고 흔든다.**

앞 단락의 마지막 문장을 다시 한번 읽어보라. 이 문장에는 여러분에게 이익이 될 수 있는 미묘한 암시가 담겨 있다. 이런 평범한 사건들 속에 삶의 위대한 진실이 숨어 있다.

얼마 전 나는 아내를 따라 백화점 바겐세일에 갔다. 거기서 할인 행사를 하는 한 속치마 매대 앞에 몰려들어 서로 팔꿈치로 밀어젖히고 있는 한 무리의 여성들이 우리의 관심을 끌었다. 마흔다섯 살쯤 되어 보이는 한 여성이 사람들 틈을 뚫고 네발로 기어가더니 그녀보다 먼저 점원하고 이야기하던 손님 앞에 불쑥 나타났다. 그녀는 크고 아주 높은 톤의 목소리로 점원의 주의를 끌었다. 그러나 점원은 인간의 본성을 이해하는 노련한 판매원이었다. 자제력도 있었다. 그녀는 새치기한 얌체 손님에게 상냥하게 웃으며 말했다. "네, 아가씨, 곧 가겠습니다. 잠시만 기다려 주세요."

그 새치기 손님은 제풀에 잠잠해졌다. 그 새치기 손님의 태도를 바꾼 것이 "네, 아가씨"라는 말 때문인지 아니면 점원의 달콤한 어조인지는 모르겠다. 아마도 둘 중 하나였거나 둘 다였을 것이다. 그 점원은 자제력 덕분에 세 벌의 속치마를 팔았고, 행복한 '아가씨'는 훨씬 젊어진 기분을 느끼며 떠났다.

구운 칠면조는 매우 인기 있는 요리다. 하지만 인쇄업을 하는 내 친구는 이 칠면조 요리를 과식하는 바람에 5만 달러어치 주문을 놓쳤다. 사건은 추수감사절 다음 날 일어났다. 책을 출판하기 위해 미국에 온 저명한 러시아인을 소개해 줄 목적으로 친구의 사무실을 방문했을 때의 일이다. 그 러시아인은 영어가 서툴러서 의사소통이 어려웠다. 상담 중에 그가 내 친구에게 질문을 했는데, 그것이 인쇄업자로서 내 친구의 능력을 의심하는 듯한 뜻으로 들려 오해가 생겼다. 방심한 순간 내 친구는 이렇게 반박했다.

"당신네 볼셰비키Bolshevik들의 문제는 근시안적 시각 때문에 나머지 세계를 의심한다는 겁니다."

내 '볼셰비키' 친구가 내 팔꿈치를 쿡쿡 찌르며 속삭였다. "이분은 좀 아픈 것 같습니다. 그가 좀 나아지면 다시 오는 것이 좋겠습니다." 하지만 그는 다시 오지 않았다. 그리고 다른 인쇄업자에게 주문했다. 나는 나중에 그 주문액의 이익이 1만 달러가 넘는다는 사실을 알게 되었다. 칠면조 한 접시를 사기에는 1만 달러가 비싼 것 같지만, 내 인쇄소 친구는 그 값을 치렀다. 그가 전날 저녁에 먹은 칠면조가 소화불량을 일으켜서 자제력을 잃었다며 자기 행동에 대해 사과했기 때문이다.

한 대형 체인점에서는 판매원의 필수 자질인 자제력을 기른 판매원을 고용하기 위해 독특하고 효과적인 방법을 채택했다. 이 회사에서는 영리한 여성을 고용해 그녀가 백화점 등을 찾아다니며 재치와 자제력이 있다고 생각하는 판매원을 고르게 하고 있었다. 이 여성은 자기 판단을 확인하기 위해 판매원들에게 다가가 상품을 보여 달라고 한다. 그런 다음 이들의 인내심을 시험하기 위해 미리 준비한 질문을 한다. 만약 시험을 통과하면 이들에게 더 나은 일자리를 제안한다. 시험에서 실패한 이들은 이런 기회가 있는지 모르고 지나갈 뿐이다.

의심할 여지 없이 자제력 기르기를 거부하거나 소홀히 하는 사람들은 기회가 와도 이를 모르고 외면한다. 어느 날 나는 큰 소매점의 장갑 매대 앞에 서서 그곳에서 일하는 한 젊은이와 이야기를 나누었다. 그는 내게 이 가게에서 4년 동안 일했어도 능력을 인정받지 못했다며 다른 일자리를 찾고 있다고 말했다. 대화 중에 한 손님이 그에게 다가가 모자를 좀 보여 달라고 했다. 그는 고객이 기다린다는 것을 알면서도 내게 자기 고민을 다 털어놓을 때까지 고객에게 주의를 기울이지 않았다. 마침내 그는 고객에게 고개를 돌리고 이렇게 말했다. "여기는 모자 판매대가 아니에요." 고객이 다시 모자 판매대는 어디냐고 묻자 이 젊은이는 이렇게 대답했다. "저기 매장 관리자에게 물어보세요. 그가 알려줄 겁니다."

4년 동안 이 젊은이에게는 많은 좋은 기회가 있었지만 그는 알지 못했다. 그는 가게를 찾아온 고객들과 친구가 될 수 있었고 이들이 그를 이 가게에서 가장 가치 있는 사람으로 만들 수 있었다. 그들이 그와 거래하기 위해 다시 찾았을 것이기 때문이다. 하지만 문의하는 고객에게 퉁명스럽게 대답하는 이 직원에게 고객은 다시 돌아오지 않았다.

어느 비 내리는 오후 한 할머니가 피츠버그 백화점에 걸어 들어와 물건 살 생각이 없는 사람들이 흔히 하는 것처럼 목적 없이 여기저기를 돌아다녔다. 대부분 판매원은 그녀에게 '또 왔군' 하는 눈길을 주고, 그녀가 성가시게 할까 봐 선반 위 재고품을 정리하느라 바쁜 체했다. 한 젊은 직원이 그녀를 보고는 "무엇을 도와드릴까요?"하고 정중하게 물었다. 그녀는 단지 비가 그치기를 기다리고 있을 뿐이며 어떤 물건도 사고 싶지 않다고 했다. 그 젊은 직원은 그녀와 대화를 하며 그녀가 환영받는다는 것과 직원의 말이 진심이라는 것을 느끼게 했다. 그녀가 떠나려고 하자 직원은 그녀를 따라 거리로 나가 우산을 펴주었다. 그녀는 직원에게 명함을 달라고 부탁했고 곧 길을 떠났다. 그 후 이 젊은 직원은 이 일을 까맣게 잊고 있었다. 어느 날 이 백화점 사장이 이 젊은 직원을 불러 한 부인에게서 온 편지를 보여주었다. 이 직원이 스코틀랜드로 와서 저택에 필요한 가구 주문을 받아달라는 것이었다.

이 부인은 바로 앤드루 카네기의 어머니였고, 그 젊은 직원이 몇 달 전에 아주 정중하게 안내했던 바로 그 노부인이었다. 카네기 여사는 편지에서 그녀의 주문을 받으러 올 사람으로 이 젊은이를 지명했다. 주문은 실로 엄청난 액수에 달했고 이 일로 이 젊은이는 승진하게 되었다. 이 젊은이가 물건을 살 것 같지 않은 할머니를 정중하게 대하지 않았다면 이런 기회는 오지 않았을 것이다. 인생의 위대한 기본 법칙은 이처럼 가장 흔한 일상적 경험 속에 들어 있다. 우리 대부분이 알아차리지 못하지만 사소해 보이는 일에 인생의 진정한 기회가 숨어 있을 때가 많다.

당신에게 기회가 오지 않는 이유

여러분이 다음에 만나는 10명에게 자신들이 노력했는데도 더 많은 것을 성취하지 못한 이유를 물어보라. 그러면 십중팔구 자신들에게는 기회가 오지 않는 것 같다고 말할 것이다. 하지만 한 걸음 더 나아가서 하루 동안 이들의 행동을 관찰하고 정확하게 분석하면 이들이 모두 시시각각 찾아오는 좋은 기회를 외면하고 있다는 사실을 알게 될 것이다.

어느 날 나는 한 상업학교의 학생을 모집하는 일을 맡은 친구를 만났다. 내가 그에게 어떻게 지내냐고 묻자 그는 "형편없어. 사람들을 많이 만나지만 실적이 부족해서 먹고살 수가 없어. 여기서는 기회가 없어 자리를 옮길까 생각 중이야”라고 말했다.

마침 나는 휴가 중이었고 마음대로 쓸 수 있는 열흘의 시간이 있었다. 그래서 나는 기회가 없다는 그의 말을 일축하고 일주일 안에 그의 일자리를 주급 250달러로 바꾸고 이를 계속 유지하는 방법을 가르쳐 주겠노라고 했다. 그는 놀라서 나를 쳐다보며 이런 심각한 일로 자기를 놀리지 말라고 했다. 하지만 마침내 내가 진심이라는 사실을 알게 된 그는 어떻게 그런 ‘기적’을 일으킬 수 있느냐고 물었다.

그때 나는 그에게 체계적인 노력에 대해 들어본 적이 있느냐고 물었고, 그는 “체계적인 노력이 무슨 뜻인가?”라고 되물었다. 지금까지 한 명 또는 한 명도 등록시키지 못하는 데 든 노력을 다섯 명에서 열 명의 학생을 등록시킬 수 있는 방식으로 그의 노력의 방향을 바꾸는 것이라고 알려줬다. 그러자 그는 그 방법을 빨리 보여 달라고 했다. 나는 그에게 내가 지역 백화점 직원들을 대상으로 강연하는 자리를 주선해 달라고 했다. 그는 백화점과 약속을 잡았고 나는 강연을 했다. 강연에서 나는 직원들이 현재 위치에서 더 많은 돈을 벌 수 있도록 능력을 높이고 더 큰 일과 더 나은 자리에 대비할 기회를 제공하는 계획을 개략적으로 설명했다. 내 강연이 끝난 후 내 친구는 직원 중 8명을 그가 대표하는 상업학교 야간 과정에 등록시켰다.

다음 날 밤 친구는 세탁소 직원들을 대상으로 한 비슷한 강연을 예약해 주었고 이어 3명의 학생을 더 등록시켰는데, 그중 두 명은 이 세탁소에서 가장 힘든 일을 하는 젊은 여성들이었다. 이틀 후 그는 지역 은행 직원들을 대상으로 한 강연을 예약해 주었고, 이어 4명의 학생을 더 등록해 총 15명의 학생이 되었다. 강연과 학생 등록에 필요한 시간은 총 6시간을 넘지 않았다. 그리고 내 친구의 거래 수수료는 400달러가 조금 넘었다.

> 아무도 두려워하거나 미워하지 말고, 누구의 불행도 빌지 말라.
> 그러면 당신은 많은 친구를 얻게 될 것이다.

이 직장들은 내 친구가 일하는 곳에서 걸어서 15분 거리였다. 하지만 그는 이곳에서 일거리를 찾겠다고 생각해 본 적이 없었다. 그는 '그룹 판매'를 도와줄 연사와 제휴할 생각을 해본 적이 없었다. 그는 지금 훌륭한 상업학교를 소유하고 있는데, 작년에 그의 순수입이 1만 달러가 넘었다는 소식을 들었다.

여러분도 '내게는 기회가 오지 않아'라고 생각하는가? 기회는 오지만 여러분이 보지 못할 뿐이다. 성공의 법칙을 통해 기회가 왔을 때 그 기회를 인식할 수 있도록 준비하면 미래에는 여러분도 기회를 포착할 수 있을 것이다. 이 책의 5장은 상상력에 관한 이야기였다. 상상력은 내가 방금 이야기한 거래의 주요 요소다. 상상력과 분명한 계획, 자기확신, 행동 등이 이 거래의 주요 요인이었다. 이제 여러분은 이 모든 것을 사용하는 방법을 알게 되었고, 이 장을 마치기 전에 자제력을 통해 이러한 요소를 인도하는 방법을 알게 될 것이다. 이제 이 장에서 사용하는 '자제력'이라는 용어가 의미하는 범위를 자제력을 지닌 사람들의 일반적인 행동을 설명하면서 살펴보도록 하겠다.

자제력을 갖춘 사람들의 힘

자제력이 잘 발달한 사람은 증오, 선망, 질투, 두려움, 복수, 또는 이와 유사한 파괴적인 감정에 빠지지 않는다. 자제력이 잘 발달한 사람은 무아지경에 빠지거나 어떤 일이나 사람에게도 맹목적으로 열광하지 않는다.

탐욕과 이기심, 그리고 자신의 실제 장점을 평가하는 정확한 자기 분석을 넘어선 자화자찬은 자제력 부족의 가장 위험한 형태를 나타낸다. 자기 확신은 성공의 중요한 필수 요소 중 하나지만 이 능력이 이성적인 지점을 넘어서 발전하면 매우 위험해진다. 자기 희생은 칭찬할 만한 자질이지만 극단으로 치닫게 되면 이 또한 자제력 부족의 위험한 형태 중 하나가 된다.

자기 행복을 다른 사람 손에 맡기지 않는 것은 여러분 책임이다. 사랑은 행복의 필수 요소다. 하지만 너무 깊이 사랑해서 자기 행복이 온전히 다른 사람의 손에 들어갈 정도인 사람은 '착하고 온순한 작은 늑대'의 소굴에 살금살금 들어가 누워 자도록 허락해 달라고 애원하는 어린 양과 같다.

자제력이 잘 발달한 사람은 냉소주의자나 비관주의자의 영향을 받지 않으며 자기 생각을 다른 사람에게 맡기지 않는다. 자제력이 잘 발달한 사람은 상상력을 발휘하고 열정을 쏟아서 행동을 일으키고 행동을 잘 통제해서 걷잡을 수 없는 행동에 지배당하지 않는다. 자제력이 잘 발달한 사람은 어떤 상황에서도 다른 사람을 비방하거나 어떤 이유로든 복수를 꾀하지 않는다.

자제력이 있는 사람은 자신과 의견이 일치하지 않는 사람을 미워하지 않는다. 그는 자신과 의견이 일치하지 않는 이유를 이해하고 그것을 통해 이익을 얻으려고 노력한다.

우리는 이제 많은 문제를 일으키는 자제력 부족 형태를 살펴볼 것이다. 이것은 바로 사실을 알아보기도 전에 의견을 형성하는 습관이다. 이 특별한 형태의 자제력 부족에 대해서는 10장 「정확한 사고」에서 자세히 다룰 것이므로 이 장에서는 상세히 분석하지 않는다. 하지만 자제력이라는 주제를 다룰 때 적어도 우리 모두가 어느 정도 중독되어 있는 이 공통의 악에 대해 잠깐이라도 언급하지 않고 지나갈 수는 없다.

누구도 자신이 사실로 믿는 것 또는 합리적인 가설에 근거하지 않은 의견을 형성할 권리는 없다. 하지만 여러분이 자신을 주의 깊게 관찰하면 여러분은 사실이 아니라 바람대로 의견을 형성하는 자신을 발견할 것이다.

자제력 부족의 또 다른 심각한 형태는 소비 습관이다. 물론 내가 말하는 것은 필요 이상으로 돈을 쓰는 낭비 습관이다. 이 습관은 제1차 세계대전이 끝난 이후 너무 널리 퍼져서 걱정스럽다. 한 유명한 경제학자는 학교와 가정에서 아이들에게 저축 습관을 가르치지 않으면 앞으로 3세대 이내에 미국은 세계에서 가장 부유한 나라에서 가장 가난한 나라로 전락할 것이라고 예언했다. 많은 사람이 집을 사는 대신 할부로 자동차를 산다. 지난 15년 동안 수많은 사람이 자신들의 미래를 담보로 자동차를 살 정도로 자동차 열풍이 대단하다.

유머 감각이 뛰어난 한 저명한 과학자는 이 습관을 지속하게 되면 은행 계좌가 얇아질 뿐만 아니라 태어나는 아기들의 다리가 바퀴로 변하게 될지도 모른다고 예언했다.

우리는 지금 속도에 미친, 그리고 돈을 물 쓰듯이 쓰는 시대를 살고 있다. 우리 대부분은 이웃보다 더 빨리 사는 것이 가장 중요하다고 생각한다. 얼마 전 600명의 남녀 직원을 고용하고 있는 한 회사 사장은 많은 직원이 '고리대금업자'와 연루된 사실을 알고 이런 폐단을 끝내기로 했다. 조사 결과 직원 중 9%만이 은행에 저축하고 있었고, 나머지 91%는 저축해 놓은 돈이 한 푼도 없고, 이 중 75%는 이런저런 형태로 빚을 지고 있었으며, 일부는 재정적으로 매우 절망적인 상태라는 사실을 발견했다. 그런데 빚진 사람의 3분의 1 이상인 210명이 자동차를 소유하고 있었다.

우리는 모방의 동물이다. 우리는 다른 사람들이 하는 것을 보고 따라 하고 싶은 유혹을 뿌리치기가 힘들다. 만약 이웃이 뷰익 자동차를 산다면 우리는 그를 모방해야 하고, 아무리 긁어모아도 뷰익을 살 처지가 안 되면 적어도 포드는 사야 한다. 그러는 동안 우리는 내일의 일에는 주의를 기울이지 않는다. 만일의 경우를 대비한 비상금은 쓸모없는 낡은 사고방식으로 취급된다. 그렇게 하루하루를 살아간다. 연료나 식량도 그날그날 소량으로 구입한다. 이렇게 소량으로 구매하면 한꺼번에 많이 살 때보다 3분의 1은 더 내야 한다.

물론 이 경고는 여러분에게는 적용되지 않는다. 이것은 오직 자기 수입 능력 이상으로 소비함으로써 가난의 사슬에 묶이고, 성공을 거두기 위해 모든 사람이 지켜야 할 명확한 법칙이 있다는 것을 아직 듣지 못한 사람들을 위한 것이다. 자동차는 현대 세계의 필수품이라기보다는 사치품인 경우가 더 많다. 지금 신나게 가속 페달을 밟고 있는 수많은 사람은 '어려울 때'가 닥치면 곤궁에 처하게 될 것이다. 주변의 모든 사람이 자가용을 운전할 때 시내 전차를 타는 것은 상당한 자제력이 필요한 일이다.

하지만 이런 자제력을 발휘하는 사람들은 지금 자가용을 운전하는 많은 사람이 시내 전차를 타거나 걷게 될 날을 사실상 확실하게 볼 수 있다. 헨리 포드가 포드 노동자의 하루 최저 임금을 당시 자동차 업계 평균의 두 배인 5달러로 단숨에 올리면서 특정한 제한을 두어 직원들의 계좌를 보호한 유명한 일화가 있었다. 이는 번 돈을 모두 써버리는 현대적 경향 때문이었다.

20년 전에는 아이들이 마차를 갖고 싶으면 판자로 바퀴를 만들었고 스스로 마차를 만드는 기쁨을 누렸다. 지금 아이들은 마차를 원하면 마차를 사달라고 떼쓰고 울면 된다. 그러면 부모들이 사주기 때문이다. 소비 습관의 희생자가 된 부모들은 자식 세대의 자제력 부족을 더욱 부채질하고 있다. 3세대 전만 해도 대부분의 소년은 집에 있는 연장으로 자기 신발을 수선할 수 있었다. 오늘날 아이들은 신발가게에 신발을 가지고 가서 1.75달러를 내고 구두 굽과 구두창을 간다. 이런 습관은 잘사는 계층에만 국한된 것이 아니다. 반복해서 강조하지만 **이런 소비 습관이 미국을 가난한 나라로 만들 것이다.**

나는 여러분이 성공하기 위해 노력하고 있다고 확신한다. 그렇지 않다면 이 책을 읽지 않을 것이기 때문이다. 적은 금액일지라도 저축하는 습관이 없다면 여러분에게 많은 기회가 오지 않을 것이다. 그 사실을 명심하기 바란다. 저축 액수는 중요하지 않다. 저축 습관을 길렀다는 사실이 중요하다. 저축하는 습관이 여러분이 중요한 형태의 자제력을 발휘하는 사람임을 나타내기 때문이다.

오늘날 샐러리맨들은 버는 족족 다 써버리는 경향이 있다. 연봉 3000달러를 받아 그럭저럭 잘 살아가는 사람의 연봉이 1000달러 인상된다면 그는 수입이 늘어난 부분을 저축할까? 천만에. 그가 저축 습관을 기른 몇 안 되는 사람 중 한 명이라면 몰라도 그렇지 않을 것이다. 그렇다면 그는 인상된 1000달러를 어떻게 할까? 그는 아마도 낡은 차를 팔고 더 비싼 차를 살 것이다. 그리고 연말에는 연봉 3000달러를 받던 전년도보다 더 가난해질 것이다. 이것이 내가 그리는 미국인의 '현대 20세기적인 모델'이다. 여러분이 이런 부류의 사람이 아니라면 다행이다.

손에 쥐는 돈을 모두 낡은 양말 속에 넣어두는 구두쇠와 벌거나 빌릴 수 있는 돈은 죄다 써버리는 사람 사이 어딘가에 '적절한 타협점'이 있다. 여러분이 평균적인 자유를 누리며 만족하는 삶을 살고 싶다면 이 중간 지점을 찾아 자제력 프로그램의 일부로 채택해야 한다.

자기 수양은 개인의 힘을 키우는 데 가장 필수적인 요소다. 자기 수양을 통해 버는 것보다 더 많이 소비하는 경향, 자기를 불쾌하게 하는 사람들에게 반격하는 습관, 그리고 비생산적인 노력에 에너지를 낭비하게 하는 다른 파괴적인 습관들을 통제할 수 있기 때문이다.

성급한 사람은 겁쟁이와 잘 어울린다.
화가 나면 이성을 잃는 사람은 대개 허풍쟁이고,
필요할 때 중도 포기를 잘 하는 사람이다.

나를 파괴하는 습관들을 통제하라

공직 생활 초기에 다른 사람들이 쌓아 놓은 것을 파괴하는 데 대부분의 정력을 쏟는 사람들이 얼마나 많은지 알았을 때 나는 충격을 받았다. 얄궂은 운명의 장난으로 이런 파괴자 중 한 명이 내 명예를 훼손하면서 내 앞길을 가로막았다. 처음에는 나도 그에게 '되갚아주는' 경향이 있었다. 하지만 어느 날 밤늦게 타자기 앞에 앉아 있을 때 이 사람에 대한 내 모든 태도를 바꾸어야겠다는 생각이 떠올랐다. 타자기 안에 있던 종이를 꺼내고 다른 종이를 끼운 다음 나는 그 위에 다음과 같은 생각을 적었다.

'당신은 당신에게 상처를 입힌 사람보다 훨씬 유리하다. 당신은 그를 용서할 힘이 있지만 그는 당신보다 나은 점이 하나도 없기 때문이다.'

이 글을 쓰고 나서 나는 내 글을 비판하거나 명예를 훼손하려는 사람들에 대한 내 태도를 정해야 할 때가 되었다고 생각했다. 그래서 다음과 같이 추론한 뒤 결정을 내렸다.

나는 나를 파괴하려고 하는 사람들에게 반격을 가하는 데 많은 시간과 에너지를 낭비할 수 있다. 그러나 반대로 이 에너지를 내 필생의 과업을 발전시키는데 쏟아서 그 일의 결과가 내 노력을 비판하거나 내 동기를 의심하는 모든 사람에게 유일한 해답이 되게 할 수도 있다. 나는 후자를 더 나은 방침으로 채택했다.

"사람의 행실을 보면 그 됨됨이를 알 수 있다."

여러분의 행동이 건설적이고 마음이 평화롭다면 여러분은 굳이 동기를 설명할 필요가 없을 것이다. 여러분의 행동이 말해줄 것이기 때문이다.

세상은 곧 파괴자들을 잊는다. 세상은 세상에 이로운 업적을 이룬 사람들에 대해서만 기념비를 세우고 그 영예를 안긴다. 이 사실을 명심하라. 그러면 더 이상 불쾌하게 하는 사람들을 반격하는 데 여러분의 에너지를 낭비하지 않을 것이다.

이 세상에서 어떤 것이라도 중요한 일을 한 사람은 조만간 자기 적에 대한 문제를 해결해야만 할 때가 온다. 이때 자제력을 발휘해서 반격하는 데 에너지를 소모하지 않는 것이 이득이다. 증거를 원한다면 인생에서 높은 지위에 오른 사람들의 기록을 모두 연구해 봐라. 그들이 얼마나 주의 깊게 이 파괴적인 습관을 억제했는지 알게 될 것이다.

인생에서 높은 지위에 도달한 사람 중 질투하고 부러워하는 적들의 거친 반대에 부닥치지 않은 사람이 없다는 것은 잘 알려진 사실이다. 워런 하딩Warren Harding 대통령, 전 내셔널캐시레지스터컴퍼니 사장 윌슨 Wilson과 존 패터슨John Patterson, 이외에도 내가 언급할 수 있는 많은 사람이 도덕적으로 타락한 사람들의 희생자들이었다. 하지만 이들은 그들의 적에게 설명하거나 반격하는 데 시간을 낭비하지 않았다. 이들은 자제력을 발휘했다.

공적인 삶을 사는 사람들에 대한 이런 공격은 종종 잔인하고 부당하며 정직하지 못하지만, 도움이 되기도 한다. 나는 당시 언론인들이 나를 향해 퍼부은 일련의 매서운 공격의 결과로 내게 매우 가치 있는 것을 발견했다. 처음 4, 5년 동안 나는 이런 공격에 전혀 주의를 기울이지 않았다. 하지만 이들이 너무 대담해지는 바람에 내 방침을 무시하고 나를 적대시하는 자들에게 반격을 가하기로 마음먹었다. 나는 타자기 앞에 앉아 글을 쓰기 시작했다. 작가 경험을 통틀어서 이때처럼 많은 통렬한 형용사를 모아 놓은 적이 없었던 것 같다. 글을 쓸수록 화가 났다. 마침내 그 주제에 대해 내가 생각할 수 있는 것을 모두 다 썼다. 마지막 문장을 마쳤을 때 이상한 느낌이 몰려왔다. 그것은 나를 해치려고 했던 사람들에 대한 씁쓸한 감정이 아니었다. 연민, 공감, 용서와 같은 감정이었다. **나는 타자를 치며 오랫동안 잠재의식 속에 쌓아 왔던 증오와 원망의 감정을 풀어냄으로써 무심결에 나 자신을 정신분석했다.**

이제 나는 화가 날 때면 감정을 마음에 담아두지 않고 타자기 앞에 앉아서 글로 표출해 버린다. 그리고 그 원고는 찢어버리거나 내가 훨씬 더 높은 경지에 도달해 있을 미래에 참고할 수 있게 스크랩해 둔다.

억눌린 감정, 특히 증오의 감정은 고성능 폭탄과 같아서 폭탄 전문가처럼 그 본질을 잘 이해하고 다루지 않으면 매우 위험하다. 폭탄은 공터에서 터뜨리거나 적절한 장소에서 분해해서 안전하게 만들 수 있다. 이와 마찬가지로 분노나 증오의 감정도 정신분석 원리에 따라 표현함으로써 해소할 수 있다. 여러분이 더 높고 넓은 의미에서 성공을 거두려면 평정심을 유지할 수 있도록 자신을 잘 통제할 수 있어야 한다.

> 야망은 다른 사람들을 곁길로 새게 할 수 있지만,
> 좌절은 주로 자기 내면에서 온다는 사실을 기억하라.

우리는 적어도 백만 년의 점진적 변화의 산물이다. 우리 이전 수많은 세대 동안 자연은 우리를 형성하는 재료들을 담금질하고 다듬어왔다. 자연은 우리 안에 살아있는 동물의 가장 훌륭한 표본을 만들어낼 때까지 우리보다 앞선 세대의 동물적 본능과 저열한 감정을 점진적으로 제거해 왔다. 자연은 이 느린 진화 과정을 통해 우리에게 이성과 평정심과 '균형 감각'을 부여해서 무엇이든 우리 의지대로 통제하고 할 수 있게 했다.

다른 어떤 동물도 우리 인간처럼 자제력을 부여받지 않았다. 우리는 우리가 아는 가장 고도로 체계화된 형태의 에너지, 즉 사고 에너지를 사용하는 힘을 부여받았다. 생각이 물질세계와 신성의 세계를 가장 밀접하게 연결하는 고리일 수 있다. 우리 인간에게는 사고력뿐만 아니라 이보다 훨씬 더 중요한 힘, 생각을 통제하고 우리 명령을 수행하도록 지시하는 힘이 있다.

이제 우리는 이 장의 정말 중요한 부분을 향해 가고 있다. 천천히 명상하면서 읽기를 바란다. 나는 이 장의 이 부분에 두렵고 떨리는 마음으로 접근한다. 합리적인 지성을 지닌 소수의 사람만이 토론할 자격이 있는 문제를 마주하게 되기 때문이다. 반복한다. **여러분은 자기 생각을 통제하고 여러분의 명령을 따르도록 할 힘이 있다.**

우리 뇌는 생각이라는 신비한 에너지를 생성하거나 행동으로 나타나게 한다는 점에서 발전기에 비유할 수 있다. 우리 뇌를 가동하게 하는 자극에는 두 가지 종류가 있다. 하나는 자기암시고, 다른 하나는 외부암시다. 자기암시는 생각을 생성하는 자료를 우리가 선택하는 것이고, 외부암시는 우리 생각을 생성하는 자료를 다른 사람이 선택하는 것이다.

우리 생각의 대부분이 다른 사람들의 외부암시에 따라 생성된다는 것은 굴욕적인 사실이다. 그런데 대다수가 이런 암시를 검토하거나 그것의 건전성에 의문을 제기하지 않고 비판 없이 받아들인다는 것을 인정해야 한다는 것이 더 굴욕적이다. 신문을 읽으면서 우리는 마치 모든 내용이 사실에 근거하는 것으로 받아들인다. 마치 모든 말이 사실인 것처럼 다른 사람들의 가십과 쓸데없는 잡담에 휘둘린다.

생각은 우리가 통제할 수 있는 유일한 것이다. 하지만 여러분이 만 명 중 한 명이라는 예외적인 사람이 아니라면 다른 사람들이 여러분의 신성한 마음에 들어와서 암시를 통해 자신들의 문제와 고민, 역경과 거짓말로 마음을 어지럽히는 것을 수수방관할 수밖에 없다.

여러분에게는 지배적인 생각을 선택할 힘이 있다. 여러분이 의지를 가지고 지금 이 글을 읽고 있는 것처럼, 마음속을 차지한 지배적인 생각의 본질에 따라 여러분의 성패가 판가름 나게 된다.

생각이 우리가 통제할 수 있는 유일한 것이라는 사실은 심오한 의미를 내포하고 있다. 생각이 이 세상에서 신성에 가장 가까이 가는 방법이라는 것을 뜻하기 때문이다. 이 사실에는 또 다른 매우 인상적인 암시가 들어있다. 생각은 자기 취향에 따라 세속적인 운명을 형성할 수 있는 가장 중요한 도구다. 신은 우리가 유일하게 통제할 수 있는 사고력을 부여하는 동시에 이를 이해하고 잘 발달시키면 상상을 초월하는 엄청난 성취를 이룰 수 있는 잠재력도 부여했다.

자제력은 오로지 우리 생각을 통제하는 문제다. 이 문장을 큰 소리로 읽어보라. 다음으로 넘어가기 전에 이를 숙독하고 명상하라. 의심할 여지 없이 이 책 전체에서 가장 중요한 문장이기 때문이다. 추측건 대 여러분이 이 책을 공부하는 목적은 인생에서 높은 지위를 얻을 수 있게 해줄 진리와 이해력을 진지하게 추구하는 데 있을 것이다. 여러분은 힘의 원천으로 통하는 문을 열어줄 마법의 열쇠를 찾고 있지만 그 열쇠는 이미 여러분 손에 있으며, 생각을 통제하는 법을 배우는 순간 그것을 사용할 수 있다.

마음속에 자기암시의 원리를 통해 삶의 분명한 핵심 목표와 조화를 이루는 긍정적이고 건설적인 생각들을 심어라. 그러면 여러분의 마음은 그 생각들을 현실로 바꾸어줄 것이다.

이것이 사고의 통제다. 여러분이 여러분의 마음을 지배하는 생각을 신중하게 고르고 외부 암시의 영향을 단호하게 거부하는 것이 효율적으로 자제력을 발휘하는 것이다. 인간은 자제력을 발휘하는 유일한 동물이다.

자연이 인간을 창조하는 데 얼마나 오랜 세월이 걸렸는지는 아무도 모른다. 하지만 심리학을 연구하는 사람들은 지배적인 생각이 인간의 행동과 본질을 결정한다는 것을 안다.

정확하게 생각하는 과정은 10장 「정확한 사고」에서 다룬다. 우리가 이 장에서 확고히 하고 싶은 것은 정확하든 그렇지 않든 생각이 가장 고도로 체계화된 우리 정신의 기능적 힘이라는 것, 그리고 여러분은 여러분의 지배적인 생각의 총합일 뿐이라는 사실이다.

여러분이 상품을 팔거나 서비스를 제공하거나 탁월한 판매원이 되고 싶다면 모든 불리한 논쟁과 암시를 차단하기 위해 자제력을 발휘해야 한다. 대부분의 판매원은 자제력이 거의 없다. 이들은 너무 자제력이 없어서 잠재 구매자에게 상품을 사라고 하면 "아니오"라고 말할 것이라고 자기암시한다.

자제력이 있는 사람은 다르다. 잠재 구매자가 "예"라고 할 것이라고 자기암시할 뿐만 아니라, 자신이 원하는 "예"라는 대답이 나오지 않으면 그 이유를 분석하고 "예"라는 대답이 나올 때까지 계속 노력한다. 잠재 구매자가 "아니오"라고 말하면 듣지 않는다. 두 번, 세 번, 네 번 "아니오"라고 말해도 듣지 않는다. 그는 자제력이 있고, 자기에게 바람직한 영향을 미치는 암시 외에는 어떤 암시도 받아들이지 않기 때문이다.

탁월한 판매원은 자기가 팔려고 하는 것이 무엇이든 자기 생각을 통제하는 방법을 안다. 그는 다른 사람들의 암시를 순순히 받아들이는 사람이 아니라, 다른 사람들이 자기암시를 받아들이도록 설득하는 사람이다. 자기를 통제하고 오직 긍정적인 생각만을 자기 마음에 두면 지배적인 성격을 지닌 탁월한 판매원이 된다. 이것 역시 자제력이다.

탁월한 판매원은 논쟁에서 절대 방어적인 태도를 보이지 않고 공격의 주도권을 쥐는 사람이다. 이 문장을 다시 읽어보라. 여러분이 탁월한 판매원이라면 잠재 구매자를 수세로 몰아야 하고, 반대로 자신이 수세로 몰리면 판매에 치명적이라는 것도 안다. 물론 여러분은 잠시 대화에서 수세에 몰릴 수도 있다. 하지만 침착하게 자제력을 발휘해서 잠재 구매자가 눈치채지 못하는 사이에 위치를 바꿔 잠재 구매자를 수세로 모는 것도 여러분이 할 일이다. 여기에는 가장 완벽한 기술과 자제력이 필요하다.

> 사람들은 불만을 털어놓으며 남아도는 에너지를 소비한다.
> 윌리엄 리글리 2세는 이런 인간의 특성을 활용해서
> 스피어민트 껌을 만들었다.

대부분의 판매원은 이런 중요한 사항을 놓치고 화를 내거나 잠재 구매자들을 겁먹게 해서 굴복시키려 한다. 그러나 노련한 판매원은 차분하게 침착성을 유지해서 승자가 된다. '판매원'이라는 단어는 논리적인 주장이나 사리사욕에 호소해서 다른 사람들을 설득하는 사람들을 모두 지칭한다. 어떤 서비스를 제공하든 어떤 상품을 팔든 우리는 모두 판매원이거나 적어도 그렇게 되어야 한다.

마찰이나 말다툼 없이 다른 사람들과 협상하는 능력은 모든 성공한 사람의 뛰어난 자질이다. 여러분과 가장 가까운 사람들을 관찰하고 이 재치 있는 협상 기술을 이해하는 사람이 얼마나 드문지 보라. 또한, 협상 상대보다 교육 수준은 낮지만 이런 협상 기술을 아는 소수의 사람이 얼마나 성공적인지도 살펴보라.

협상 기술은 훈련을 통해 터득할 수 있는 요령이다. 성공적인 협상 기술은 인내심과 공들인 자제력에서 나온다. 성공적인 판매원이 참을성 없는 고객을 대할 때 자제력을 얼마나 잘 발휘하는지 보라. 마음속은 부글부글 끓을지 모른다. 하지만 그의 얼굴이나 태도나 말에는 절대 그런 기미가 보이지 않을 것이다. 요령 있는 협상 기술을 터득했기 때문이다. 성공한 판매원은 한 번이라도 불만의 눈살을 찌푸리거나 한 마디라도 조급함을 나타내는 말을 하면 판매를 망칠 수 있음을 누구보다 잘 안다. 이들은 자신의 감정을 조절하는 대가로 높은 연봉과 지위를 보장받는다.

성공적인 협상 기술을 습득한 사람들을 지켜보는 것만으로도 훌륭한 교육이 된다. 이 기술을 습득한 대중 연설자를 보라. 그가 연단에 오를 때 그의 힘찬 발걸음에 주목하라. 그가 연설을 시작할 때 그의 확고한 목소리를 들어보라. 설득력 있는 주장으로 청중을 휩쓸 때 그의 표정을 연구하라. 그는 마찰 없이 협상하는 법을 터득했다.

이 기술을 습득한 의사가 병실로 들어가 환자에게 미소를 지으며 인사하는 모습을 지켜보라. 그의 태도, 목소리 톤, 확신에 찬 표정에서 그가 성공적인 협상 기술을 습득한 사람인 것을 알 수 있다. 환자는 그가 병실에 들어서는 순간 기분이 좋아지기 시작한다.

이 기술을 습득한 현장 감독을 보고, 그의 존재가 어떻게 부하들이 더 열심히 일하게 하고 자신감과 열정을 불어넣는지 관찰하라.

이 기술을 습득한 변호사를 관찰하고, 그가 어떻게 법원, 배심원, 동료 법조인들의 존경과 관심을 받는지 관찰하라. 그의 목소리 톤과 몸가짐, 표정에는 논쟁 상대와 비교되는 뭔가가 있다. 그는 자기 사건을 꿰뚫고 있을 뿐만 아니라 법원과 배심원을 설득하고, 그 보상으로 소송에서 승소해서 거액의 수임료를 받는다.

이 모든 것이 자제력에 기초하고 있다. 그리고 자제력은 사고 통제의 결과다. 의도적으로 여러분이 원하는 생각을 마음속에 새기고 다른 사람들이 암시를 통해 여러분 마음에 심어둔 생각들을 지워버려라. 그러면 여러분은 자제력 있는 사람이 될 것이다. 여러분이 선택한 암시와 생각으로 자기 마음을 자극하는 이 특권은 신이 여러분에게 준 선물이다. 여러분이 이 신성한 권리를 행사한다면 이성의 범위 안에서 얻을 수 없는 것은 아무것도 없다.

여러분이 사건을 변호하거나 어떤 주장을 하거나 물건을 팔 때 화를 내면 자제력의 기초인 기본 원칙에 아직 익숙하지 않은 사람으로 보이게 된다. 이 기본 원칙 중 가장 중요한 것은 마음을 지배하는 생각을 스스로 선택하는 특권이다.

강렬한 열망으로 자제력을 키워라

내 강의를 듣는 한 학생이 극도로 화가 났을 때 어떻게 생각을 통제하느냐고 물었다. 나는 이렇게 대답했다. "여러분이 가족과 열띤 말다툼을 벌이고 있는데 친구가 찾아오면 여러분의 태도나 말투가 바뀔 겁니다. 이처럼 여러분이 하려고 하면 자기를 통제할 수 있습니다."

여러분이 진짜 감정을 숨기고 표정을 급히 바꿔야 하는 비슷한 곤경에 처한 경험이 있다면 이것이 얼마나 쉽게 이루어질 수 있는지 알 것이다. 또한 자기가 원하기 때문에 할 수 있다는 것도 알 것이다.

모든 성취와 자제력, 사고 통제의 뒷면에는 아주 특별한 것이 있다. 열망이라고 불리는 것이다. 성패는 오직 열망의 정도에 좌우된다는 것은 분명한 사실이다. 열망이 강렬할 때 여러분은 초인적인 성취력을 지닌 것처럼 보일 것이다. 지금까지 아무도 이 이상한 마음 현상을 설명하지 않았고 앞으로도 그럴 것이다. 하지만 만약 여러분이 이런 마음 현상의 존재를 의심한다면 실험을 통해 확인할 수밖에 없다.

만약 여러분이 불이 난 건물 안에 있고 모든 문과 창문이 잠겨 있다면 탈출해야 한다는 강렬한 열망으로 문을 부수는 괴력이 생길 수 있다. 마찬가지로 여러분이 분명한 목표를 달성하는 데 성공적인 협상 기술이 중요하다는 것을 이해한다면 틀림없이 이 기술을 습득하기를 열망하게 되고, 열망이 강렬하다면 습득하게 될 것이다.

나폴레옹은 프랑스의 황제가 되기를 열망했고 프랑스를 통치했다. 링컨은 노예해방을 열망했고 결국 이 염원을 달성했다. 제1차 세계대전 발발 초기 프랑스인들은 '독일군이 마지노선을 통과하지 못하기를 열망했고' 독일군은 통과하지 못했다. 에디슨은 전기를 이용해서 빛을 생산하기를 열망했고 수년이 걸렸지만 결국 해냈다. 루스벨트 대통령은 파나마 운하를 통해 대서양과 태평양을 연결하기를 열망했고 그렇게 했다. 고대 그리스의 웅변가 데모스테네스Demosthenes는 훌륭한 대중 연설가가 되기를 열망했고 심각한 언어장애가 있었음에도 자기 열망을 현실로 바꾸었다. 헬렌 켈러는 말하기를 열망했고 듣지도 보지도 말하지도 못하는 장애에도 불구하고 말을 하게 되었다. 존 패터슨은 금전등록기 시장 제패를 열망했고 그것을 해냈다. 마셜 필드는 당대 최고의 상인이 되기를 열망했고 그 꿈을 이뤘다. 셰익스피어는 가난한 떠돌이 배우였지만 위대한 극작가가 되기를 열망해 꿈을 실현했다. 빌리 선데이는 야구를 그만두고 목사가 되기를 열망했고 그렇게 되었다. 제임스 힐은 '제국의 건설자'가 되기를 열망한 결과, 서투른 전신 기사에서 자기 열망을 실현한 자로 바뀌었다.

"할 수 없어"라거나 "나는 모든 가치 있는 직업에서 주목할 만한 성공을 거둔 수많은 사람과는 달라"라고 말하지 마라. 다른 점이 있다면 이들은 여러분이 열망하는 것보다 더욱 간절하게 자신의 목표를 열망했을 뿐이다. 다음 내용을 여러분의 신조와 윤리강령의 기초로 삼아 마음속에 건설적인 열망의 씨앗을 심어라.

나는 다른 사람들에게 도움이 되고 싶다. 나는 이를 위해 이 신조를 다른 사람들을 대할 때 따라야 할 지침으로 채택한다.

나는 내가 다른 사람의 의견에 반대하거나 다른 사람의 일이 아무리 형편없다고 생각하더라도 그 사람이 진심으로 최선을 다하려고 노력한다는 것을 아는 한 어떤 상황에서도 그 사람의 흠을 잡지 않도록 나 자신을 단련한다.

나는 내 조국과 내 직업, 그리고 나 자신을 존중한다. 나는 다른 사람들이 나를 정직하고 공정하게 대하기를 바라기 때문에 다른 사람들을 정직하고 공정하게 대한다. 나는 조국의 충실한 시민이 되기 위해서 조국을 찬양하고 영광스러운 조국의 이름에 걸맞은 수호자가 된다. 나는 어디를 가든 자기 책임을 다하는 사람이 된다.

나는 내가 제공한 서비스 이상의 보상을 기대하지 않는다. 그러므로 성실한 노력으로 성공의 대가를 기꺼이 치른다. 내 일을 마지못해 참아야 할 고통스러운 고된 일이 아니라 기쁘게 잡아서 최대한 활용해야 하는 기회로 바라본다.

나의 성공은 내 머릿속에 있다는 것을 명심하고 예상하는 난관을 헤쳐 나간다. 나는 미루는 습관을 버리고 어떤 상황에서도 오늘 해야 할 일을 내일로 미루지 않는다.

마지막으로 나는 인생의 기쁨을 누리기 위해 사람들에게 공손하고, 친구에게 충실하고, 내가 가는 길을 향기롭게 해주시는 하나님께 진실할 것이다.

자제력 부족으로 낭비하는 에너지를 체계화해서 건설적으로 사용한다면 물질적인 풍요를 가져올 수 있다. 다른 사람을 험담하는 데 쏟는 시간을 잘 관리하고 건설적인 곳에 쓴다면, 그리고 이들에게 분명한 목표가 있다면 그 목표를 달성하고도 남을 것이다.

성공한 사람들은 모두 자제력이 탁월한 사람이다. 실패자들은 인간 행위의 중요한 요소인 이 자제력이 부족하거나 없다. 여러분 주변의 사람들을 둘러보면 실패자들은 생각이나 말, 행동을 함부로 하지만 성공한 사람들은 모두 자제력을 발휘하는 것을 볼 수 있을 것이다.

자제력 부족의 매우 흔하고 파괴적인 형태 중 하나는 너무 말을 많이 하는 습관이다. 자신이 원하는 것을 알고 그것을 얻기 위해 열중하는 지혜로운 사람들은 언행을 신중하게 한다. 주제넘게 자제력 없이 아무렇게나 내뱉는 말에서 얻을 것이 없기 때문이다. 말하는 것보다 듣는 것이 거의 항상 더 유익하다. 잘 듣는 사람은 가끔 자기 지식에 보탬이 되는 무언가를 들을 수 있다. 잘 경청하기 위해서는 상당한 자제력이 필요하지만 얻는 이익을 생각하면 노력할 가치가 있다. 또한 '다른 사람이 말할 기회를 뺏는 것'은 자제력 부족의 흔한 형태다. 이는 무례할 뿐만 아니라 다른 사람들에게서 배울 많은 귀중한 기회를 잃어버리게 된다.

미국의 원예 개량가 루서 버뱅크는 15가지 성공의 법칙 중 가장 중요한 것이 자제력이라고 말했다. 점진적인 식물 생장 과정을 끈기 있게 연구하고 관찰하는 동안 그는 자기가 다루는 것이 비록 식물이지만 자제력을 발휘할 필요가 있음을 깨달았다.

박물학자 존 버로스도 자제력이 15가지 성공의 법칙 중 중요성에서 으뜸이라고 했다.

에머슨이 그의 에세이에서 잘 말했듯이 완전한 자제력을 발휘하는 사람은 영원히 이길 수 없다. 완전한 자제력으로 확실한 목적을 향해 인도되는 결연한 정신과 마주했을 때 장애와 반대는 봄눈 녹듯이 사라질 수밖에 없기 때문이다.

내가 분석한 모든 부자(자기 노력으로 부자가 된 사람들)는 자제력이 이들의 장점 중 하나라는 긍정적인 증거를 보여줬다. 따라서 나는 어떤 사람도 이 자질을 발휘하지 않고는 엄청난 부를 축적하고 유지하기를 바랄 수 없다는 결론에 도달했다. 3장 「저축하는 습관」에서도 분명히 밝힌 것처럼 돈을 저축하려면 최고의 자제력을 발휘해야 한다.

에드워드 복Edward Bok은 미국의 위대한 언론인의 한 사람으로 명성을 얻었다. 그는 성공하기까지 엄청난 자제력을 발휘해야 한다는 사실을 깨달았고 그 경험담을 다음과 같이 남겼다. 그의 다채로운 글에 감사한다.

어린 시절의 가난을 귀한 경험으로 여기는 이유

나는 《레이디스홈저널Ladies' Home Journal》이라는 잡지의 편집을 맡고 있다. 독자들이 이 잡지를 많이 사랑해 준 덕분에 나도 일부 그 덕을 보고 있다. 많은 독자가 다양한 의견을 보내오는데 개중에는 종종 내가 바로잡고 싶은 유혹을 느끼는 의견도 있다. 다음에 발췌해서 소개하는 한 독자의 편지가 좋은 예이다.

"절약의 필요성을 모르는 당신이 우리에게 절약을 설파하는 건 쉬운 일이겠지요. 한 가지 예로 제 경우를 말씀드리면, 우리 가족은 연봉 800달러인 남편의 수입으로 1년을 살아야 합니다. 1000달러도 안 되는 돈으로 일 년을 살아야 하는 것이 뭘 의미하는지도 모르는 당신이 우리에게 방법을 가르쳐준다고요? 은수저를 입에 물고 태어난 당신 같은 분이 생각이나 해봤겠어요? 우리 중 많은 사람이 날마다 근근이 살아가는 현실과 비교하면 당신의 그 이론적인 글은 차갑고 헛된 것이라는 걸요. 이건 당신이 모르는 현실이라고요."

자, 이 독자의 말은 사실과 얼마나 일치할까?

내가 은수저를 입에 물고 태어났는지 아닌지는 말할 수 없다. 내가 부유한 부모에게서 태어난 것은 사실이다. 하지만 내가 여섯 살 때 아버지는 사업에 실패해서 모든 것을 잃고 마흔다섯의 나이에 빈털터리가 되어 낯선 나라에서 살게 되었다. 마흔다섯 살의 남자가 낯선 땅에서 재기를 노린다는 것이 무엇을 의미하는지 사람들은 알 것이다.

그때 나는 영어를 한마디도 못 했다. 공립학교에 가서 내가 할 수 있는 것을 배웠다. 하지만 단편적인 지식뿐이었다. 그리고 여느 소년들처럼 여기 소년들도 매우 짓궂었고 지친 선생님들은 참을성이 없었다. 아버지는 제대로 자리를 잡지 못했다. 하인들을 마음대로 부리던 어머니는 배운 적도 없는 집안 살림을 도맡아 해야 했다. 돈도 없었다.

그래서 방과 후에 집에 와서도 우리 형제는 놀지 못했다. 매일 감당하기 힘든 집안일로 몸이 쇠약해진 어머니를 도와야 했기 때문이다.

며칠이 아니라 몇 년 동안 우리 형제는 이불속이 따뜻하게 느껴질 나이에 회색빛 추운 겨울 새벽에 일어나서 전날 타다 남은 석탄재에서 안 탄 석탄 한두 덩어리를 체로 걸러내고 우리가 가진 석탄을 보태서 불을 피워 방을 데웠다. 그러고 나서 우리는 조촐한 아침 식탁을 차리고 학교에 갔다가 방과 후에는 설거지하고 바닥을 쓸고 닦았다. 세 가족이 거주하는 공동 주택에 살았기 때문에 3주마다 한 번씩 1층부터 3층까지 계단과 문간, 바깥 보도까지 청소해야 했다. 마지막 일이 가장 힘들었다. 왜냐하면 우리는 토요일마다 쌀쌀맞은 이웃집 아이들이 구경하는 가운데 이 일을 해야 했기 때문이다. 그래서 우리는 아이들이 근처 공터에서 야구 경기를 하는 틈을 타서 청소를 했다.

다른 아이들이 등잔 옆에서 공부하고 있을 저녁에 우리 형제는 바구니를 들고 나가 인근 공터에서 나무와 석탄을 주워 오거나 그날 오후에 이웃 사람들이 석탄을 나르다가 흘린 석탄 위치를 눈여겨 봤다가 석탄 나르는 사람이 알뜰하게 주워가지 않았기를 바라며 찾으러 다녀야 했다.

10살 때 나는 내 생애 첫 일자리를 얻었다. 일주일에 50센트를 받고 제과점 창문을 닦는 일이었다. 1~2주 만에 나는 주급 1달러를 받고 방과 후 계산대 뒤에서 빵과 케이크를 팔 수 있게 되었다. 갓 구운 케이크와 따뜻하고 맛있는 냄새가 나는 빵을 팔았는데 나는 빵 부스러기 한 조각도 입에 대지 않았다. 토요일 아침에는 주간지를 배달하고 남은 주간지를 거리에서 팔았다. 이렇게 해서 하루에 60센트에서 70센트를 벌었다.

나는 뉴욕의 브루클린에 살았는데 그 당시 코니아일랜드로 가는 주요 교통수단은 마차였다. 우리가 사는 곳 근처에서 마차들이 말에게 물을 먹이기 위해 멈추곤 했는데 이때 남자들도 뛰어나와 물을 마시곤 했다. 하지만 여자들은 갈증을 해소할 방법이 없었다. 이것을 본 나는 양동이에 물과 약간의 얼음을 채우고 토요일 오후와 일요일 종일 마차마다 뛰어다니며 한 잔에 1센트를 받고 팔았다. 일요일 하루를 이렇게 일해서 2~3달러를 벌 수 있다는 사실을 알게 되자 아이들 사이에서 경쟁이 벌어졌다. 그래서 나는 이번에는 레몬 한두 개를 짜 넣은 레모네이드를 만들어 한 잔에 2센트를 받고 팔았다. 그렇게 해서 일요일 하루 5달러를 벌었다.

그런 다음 나는 낮에는 사환으로 일하고 밤에는 기자가 되고 한밤 중에는 속기를 배웠다.

내게 편지를 보내온 독자는 남편과 아이를 포함한 그녀의 가족이 800달러로 일 년을 살아가는데 나는 그것이 무엇을 의미하는지 모른다고 말한다. 하지만 나는 그녀 가족 연간 수입의 절반도 안 되는 주급 6달러 25센트로 3인 가족을 부양했다. 형과 내가 합쳐서 일 년에 800달러를 벌었을 때 우리는 부자처럼 느꼈다.

내가 처음으로 출판물에서 이런 세부적인 이야기를 하는 것은 《레이디스홈저널》의 편집자가 현실은 모르고 단지 이론가로서 절약 정신을 설파하거나 쥐꼬리만 한 수입으로 근근이 먹고사는 기사를 쓰거나 출판하는 것이 아님을 여러분에게 직접 알리고 싶었기 때문이다. 내가 가난을 모르거나 직접 경험하지 못한 것은 아니다. 그 길을 걸어가는 사람들의 모든 생각, 모든 느낌, 모든 고난을 경험했기 때문에 오늘날 나는 같은 경험을 하는 아이들을 보면서 흐뭇하다고 말한다.

또한 나는 이런 가난의 고통을 단 하나라도 무시하거나 잊어버리고 싶지 않다. 나는 어린 시절 내가 겪었던 그 극심한 고난의 세월을 다른 어떤 경험과도 바꾸지 않을 것이다. 나는 돈을 버는 것, 1달러가 아니라 2센트를 버는 것이 어떤 의미인지 잘 안다. 나는 가난했기 때문에 돈의 가치를 안다. 그 가치는 다른 방법으로는 배우거나 알 수 없다. 나는 이보다 더 확실한 방법으로 내 필생의 일을 위한 훈련을 받을 수 없었을 것이다. 수중에 돈 한 푼 없고 찬장에는 빵 한 덩이 없는 날, 불을 지필 불쏘시개 하나 없고 먹을 것도 없는 날을 맞이하는 것, 그리고 허약하고 낙담한 어머니를 둔 아홉 살과 열 살 난 굶주린 소년이 된다는 것이 무엇을 뜻하는지 진정으로 이해할 수 없었을 것이다.

"이건 당신이 모르는 현실이라고요." 이래도 내가 모를까?

힘들었지만 나는 그 경험을 할 수 있어서 기쁘다. 그리고 나는 어릴 적 나와 같은 환경에서 가난을 체험하는 모든 아이가 부럽다. 하지만 어린 시절 가난이 전화위복이 될 수 있다는 내 강한 믿음의 핵심은 가난은 계속 머물러 있을 환경이 아니라 경험하고, 겪고, 벗어나야 하는 환경이라는 데 있었다. 그러면 어떤 사람들은 이렇게 물을 것이다. "그건 다 좋습니다. 그런데 말하기는 쉽지만, 도대체 어떻게 가난에서 벗어날 수 있겠어요?"

아무도 확실히 말할 수는 없다. 아무도 내게 그 방법을 가르쳐주지 않았다. 누구도 같은 출구를 찾을 수 없다. 각자 자신의 길을 찾아야 한다. 이는 각자에게 달려 있다.

나는 가난에서 벗어나기로 결심했다. 어머니는 가난하게 태어나지 않았고 가난을 견딜 수 없었다. 이것이 내게 목표를 부여했다. 나는 가난에서 벗어날 수 있는 출구가 된다면 그것이 무엇이든 간에 기꺼이 함으로써 그 목표를 뒷받침했다. 찬밥 더운밥 가리지 않았다. 그저 닥치는 대로 최선을 다해 일했다. 그리고 내가 하는 일이 마음에 들지 않을 때도 그 일을 하는 동안은 여전히 잘 해냈다. 하지만 꼭 해야 하는 것보다 더 오래 하지는 않기로 했다. 나는 사다리의 모든 단계를 한 단계 위로 올라가는 발판으로 삼았다. 이는 노력하면서 그 노력과 일에서 경험과 발전, 이해와 공감 능력, 그리고 한 소년이 가질 수 있는 위대한 유산을 얻었음을 뜻한다. 가난 말고는 이 세상 그 어떤 것도 이런 위대한 유산을 소년에게 전해주고 그의 가슴속에서 타오르게 할 수 없다.

이것이 내가 가난을 이런 시절에 경험할 수 있는 경험 가운데 가장 심오하고 완전한 축복이라고 강하게 믿는 이유다. 하지만 반복해서 이야기하듯 가난은 반드시 벗어나야 하는 환경이지 머물러서는 안 되는 것이다.

⋮

보복의 법칙

완벽한 자신을 통제하는 습관을 기르려면 우선 이 자질의 필요성을 이해해야 한다. 또한 자제력이 그것을 발휘하는 방법을 터득한 사람들에게 어떤 이점을 주는지를 알아야 한다. 자제력을 개발함으로써 여러분은 또한 여러분의 개인적인 힘에 보탬이 되는 다른 자질들을 개발하게 된다. 자제력을 개발하는 사람이 이용할 수 있는 법칙 중에는 보복의 법칙Law of Retaliation이 있다.

여러분은 '보복'의 의미를 잘 알 것이다. 하지만 우리가 여기서 사용하는 의미에서 보복은 단순히 '복수한다'라는 것이 아니라 '같은 수단으로 돌려준다'라는 뜻이다. 만약 내가 여러분에게 상처를 준다면 여러분은 기회가 되는 대로 보복할 것이다. 내가 여러분에게 부당한 말을 하면 여러분은 같은 말로 혹은 더 심한 말로 보복할 것이다. 하지만 내가 여러분의 부탁을 들어준다면 여러분은 가능한 한 훨씬 더 크게 보답할 것이다.

이 법을 적절히 활용하면 여러분은 내가 무엇이든지 하게 할 수 있다. 만약 여러분이 나를 싫어하고 여러분의 영향력을 행사해서 내게 피해 주기를 원한다면 내가 여러분에게 똑같은 대우를 하면 된다. 거꾸로 내가 여러분의 존경과 우정과 협력을 바란다면 내가 먼저 여러분에게 우정과 협력을 베풀면 된다. 이 말들을 여러분의 경험과 비교해 보면 아주 잘 들어맞는다는 것을 알 수 있을 것이다.

여러분은 "그 사람은 정말 인품이 좋아"라는 말을 얼마나 자주 듣는가? 여러분은 탐나는 인품을 지닌 사람들을 얼마나 자주 만나는가? 유쾌한 성격으로 여러분을 끌어당기는 사람은 단지 조화로운 끌어당김의 법칙Law of Harmonious Attraction 혹은 보복의 법칙을 이용하고 있을 뿐이다. 이 두 가지 법칙을 분석해 보면 유유상종이라는 말이 사실임을 알 수 있다. 만약 보복의 법칙을 연구하고 이해해서 이를 현명하게 사용한다면 여러분은 유능하고 성공적인 판매원이 될 것이다. 이 간단한 법칙을 배우고 사용법을 익히면 배울 수 있는 판매 기술을 모두 배울 수 있을 것이다.

이 법칙을 터득하기 위해 해야 할 첫 번째이자 가장 중요한 단계는 완전한 자제력을 기르는 것이다. 여러분은 똑같이 보복하지 않고 온갖 심한 대접과 부당한 대우를 견디는 법을 배워야 한다. 이런 자제력은 보복의 법칙에 숙달하기 위해 치러야 할 대가의 일부다. 어떤 사람이 화가 나서 정당하든 부당하든 여러분을 비방하고 함부로 대할 때 여러분이 같은 방식으로 보복한다면 그 사람과 같은 정신 수준으로 추락하는 것이다. 그리고 그 사람이 여러분을 지배하게 된다는 사실을 명심하라.

반면에 화내지 않고 차분하게 평온을 유지한다면 여러분은 논리적인 근거에 따른 판단력을 가지게 될 것이다. 여러분은 상대방이 예상하지 못한 무기로 보복함으로써 상대방을 깜짝 놀라게 할 것이다. 결과적으로 여러분은 상대방을 쉽게 지배하게 된다.

유유상종. 이 법칙은 부정할 수 없다. 말 그대로 만나는 사람은 모두 여러분이 자기 마음가짐을 완벽하게 비춰 볼 수 있는 정신적인 거울이다. 보복의 법칙의 직접적인 적용 사례로 내가 최근에 내 어린 두 아들 나폴레온 주니어와 제임스와 함께했던 경험을 들어보겠다.

우리는 새와 다람쥐에게 먹이를 주러 공원에 가는 길이었다. 나폴레 주니어는 땅콩 한 봉지를 샀고, 제임스는 크래커잭Crackerjack(당밀로 뭉쳐 놓은 팝콘 과자 - 옮긴이) 한 상자를 샀다. 제임스는 갑자기 나폴레온 주니어가 가지고 있는 땅콩을 맛보고 싶다고 생각했다. 그는 나폴레온 주니어의 허락도 받지 않고 손을 뻗어 땅콩 봉지를 움켜쥐려고 했다. 하지만 그는 실패했고 나폴레온 주니어는 그 '보복'으로 제임스의 턱을 주먹으로 때렸다.

나는 제임스에게 말했다. "아들아, 네가 땅콩을 구하는 방법은 옳지 않단다. 내가 어떻게 구하는지 보여줄 테니 잘 봐." 이렇게 말은 했지만 이 모든 일이 순식간에 일어났기 때문에 얼른 좋은 생각이 떠오르지 않았다. 하지만 가능하면 빨리 아들이 했던 것보다 더 나은 방법을 찾아야 했다.

그때 나는 우리가 보복의 법칙과 관련해서 해왔던 실험들이 생각나서 제임스에게 말했다.

"크래커잭 상자를 열고 네 동생에게 몇 개를 나눠줘 보렴. 그리고 무슨 일이 일어나는지 보렴."

꽤 오래 달랜 후에 제임스는 내 말대로 하기로 했다. 그런데 이때 놀라운 일이 일어났다. 나폴레온 주니어는 '크래커잭'을 받기도 전에 먼저 제임스의 외투 주머니에 자기 땅콩을 부어주겠다고 했다. 그는 '같은 수단으로 돌려줬다'. 나는 두 어린 아들을 대상으로 한 이 간단한 실험에서 더 많이 배웠다. 우연한 기회에 내 아들들은 몸싸움을 막아주는 보복의 법칙을 배우기 시작했다.

'보복의 법칙'의 운용과 영향에 관한 한 우리 중 누구도 나폴레온 주니어와 제임스를 훨씬 능가하지 못했다. 우리는 모두 다 자란 아이일 뿐이고 이 법칙에 쉽게 영향을 받는다. '같은 수단으로 돌려주는' 습관은 우리 사이에서 너무나 보편적으로 이루어지고 있어서 이 습관을 '보복의 법칙'으로 부를 수 있다. 만약 우리가 어떤 사람에게서 선물을 받았다면 우리는 우리가 받은 것과 같거나 더 좋은 것으로 '돌려줄' 때까지 절대 만족하지 못한다. 어떤 사람이 우리에 대해 좋게 말한다면 우리는 그 대가로 그 사람을 더 존경하는 방법으로 '돌려'준다.

보복의 원칙을 통해 우리는 실제로 우리의 적을 충실한 친구로 바꿀 수 있다. 만약 친구로 바꾸고 싶은 적이 있다면 고질적인 자존심을 버려라. 그러면 이 말이 진실임이 드러날 것이다. 적에게 유별나게 친절하게 말하는 습관을 들여라. 가능한 모든 방법을 동원해서 그에게 호의를 베풀어라. 처음에는 그가 요지부동인 것처럼 보일 수도 있다. 하지만 점차 여러분의 영향력에 무너져 '같은 수단으로 돌려줄' 것이다. 여러분에게 부당한 대우를 한 사람에 대한 가장 통쾌한 보복은 인간적인 친절이다.

미국 남북전쟁이 한창이던 1863년 8월 어느 날 아침, 미국 캔자스주 로렌스의 한 호텔에서 한 젊은 목사가 잠결에 불려 나왔다. 그를 불러낸 사람은 친 남부연맹 퀀트렐 게릴라 중 한 명이었다. 그날 아침 이 마을 전역에서 사람들이 학살당했다. 한 무리의 침입자들이 말을 타고 들이닥쳐 로렌스 대학살을 자행했다.

목사를 부른 게릴라는 참을성이 없었다. 벌떡 일어난 목사는 창문으로 무슨 일이 일어나고 있는지 보고 소스라치게 놀랐다. 그가 아래층으로 내려오자 그 게릴라는 시계와 돈을 요구하고 그가 노예제도 폐지론자인지 물었다. 목사는 떨고 있었다. 하지만 그는 그때 그곳에서 죽더라도 거짓말은 하지 않겠다고 결심했다. 그래서 그는 그렇다고 말했고, 그 말에 따라 즉시 모든 상황이 180도 바뀌었다.

마을에서 사람들이 살해당하는 동안 목사와 게릴라는 현관에 앉아 오랫동안 이야기를 나누었다. 이들의 대화는 침입자들이 떠나기 전까지 계속되었다. 목사와 이야기를 나눈 게릴라가 동료들과 합류하기 위해 말에 오를 때 그는 매우 방어적인 태도를 보였다. 그는 목사에게서 빼앗았던 귀중품을 돌려주면서 그를 방해해서 미안하다고 사과하고 자기를 좋게 생각해 달라고 부탁했다.

이 목사는 로렌스 대학살 이후 여러 해 동안 살았다. 그는 게릴라에게 뭐라고 말했을까? 그의 어떤 인품이 게릴라와 대화를 끌어낼 수 있었을까? 이들은 무슨 이야기를 했을까?

"당신은 노예제도 폐지론자입니까?" 게릴라가 물었다. "네, 그렇습니다. 그리고 내가 보기에는 당신도 자신이 하는 일을 부끄러워해야 한다는 것을 잘 알고 있습니다." 이것이 목사의 대답이었다.

목사는 이 한마디로 사안을 도덕적인 문제로 만들고 게릴라에게 자성을 불러일으켰다. 목사는 노련한 악당 옆에 서 있는 애송이 성직자에 불과했다. 하지만 그는 침입자에게 도덕성을 증명해야 하는 짐을 던졌고, 게릴라는 자기가 보기보다 더 나은 사람일 수 있다는 것을 보여주려고 애썼다.

목사를 깨워 정치적인 이유로 죽이려 했던 게릴라는 자신의 이유를 증명하려고 20분을 보냈다. 그는 기도도 하지 않던 불량소년 시절부터 시작해 자기 개인사를 길게 늘어놓았다. 그리고 상황이 점점 나빠져서 지금에 이르게 된 그동안의 과정을 이야기하면서 그는 꽤 감상적으로 변했다. "용서를 바랍니다. 저를 너무 나쁘게 생각하지 말아 주세요." 이것이 그가 말을 타고 떠나면서 마지막으로 부탁한 말이었다. 목사가 그 당시 보복의 법칙을 알았는지 알 수 없지만, 그는 이 법칙을 이용했다. 만약 그가 손에 권총을 들고 아래층으로 내려와서 물리적으로 힘 대결을 했다면 어떻게 되었을지 상상해 보라. 하지만 그는 그러지 않았다. 그는 약탈자들이 모르는 힘으로 게릴라를 제압했다.

어떤 사람이 돈을 벌기 시작하면 온 세상이 모두 그의 집으로 몰려가는 것처럼 보이는 이유는 뭘까? 여러분이 아는 사람 중 부자가 된 사람에게 그 비결을 물으면 아마도 그는 돈 벌 기회가 끊임없이 그에게 찾아온다고 말할 것이다.

"있는 자는 받을 것이요 없는 자는 있는 것까지도 빼앗기리라."

예전에는 이 성경 구절(마가복음 4장 25절)이 내게 터무니없이 들렸다. 하지만 구체적인 뜻을 알면 이 얼마나 진리인가. 이는 전후 맥락을 보아 '(예수의 가르침을) 경청하는 사람은 더 잘 이해하게 되겠지만, 경청하지 않는 사람은 그나마 아는 것마저도 빼앗기게 될 것이다'라는 의미로 해석해야 할 것이다. 따라서 받아들일 자세만 되어 있다면, 자신감과 자제력이 부족해서 실패하고 혐오감을 가진 사람은 이런 부족한 자질을 더 많이 받게 될 것이다. 성공하고 자신감이 넘치고 자제력이 뛰어나고 인내심과 끈기, 결단력이 있는 사람은 이런 자질이 더욱 늘어날 것이다.

때로는 우리가 상대방이나 적수를 압도할 때까지 무력으로 맞서야할 수도 있다. 하지만 그가 쓰러졌을 때는 그의 손을 잡고 분쟁을 해결하는 더 나은 방법을 보여줌으로써 '보복'을 완성할 수 있는 절호의 기회가 된다. 피는 피를 부른다. 독일은 무자비한 정복 행위에서 인류의 피로 그들의 검을 물들였다. 그 결과 독일은 '같은 수단으로 돌려주는' 보복을 불러일으켰다.

다른 사람들이 여러분에게 어떻게 하기를 원하는지는 여러분이 결정하는 것이다. 다른 사람들이 보복의 법칙에 따라 그렇게 하는 것도 여러분이 결정한 결과다.

"신의 섭리는 자명하고 매우 간단하다. 뿌린 대로 거둔다."

'뿌린 대로 거둔다'라는 말은 진리다. 우리에게 돌아오는 것은 우리 마음대로 원할 수 없다. 우리가 할 수 있는 것은 주는 것뿐이다. 나는 여러분이 이 법칙을 물질적인 이익뿐만 아니라 더 좋은 행복을 얻고 다른 사람들에게 호의를 베푸는 데도 사용하기를 간절히 바란다. 이것만이 우리가 노력해서 이뤄야 할 진정한 성공이다.

이 장에서 우리는 심리학의 가장 중요한 원리인 위대한 법칙을 알게 되었다. 타인에 대한 우리의 생각과 행동이 우리와 같은 생각과 행동을 끌어당기는 전자석과 닮았다는 것을 배웠다.

또한 생각이나 생각의 표출인 행동이 같은 생각이나 행동을 끌어당긴다는 '끌어당김의 법칙'을 배웠다. 우리는 인간의 마음이 받는 모든 생각의 표현에 대해 '같은 수단이나 방식으로' 반응한다는 것을 배웠다. 우리는 인간의 마음이 느끼는 감각에 '상응하는' 근육 운동을 일으킨다는 점에서 심은 대로 수확하는 대지와 닮았다는 것을 배웠다. 우리는 친절이 친절을 부르고 불친절과 부당한 대우는 불친절과 부당한 대우를 부른다는 것을 배웠다.

우리는 우리가 다른 사람들에게 친절하고 정당하게 대하든 불친절하고 부당하게 대하든 그것이 우리에게 더 크게 돌아온다는 것을 배웠다. 우리는 인간의 마음이 그것이 받는 모든 감각적 인상에 대해 같은 방식으로 반응한다는 것을 배웠다. 따라서 우리는 다른 사람들이 우리가 바라는 행동을 하도록 다른 사람들의 마음에 영향을 주기 위해 우리가 무엇을 해야 하는지 안다. 우리는 보복의 법칙을 건설적인 방법으로 사용하려면 먼저 우리의 '자존심'과 '아집'을 버려야 한다는 것을 배웠다. **우리는 보복의 법칙이 어떻게 작용하고 어떤 효과가 있는지는 배웠다. 이제 이 위대한 원칙을 현명하게 사용하기만 하면 된다.**

여러분은 다음 단계로 넘어갈 준비가 되었다. 다음 단계의 주요 법칙인 '보수 이상의 일을 하는 습관'을 적용하려면 강력한 자제력이 필요하다. 내 경험에 따르면 다음 단계에서 얻을 결과가 자제력을 발휘할 가치가 있음을 보여줄 것이다.

> 다른 사람들의 도움 없이는 어떤 사람도
> 명성과 부를 얻을 수 없다. 이는 단순한 진리다.

※ 『나폴레온 힐 성공의 법칙』은 총 2권으로 제작되었습니다.
※ 1권은 1장 「분명한 핵심 목표」부터 7장 「자제력」까지 설명했습니다.
※ 2권은 8장 「보수 이상의 일을 하는 습관」부터 15장 「황금률」까지 소개합니다.

나폴레온 힐
성공의 법칙 1
THE LAW OF SUCCESS

초판 1쇄 인쇄 2023년 1월 16일
초판 1쇄 발행 2023년 1월 30일

지은이 나폴레온 힐(Napoleon Hill)
옮긴이 손용수
펴낸이 김동환, 김선준

책임편집 최구영
편집팀장 최한솔 **편집팀** 오시정
책임마케팅 이진규 **마케팅팀** 권두리, 신동빈
책임홍보 권희 **홍보팀** 한보라, 이은정, 유채원, 유준상
디자인 김혜림
경영관리팀 송현주, 권송이

펴낸곳 페이지2북스 **출판등록** 2019년 4월 25일 제 2019-000129호
주소 서울시 영등포구 여의대로 108 파크원타워1. 28층
전화 070) 4203-7755 **팩스** 070) 4170-4865
이메일 page2books@naver.com
종이 ㈜ 월드페이퍼 **인쇄·제본** 한영문화사

ISBN 979-11-6985-007-0 (04320)